LA APERTURA DEL SÉPTIMO SELLO

LA APERTURA DEL SÉPTIMO SELLO

SANAT KUMARA SOBRE EL SENDERO DEL RAYO RUBÍ

Elizabeth Clare Prophet

Gardiner, Montana

"La apertura del séptimo sello" fue publicado originalmente como *Perlas de Sabiduría*, cartas semanales de los maestros ascendidos a sus estudiantes en todo el mundo. Los capítulos 1-36 se publicaron en las *Perlas de Sabiduría* de 1979. En 1989, esta serie se publicó como el libro *Sanat Kumara sobre el sendero del Rayo Rubí: La apertura del séptimo sello*. El capítulo 37 se publicó, originalmente, en las *Perlas de Sabiduría* de 1999.

LA APERTURA DEL SÉPTIMO SELLO
Sanat Kumara sobre el sendero del Rayo Rubí
de Elizabeth Clare Prophet
Copyright © 2013 Summit Publications, Inc.
Todos los derechos reservados.

Título original: *The Opening of the Seventh Seal:
Sanat Kumara on the Path of the Ruby Ray*
de Elizabeth Clare Prophet
Copyright © 2001 Summit Publications, Inc.
Todos los derechos reservados.

Ninguna parte de este libro puede reproducirse, traducirse, ni almacenarse, colgarse o transmitirse electrónicamente, ni utilizarse en cualquier formato sin autorización escrita, excepto por críticos en breves reseñas.

Para más información:
The Summit Lighthouse, 63 Summit Way, Gardiner, MT 59030 USA
1-800-245-5445 / 406-848-9500
TSLinfo@TSL.org
SummitLighthouse.org

Este libro contiene el texto completo de la edición original.

Library of Congress Catalog Card Number: 2013936686
ISBN: 978-1-60988-195-5
ISBN: 978-1-60988-213-6 (eBook)

SUMMIT UNIVERSITY 🔥 PRESS ESPAÑOL®

Summit University Press, Summit University Press Español y 🔥, Escala la montaña más alta (Climb the Highest Mountain), Guardianes de la Llama (Keepers of the Flame), *Perlas de Sabiduría (Pearls of Wisdom)*, Summit University, Iglesia Universal y Triunfante (Church Universal and Triumphant), o sus equivalentes en inglés son marcas registradas en la Oficina de Patentes y Marcas de los Estados Unidos y en otros países. Todos los derechos están reservados.

1ª edición: Diciembre 2013

21 20 19 18   3 4 5 6

Me llamáis Sanat Kumara, y me conocéis como aquel que estuvo ante el consejo cósmico conocido como el Consejo de los Ciento Cuarenta y Cuatro. Me conocéis porque fuisteis testigos de mi súplica hecha por las evoluciones de la Tierra y en su nombre, que ya no conocían la presencia del Cordero, que por desobediencia fueron apartadas del Gurú vivo. Me conocéis como quien se ofreció para encarnar la llama trina en la Tierra para las evoluciones que evolucionan en los siete planos del ser, fuego, aire, agua y tierra.

El Consejo Cósmico había decretado la disolución de la Tierra y sus evoluciones porque las almas de sus hijos ya no adoraban la Trinidad en la llama trina de la vida que arde en el altar del corazón. Con su atención fijada en la manifestación exterior, habían abandonado voluntaria e ignorantemente el caminar interior con Dios...

Todos eran muertos vivientes, recipientes de Materia sin una luz que los animara, cascarones vacíos. En ninguna parte de la Tierra había una escuela de misterios (ningún chela, ningún Gurú, ningún iniciado del sendero de iniciación hacia la Cristeidad)...

¿El requisito de la ley para salvar a Terra? Era que alguien cualificado para ser el Gurú encarnado, el Cordero, estuviera presente en la octava física para sostener el equilibrio y para guardar la llama trina de la vida por y en nombre de toda alma viva...

Yo elegí ser ese ser. Me ofrecí para ser un llameante hijo de justicia para la Tierra y sus evoluciones.

Tras una considerable deliberación, el Consejo Cósmico y el Ser Sin Nombre dieron su aprobación a mi petición y la dispensación de un nuevo plan divino para la Tierra y sus evoluciones nació...

Así, me arrodillé ante el gran trono blanco del Ser Sin Nombre, y él me dijo: «Hijo mío, Sanat Kumara, tú te sentarás en el gran trono blanco ante las evoluciones de la Tierra. Serás para ellas el Señor Dios en las alturas. En verdad, serás la más alta manifestación de la Deidad que se les dará, hasta que, a través del sendero de iniciación, sus almas se eleven hasta tu trono de conciencia y estén ante ti alabando al YO SOY EL QUE YO SOY que tú eres»...

Y colocó sobre mí su manto patrocinador del Padre hacia el Hijo, que en mí se convertiría en su patrocinio hacia una oleada de vida que ahora yo asumía como propia. Era un voto de confianza. Era la iniciación del Padre en el Hijo...

Alados mensajeros de luz habían anunciado mi venida, la disposición del Consejo Cósmico y la dispensación concedida. Los seis —mis hermanos, los Santos Kumaras, que sostienen conmigo las siete llamas de los siete rayos—, el Poderoso Victory y sus legiones, nuestra hija Meta y muchos siervos hijos e hijas a quienes hoy conocéis como los maestros ascendidos, me dieron la bienvenida con una gran recepción. Aquella noche, la alegría de la oportunidad se mezcló con la tristeza que trae el sentimiento de separación. Había elegido un exilio voluntario en una estrella oscura, y aunque estaba destinada a ser la Estrella de la Libertad, todos sabían que sería para mí una larga noche oscura del alma.

Entonces, súbitamente, de los valles y las montañas apareció una gran reunión de mis hijos. Eran las almas de los ciento cuarenta y cuatro mil acercándose a nuestro palacio de luz. Se acercaron más y más en espirales, como doce compañías, cantando la canción de libertad, de amor y de victoria…

Su portavoz se puso ante el balcón para dirigirse a nosotros en nombre de la gran multitud. Era el alma de aquel a quien hoy conocéis y amáis como el Señor del Mundo, Gautama Buda. Y se dirigió a nosotros, diciendo:

«Oh Anciano de Días, hemos sabido de la alianza que Dios ha hecho contigo hoy y de tu compromiso para guardar la llama de la vida hasta que algunos de entre las evoluciones de la Tierra sean acelerados y renueven una vez más su voto de ser portadores de la llama. Oh Anciano de Días, para nosotros eres nuestro Gurú, nuestra vida, nuestro Dios. No te dejaremos sin consuelo. Iremos contigo. No te dejaremos ni por un momento sin el anillo tras anillo de nuestro discipulado. Iremos a la Tierra. Prepararemos el camino. Guardaremos la llama en tu nombre».

Y así, según me dirigió el Señor Dios, elegí de entre ellos a cuatrocientos hijos e hijas siervos que se adelantarían a los ciento cuarenta y cuatro mil para preparar su llegada…

Lloramos de alegría, Venus, yo y los ciento cuarenta y cuatro mil. Y las lágrimas que se derramaron en aquella noche memorable ardieron como el fuego sagrado vivo fluyendo como el agua de la vida desde el gran trono blanco y el Consejo Cósmico, nuestros patrocinadores…

Oh hijos míos, YO SOY todavía vuestro Sanat Kumara.

Índice

1. La apertura de una puerta en el cielo 1
2. La dispensación concedida 10
3. El jaspe, la esmeralda y la cornalina 16
4. El Sendero de la Cruz Rosa 21
5. Poseedores de la Persona de Dios 28
6. Suficiencia en el Gurú 33
7. Ezequiel, el Hijo del hombre 40
8. El encargo del SEÑOR para los profetas y los santos 47
9. Las iniciaciones cuadrangulares en el Sendero del Rayo Rubí 57
10. El misterio del Cristo interior 67
11. La revelación de la ciencia sagrada de la aceleración del alma hacia Dios 78
12. Un libro sellado con siete sellos 85
13. Digno es el Cordero 92
14. Reyes y sacerdotes para nuestro Dios 99
15. La Iniciación de la Puerta Este 104

16	La Iniciación de la Puerta Norte	113
17	La Iniciación de la Puerta Oeste...................................	123
18	La palabra y la obra de los santos en la Puerta Oeste..	134
19	El Evangelio del Padre, y del Hijo, y del Espíritu Santo...................................	142
20	El Evangelio del librito abierto.....................................	152
21	El Evangelio Cuadrangular Eterno..............................	160
22	El mandamiento de predicar el evangelio a toda criatura..	171
23	El poder de predicar la Palabra de Dios.....................	177
24	Predicadores del año aceptable del SEÑOR.................	184
25	¡En mi nombre, echad fuera demonios!	193
26	El Ritual del Exorcismo del SEÑOR Primer paso	203
27	El Ritual del Exorcismo del SEÑOR Segundo y tercer paso...	214
28	La psicología de los demonios que también creen y tiemblan	223
29	Siete iniciaciones de los santos que siguen al Cordero...	233
30	Las lenguas nuevas del Espíritu Santo	254

31	El mandamiento de la Palabra y la revocación de sus usos ilícitos...	264
32	Tomar en las manos serpientes.................................	274
33	El voto de salvar a la Mujer y su progenie	284
34	El juicio de Serpiente y su progenie *¡No pasarán!*...	297
35	«Bébeme mientras YO SOY el que te bebe» *Si bebieren cosa mortífera, no les dañará*	311
36	El misterio del cubo blanco	326
37	La sangre de la Nueva Alianza..................................	343
La gráfica de tu Yo Divino...		378
Notas		382

1
∞

La apertura de una puerta en el cielo

Después de esto miré, y he aquí una puerta abierta en el cielo; y la primera voz que oí, como de trompeta, hablando conmigo, dijo: Sube acá, y yo te mostraré las cosas que sucederán después de estas.

Y al instante yo estaba en el Espíritu; y he aquí, un trono establecido en el cielo, y en el trono, uno sentado.

APOCALIPSIS 4:1, 2

Hijos e hijas del Anciano de Días:

¡He aquí! YO SOY el que ha venido. ¡He aquí! YO SOY el que está aquí en la plenitud de la Palabra hecha carne. Y mirad, una puerta es abierta en el cielo. De la gran esfera de la Realidad Universal, YO SOY el que ha venido.

La puerta que se abre es la puerta de los misterios del Cristo Cósmico.

Envío la llamada a través de Gautama Señor Buda, Señor del Mundo y Dios de la Tierra.

Envío la llamada a través del Maitreya Señor Buda, el primer y último Gurú enviado por Alfa y Omega, el Dios Padre-Madre, para hacer sonar el sonido de la trompeta y de siete trompetas para los ciento cuarenta y cuatro mil que están con el Cordero.

Envío la llamada a través del Señor Jesús el Cristo, el ungido para dar buenas nuevas a los pobres, para sanar a los quebrantados de corazón, para pregonar la liberación a los cautivos y la recuperación de la vista a los ciegos, para poner en libertad a los oprimidos y para predicar el año aceptable del Señor.[1]

Oh Señor, envío la llamada a través de tus siervos los Profetas, y a través de los santos, y de los que temen tu nombre YO SOY EL QUE YO SOY, pequeños y grandes.

La apertura de la puerta en el cielo observada por el bendito siervo Juan el Revelador es la apertura del espíritu de profecía para la Nueva Jerusalén en la inauguración de la era de Acuario. La Nueva Jerusalén se compone de todos aquellos que conforman la conciencia del Cristo vivo en su manifestación cuádruple y cuadrangular. Así, todos los que están en el cuerpo del Señor en este día de la aparición del Señor son llamados por el sonido de la trompeta de los Elohim a «subir acá, pues los ungidos del Señor te mostrarán las cosas que han de suceder después de estas».

Venid, amados míos, con Juan, y entrad en las siete esferas del Espíritu y contemplad el trono, *el gran tres-en-uno,* que está colocado en el cielo, en el núcleo de fuego blanco del gran cuerpo causal de Dios. Venid y contemplad la manifestación de vuestro Dios Padre-Madre —nuestro Padre que está en el cielo—, quien me ha asignado el nombre de Anciano de Días y una vestidura blanca como la nieve que es el manto real de rectitud llevado por el sacerdocio de Melquisedec. Mientras Daniel renovaba su alianza conmigo, oh amados míos —al igual que vosotros también, uno por uno, renovaréis vuestra alianza con el Anciano de Días—, contempló la conciencia de Dios que emanaba de la mente de Dios y la describió como «los cabellos de su cabeza como la lana pura».

Y el gran trono, que es el asiento de mi encarnación, es el gran tres-en-uno, la tríada hebrea ilustrada en la letra *shin.* Y la Trinidad es esta: del Padre y la Madre sale el Hijo coronado con la corona de la Cristiedad tanto individual como cósmica. שׁ Y el Padre y la Madre son las llamas gemelas del Espíritu Santo; como arriba, así abajo. Por consiguiente, el trono que contempló Daniel era como la llama ígnea que contiene la luz del Padre-Madre, cuyo testigo es el Hijo y la luz del Espíritu Santo, cuya doble polaridad más y menos se resuelve en la unidad y en la cúspide de ese Hijo.

De este modo, el que se sienta en el trono es aquel a quien le es dado todo poder, sabiduría y amor del cielo y la tierra. Él es

Dios encarnado para las doce tribus de Israel. Pues ellas representan las doce puertas, o senderos de iniciación, por las cuales las oleadas de vida del cosmos pueden entrar en comunión con el YO SOY EL QUE YO SOY. El YO SOY EL QUE YO SOY es la llameante tríada en el centro de la Ciudad Cuadrangular. Sin el trono, el gran tres-en-uno del Señor Dios Todopoderoso, la encarnación de la Palabra no tiene el dominio. No, ni en el cielo ni en la tierra. Pero con el trono, él está en el asiento de autoridad y, por tanto, es quien puede abrir la puerta entre el cielo y la tierra y revelar a los hijos de Dios al enviado.[2] El enviado es el mensajero que está en el nexo de la Vida, donde la esfera del cielo y la esfera de la tierra se encuentran para el intercambio cósmico entre Dios y el hombre.

Y siempre, siempre, dirán: ¿Con qué autoridad haces estas cosas?; ¿y quién te dio esa autoridad?[3] Todo lo que yo hago, todo lo que yo hablo y todo lo que YO SOY es por la autoridad del YO SOY EL QUE YO SOY. YO SOY enviado por el Dios vivo para llamar a un pueblo vivo a la restauración del templo. YO SOY el que ha venido como liberador de naciones, el que despierta la antigua memoria de aquellos días de antaño inscritos en akasha y conocidos por los portadores de luz (vosotros que vinisteis conmigo llevando la vela de la luz trina a la Tierra y a sus evoluciones). A vosotros se os concede conocer los misterios del libro que sostengo en mi mano derecha, el libro que está sellado con siete sellos.

La apertura de la puerta en el cielo es el descenso de mi manto, mi Presencia Electrónica. Esta emanación áurica y campo energético es bajado al plano de Gautama, en Shamballa, quien absorbe, asimila y se convierte en esa Presencia viva que YO SOY, él siendo el primer chela ascendido de la sucesión de los Gurús, desde mi propia unción hasta la unción de vuestra mensajera. En sagrada ceremonia, el Señor del Mundo transfiere la autoridad del manto en el que él se ha convertido, al segundo chela del linaje, el Señor Maitreya, sentado en el trono de loto en el altar central de Lemuria; pues él es la personificación del Señor Dios que caminaba y hablaba con el hombre y la mujer en el jardín del Edén.

Ahora ese bendito Maitreya, mediador del sendero de iniciación, absorbe, asimila y se convierte en la autoridad del Anciano de Días, el dominio de Gautama, y a estos añade su logro único en el sendero del discipulado bajo el Señor Dios Todopoderoso.

Ahora, en el ritual de la unción del enviado en la persona de Jesús el Cristo, el Señor Maitreya transfiere la luz transfiguradora de su propia manifestación trina de la Palabra a su chela escogido, el siervo venidero que ha venido, en quien mi alma tiene contentamiento, pues he puesto sobre él mi espíritu para que pueda traer el juicio a los Gentiles.[4]

A él se le concede llevar los tres mantos de la trinidad que le han precedido. Así, al nombre de Jesucristo se lo llama Admirable, pues encarna la totalidad de la maravilla de la Mujer vestida del Sol. Él es la madre de Israel que reúne almas cual gallina reúne a sus polluelos.[5] Él es el Consejero, la mismísima presencia personal del Gurú Señor Maitreya, que viene llevando el estandarte del Señor, que es el estandarte de la Madre del Mundo: la Madre, aquella Sabiduría que enseña a sus hijos. Él es El Dios poderoso, el Espíritu Santo encarnado, que sostiene el poder del nueve, la Trinidad multiplicada tres veces. Él está en El Padre Eterno así como El Padre Eterno está en él. Así, por nuestro triple manto, él es conocido como el Príncipe de Paz.[6]

Él está en la Nueva Jerusalén y en la Ciudad Cuadrangular. Y en el ritual del paso de la antorcha de la era de Piscis a la de Acuario, unge a los dos testigos, a quienes ahora doy mi poder. Y en la ceremonia de la concesión de poder, los Veinticuatro Ancianos, que se sientan en sus asientos ante mí, caen sobre sus rostros y adoran a Dios, diciendo: «Te damos gracias, Señor Dios Todopoderoso, el que eres y que eras y que has de venir, porque has tomado tu gran poder, y has reinado».

Los Veinticuatro Ancianos dan alabanzas al Señor YO SOY EL QUE YO SOY en el día y en la noche, pues el poder de Dios que me es entregado hoy es una liberación para los hijos de la luz,

La apertura de una puerta en el cielo 5

y el descenso desde las octavas superiores a las octavas inferiores de la mismísima presencia de la persona de Dios a través de esta sucesión directa del manto. Este es el significado de la apertura del templo de Dios en el cielo, por la cual yo, el Anciano de Días, nombrado emisario de Dios, estoy ante vosotros, primero, en la persona de Gautama; segundo, en la persona de Maitreya; tercero, en la persona de Jesús; y cuarto, en las personas de los dos testigos.

Tal como los vio Daniel, así permanecen: los otros dos; uno, Mark L. Prophet, el Maestro Ascendido Lanello, en esta orilla del río, sosteniendo la esfera cristalina del Espíritu; y el otro, Elizabeth Clare Prophet, Madre de la Llama, en aquella orilla del río, sosteniendo la esfera amatista de la Materia.[7] En el centro de cada esfera hay una llama. Así, sostienen el equilibrio de las llamas gemelas del Espíritu Santo, de las que toda alma viva ha de ser dotada en el sendero de evolución en la Materia que conduce a la revolución de la conciencia superior en el Espíritu.

Cuando estas llamas gemelas son unidas en el corazón del iniciado mediante la relación Gurú-chela, entonces suena la declaración de que la boda del Cordero ha llegado, y su esposa se ha preparado. La esposa del Cordero es el alma que busca reunirse con Dios mediante el matrimonio con el Cristo vivo. La esposa es el chela, el Cordero es el Gurú. ¿Quién es, entonces, el Cordero? El Cordero es la Palabra que al principio estaba con Dios, sin la cual no se hizo nada de lo que fue hecho.[8] Yo estoy en el Cordero y el Cordero está en mí; por tanto, yo soy el Cordero. Así dice el Señor, el Anciano de Días.

Puesto que el Cordero está en mí, yo transfiero la luz del Cordero en la sucesión de este orden jerárquico. Puesto que el Dios vivo es uno, sin embargo tres-en-uno, todo chela que se ha unido al Gurú, es Gurú. Y dondequiera que ese Gurú encarna, es conocido como el Cordero. Y los chelas del Cordero cantan un nuevo cántico, diciendo:

«¡Digno es el Cordero! ¡Digno es el Cordero! ¡Digno es el Cordero! Señor Dios Todopoderoso, digno eres de tomar el libro y de abrir sus sellos; porque tú fuiste inmolado, y con tu sangre nos has redimido para Dios, de todo linaje y lengua y pueblo y nación; y nos has hecho para nuestro Dios reyes y sacerdotes, y reinaremos sobre la tierra».

El descenso del Cordero es la inevitable crucifixión del Cordero, pues el Cordero es la Luz del mundo oscuro y denso.[9] Y cuando esa Luz llega, todos aquellos cuya vibración es inferior a esa Luz, los que no son llamados como discípulos de esa Luz a encarnar esa Luz, se polarizan por tanto en oposición a la Luz que no pueden recibir, pues no son llamados a recibirla.

Puesto que Dios está en mí y yo estoy en Dios, declaro: yo y el Padre uno somos. Y, he aquí, me he convertido en el Padre. Y el Padre se ha convertido en el Hijo mediante el flujo en forma de ocho, que es el diseño del intercambio más y menos de Alfa en el Gurú y de Omega en el chela. Ahora yo soy el Padre y Gautama es el Hijo. Y puesto que Gautama pasó hace mucho tiempo las iniciaciones de la Paternidad de Dios, le transferí mi conciencia llameante de ese Padre. Y, he aquí, él declaró: «¡Yo y el Padre uno somos!». Y se convirtió en el Padre, y el Padre en el Hijo, la Palabra encarnada, el Gurú encarnado, el Cordero.

Entonces Maitreya, el bendito, el hermoso, el generoso bodhisattva, contempló la visión del Buda, y del Buda más allá del Buda, mientras mi propia Presencia llameante revelaba la separación de velo tras velo, siendo cada velo la apertura de otra puerta en el cielo a medida que su meditación separaba las octavas del primero, el segundo, el tercer cielo, el cuarto, el quinto, el sexto y el séptimo.

Así, se inclinó ante el misericordioso Gautama como el Gurú que era Dios porque él le desveló al Dios de dioses. Y, he aquí, declaró: «¡Yo y el Padre uno somos!», mientras observaba la infinita sucesión de los Gurús que daban testimonio de mundos más allá de otros mundos de la manifestación Divina. Y Maitreya se convirtió en el punto central del sendero de iniciación para todo chela que quisiera conocer al Gurú, para todas las almas de los ciento cuarenta y cuatro mil que desearan volver a la escuela de misterios del jardín del Edén.

Él era el Gurú encarnado, la manifestación Padre-Hijo para las llamas gemelas de Adán y Eva y para sus hijos, mis hijos, enviados a la Tierra a demostrar el sendero de iniciación. Debido a la sutil serpiente, agente de Satanás, el Sendero se puso a un lado para estas llamas gemelas y su progenie durante seis mil ciclos de vida y muerte, hasta la venida del Señor Jesucristo. Él era el YO SOY EL QUE YO SOY encarnado. Él era el Cordero encarnado. Era, como ha dicho el Arcángel Gabriel, el mensajero de nuestra llama que se convirtió en el mensaje.

Gracias a su logro en el sendero de iniciación bajo su padre, Maitreya, se convirtió en el Cordero para los ciento cuarenta y cuatro mil. Él también abrió la puerta en el cielo, abriendo el templo del entendimiento; sí, amados míos, abriendo el chakra de la coronilla donde se ve el arca de su testamento, los pergaminos del testimonio vivo de la Palabra de donde proceden relámpagos, como el fuego sagrado de la Palabra, y truenos, como el pronunciamiento del sonido de la Palabra, y voces, que son las voces de quienes pronuncian la Palabra hablada.

Jesucristo es para Adán y Eva y todos sus descendientes espirituales hasta el momento presente, el Salvador que ha salvado para ellos el sendero de iniciación, que tuvo su comienzo en Lemuria y que tendrá su fin en las orillas de la Tierra Madre en la Era de Acuario. Ahora el Señor Jesucristo, que dio el mantra *Yo y el Padre uno somos* a todos los discípulos de esta manifestación Crística que nosotros somos, que YO SOY, patrocina a los dos testigos para que los siervos de nuestro Dios sean sellados en su frente. Y el número de los que son sellados es ciento cuarenta y cuatro mil, de todas las tribus de los hijos de Israel. Este es el trabajo actual de los dos testigos en la tierra y en el cielo.

Estas dos almas de luz, que representan al Padre y la Madre para aquellos que están acelerando en los doce senderos de iniciación bajo el Gurú Maitreya, son una sola alma al converger las esferas del Espíritu y la Materia, suspendidas en el tiempo y el espacio. Sus llamas trinas son una sola, focalizando la estrella de seis puntas de David, la Madre ascendente, el Padre descendente.

Juntos cantan, con las multitudes que están ante el trono —la llama trina—, y ante el Cordero, diciendo: «La salvación pertenece a nuestro Dios que está sentado en el trono, y al Cordero». Entonan el Amén, Amén, Amén. Y el cántico del AUM se oye en las cuatro esquinas de los cielos y en las cuatro esquinas de la tierra mientras nuestros dos testigos se convierten en la emisión de nuestra corriente ígnea para los ciento cuarenta y cuatro mil que sirven al Cordero y los diez veces diez mil que están ante él. Y los ángeles y los ancianos y la multitud y el remanente de Israel caen sobre su rostro ante el trono y adoran a Dios, diciendo: «Amén. La bendición y la gloria y la sabiduría y la acción de gracias y la honra y el poder y la fortaleza, sean a nuestro Dios por los siglos de los siglos. Amén».

Ahora las doce tribus y la multitud, vestidas con túnicas blancas y palmas en sus manos, salen de la gran tribulación del karma personal y planetario. Día tras día lavan sus vestiduras, su campo de fuerza áurico y sus cuatro cuerpos inferiores, y los vuelven blancos —purificando los vehículos de la conciencia, fuego, aire, agua y tierra— en la sangre, la esencia ígnea, del Cordero que fluye a través del sagrado corazón del Gurú encarnado.

Ahora aprended el misterio del Gurú. Es la alquimia del fuego sagrado que, por el cuerpo y la sangre, es la llegada de la redención. La redención física es el requisito de la Ley, por tanto el Cordero ha de estar encarnado físicamente. Pero el Cordero es la persona infinita del Hijo de Dios y, por tanto, es el manto del Cordero lo que ha de descansar sobre los hombros del ungido para que la gente pueda tocar el borde de esa vestidura y ser repolarizada en la integridad de Alfa y Omega. Por eso está escrito: «El que está sentado sobre el trono extenderá su tabernáculo sobre ellos».

Yo, Sanat Kumara, os declaro este misterio del Santo Grial en este día. Porque yo soy el que se sienta en el trono, en la Forma del Informe, y he venido a habitar entre las multitudes vestidas de blanco en la persona de mi mensajera encarnada. Vengo a través de Gautama. Vengo a través de Maitreya. Vengo a través de Jesucristo. Y vengo en la persona de los dos testigos, que ahora transmiten el mantra, en el que se han convertido: «Yo y el Padre uno somos».

Puesto que estoy encarnado, soy el Cordero. Puesto que ellos son yo mismo en encarnación, ellos también pueden declarar, y declararán: «YO SOY el Gurú encarnado: Lanello, *el Gurú siempre presente*; Madre, *la Gurú-Ma*». Y por tanto, puesto que están con vosotros en el Espíritu y en la Materia, de vosotros está escrito, oh chelas de la Gran Hermandad Blanca: «Ya no tendrán hambre ni sed, y el sol no caerá más sobre ellos, ni calor alguno; porque el Cordero que está en medio del trono los pastoreará, y los guiará a fuentes de aguas de vida; y Dios enjugará toda lágrima de los ojos de ellos».

Sobre quien lleva nuestro manto, siempre se formula la pregunta: «¿Eres tú aquel que había de venir, o esperaremos a otro?». Y la respuesta que se da es el testimonio de las multitudes y los discípulos sobre las cosas que se han visto y oído: los ciegos ven, los cojos andan, los leprosos son limpiados, los sordos oyen, los muertos son resucitados, y a los pobres es anunciado el evangelio.[10] Y el que recibe la bendición del Cordero es el que no se escandaliza a causa de él. Porque los que se escandalizan a causa de la Persona o el Principio del Cordero no tienen parte en la resurrección y, por tanto, no pueden estar ante su presencia ni son llamados al banquete de bodas del Cordero.

YO SOY Sanat Kumara, conocido desde el principio hasta el fin por los seguidores de Dios como el Anciano de Días. YO SOY el que ha venido, como se le mostró a Daniel, para dar juicio a los santos del Altísimo. Estos son los chelas vestidos de blanco de la Gran Hermandad Blanca que ahora poseerán el reino, que es la conciencia manifestada de Dios al entregársela el Cordero encarnado bocado a bocado. Y los santos del Altísimo tomarán el reino, y poseerán el reino por los siglos, por los siglos de los siglos.

YO SOY EL QUE YO SOY

Véase Apocalipsis 1:10-18; 4:1-5, 10-11; 5:7; 11:3, 16-19; 12:1; 19:1-10; 21:2, 9-27; Daniel 7:9-14, 18, 22.

2

La dispensación concedida

> *Y vi un gran trono blanco y al que estaba sentado en él, de delante del cual huyeron la tierra y el cielo, y ningún lugar se encontró para ellos.*
> *Yo soy el Alfa y la Omega, principio y fin, dice el Señor, el que es y que era y que ha de venir, el Todopoderoso.*
>
> APOCALIPSIS 20:11; 1:8

Almas de los santos vestidos de blanco:

Vengo del gran trono blanco, el YO SOY EL QUE YO SOY en la persona del Anciano de Días. En el nombre del Padre, del Hijo, y del Espíritu Santo, me siento en el asiento de autoridad. YO SOY aquel de cuyo rostro huirán la tierra y el cielo, y no se encontrará lugar para la progenie del maligno. AUM.

Mi corazón es el corazón de la Trinidad. Mi corazón es el corazón de Dios. A través de mi corazón fluye desde el Uno el río puro del agua de la vida, clara como el cristal, procedente del trono de Dios y del Cordero, que es el cimiento de los mundos arriba y abajo. He aquí, YO SOY el Alfa y la Omega de esa agua de la vida. YO SOY el emisario del más y el menos del flujo perpetuo de la aurora de lo alto.

Esta es el agua del Cordero que desciende desde la Fuente Universal, de corazón a corazón a corazón. Y para aquel que la recibe del Cordero encarnado, es el elixir, primero de sabiduría, después del entendimiento de esa sabiduría y, finalmente, es la iluminación completa del alma. Y el agua vertida por el Gurú en el cáliz levantado del chela será en él una fuente de agua que salte para vida eterna. Y el chela que crea en el Cordero, el Gurú encarnado, como han dicho las escrituras, «de su interior correrán ríos de agua viva»[1].

Y así, Maitreya viene para iniciaros en la iniciación del agua y en vuestra maestría Divina de las emociones (las energías de Alfa y Omega contenidas en el cuerpo emocional y emitidas por el chakra de diez pétalos del plexo solar, el *interior*). Este poderoso flujo de ríos de agua viva es la verdadera señal de los chelas vivos del Gurú vivo.

¡Que el cuerpo del deseo sea limpiado! ¡Que el motivo del corazón sea purificado! ¡Que todo vuestro desear sea el desear de Dios en vuestro interior para restablecer al alma en el flujo equilibrado del agua como el flujo descendente dador de vida de Alfa y Omega! ¡He aquí, ese fuego sagrado es el caduceo ascendente sostenido en el equilibrio del más y del menos por vuestra meditación sobre las corrientes descendentes y ascendentes como agua y fuego que se mezclan, que dan vida! ¡Que el agua de la vida purifique el alma! ¡Que el fuego sagrado vuelva a infundir en las células del cuerpo vivo de Dios, una a una, la presencia personal de la Palabra! ¡Contemplad la imagen del Señor Cristo y de su Cordero en cada célula del cuerpo de Dios, por los siglos de los siglos!

Me llamáis Sanat Kumara, y me conocéis como aquel que estuvo ante el consejo cósmico conocido como el Consejo de los Ciento Cuarenta y Cuatro. Me conocéis porque fuisteis testigos de mi súplica hecha por las evoluciones de la Tierra y en su nombre, que ya no conocían la presencia del Cordero, que por desobediencia fueron apartadas del Gurú vivo. Me conocéis como quien se ofreció para encarnar la llama trina en la Tierra para las evoluciones que evolucionan en los siete planos del ser, fuego, aire, agua y tierra.

El Consejo Cósmico había decretado la disolución de la Tierra y sus evoluciones porque las almas de sus hijos ya no adoraban la Trinidad en la llama trina de la vida que arde en el altar del corazón. Se habían convertido en ovejas descarriadas. Con su atención fijada en la manifestación exterior, habían abandonado voluntaria e ignorantemente el caminar interior con Dios. No conocían al hombre oculto del corazón,[2] ese bendito Ishwara, y las siete velas ya no ardían en las siete ventanas. Hombres y mujeres se habían quedado huecos, sus chakras, agujeros negros en el tiempo y el espacio; y sus templos desocupados se convirtieron en los sepulcros de los muertos; y los espíritus de los muertos hicieron su morada en sus casas ahuecadas. Por ello recibieron el juicio de los Ciento Cuarenta y Cuatro, del mismo modo que sus descendientes oirían la denuncia del Hijo de Dios.[3]

Así, la luz de los templos se había apagado y el propósito para el cual Dios había creado al hombre —ser el templo del Dios vivo— había dejado de cumplirse. Todos eran muertos vivientes, recipientes de Materia sin una luz que los animara, cascarones vacíos. En ninguna parte de la Tierra había una escuela de misterios (ningún chela, ningún Gurú, ningún iniciado del sendero de iniciación hacia la Cristeidad).

La hora del juicio había llegado y el que se sienta en el trono, en el centro de las doce veces doce jerarquías de luz, había pronunciado la palabra que era el consenso unánime de todos: que la Tierra y sus evoluciones sean enrolladas como un pergamino y encendidas como una vela del fuego sagrado. Que todas las energías mal cualificadas sean devueltas al Gran Sol Central para que sean repolarizadas. Que la energía mal utilizada sea realineada y recargada con la luz de Alfa y Omega, para una vez más ser infundida por el Creador en la continua creación de mundos sin fin.

¿El requisito de la ley para salvar a Terra? Era que alguien cualificado para ser el Gurú encarnado, el Cordero, estuviera presente en la octava física para sostener el equilibrio y para guardar la llama trina de la vida por y en nombre de toda alma viva. La ley del Uno dice que la meditación de un ser en el Christos Eterno puede contar para la mayoría, hasta que esa mayoría se vuelva responsable de sus palabras y sus obras y pueda comenzar a llevar la carga de su luz así como el karma de su bien y mal relativos.

Yo elegí ser ese ser. Me ofrecí para ser un llameante hijo de justicia para la Tierra y sus evoluciones.

Tras una considerable deliberación, el Consejo Cósmico y el Ser Sin Nombre dieron su aprobación a mi petición y la dispensación de un nuevo plan divino para la Tierra y sus evoluciones nació. Porque la ley cósmica establece que cuando un jerarca de ciertos grados y dimensiones de conciencia cósmica se ofrece como pastor de las oleadas de vida que son ovejas descarriadas, la petición ha de ser concedida. Donde no hay Gurú, no puede haber chelas; donde no hay pastor, no puede haber ovejas. Como está escrito: hiere al pastor, y serán dispersadas las ovejas.[4]

Pero el Gurú puede recibir la oportunidad de ser Gurú sólo durante un cierto ciclo. Y si al final de ese ciclo los miembros de la oleada de vida, por su obstinación y dureza de corazón, no han respondido como chelas a la llama del corazón del Gurú, entonces el Gurú debe retirarse. Y lo que pudo haber sido no puede ser; y a ningún otro jerarca se le dará la dispensación.

Así, me arrodillé ante el gran trono blanco del Ser Sin Nombre, y él me dijo: «Hijo mío, Sanat Kumara, tú te sentarás en el gran trono blanco ante las evoluciones de la Tierra. Serás para ellas el Señor Dios en las alturas. En verdad, serás la más alta manifestación de la Deidad que se les dará, hasta que, a través del sendero de iniciación, sus almas se eleven hasta tu trono de conciencia y estén ante ti alabando al YO SOY EL QUE YO SOY que tú eres. Ese día, cuando se levanten y digan, "al que está sentado en el trono, y al Cordero, sea la alabanza, la honra, la gloria y el poder, por los siglos de los siglos", he aquí, su redención se acercará».

Y me dijo: «Por tanto, para las evoluciones de la Tierra serás Alfa y Omega, el principio y el fin, dice el YO SOY EL QUE YO SOY, que es y que era y que ha de venir, el Todopoderoso». Y colocó sobre mí su manto patrocinador del Padre al Hijo, que en mí se convertiría en su patrocinio hacia una oleada de vida que ahora yo asumía como propia. Era un voto de confianza. Era la iniciación del Padre en el Hijo.

Y me arrodillé ante el Ser Sin Nombre y adoré a Dios, diciendo: «Señor, digno eres de recibir la gloria y la honra y el poder; porque tú creaste todas las cosas, y por tu voluntad existen y fueron creadas». Y él, el Gran Gurú, repitió la aprobación, completando así el círculo de devoción. Reconoció la luz que él, y sólo él, había colocado en mi corazón como la imagen flamígera de sí mismo, y a esa imagen dijo: «Señor, digno eres de recibir la gloria y la honra y el poder; porque tú creaste todas las cosas, y por tu voluntad existen y fueron creadas».

Así, yo estoy en el Padre y el Padre está en mí, y somos uno solo, por los siglos de los siglos. Y sin esa unidad no puede haber ni petición ni dispensación alguna, no importa el nivel de evolución que tengáis.

Y el Consejo de los Ciento Cuarenta y Cuatro, formando un único anillo solar alrededor del gran trono blanco, entonó la Palabra con los grandes seres de luz, formando el círculo interno alrededor del trono, y diciendo: «Santo, santo, santo es el Señor Dios Todopoderoso, el que era, el que es, y el que ha de venir». Y oí el eco de su cántico «santo, santo, santo» durante todo el camino de regreso hacia la estrella matutina, hacia mi llama gemela, a quien conocéis como Venus, y hacia los hijos y las hijas de la Estrella de Amor.

Alados mensajeros de luz habían anunciado mi venida, la disposición del Consejo Cósmico y la dispensación concedida. Los seis —mis hermanos, los Santos Kumaras, que sostienen conmigo las siete llamas de los siete rayos—, el Poderoso Víctory y sus legiones, nuestra hija Meta y muchos siervos hijos e hijas a quienes hoy conocéis como los maestros ascendidos, me dieron la bienvenida con una gran recepción. Aquella noche, la alegría de la oportunidad se mezcló con la tristeza que trae el sentimiento de separación. Había elegido un exilio voluntario en una estrella oscura, y aunque estaba destinada a ser la Estrella de la Libertad, todos sabían que sería para mí una larga noche oscura del alma.

Entonces, súbitamente, de los valles y las montañas apareció una gran reunión de mis hijos. Eran las almas de los ciento cuarenta y cuatro mil acercándose a nuestro palacio de luz. Se acercaron más y más en espirales, como doce compañías, cantando la canción de libertad, de amor y de victoria. Su potente canto coral resonó en toda la vida elemental, y los coros angélicos rondaron cerca. Venus y yo, al mirar por el balcón, vimos la decimotercera compañía vestida de blanco. Era el real sacerdocio de

La dispensación concedida 15

la Orden de Melquisedec, los ungidos que guardaban la llama y la ley en el centro de esta unidad jerárquica.

Cuando todos sus efectivos se hubieron reunido, anillo tras anillo tras anillo, rodeando nuestra casa, y su himno de alabanza y adoración hacia mí hubo concluido, su portavoz se puso ante el balcón para dirigirse a nosotros en nombre de la gran multitud. Era el alma de aquel a quien hoy conocéis y amáis como el Señor del Mundo, Gautama Buda. Y se dirigió a nosotros, diciendo: «Oh Anciano de Días, hemos sabido de la alianza que Dios ha hecho contigo hoy y de tu compromiso para guardar la llama de la vida hasta que algunos de entre las evoluciones de la Tierra sean acelerados y renueven una vez más su voto de ser portadores de la llama. Oh Anciano de Días, para nosotros eres nuestro Gurú, nuestra vida, nuestro Dios. No te dejaremos sin consuelo. Iremos contigo. No te dejaremos ni por un momento sin el anillo tras anillo de nuestro discipulado. Iremos a la Tierra. Prepararemos el camino. Guardaremos la llama en tu nombre».

Y así, según me dirigió el Señor Dios, elegí de entre ellos a cuatrocientos hijos e hijas siervos que se adelantarían a los ciento cuarenta y cuatro mil para preparar su llegada. Porque aunque conocían la oscuridad de la estrella más oscura, en realidad no conocían, como yo sí conocía, el verdadero significado del sacrificio que estaban ofreciendo en nombre de su Gurú.

Lloramos de alegría, Venus, yo y los ciento cuarenta y cuatro mil. Y las lágrimas que se derramaron en aquella noche memorable ardieron como el fuego sagrado vivo fluyendo como el agua de la vida desde el gran trono blanco y el Consejo Cósmico, nuestros patrocinadores.

Volveré para continuar la historia que se despliega desde los pliegues de la vestidura de la memoria del Anciano de Días.

Oh hijos míos, YO SOY todavía vuestro

Véase Apocalipsis 1:8; 4:8; 5:13; 20:11; 22:1.

3

El jaspe, la esmeralda y la cornalina

> *Y el aspecto del que estaba sentado era semejante a piedra de jaspe y de cornalina; y había alrededor del trono un arco iris, semejante en aspecto a la esmeralda.*
> *Y alrededor del trono había veinticuatro tronos; y vi sentados en los tronos a veinticuatro ancianos, vestidos de ropas blancas, con coronas de oro en sus cabezas.*
> *Y del trono salían relámpagos y truenos y voces; y delante del trono ardían siete lámparas de fuego, las cuales son los siete espíritus de Dios.*
> *Y delante del trono había como un mar de vidrio semejante al cristal.*
>
> APOCALIPSIS 4:3-6

Santos del Altísimo:

YO SOY aquel que estaba sentado, cuyo aspecto era semejante a una piedra de jaspe y de cornalina. La luz del jaspe es la luz dorada de la corona de la vida para el que abre la puerta del chakra de la coronilla. YO SOY el que abre esa puerta en vosotros, y YO SOY la puerta abierta que ningún hombre puede cerrar. YO SOY el que abre la puerta de los ciclos que emanan de los grandes anillos solares del cuerpo causal azul del Gran Director Divino.

YO SOY la luz dorada de la mente de Dios, el jaspe, que sirve para la construcción del muro de la Ciudad Cuadrangular y para adornar el primer cimiento. La iluminación es el cimiento de la construcción del templo en la era de Acuario. De igual forma, el jaspe es la piedra de la victoria, la duodécima, engastada en oro en el pectoral del juicio de Aarón.

He aquí, YO SOY el que ha venido para la redención de los levitas y para restablecer el sacerdocio de Melquisedec, para que la persona de Cristo pueda atender de nuevo las necesidades del pueblo desde el tabernáculo de la congregación.

YO SOY el Anciano de Días, en medio de la congregación de los justos. YO SOY la columna de nube que desciende a la puerta del tabernáculo. YO SOY la puerta abierta que ningún hombre puede cerrar. Que todo el pueblo que venera la Presencia de Dios, YO SOY, contemple ahora la columna de nube que YO SOY, que permanece ante la puerta del tabernáculo. He aquí, YO SOY la puerta. Que el pueblo se levante y venere, todos los hijos e hijas a la puerta de su propia tienda de llama violeta.

YO SOY el Señor vuestro Dios hablando a la mensajera cara a cara, como un hombre que habla con su amigo. YO SOY el que graba el sello *SANTIDAD AL SEÑOR*. YO SOY el que sella la frente de la mensajera, sellando el ojo como el orificio de los Elohim. Y estará siempre sobre su frente «cargando con las faltas en las cosas santas», el foco de transmutación, transmutando la ofrenda de los hijos de Israel para que pueda ser aceptable para el Señor. Así es la santificación de las ofrendas sagradas por la visión inmaculada de los Elohim sellada en el ojo omnividente de la mensajera para que los hijos de Israel puedan ser aceptados ante el Señor.

Ahora, que vengan los que vayan a ser sacerdotes y sacerdotisas entre el Cordero encarnado y las ovejas, mediadores Crísticos entre el Gurú y el chela, que vengan para que puedan recibir el sello de Aarón *SANTIDAD AL SEÑOR*.

YO SOY la piedra de jaspe. Que vengan a mí los que se hayan puesto primero la piedra de cornalina que YO SOY, pues su rojo rubí significa el corazón del iniciado cuyas iniciaciones en el fuego sagrado son para obtener la maestría del primer elemento del Antiguo Alquimista, el elemento fuego, y sus ángeles y salamandras en el Espíritu y la Materia. La cornalina es la apertura de la puerta del corazón a las iniciaciones de la Cruz Rosa. Es el adorno del sexto cimiento del muro de la Ciudad

Santa y la primera piedra engastada en oro en el pectoral de Aarón. Por tanto, es el comienzo de los misterios del sacerdocio y el sexto paso en las iniciaciones del templo interior. El corazón puro no basta. Lo que se necesita es el corazón acelerado, el corazón encendido por Dios, rojo rubí como la sangre de Cristo, ahora crucificado, ahora resucitado, ahora ascendido mientras la sangre se convierte en la líquida luz dorada del jaspe. YO SOY el principio y el fin del sendero de iniciación que os transfiero a través del Gran Gurú, el Señor Maitreya. YO SOY el que está en el centro del arco iris alrededor del trono. YO SOY el que está en el centro de los doce anillos de los Elohim, cuyos cuerpos causales adornan al Ser Sin nombre.

Para la visión del alma, YO SOY la esmeralda, el adorno del cuarto cimiento de la Ciudad Santa que debéis construir individualmente, hilera sobre hilera, como demostración de vuestro sendero de iniciación. Y así, la esmeralda, la cuarta piedra del pectoral, engastada en oro, y la cuarta estación de la cruz de Cristo, es el punto de inflexión del YO SOY QUIEN YO SOY para el iniciado.

Tu identidad, oh preciosa alma enjoyada en luz, es la revelación que está en la puerta abierta en el cielo. Que aquel que contemple la esmeralda del trono del Anciano de Días sepa que con su visión, puede entrar en las salas de esa santa ciencia que es la Verdad, la Verdad que conduce a la apertura del séptimo sello.

Alrededor del trono hay veinticuatro asientos de autoridad que el Ser Sin Nombre ha asignado a las llamas gemelas que representan a las Doce Jerarquías del Sol en el poder-sabiduría-amor masculino y femenino de los Elohim. Vestidos con los atavíos blancos de su conciencia de Cristo Cósmico, sellados en los rayos del arco iris de los siete chakras que ahora se mezclan en la luz blanca, son identificados como los vencedores de sistemas de mundos por las coronas de oro sobre sus cabezas. El Todopoderoso ha dispuesto a sus emisarios en un orden cósmico jerárquico para que sean testigos de su Presencia, poder personal e impersonal en el Gran Sol Central y en las llameantes *yods* de las galaxias que desfilan.

Las coronas de oro de los Veinticuatro Ancianos significan que ellos se han convertido en la cornalina y en el jaspe, en el rubí y en el oro mediante la esmeralda de la ciencia y la religión aplicada, Espíritu y Materia. Los relámpagos, los truenos y las voces que proceden del trono son los sonidos de las personas de la Trinidad al emitir el poder (truenos), la sabiduría (voces) y el amor (relámpagos) de Brahmán.

Por tanto, la luz-energía-conciencia procede del Vacío y entra en el crisol de Brahma-Visnú-Shiva para la creación y la disolución de mundos. Y las siete lámparas de fuego sagrado que arden ante el Gran Tres-en-Uno son los transformadores de los siete Espíritus de Dios, los Elohim que sostienen las energías concentradas de la Trinidad —omnipotencia, omnisciencia, omnipresencia— para que sean distribuidas por los planos formados e informes del Espíritu-Materia.

Ahora contemplad el mar de vidrio semejante al cristal mezclado con el fuego sagrado. Los santos marcharán sobre este mismo mar; es el camino al Origen. Es el camino al centro del AUM. Es el único camino. YO SOY el camino. Es la primera y la última iniciación de las almas de Dios, su salida y su entrada[1] en el Dios Padre-Madre. Y sólo pasarán los que hayan conseguido la victoria sobre la bestia y sobre su imagen y sobre su marca y sobre el número de su nombre. Sólo ellos serán capaces de permanecer sobre el mar de vidrio, la niebla de fuego cristalina.

Teniendo las arpas de Dios, cantarán la canción de su Gurú Moisés, el siervo-chela de Dios, YO SOY EL QUE YO SOY. Y cantarán la canción del Cordero, diciendo: «Grandes y maravillosas son tus obras, Señor Dios Todopoderoso, tú, Tres-en-Uno; justos y verdaderos son tus caminos, tú, Cristo encarnado, Rey de los santos. ¿Quién no te temerá, oh Señor, YO SOY EL QUE YO SOY, y glorificará tu nombre? Pues sólo tú eres santo; por lo cual todas las naciones —las oleadas de vida que habitan en los doce planos de conciencia en la Materia, cumpliendo los ciclos de su karma y dharma grupal— vendrán y te adorarán, porque tus juicios se han manifestado».

He aquí, YO SOY el Anciano de Días. YO SOY el juicio manifiesto, como arriba, así abajo. Me dirijo a los ciento cuarenta y cuatro mil: entrad en la meditación del mar cristalino. Entrad en la meditación del jaspe, la esmeralda y la cornalina, la primera, la cuarta y la sexta estación de la cruz de Cristo, y preparaos para la venida de las Cuatro Fuerzas Cósmicas que os iniciarán en el sendero de la Cruz Rosa.

YO SOY el que está en el imán del Gran Sol Central, emitiendo en vuestros corazones meditativos haces de luz que sirven para magnetizar vuestras almas hacia el centro solar del ser. Entrad ahora en el haz, santos del Altísimo, y venid en espirales al centro de mi corazón.

YO SOY siempre vuestro

Sanat Kumara

Véase Apocalipsis 4:3-6; 15:3; 21:19-20; Éxodo 28:15-21, 36, 38; 33:5-11.

4

El Sendero de la Cruz Rosa

> *Y junto al trono, y alrededor del trono, cuatro seres vivientes llenos de ojos delante y detrás.*
>
> *El primer ser viviente era semejante a un león; el segundo era semejante a un becerro; el tercero tenía rostro como de hombre; y el cuarto era semejante a un águila volando.*
>
> *Y los cuatro seres vivientes tenían cada uno seis alas, y alrededor y por dentro estaban llenos de ojos; y no cesaban día y noche de decir: Santo, santo, santo es el Señor Dios Todopoderoso, el que era, el que es, y el que ha de venir.*
>
> APOCALIPSIS 4:6-8

¡Santidad al Señor!
¡Santidad al Señor!
¡Santidad al Señor!
Santo, santo, santo es el Señor Dios Todopoderoso,
el que era, el que es, y el que ha de venir.

Los cuatro seres vivientes son las criaturas vivientes que adoran a la Trinidad porque han salido de la Trinidad, nacidas del Uno y de la polaridad dentro del Uno, Alfa y Omega. Los cuatro seres vivientes son para la cuadratura del círculo del Espíritu que se ha convertido en el cimiento cuadrangular en la Materia de la Gran Pirámide de la Vida y de la Ciudad Santa.

YO SOY el que está en los cuatro seres vivientes y los cuatro seres vivientes están en mí, y somos uno solo. Estas son las Cuatro Fuerzas Cósmicas que sostienen la cruz cósmica de fuego blanco que designa los cuadrantes en el Espíritu y los cuadrantes en la Materia: fuego, aire, agua y tierra. Son los cuatro elementos sagrados que sostienen y rodean el gran trono blanco. Están en el interior. Están en el exterior. Allá donde va el Espíritu, ellas van. Y siguen al Cordero dondequiera que él vaya en los cielos y en la tierra.

Son los que guardan la puerta que está abierta en el Espíritu y en la Materia. Son los que guardan las doce puertas de la Ciudad Santa. En Brahma-Visnú-Shiva, ellos guardan las tres puertas del este, las tres puertas del norte, las tres puertas del sur y las tres puertas del oeste. Son el cimiento de las Doce Jerarquías del Sol. Son los iniciadores de los ciento cuarenta y cuatro mil en el Sendero de la Cruz Rosa.

Ahora escuchad la Palabra del Señor. Las Cuatro Fuerzas Cósmicas sostienen el cubo rubí por el cual el corazón de Dios se convierte en el corazón del hombre. Reflexionad sobre el cubo rubí. Meditad sobre la llama del amor que arde en el centro. Trazad los veinticuatro ángulos rectos gobernados por los Veinticuatro Ancianos por los cuales el Espíritu se convierte en Materia y la Materia se convierte en Espíritu. Es el Espíritu Santo. El Activador, el Desactivador. El cubo rubí es Amor puro, Amor ardiente, Amor no adulterado, altruista, quemando perpetuamente todo lo que no es igual a sí mismo. Uno se debe acercar con precaución extrema. De ahí el Sendero de la Cruz Rosa. De ahí las iniciaciones de las Cuatro Fuerzas Cósmicas en el camino de la renuncia a la imagen del yo para que el Yo pueda ser el Todo-en-todo.

Sólo el Yo puede permanecer en el centro del cubo rubí. Todo lo demás es autodestruido. Por ello, las cuatro criaturas vivientes llenas de los ojos de los Elohim —aperturas al Gran Sol Central—, no descansan ni de día ni de noche, diciendo: «Santo, santo, santo es el Señor Dios Todopoderoso, el que era, el que es, y el que ha de venir». Así entonan el sonido de YO SOY EL QUE YO SOY, de Elohim, de El Shaddai. Así, entonando el sonido del sonido insonoro, sostienen la vibración del cubo rubí en el núcleo de fuego blanco de un cosmos.

Elohim, Elohim, Elohim. AUM.

Llenas de ojos delante y detrás, las Cuatro Fuerzas Cósmicas sostienen la visión del Señor Dios Todopoderoso como la percepción universal del Creador dentro de la creación. Llenas de ojos delante y detrás, las Cuatro Fuerzas Cósmicas reducen continuamente la luz de los Logos Solares, mensajeros cósmicos de Alfa y Omega situados en las llameantes *yods* de las galaxias. De este modo, gracias a sus seis alas, el tres y tres, y el tres por tres, vuelven la luz, la energía de la Palabra, inteligible para electrones pequeños y grandes en el hombre y la bestia, en el vegetal y el mineral. Sus seis alas sostienen el equilibrio de la tríada en el Espíritu y la tríada en la Materia, triángulos ascendentes y descendentes. Y estaban llenos de ojos por dentro.

Estos son los ojos de la Madre que acarician la creación y al Ser Informe que habita su propia Forma, que acarician al Ser No Creado que está en el Hijo Creado, el Padre Creado y el Espíritu Santo Creado. Los ojos por dentro son los ojos de la Madre, que entrega la energía del rayo rubí como castigo compasivo, como conceptualización, como consumación, como dicha, reunión con el ion del Ser. Por ello el rostro de la Gran Diosa está velado, para que sus hijos no puedan marchitarse debido a la penetración del rayo rubí. Es dador de vida, vigor, plenitud. Es la alquimia del corazón para toda célula viva del cosmos.

Mirad los ojos delante y detrás y la jerarquía de vírgenes vestales llevando sus lámparas rubí con la sangre del Cordero y la Palabra de su testimonio. Son las iniciadas del Sendero de la Cruz Rosa. Han seguido el sendero de la crucifixión de su Señor y Esposo para la apertura del templo del corazón y la venida del Novio. Han llevado su corona de espinas. Han transmutado su corona de espinas. Lo han bajado de la cruz. Lo han puesto en el sepulcro de la Madre. Han cuidado de su resurrección dentro del vientre de ella.

Aguardan la ceremonia de su coronación con una corona de oro cuando se conviertan en extensiones de la Mujer vestida del Sol, que lleva la corona de doce estrellas. Estas sostienen la espiral rubí en forma de ocho por la cual las almas de los ciento cuarenta y cuatro mil pueden ir en espirales desde la vida centrada en el ego a la vida centrada en el Cristo, mediante las iniciaciones del cubo rubí. AUM.

Las Cuatro Fuerzas Cósmicas inician la Orden de la Cruz Rubí. Y el primer ser viviente era semejante a un león. Él es el gobernante del brazo norte de la cruz y del cuadrante de fuego en el Espíritu y la Materia. Cuando el león ruge, rey de los seres vivientes, el fuego de la Primera Causa procede de su boca. Y su Palabra dota de energía primordial a los elementos de la vida, formados y no formados. Él es la fuerza del bautismo de fuego. Es el Rey de la corte interior, que abre los misterios sagrados del corazón bajo la jerarquía de Leo. Su clave es la clave del Dios encarnado. Cuando es el Padre en el Hijo, se manifiesta como el León de la tribu de Judá, diciendo: «Yo y el Hijo uno somos».

He aquí, YO SOY la puerta abierta del bautismo de fuego que es la restauración a la plenitud de los ciento cuarenta y cuatro mil a través del arrepentimiento y la remisión de los pecados.

¡Santidad al Señor!

¡Santidad al Señor!

¡Santidad al Señor!

Al igual que en el fuego nuestro Dios es Padre, el Todo-en-todo, en la tierra es el Espíritu Santo. Y el segundo ser viviente era como un becerro. Él guarda la puerta del Espíritu Santo, y ningún hombre puede entrar si no es por esta puerta.[1] Es el arquetipo del Cristo Universal. Sostiene el brazo oeste de la cruz rubí, el gobernante del cuadrante de tierra en el Espíritu y en la Materia. Inicia a las almas de los ciento cuarenta y cuatro mil a través de la jerarquía de Tauro. Él es el ojo omnividente que por obediencia construye el templo.

Enseña a los hijos de Israel a hacer ladrillos sin paja. Es el gran constructor a través de la vida elemental. Es el Gran Gurú, es el gran chela. Es la bestia de carga que lleva sobre sí los pecados del mundo. Es el buey que trilla el grano del karma personal y planetario. Y «no pondrás bozal al buey mientras trilla el maíz»[2].

Debido a su flujo rubí en forma de ocho, el Buda es Gurú. La Madre es chela. Debido al mismo flujo rubí en forma de ocho, la Madre es Gurú, el Buda es chela.

El becerro es el esclavo de Yahveh. Él porta Su carga en la tierra. Su rito iniciático es la crucifixión. Así la vida elemental es crucificada triplemente a través del arquetipo del Cristo Cósmico en Tauro —una vez por el reino de los ángeles del fuego y los ángeles del agua que sirven al trono de Brahma; una vez por el reino de los dioses que sirven al trono de Vishnú; y una vez por el reino de las fuerzas elementales que sirven al trono de Shiva.

El becerro de oro es la Forma del informe Yahveh, su trono como Buda. Yahveh cabalga sobre él hacia la victoria sobre las energías de Tauro no transmutadas de los hijos de Israel. Los israelitas no entendieron la visión del profeta de las Cuatro Fuerzas Cósmicas: león-becerro-hombre-águila. Así que fabricaron un becerro a imagen y semejanza de su idolatría, sensualidad y materialismo. Ellos eran los desalineados. Ninguna cruz rubí fijaba su identidad en el corazón del cubo rubí. Por ello necesitaron una ley escrita en tablas de piedra, pues debido a la dureza de sus corazones, ese pueblo de dura cerviz no conocía la ley escrita en sus partes internas.[3]

Ellos dijeron: «No sabemos lo que le ha acontecido a este Moisés, el *hombre* que nos hizo salir de la tierra de Egipto. Levántate, Aarón, haznos dioses. Adoraremos a Yahveh cuando queramos. No necesitamos al Gurú Moisés. Es más, él no es ningún Gurú sino un hombre normal como nosotros. No es ningún hombre-dios. Mirad, es simple carne y huesos. Crearemos nuestro propio dios a nuestra imagen y semejanza. Haremos nuestros rituales sin el Gurú.

»¡Qué más necesidad tenemos del mensajero de Dios, que nos ha dejado aquí sin decir palabra, en el desierto del Sinaí! Mirad, toda la congregación es santa. No hay uno más santo que otro. No necesitamos al Santo de Dios en medio de nosotros. Preferimos adorar al becerro de oro que cumple nuestros mandatos mientras bailamos y nos regocijamos. Nos taparemos los oídos ante este Moisés que quiere quitarnos los placeres de la vida y el disfrute del fuego sagrado del Padre, el agua sagrada de la Madre, el aire sagrado del Hijo, la tierra sagrada del Espíritu Santo. Tendremos nuestra *Mater-realización,* "materialización" de Dios al margen de la presencia del Gurú Moisés.

Tendremos nuestro culto —nuestro cultivo de la luz— sin obediencia a la Persona de luz. Esclavizaremos a la vida elemental con nuestros encantamientos y nuestros hechizos. Reverenciaremos sólo al becerro de oro. Y no reverenciaremos a ninguna otra parte de la vida como templo del Dios vivo, salvo al becerro de oro».

Pero Aarón, el sumo sacerdote, hizo una proclamación, y dijo: «Mañana hay una fiesta dedicada al YO SOY EL QUE YO SOY». Él era un iniciado del Sendero de la Cruz Rosa. Conocía el misterio interno del becerro como arquetipo del Cristo, sentado en el lado oeste de la Ciudad Cuadrangular. El becerro, la Parvati de Shiva. Dondequiera que esté Parvati en la forma, ahí está Shiva sin forma. Él sabía, igual que los hijos de Mu encarnados en Oriente, que el becerro es el símbolo del cosmos Material desposado con el Espíritu.

Pero la gente, ¡oh, la gente! Aunque sacrificaron su oro y lo dieron a la comunidad, ello se convirtió en la ofrenda inaceptable, pues adoraban a su propio becerro sacrificial, como si hubieran realizado un gran acto, en lugar de a Yahveh. Y el becerro de oro, a través de la visión indeterminada que tenían, se convirtió en el símbolo de su rebelión contra el Gran Gurú.

AUM Buda. AUM Buda. AUM Buda.

Y el becerro permanece crucificado hasta ahora, y Cristo está clavado en la cruz de la idolatría, la sensualidad y el materialismo en el lado oeste de la Ciudad Cuadrangular. El becerro está en la tierra y la tierra está en el becerro, y el becerro es el principio de la iniciación de los ciento cuarenta y cuatro mil en el Sendero de la Cruz Rosa bajo las cuatro Fuerzas Cósmicas. Para la mayoría, este es el peldaño iniciático de la escalera donde abandonaron su asociación con el Gurú Maitreya representado en Moisés.

Ahora las tribus de Efraín y Manasés, hijos de José, favorecido por Jacob, se reúnen en el brazo oeste de la cruz para reanudar sus pruebas del alma. Porque a ellos se les confía la llama de Cristo en la civilización occidental. Ellos llevan la ley del YO SOY EL QUE YO SOY en sus partes internas. Deben ejercer esa ley mediante el poder de la Palabra hablada. Deben salir y hacerse oír. Deben salir y rendir cuentas al Señor de sus palabras y obras desde la primera venida del Mesías. A los portadores de Luz posicionados en los Estados Unidos de América y Gran Bretaña se les da la clave para dar la vuelta a la espiral descendente de Occidente hacia la espiral ascendente de Oriente, que será vista en la imagen del hombre.

Ahora bajad al becerro de la cruz de la idolatría, la sensualidad y el materialismo, que es la perversión completa de la Trinidad en la Madre. Ahora transmutad, transmutad, transmutad esa sustancia no transmutada por medio de la llama violeta que todo lo consume. Ahora, con una voluntad que es sabiduría y una sabiduría que es acción, ¡Dios en acción!, entrad en el Sendero de la Cruz Rosa.

Valientemente en pos de la victoria, YO SOY

Sanat Kumara

Os he guiado desde el Principio.
Os guiaré hasta el Final.
YO SOY el Señor.

Véase Apocalipsis 4:6-8; 5:5; 11:5; 12:1, 11; 14:4; 21:12-13; Éxodo 5:7; 32:1-19; 33:5; Ezequiel 1:5.

5

∞

Poseedores de la Persona de Dios

Soldados que veis a Cristo en el becerro crucificado:

Las legiones de luz que marchan desde el Gran Sol Central son las legiones de Víctory y de su Ser Llameante. Vienen para atar a las bestias de la indulgencia con uno mismo, el egoísmo, la idolatría hacia el yo y el amor al yo. Estas son las cuatro bestias que quieren usurpar los tronos de los cuatro seres vivientes llenos de ojos delante y detrás que están en medio del trono y alrededor del trono. Consiguen vencer con la llameante *yod*, pues son los superadores de mundos y más allá.

Conocen el sacrificio del león, el interminable servicio del becerro, la entrega de la imagen del hombre y la abnegación del águila voladora. El rubí es la joya iniciática de su diadema. Conocen el camino de la Cruz Rosa. Vienen para dirigirse a los hijos de Israel en nombre de las Cuatro Fuerzas Cósmicas. Son los que, habiendo sido instruidos por Dios, se han convertido en la enseñanza. Observad en ellos la ley de la pureza cara a cara, y purificad vuestro corazón para la aceleración hacia Dios.

Se dirigen a los impuros, que tienen prohibido adorar a Dios en la Forma para que no se conviertan en idólatras. Se dirigen a los impuros que no lo han visto cara a cara, que no lo conocen como es, el Informe. Por ello las legiones os dicen: «Desapegaos de la forma. No seáis posesivos de la forma. Dejad de creer que Él es la forma o que Él está en la forma. Que la era de la superstición se derrumbe con su hechizante y complicada alteración del camino esclarecido por el YO SOY EL QUE YO SOY, el Señor del cielo y la tierra que no mora en templos hechos por manos humanas»[1].

Aquellos que adoran la forma en carne y hueso, en el dinero y en las cosas que han fabricado a partir del fuego, el aire, el agua y la tierra aprisionando la vida elemental como impostores del Gran Alquimista, no tienen ninguna concepción cósmica de la Forma de Dios. Debido a su idolatría querrían derribar la suprema Personalidad de la Divinidad como si él mismo fuera un ídolo, llevando a cabo mientras tanto sus propios cultos idólatras, y diciendo: «Hemos dejado atrás la era de la superstición. Somos los sofisticados. Tenemos las claves intelectuales de la ciencia y la religión. Hemos arrebatado las fórmulas secretas del núcleo de la vida, y nada nos es oculto. Somos los dioses del siglo XX, los líderes legítimos de las almas hacia la nueva era. No tenemos Gurú, somos Dios. No adoramos a otro dios más que al Dios interior. No necesitamos a ningún maestro ascendido o no ascendido, porque *nosotros* somos los maestros de la vida».

Así, con su orgullo y codicia de poder, estos caídos, debido a su personalidad magnética, son los impostores del águila voladora. A ellos el Señor ha dicho: «La soberbia de tu corazón te ha engañado, tú que moras en las hendiduras de las peñas, en tu altísima morada; que dices en tu corazón: ¿quién me derribará a tierra? Si te remontares como águila, y aunque entre las estrellas pusieres tu nido, de ahí te derribaré, dice el Señor»[2].

Aquel que no ha conocido al Dios conocido, tanto en su Forma como en su Informidad, no está preparado para la iniciación de la adoración al Yo Formado o Informe. Y quien crea tener la Forma, aunque posea el simple ídolo de su propia forma, mentirá, estafará, robará, asesinará para mantener la posesión de esa forma.

¡Ay de los archiengañadores! que creen que poseen la Forma de Dios y quieren dividir al mundo en izquierda y derecha, en ricos y pobres, tal como desean dividir a la Personalidad del Bien que creen poseer. Esta es la ilusión de maya que la Madre del Mundo permite para poner a prueba a las almas. Que piensen que poseen la Forma de Dios; luego, por su disposición hacia el Cristo compasivo, el Buda misericordioso, el mendigo, el leproso, el paria, serán juzgados.

¿Qué haríais si poseyerais la Persona de Dios? Esta es la pregunta inicial para los que entran en el Sendero de la Cruz Rosa. Algunos crearían una guerra de los mundos y serían etiquetados el Terrible, el Destructor. Ellos son los díscolos imitadores de las deidades iracundas. Cuidado, vosotros que queréis imitar a Shiva, porque Shiva danza en el corazón del cubo rubí. Shiva el león, Shiva el becerro, Shiva la imagen del hombre, Shiva el águila voladora; ¡Shiva os tragará! El que se dé aires de Shiva se verá prendido por los cuatro vientos de Shiva y estirado hacia las cuatro esquinas del cubo rubí. ¡Sólo el que tiene con certeza los nueve dones del Espíritu Santo debería darse aires de Shiva!

Y los que no miran más allá de la forma del becerro de oro observándoles con curiosidad desde el espejo del yo, jamás encontrarán a Yahveh, ni en el becerro de arriba ni en el becerro de abajo. Para ellos el becerro se ha convertido en el símbolo cananeo de la fertilidad de la sutil mente serpentina. Hace tanto tiempo de su degeneración, por el descenso de luz desde el chakra de la coronilla hasta el chakra de la base, que ya no pueden estar en presencia de los regenerados.

Que los hermanos y las hermanas de la Cruz Rosa te enseñen, hijo mío, la penetración de la Forma Material en la Forma Espiritual y de la No-Forma Material en la No-Forma Espiritual. Que la Forma sea tu clave del misterio del Ser Informe. Y que el Ser Informe, estando ante ti en la luz resplandeciente de la radiación Crística, cuyos ojos violetas atraviesan tu alma, te dé la clave del misterio de la Forma.

La Forma significa foco. La Forma significa campo energético. La Forma significa fuerza. La Forma en la Materia desacelera las energías del Espíritu. La Forma en el Espíritu acelera las energías de la Materia. Cuando la Forma y el Ser Informe ocupan el mismo espacio y tiempo, se dice: «Nuestro Dios es Todo-en-todo».

El enigma que debéis resolver en el Sendero de la Cruz Rosa es el de ocupar simultáneamente la Forma y el Ser Informe. El iniciado del cubo rubí conoce al Gurú en el Espíritu, se encuentra con él o ella en los planos internos desde el primero hasta el séptimo cielo, camina y habla con el Gurú en los retiros etéricos de la Gran Hermandad Blanca. El iniciado conoce al Gurú en carne y hueso, queda atrapado en el manto del Gurú, entra en su bilocación, levitación y estigmas.

El iniciado está con el Gurú en su Yo Superior y en su yo inferior, en el yo que el Gurú emplea en cualquier lugar y dondequiera que sea Gurú. Pero el iniciado también está con el Gurú cuando éste está presente con la imagen y la semejanza del Gurú formado como un león por las ardientes salamandras, con el rostro como de hombre por los silfos, como un águila voladora por las ondinas o como un becerro por los gnomos.

Ninguna máscara que lleve el Gurú puede confundir al chela: el amante y el Amado son uno solo. A algunos el Gurú ha dicho: «Ocupaos entre tanto que vengo»[3]. Ocupad mi Forma, su tiempo y espacio, su carne y su sangre. Ocupaos entre tanto que vengo para ver qué daño ha causado la humanidad a mi Forma, menospreciándoos, traicionándoos en mi nombre. Dejaré mi Forma aquí y allá, ocupada por mis chelas. Veré lo que harán quienes dicen: «¡Ah!, ahora poseemos al Señor». En vano han asesinado a la Forma. No han conseguido ni al Gurú ni al chela, que salen de la Forma y entran en la Forma Informe a voluntad con el valeroso desafío: «Destruid este templo, y en tres días lo levantaré»[4].

Ellos no le creyeron a él, el Gran Gurú de la Era de Piscis. Crucificaron a la Forma del becerro, pero él no está ahí. Él ha resucitado.[5] Ha acelerado hacia las dimensiones de la Forma superior de su Conciencia superior. Y ellos no han conseguido la victoria del yo ni la del Yo, sino el juicio por su acto llevado a cabo rápidamente; ellos, que creyeron ser poseedores de la Forma de Dios habiéndola comprado (de un chela cooperador que conocía bien la interpretación de su papel) por treinta monedas de plata.[6] ¡Oh, cómo se supera a sí mismo el Gran Dramaturgo y, al hacerlo, vence la mano del Caído que cerró el puño y desafió a Dios a que bajase a la tierra y le matara!

Mirad a la pequeñita que acaricia su muñeca tan tiernamente

como si fuera el niño Mesías. Mirad a la pequeña Madre del Mundo que, en su inocencia, conoce a Dios en la forma inanimada porque le ha visto en su No-Forma. Mirad a la pequeñita de cuya inocencia todos los misterios de la Cruz Rosa salen para reunirse en las expresiones sencillas y naturales de la vida. Y cada gesto es una joya de amor que se convierte en otra joya de amor. ¡Mirad a la pequeñita, vosotros, generación dura de corazón y de cerviz, y contemplad a vuestro Dios! Si tan sólo la amarais como ella ama a su muñeca, entraríais en el reino de Dios y allí descubriríais que la pequeñita es el Gran Gurú que habéis buscado.

YO SOY

Sanat Kumara

Acudiré a los no iniciados disfrazado de muchas maneras, hasta que vean la esmeralda y el arco iris alrededor del trono y el jaspe y la cornalina y al que se sienta en el centro del YO SOY EL QUE YO SOY.

Véase apocalipsis 4:6-8.

6

Suficiencia en el Gurú

Santo, santo, santo es el Señor Dios Todopoderoso, el que era, el que es, y el que ha de venir.

Y siempre que aquellos seres vivientes dan gloria y honra y acción de gracias al que está sentado en el trono, al que vive por los siglos de los siglos,

los veinticuatro ancianos se postran delante del que está sentado en el trono, y adoran al que vive por los siglos de los siglos, y echan sus coronas delante del trono, diciendo:

Señor, digno eres de recibir la gloria y la honra y el poder; porque tú creaste todas las cosas, y por tu voluntad existen y fueron creadas.

APOCALIPSIS 4:8-11

Águilas que os reunís dondequiera que esté el Cuerpo de Cristo:

El pecado de los israelitas no fue el no recibir al Cristo en la persona del Gurú Moisés. Ciertamente le recibieron. Le siguieron —su Salvador, el prometido— desde Egipto, donde la ley había exigido que fueran esclavos del Faraón para poder recibir a Dios encarnado en el esclavo (chela) Moisés. Y Moisés era un esclavo de la ley, de su vocación, de su YO SOY EL QUE YO SOY. Pero, más que nada, era un esclavo de su pueblo.

Dio la vida por ellos para que pudieran vivir. Era el recipiente del Señor, elegido, iniciado, ungido. Era el Gurú porque sabía cómo ser chela del Gran Gurú, el Ser Crístico en su pueblo. Y ellos lo sabían. Le siguieron desde la tierra de Egipto, donde el segundo ser viviente les había iniciado en el Sendero de la Cruz Rosa a través de la máscara de sus capataces; donde construyendo torres para el Faraón aprendieron a hacer ladrillos sin paja para la construcción del templo del hombre interno.

Uncidos como bueyes mudos a la rueda de molino, compartieron la crucifixión del Becerro para poder conocerlo en su gloria. Y cuando el prometido llegó, le siguieron desde la tierra de la muerte, pasando por cuarenta ciclos de iniciación en el desierto del Sinaí, hasta la puerta de la Tierra Prometida donde, en futuras generaciones, los que guardaban la imagen del trono contemplarían la resurrección del Cordero, su futuro Gurú encarnado.

No, el pecado de los israelitas no fue que no recibieran a YO SOY EL QUE YO SOY como la presencia personal de Dios que los liberó a través de las manos de Moisés, como el Padre está en el Hijo. Verdaderamente los israelitas conocían a su Dios. Invocaban su nombre. Y mientras guardaron su nombre sellado en sus corazones, pronunciado por sus labios, *YOD HE VAU HE*, el Señor estuvo con ellos. Pero cuando dejaron de conservar ese nombre como una conmemoración para todas las generaciones, el nombre que es para siempre, dejaron de conocer su presencia personal dentro del templo del ser y, en su lugar, dependieron de la fuente secundaria, el sacerdocio de los levitas. Pero esto no se lo hicieron a sí mismos, sino que lo recibieron en generaciones posteriores.

¿Cuál fue, entonces, el pecado de los israelitas que habían recibido tanto al enviado, su Gurú, como a su Dios? Fue esto, amados míos. El Gurú no les fue suficiente. Ante su presencia o en su ausencia, el verdadero chela sabe que la gracia de su Gurú es suficiente para él. La conciencia del Gurú, su Persona siempre presente, su energía disponible cuando se da la orden en nombre de Cristo, suple todas las necesidades. Pero a ellos les gustaba su personalidad cuando él satisfacía sus exigencias humanas y les disgustaba cuando no lo hacía. Esta es la prueba suprema del chela. Ha de llegar a todos.

Además, los israelitas pecaron al no declarar su suficiencia en la Presencia YO SOY. Hoy, como entonces, se prostituyen con otros dioses, otras fuentes de placer, la servidumbre psíquica, la manipulación de la energía, las perversiones sexuales, la codicia de poder espiritual y material y la inducción de estados alterados de conciencia por medios químicos y la adoración diabólica. Al no encontrar suficiencia en su Gurú o en su Dios, fracasaron totalmente no hallando su suficiencia en su propio Cristo interior, su propio Yo interior.

Por tanto, sucedió que el sendero del discipulado bajo la sucesión directa de los patriarcas, los profetas y los reyes que el Señor Dios les envió igualmente dejó de ser suficiente para ellos. Así está escrito en la ley: sin obediencia al Gurú, el chela no tiene derecho a las enseñanzas del Gurú.

Así hizo Moisés. Y la cólera de Dios descendió a través de él y rompió las dos tablas del testimonio, tablas de piedra escritas con el dedo de Dios. La boca del Señor pronunció la Palabra y a la boca del Señor esa Palabra regresó, pues no encontró morada en el corazón de la gente. Los chelas habían fracasado en la primera iniciación del Sendero de la Cruz Rosa: *el sacrificio del León de la tribu de Judá,* el sacrificio del yo (el alma) por el Yo (la Presencia YO SOY personificada en el Gurú).

La ley exigía que transmutaran la energía mal cualificada. Y así Moisés «tomó el becerro que habían hecho, y lo quemó en el fuego, y lo molió hasta reducirlo a polvo, que esparció sobre las aguas, y lo dio a beber a los hijos de Israel». Y a los hijos de Leví, que se reunieron con el Gurú Moisés y su YO SOY EL QUE YO SOY, se les concedió que mataran al ego humano de hermano, compañero y vecino. Estos hijos de la luz debían demostrar que la victoria del Cristo resucitado se traga la muerte del yo inferior.[1]

Con todo esto —y la «matanza» de los tres mil— aún era necesario que el Gurú hiciera «una expiación» por los pecados de sus chelas. Y siempre es así. El Gurú que ha saldado su karma personal —todo menos una pequeña cantidad que le mantenga encarnado—, el Gurú que sostiene el equilibrio del karma planetario aún debe ocuparse de equilibrar el karma de sus chelas. Pero el YO SOY EL QUE YO SOY que personificaba la ley no puso el pecado de los chelas sobre el Gurú, pues el Gurú Moisés era intachable ante sus chelas y ante su Dios.

Por tanto, el Señor cargó individualmente a cada chela con todo el peso de su palabra y su obra: «Al que pecare contra mí, a éste raeré yo de mi libro». Pero el karma del resto de los hijos de Israel fue puesto a un lado. Y el Señor envió a su Arcángel, Miguel, a que fuera ante Moisés y le llevara a la tierra que fue prometida a Abraham, a Isaac y a Jacob.

Oh hijos de la luz, vosotros erais el remanente que se conservó, la progenie de Abraham que se convirtió en la progenie de las doce tribus de los hijos de Jacob. Y todas las promesas del Señor, él las ha cumplido. Y ahora ha llegado la hora que Moisés conocía de antemano, el día en que el Señor les enviaría el pecado del pueblo. Ahora el Señor Dios exige que se salde el pecado de desobediencia al Gurú y el pecado de la confesada suficiencia del alma en sí misma, en vez de en la Palabra viva.

Ahora toda la Tierra tiembla en medio del Ciclo Oscuro, tambaleándose ante el regreso del karma por su afrenta a la Divinidad. Él envió a su mensajero y, he aquí, ¡no le escucharon! Pero para los hijos de la luz que han esperado el día en que puedan demostrar su victoria sobre esta bestia de idolatría hacia sí mismos, el Ciclo Oscuro del regreso de su karma es la señal de su inminente victoria en Armagedón y la Segunda Venida de Cristo en la persona de cada maestro ascendido que volverá a caminar y hablar con sus chelas, como hizo el Gurú Maitreya en el jardín del Edén. Ahora, con plena determinación Divina y facultados por el Espíritu Santo, conseguirán la victoria sobre la imagen de la bestia que ésta ha impreso en sus almas en lugar de la imagen del Gurú, y sobre su distorsionado anagrama estampado en el chakra de la sede del alma para desbaratar el arquetipo del Cristo en sus genes y cromosomas, y sobre el número de su nombre, 666, que es la perversión del nombre del tercer ser viviente que tenía rostro como de hombre. Sí, ahora es la victoria para los hijos de la luz.

Y la iniciación de los chelas de la luz en el cubo rubí por parte de las Cuatro Fuerzas Cósmicas es la señal prometida de la victoria. Porque en la iniciación del Gurú Maitreya está la clave para deshacer lo que fue hecho. Así se da la señal con la venida de los dos testigos, autorizados por Dios para escribir de nuevo con el dedo de Dios aquello que escribió en las dos tablas del testimonio. Estos escritos originales en realidad eran los misterios del Sendero de la Cruz Rosa, que fueron retirados porque algunos de entre los chelas eran expoliadores. Pero en el día de la visitación del Señor, él levantará su mano derecha contra los saqueadores y estos ya no tendrán más el poder de frustrar el plan divino en su inminente descenso desde el gran cuerpo causal azul del Gran Director Divino, patrocinador vivo de las doce tribus y de su Profeta, Samuel, y de su Mesías, Cristo Jesús.

Cuando Moisés estuvo la primera vez en el monte Sinaí cuarenta días y cuarenta noches, el Señor le dio dos tablas de piedra y la ley y los mandamientos que él mismo escribió en ellas. Pero cuando fue la segunda vez, Moisés tuvo que llevar sus propias tablas; y estuvo allí con la encarnación del YO SOY EL QUE YO SOY cuarenta días y cuarenta noches, sin comer pan ni beber agua; y él mismo tuvo que escribir en las tablas las palabras de la alianza, sólo las Diez Palabras que os han llegado como los Diez Mandamientos.

Pero la ley del rayo rubí y los misterios del león, el becerro, la imagen del hombre y el águila voladora, que también se permitió ver a Ezequiel como los arquetipos de las Cuatro Fuerzas Cósmicas, no fueron escritos la segunda vez, porque sólo fueron dados los Diez Mandamientos a un pueblo duro de cerviz. Sin embargo, por la intercesión del Gurú Moisés que encontró gracia ante Sus ojos, el YO SOY EL QUE YO SOY dio esta promesa: «Mi Presencia irá contigo, y te daré descanso». Y Moisés contestó al Señor: «Si tu Presencia no ha de ir conmigo, no nos saques de aquí. ¿Y en qué se conocerá aquí que he hallado gracias en tus ojos, yo y tu pueblo, sino en que tú andes con nosotros, y que yo y tu pueblo seamos apartados de todos los pueblos que están sobre la faz de la tierra?». Y el YO SOY EL QUE YO SOY puso su sello, diciendo: «También haré esto que has dicho».

Y así sucedió que el Señor Dios se manifestó en una gran nube que cubría la tienda de la congregación, y la gloria Shekinah de la Todopoderosa Presencia YO SOY llenaba el tabernáculo donde se guardaban en el arca las tablas de los Diez Mandamientos. Y mientras la nube moraba sobre la tienda de la congregación y la gloria del Señor llenaba el tabernáculo, Moisés no podía entrar. Y el YO SOY EL QUE YO SOY cumplió la promesa de estar en medio de su pueblo.

Y cuando la nube se alzaba del tabernáculo, los hijos de Israel se movían en todas sus jornadas. Pero si la nube no se alzaba, no se movían hasta el día en que se alzaba. Y la nube de la Presencia YO SOY estaba sobre el tabernáculo de día, y el fuego sagrado ardía sobre él de noche, a la vista de toda la casa de Israel, en todas sus jornadas.

Ahora es la hora del regreso de la presencia del Ser flamígero al tabernáculo del Señor y a la tienda de la congregación. Ahora es la hora del descenso del fuego sagrado a las tablas de la ley selladas dentro en el arca, ardiendo en medio del propiciatorio, guardadas por querubines protectores vivos y reales que sostienen en sus corazones las espirales Alfa-Omega de las iniciaciones en el Sendero de la Cruz Rosa.

Así se da la señal con la venida de los dos testigos a quienes se concede una vez más escribir los misterios del cubo rubí. Algunos de estos misterios, yo, el Anciano de Días, sellaré en estas páginas de las *Perlas de Sabiduría,* pero otros de estos misterios los sellaré sólo en los corazones de mis chelas mediante la iniciación personal del rayo rubí, que entregaré directamente a través del cáliz preparado del corazón de nuestra mensajera.

En el primer ciclo iniciático de cuarenta días de Moisés, le transferí la ley de Alfa; y en el segundo ciclo de cuarenta, le transferí la gracia de Omega. Ahora aquello que he esperado tanto entregar a mis hijos puede ser entregado, porque la hora del juicio ha llegado y el karma de los justos regresa rápidamente como una flecha para ser consumido por mi fuego sagrado, que yo, el Señor vuestro Dios, he colocado como las ruedas dentro de ruedas de los chakras de mis chelas.

Y sus pecados no serán más, porque esa parte de mí mismo que he colocado dentro de ellos es suficiente para que paguen hasta el último céntimo. Y la ley será satisfecha, cada jota y tilde. Y a los injustos también regresará su karma, veloz como una flecha, pues no me han adorado ni han rendido homenaje a mi nombre o mi Palabra; por tanto, la aceleración de su pecado servirá para la anulación de la oportunidad de su alma de arrepentirse y ser salvada.

Así, los saqueadores no serán más, y la progenie del maligno será separada de la progenie de la Palabra. Y los hijos de Dios que están del lado del YO SOY EL QUE YO SOY al fin conocerán en paz los misterios del rayo rubí.

YO SOY el Anciano de Días. YO SOY EL QUE YO SOY.

YO SOY digno de recibir gloria y honor y poder, pues YO SOY el Gurú inmortal de los chelas inmortales, y he creado todas las cosas, y para mi regocijo en el YO SOY EL QUE YO SOY son y fueron creadas.

YO SOY la llama viva en medio del tabernáculo y la columna de nube.

YO SOY

Sanat Kumara

Véase Apocalipsis 4:8-11; Éxodo 32-34, 37-40; Ezequiel 1.

7

Ezequiel, el Hijo del hombre

Y miré, y he aquí venía del norte un viento tempestuoso, y una gran nube, con un fuego envolvente, y alrededor de él un resplandor, y en medio del fuego algo que parecía como bronce refulgente, y en medio de ella la figura de cuatro seres vivientes...

Y el aspecto de sus caras era cara de hombre, y cara de león al lado derecho de los cuatro, y cara de buey a la izquierda en los cuatro; asimismo había en los cuatro cara de águila...

Cuanto a la semejanza de los seres vivientes, su aspecto era como de carbones de fuego encendidos, como visión de hachones encendidos que andaba entre los seres vivientes; y el fuego resplandecía, y del fuego salían relámpagos. Y los seres vivientes corrían y volvían a semejanza de relámpagos...

Hacia donde el espíritu les movía que anduviesen, andaban; hacia donde les movía el espíritu que anduviesen, las ruedas también se levantaban tras ellos; porque el espíritu de los seres vivientes estaba en las ruedas...

Y sobre las cabezas de los seres vivientes aparecía una expansión a manera de cristal maravilloso, extendido encima sobre sus cabezas...

Y oí el sonido de sus alas cuando andaban, como sonido de muchas aguas, como la voz del Omnipotente, como ruido de muchedumbre, como el ruido de un ejército. Cuando se paraban, bajaban sus alas...

Y sobre la expansión que había sobre sus cabezas se

veía la figura de un trono que parecía de piedra de zafiro; y sobre la figura del trono había una semejanza que parecía de hombre sentado sobre él.

Y vi apariencia como de bronce refulgente, como apariencia de fuego dentro de ella en derredor, desde el aspecto de sus lomos para arriba; y desde sus lomos para abajo, vi que parecía como fuego, y que tenía resplandor alrededor.

Como parece el arco iris que está en las nubes el día que llueve, así era el parecer del resplandor alrededor. Esta fue la visión de la semejanza de la gloria del SEÑOR. Y cuando yo la vi, me postré sobre mi rostro, y oí la voz de uno que hablaba

EZEQUIEL 1

A las almas vivientes que desean convertirse en los espíritus vivificantes:

Que las almas de los iniciados del Rayo Rubí se acerquen; pues yo, el SEÑOR, el Anciano de Días, deseo hablar con vosotros sobre vuestra misión hacia las multitudes. YO SOY Sanat Kumara. YO SOY el SEÑOR. Y la mano del SEÑOR está sobre los profetas y los santos.

En mi aparición a Ezequiel en la tierra de los caldeos, al lado del río Quebar, revelé el misterio del Ser como la «gran nube» de la Shekinah. En una visita apocalíptica, desvelé la morada de Dios en el fuego sagrado que se envuelve a sí mismo. Y mirad, él vio la Presencia visible del YO SOY EL QUE YO SOY. Vio su gloria, mi gloria, en el resplandor de la Nube, la misma Nube que había envuelto al Sinaí cuando la gloria del SEÑOR fue revelada a Moisés, la misma luz que había llenado el tabernáculo, el mismo caduceo enrollado que había guiado a los israelitas y que aún les guiaría, la misma esencia de mi Presencia que había llenado el templo de Salomón y que se convertiría ahora en el cimiento cuadrangular de la Nueva Jerusalén.

Sí, Ezequiel, el Hijo del hombre, vio lo que el Elegido Enoc había visto, lo que Jesucristo mostraría al amado Juan, Hijo de la Bendita. Era de nuevo la visión de los cuatro seres vivientes, los vigilantes en los cuatro muros de la Ciudad Santa, siempre con el Espíritu del Cordero. «Y cada uno caminaba derecho hacia adelante; hacia donde el espíritu les movía que anduviesen, andaban; y cuando andaban, no se volvían».

A Ezequiel, yo, el Anciano de Días, di el encargo de exhortar a los hijos de la Madre exilados al arrepentimiento para que pudieran saldar su karma de desobediencia al Hijo de Dios. Porque al rechazarme a mí en la persona del YO SOY EL QUE YO SOY y a los santos profetas, habían sido expulsados de la Ciudad Cuadrangular, de la relación Gurú-chela, igual que Adán y Eva habían sido expulsados por Maitreya de la escuela de misterios de Lemuria.

Ahora, entre los israelitas prisioneros en Babilonia, Ezequiel contempla la apertura de los cielos puesto que YO SOY el que abre la puerta del tercer ojo de los profetas y de los santos a las visiones de Dios. No hay tiempo ni espacio. Yo, el SEÑOR vuestro Dios, estoy en medio de vosotros, oh hijos del sol. YO SOY el que ha venido para el arrepentimiento y la restauración de la verdadera Israel en los Estados Unidos de América. YO SOY el que ha venido con la visión de la restauración de la Ciudad Cuadrangular, construida a semejanza de los cuatro seres vivientes. Y el nombre de la ciudad es EL SEÑOR ESTA AHÍ.

Ezequiel vio el semblante del Hijo del hombre en «cuatro rostros» o fases. Comprendió el Cristo, el arquetipo de Dios, manifestándose en el Hijo del hombre, con el rostro de un hombre, el rostro de un león, el rostro de un buey y el rostro de un águila. Vio la ruta de restauración del reino de David a través de la iluminación del hombre y la mujer que han sido hechos Cristo. Vio la venida del Mesías y su demostración de los cuatro senderos de preparación como los cuatro brazos de la cruz rubí.

Vio la cruz rubí girando en el vórtice del torbellino. Conoció íntimamente las iniciaciones de los hijos e hijas de Dios que fueron llamados a convertirse en pilares en el templo de mi Dios. Le di las iniciaciones de la cruz rosa. Él se sometió a la cruz. Dio su vida por Israel. Estableció el ejemplo del hombre de Acuario. No me falló a mí, y las alas de los cuatro seres vivientes no le fallaron a él. Y las alas de los cuatro seres vivientes llevaron al profeta allá donde él fuera como portavoz de la Palabra del Señor.

Como Hijo del hombre, Ezequiel se convirtió en el alma de una nación. Él fue y es la voz de la conciencia, el portador del estándar diciéndoles hora tras hora lo que está bien y lo que está mal. Decía el «¡sí, sí!» y el «¡no, no!» del profeta. Es el instructor de justicia por medio del Sendero del Rayo Rubí en el que yo le recibí y él me recibió.

Él enseñó la verdad de que «todo hombre debe llevar su propia carga». La carga de este hombre de Acuario era la vasija de agua. Este portador de agua dejó el ejemplo, para los hijos e hijas de Dios que se mueven en la corriente de la conciencia Divina de amor, de llevar en esta hora la clara corriente cristalina del agua de la vida de la Madre. Su agua es el agua de la resurrección. Su resurrección es la resurrección del Hijo de Dios, el Logos interior del Hijo del hombre exterior.

Ezequiel resucita a la Madre de Israel, pues vio las luces de la Madre subir y bajar entre los seres vivientes. Ella, el fuego brillante; ella, el relámpago proveniente del fuego. Y los anillos de los seres vivientes llenos de ojos y sus ruedas en el Espíritu y la Materia, «como rueda en medio de rueda», lo revelé a Ezequiel como los centros sagrados de conciencia en la Presencia YO SOY y en el Hijo de Dios. Y Ezequiel, el Hijo del hombre, fue instruido Divinamente por mí para llevar la carga de la luz de la Madre en los ciento cuarenta y cuatro chakras del ser y en los siete planos del cielo y la tierra dentro de su templo, concentrados en los siete chakras.

Ahora, mientras entráis en el Sendero de la Cruz Rosa porque amáis y amáis y amáis, YO SOY el que ha venido a iniciaros en el ciclo del Hijo del hombre. Porque tú, oh alma viva, estás predestinada a convertirte en el espíritu vivificante. Habéis oído decir que «fue hecho el primer hombre Adán alma viviente; el postrer Adán, espíritu vivificante»; y que «el primer hombre es de la tierra, terrenal», y que «el segundo hombre, que es el Señor, es del cielo», y que los hijos de Dios que han «traído la imagen del terrenal» también traerán «la imagen del celestial».

YO SOY el que ha venido para enseñaros cómo cumplir este mandamiento del Señor, pues esa es la finalidad del Rayo Rubí. Es la sangre de Cristo por la cual sois redimidos.

El «hombre natural», así denominado, que viene con el «cuerpo natural» fabricado de la tierra, terrenal, es el «potencial vivo», el alma enviada a mundos de tiempo y espacio para que pueda escoger ser el «hombre espiritual» con el «cuerpo espiritual». Tal como a Jesucristo se le concedió demostraros, paso a paso, la alquimia del Sendero de la Cruz Rosa, así yo vengo a vosotros, hombres y mujeres del siglo XX, a daros la ley y la gracia por las cuales vosotros también podéis conocer al Verdadero Yo como «el Señor del cielo».

Así como habéis llevado la imagen del terrenal cuando erais niños «bajo la ley» del karma personal y planetario, «en cautiverio bajo los rudimentos del mundo», ahora, en la plenitud del tiempo que ha llegado, llevaréis la imagen del celestial mediante «el Espíritu de su Hijo» a quien Dios envió «a vuestros corazones, clamando», como Pablo dio testimonio del Cristo interior: «Abba, Padre». Este Hijo, «nacido de mujer y nacido bajo la ley» de la Vida regenerada, ha venido para redimir a todos los que han estado bajo la ley del pecado, la enfermedad y la muerte. Ahora reunámonos, hijos míos, para que podáis entender el significado de la iniciación de «la adopción de hijos».

Si «la carne y la sangre no pueden heredar el reino de Dios», y no pueden, igual que «la corrupción no hereda la incorrupción», ¿cómo, pues, puede el hombre natural convertirse en el hombre espiritual? ¿Cómo puedes tú, alma viviente, volverte tú, espíritu vivificante? Es el misterio del Santo Grial. Es el misterio de la Encarnación.

El Sendero del Rayo Rubí es el sendero de la comprensión del Principio de la Ley y la Persona del Legislador. Es un sendero de iniciación basado en la alianza del Padre y el Hijo, hecha en el principio con las almas que descendieron desde las esferas del Gran Cuerpo Causal a los planos del tiempo y el espacio para ejercer el don del libre albedrío.

El Sendero del Rayo Rubí es el sendero de la libertad: la libertad de Dios de entregarse a sí mismo a un alma viva. Libertad del alma para convertirse en la poseedora de Dios bajo las alianzas de la Ley y el Legislador. La herencia de la conciencia Divina es una transmisión de progenitor a su progenie, por derecho y bajo la Ley. No la carne y la sangre, sino un alma viva fundida por libre albedrío con el espíritu vivificante, puede heredar el reino (la conciencia) de Dios. El alma cuya conciencia de sí misma se ha convertido en el espíritu vivificante es quien únicamente puede proclamar la posesión de Dios. Es la fusión de esta alma y este espíritu lo que capacita al Hijo del hombre para conseguir toda la herencia del Hijo de Dios. Porque, en efecto, se ha convertido en Dios.

Siempre que el heredero natural al trono de gracia, a la trinidad de Amor, permanezca como un niño, tal como Pablo enseñó, «en nada difiere del esclavo, aunque es señor de todo». Es en esta niñez donde encuentro a las tribus perdidas de Israel, perdidas porque han perdido el recuerdo del Anciano de Días y del nombre del SEÑOR, YO SOY EL QUE YO SOY, y de su origen, el principio y el fin en Alfa y Omega. De esta niñez quisiera sacaros de la mano de forma segura, uno a uno, hacia la Persona de Dios, a través de la puerta que está abierta en el cielo hacia el fuego sagrado que se envuelve a sí mismo, hacia el estruendo de muchas aguas, hacia la voz del Todopoderoso, la voz de su habla que se convierte en el estruendo de las huestes del SEÑOR.

Por tanto, me gustaría que esta semana meditaseis en el SEÑOR del cielo y su apariencia de fuego, el color del terrible cristal y el color del ámbar y del metal bruñido. Sí, meditad en la semejanza de los seres vivientes, su apariencia como carbones de fuego encendidos, y un firmamento sobre sus cabezas con la semejanza de un trono, como la apariencia de un zafiro. Sí, meditad en los anillos, las ruedas y las alas de los seres vivientes y la apariencia de la semejanza de la gloria del Señor, que es el YO SOY EL QUE YO SOY centrado en los rayos iridiscentes del resplandor del cuerpo espiritual.

YO SOY el Señor del cielo. Os he mandado llamar, amados míos, para que podáis venir a través de la puerta abierta de vuestra conciencia Divina y os realicéis como el segundo hombre y como la apariencia de un hombre en la semejanza del trono.

YO SOY vuestra Llama Trina,

Sanat Kumara

Véase Ezequiel 1; 1 Corintios 2:15; Gálatas 4.

8

∞

El encargo del Señor a los profetas y los santos

Me dijo: Hijo de hombre, ponte sobre tus pies, y hablaré contigo.

Y luego que me habló, entró el Espíritu en mí y me afirmó sobre mis pies, y oí al que me hablaba.

Y me dijo: Hijo de hombre, yo te envío a los hijos de Israel, a gentes rebeldes que se rebelaron contra mí; ellos y sus padres se han rebelado contra mí hasta este mismo día…

Y les dirás: Así ha dicho el Señor Dios.

Acaso ellos escuchen; pero si no escucharen, porque son una casa rebelde, siempre conocerán que hubo profeta entre ellos…

Les hablarás, pues, mis palabras…

Mas tú, Hijo de hombre, oye lo que yo te hablo; no seas rebelde como la casa rebelde; abre tu boca, y come lo que yo te doy.

Y miré, y he aquí una mano extendida hacia mí, y en ella había un rollo de libro.

Y lo extendió delante de mí, y estaba escrito por delante y por detrás; y había escritas en él duelo y lamentaciones y ayes.

Me dijo: Hijo de hombre, come lo que hallas; come este rollo, y ve y habla a la casa de Israel.

Y abrí mi boca, y me hizo comer aquel rollo.

Y me dijo: Hijo de hombre, alimenta tu vientre, y llena tus entrañas de este rollo que yo te doy. Y lo comí, y fue en

mi boca dulce como miel.
Luego me dijo: Hijo de hombre, ve y entra a la casa de Israel, y habla a ellos con mis palabras
EZEQUIEL 2, 3

Amados míos en la Presencia que YO SOY:
El encargo comienza con la aparición de la Presencia YO SOY. Esta aparición del Señor Dios Todopoderoso ante el alma viviente es la unción de la conciencia con el valioso aceite de la realidad Divina. Es una infusión de poder para la fusión del alma con el Espíritu. Es una infusión de sabiduría directa, de la mano del ángel de la Presencia del SEÑOR, enviada a los profetas y a los santos, que contiene «un rollo de libro».

Por tanto, vosotros, santos del Rayo Rubí, abrid vuestra boca y comed el rollo que está escrito por delante y por detrás. Y haced que vuestro vientre lo coma y llenad con ello vuestras entrañas. Y será en vuestra boca dulce como miel. Así es la aparición de la Presencia YO SOY al alma para que asimile las enseñanzas de los maestros ascendidos en los siete chakras, las ruedas dentro de ruedas de la Ley.

El rollo es un pergamino de la Ley. Y de las «lamentaciones» del profeta del SEÑOR porque la gente ha desobedecido su Palabra. Y del «duelo» de aquellos que gimen en vano fuera de la Ciudad de Luz amurallada; porque el Señor de los ejércitos, el que entrega el karma, se acerca. Y del «¡ay!» pronunciado por el Hijo como el juicio descendente de palabras y actos.

Oh hijos e hijas de Dios, cuando la mano de mi siervo, que os he enviado, despliegue ante vosotros el rollo del libro de la Ley, no lo rechacéis. Pues en el rechazo del libro de la Ley está el rechazo no sólo del Instructor y la enseñanza, sino también del sendero de iniciación bajo el Rayo Rubí.

El mismo libro del Anciano de Días está sostenido en la mano de la Madre de los Exilados, representada en la Estatua de la Libertad. Como una Gran Diosa permanece ante la puerta este de la Ciudad Cuadrangular proclamando a los peregrinos de luz: «¡YO SOY la puerta abierta de la conciencia cósmica para los hijos e hijas del Anciano de Días!». Su antorcha es la señal del «fuego que se envuelve a sí mismo», vórtice ardiente del Amado, la Presencia YO SOY individualizada, cuyo color «ámbar» es el rayo de brillo rosa dorado de sabiduría y amor emitido desde el primer y segundo «anillos» del Cuerpo Causal en los que el alma es iniciada en el Sendero del Rayo Rubí.

Y la misión comienza con la aparición de la Mujer, Libertad, vestida del sol y con una corona de doce estrellas. Ella es la Gran Madre Gurú para las tribus de Israel que la conocerán en el águila voladora, tal como conocerán al Padre, al Hijo y al Espíritu Santo como el león, el hombre y el becerro. La aparición de los arquetipos del ser —las Cuatro Fuerzas Cósmicas rodeando a la Presencia YO SOY— debe llegarle a cada hijo e hija de Dios que empieza en la misión de la Cruz Rosa. Y llegará —seguro que llegará— mediante la corriente clara como el cristal de la conciencia de nuestra Madre, que incluso ahora está dando a luz al Hijo Varón, la conciencia Crística, en vosotros.

Por tanto YO SOY el que ha venido, el Anciano de Días. Os envío la mano de mi mensajera, y en su mano, el libro sellado con siete sellos. YO SOY el Cordero que abrirá el libro. No me rechacéis. Tampoco rechacéis mi venida en la persona de Gautama, de Maitreya, de Jesús y de los dos testigos y los santos que llevan mi antorcha, como su Madre lleva la antorcha, que llevarán mi corona, como su Madre lleva mi corona.

Primero nos ocupamos del «vientre», el plexo solar o *morada del Hijo* de Justicia. Este es el orificio del cuerpo de los deseos. Comencemos por lo primero: que el cuerpo de los deseos sea purificado por la meditación del alma viva en el libro de la Ley. Segundo, nos ocupamos de las «entrañas», el chakra de la sede del alma. Este es el orificio de la conciencia que el alma tiene de sí misma y que denominamos «conciencia solar». Que sea llenada con todos los misterios de Dios que he enviado con mi «Ángel» del Séptimo Rayo, Saint Germain.

Ahora, chelas del Rayo Rubí, que todo vuestro desear sea

para llenar vuestros días y noches —el Alfa y la Omega del Tai chi en el plexo solar— con el desear de Dios. Y que vuestro libre albedrío sirva para escoger animar en vuestra alma viva y en vuestro cuerpo mental, *mente y conciencia*, los dichos del SEÑOR. Estos dichos del YO SOY EL QUE YO SOY son patrocinados por todo el Espíritu de la Gran Hermandad Blanca a través de Saint Germain, el Hijo del hombre para la era de Acuario. Así, la aparición de vuestra amada Presencia YO SOY y vuestra asimilación del «cuerpo» y la «sangre» de la Palabra viva que os comunican los maestros ascendidos a través de sus mensajeros es el orden del día de vuestra misión para con las multitudes, que realizaréis, amados míos, en el Sendero del Rayo Rubí.

A vuestras almas vivas, oh hijos de Dios, el SEÑOR ha enviado el espíritu vivificante de su Hijo en vuestros corazones. Cuando vosotros, hombre-niño, determinéis ejercer vuestra prerrogativa como herederos de Dios, podréis convertiros, habiéndolo elegido por libre albedrío, en el *Hijo Varón* a través de este Espíritu del Hijo que está sellado en vuestros corazones. Este Señor del cielo es el hombre interno, el segundo hombre. Hasta que no entréis en la cámara nupcial, la cámara secreta del corazón, seréis aún el primer hombre, el hombre externo, el simple potencial de lo que ha de venir. Pero, ¿no es potencial el Dios naciente, el Buda durmiente, la silenciosa Madre?

El alma viva puede escoger vivir como el hombre natural, satisfaciendo los deseos del cuerpo natural. O puede elegir vivir como el hombre espiritual, satisfaciendo los deseos del cuerpo espiritual de Dios.

El Sendero del Rayo Rubí es el sendero del libre albedrío. Es por libre albedrío que el Padre y el Hijo dan al alma viva del niño su herencia legítima que es la Persona de Cristo. Para el alma, esta Persona es su propia conciencia Crística, su propio *Ser Crístico*. Por este acto de libre albedrío, el Padre y el Hijo eligen «adoptar» al alma, convertirla en heredera legítima y justa del reino de Dios, poseedora de su conciencia de Poder, Sabiduría y Amor. Esta adopción por la alquimia del Espíritu Santo se convierte en la *adaptación* del alma, su transmutación en el Espíritu vivificado y vivificante.

El Sendero del Rayo Rubí es el sendero del libre albedrío del *niño-siervo* para adoptar al Padre y al Hijo como su mismísima Individualidad, para ponerse las vestiduras del Señor del cielo y así compartir con él la plena gloria del *Hijo-heredero*. Por tanto, el alma ya no es el hombre-niño sino el Hijo Varón. Es el Hijo del hombre y está listo para que el Señor le llame a su encargo como Vigilante de la Palabra. La aceptación de este encargo le permite comenzar el sendero de iniciación por el cual el «Sol detrás del sol», (el Hijo de Dios (+) detrás del Hijo del hombre (-)) morará finalmente en él «corporalmente» (en la forma y en la no-forma). Y el triángulo del Espíritu y el de la Materia serán congruentes en el tiempo y el espacio y en la eternidad.

El Hijo del hombre Jesús, en el cual el Hijo de Dios, el Cristo, estaba encarnado, ocupó el cargo del Cordero que da la promesa de la iniciación de la Trinidad interior a sus discípulos, diciendo: «Y rogaré al Padre, y os dará otro Consolador, para que esté con vosotros para siempre».

Este Hijo del hombre confirmó el encargo que me dio el Ser Sin Nombre hacia toda alma viva que ejerciera su opción de ser el Espíritu vivificante. Este encargo es la transferencia del Espíritu Santo desde el Padre, por (a través de) el Hijo, a los discípulos de la Palabra Encarnada, en Oriente y Occidente. Este cargo y el que lo ocupa, este manto y el que lo porta, es la autoridad para la transferencia de la Trinidad. Y el ejercicio del cargo se hace por discernimiento Crístico. Comprended pues, amados míos, que la plenitud del cargo del Hijo de Dios estaba sobre el Hijo del hombre Jesús en las últimas horas de su victoriosa encarnación, cuando declaró:

«El Consolador, el Espíritu Santo de Verdad a quien conocéis —*porque yo os he elegido a vosotros y vosotros me habéis elegido a mí y por ello* Somos Uno—, mora en vosotros y estará en vosotros». Estas palabras sólo podían ser pronunciadas por Aquel que ha sido ungido para entrar en el alma como el Hijo, con permiso del Padre, para invocar ahí al Espíritu Santo como la Persona de la Verdad y el Consuelo supremos para el alma.

Que Jesús sabía de lo que hablaba, por la autoridad de mi Palabra concedida a él, queda claro en varios pasajes de las Escrituras:

> No os dejaré huérfanos; vendré a vosotros.
>
> Todavía un poco, y el mundo no me verá más; pero vosotros me veréis; porque yo vivo, vosotros también viviréis. En aquel día vosotros conoceréis que *YO SOY en mi Padre, y vosotros en mí, y yo en vosotros*.
>
> El que tiene mis mandamientos, y los guarda, ése es el que me ama; y el que me ama, será amado por mi Padre, *y yo le amaré, y me manifestaré a él*...
>
> El que me ama, mi palabra guardará; y mi Padre le amará, *y vendremos a él, y haremos morada con él*.[1]

Cuando el Hijo del hombre Jesús me rezó a mí, el Anciano de Días, puesto que yo era y puesto que YO SOY el que ocupa el cargo de la Persona del Padre (término que es sinónimo de la Persona de Dios como Gran Gurú), reconoció mi encargo como el Cordero[2] que yo le había transferido en el orden de la sucesión jerárquica directa. Y él siempre se dirigió a mí mediante la espiral ascendente del Cristo y del Buda, el Señor Maitreya y el Señor Gautama. Este reconocimiento jerárquico y su amorosa lealtad a los Gurús inmortales que le precedieron no suponía una limitación; al contrario, dio al Hijo del hombre acceso ilimitado al Hijo de Dios manifestado en Maitreya, en Gautama y, a través de ellos, a todas las huestes del cielo. Así, gracias a la cadena del ser libre en Dios, «se abrió una puerta en el cielo». Por esa puerta recibió todo el Poder-Sabiduría-Amor del Señor Dios Todopoderoso. Entonces alzó los ojos al cielo y ofreció la Oración de Intercesión que sólo el Cordero encarnado puede pronunciar:

> Padre, la hora ha llegado; glorifica a tu Hijo, para que también tu Hijo te glorifique a ti; como le has dado potestad sobre toda carne, *para que dé vida eterna a todos los que le diste*.

Y esta es la vida eterna: que te conozcan a ti, el único Dios verdadero, y a Jesucristo, a quien has enviado.

Yo te he glorificado en la Tierra; he acabado la obra que me diste que hiciese.

Ahora pues, Padre, glorifícame tú al lado tuyo, con aquella gloria que tuve contigo antes que el mundo fuese.

He manifestado tu nombre a los hombres que del mundo me diste; tuyos eran, y me los diste, y han guardado tu palabra.

Ahora han conocido que todas las cosas que me has dado, proceden de ti.

Porque las palabras que me diste, les he dado; y ellos las recibieron, y han conocido verdaderamente que salí de ti, y han creído que tú me enviaste.

Yo ruego por ellos; no ruego por el mundo, sino por los que me diste; porque tuyos son.

Y todo lo mío es tuyo, y lo tuyo mío; y YO SOY glorificado en ellos.

Y ya no estoy en el mundo; mas éstos están en el mundo, y yo voy a ti. Padre santo, a los que me has dado, guárdalos en tu nombre, *para que sean uno, tal como nosotros somos uno.*

Cuando estaba con ellos en el mundo, yo los guardaba en tu nombre; a los que me diste, yo los guardé, y ninguno de ellos se perdió, sino el hijo de perdición, para que la Escritura se cumpliese.

Pero ahora voy a ti; y hablo esto en el mundo, para que tengan mi gozo cumplido en sí mismos.

Yo les he dado tu palabra; y el mundo los aborreció, porque no son del mundo, como tampoco yo soy del mundo.

No ruego que los quites del mundo, sino que los guardes del mal.

No son del mundo, como tampoco yo soy del mundo.

Santifícalos en tu verdad; tu palabra es verdad.

Como tú me enviaste al mundo, así yo los he enviado al mundo.

Y por ellos yo me santifico a mí mismo, para que también ellos sean santificados en la verdad.

Mas no ruego solamente por éstos, sino también por los que han de creer en mí por la palabra de ellos,

para que todos sean uno; como tú, oh Padre, en mí, y yo en ti, que también ellos sean uno en nosotros; para que el mundo crea que tú me enviaste.

Y la gloria que me diste, yo les he dado [los he iniciado en la luz-energía-conciencia de mi Presencia YO SOY], *para que sean uno, así como nosotros somos uno. Yo en ellos, y tú en mí, para que sean perfectos en unidad,* para que el mundo conozca que tú me enviaste, y que los has amado a ellos como también a mí me has amado.

Padre, aquellos que me has dado, *quiero que donde yo estoy [YO SOY], también ellos estén conmigo,* para que vean mi gloria [la magnitud de mi Presencia YO SOY] que me has dado; porque me has amado desde antes de la fundación del mundo.

Padre justo, el mundo no te ha conocido, pero yo te he conocido, y éstos han conocido que tú me enviaste.

Y les he dado a conocer tu nombre [YO SOY EL QUE YO SOY], y lo daré a conocer aún, *para que el amor con que me has amado, esté en ellos, y yo en ellos.*[3]

En estas palabras vivas de Cristo queda evidente que la predestinación de la adopción de hijos está determinada de antemano. Es la libertad predeterminada del Padre en el Hijo de entregarse a Sí Mismo, a través del Espíritu Santo, al alma. Y es la libertad predeterminada del alma de entregarse a sí misma al Espíritu Santo, mediante el Padre en el Hijo y mediante el Hijo en el Padre. Cuando lo que está arriba y lo que está abajo ejercen este libre albedrío simultáneamente, Creador y creación «no son ya más no dos, sino una sola carne»[4]. Entonces ese «Ser Único» es llamado el *Hijo del hombre*.

El Hijo del hombre es este Ser Único en quien el Hijo de Dios, la Luz de la Shekinah que brilla en toda su gloria resplandeciente, mora interiormente en manifestación. Llevando el manto del Hijo de Dios, el Hijo del hombre también es la «Presencia» manifiesta de la Paternidad de Dios y de su Espíritu Santo. Su declaración del ser a los discípulos por los siglos de los siglos permanece, como os he dicho, hasta el momento presente: «Yo y el Padre Uno somos»[5]. Este es el mantra de la verdadera relación Gurú-chela que os establece como un eslabón de conexión en la eterna cadena del ser que se trasciende a Sí mismo. Al utilizarlo, tú, oh Hijo del hombre, integras diariamente tu conciencia solar con el Hijo de Dios (tu conciencia Crística), que es en verdad el Gran Integrador —el Principio integrador de la Llama Trina de tu Vida— que integra tu alma con el Padre y el Espíritu Santo.

La declaración sobre la Presencia interior en el Hijo del hombre Jesús fue oída por Pedro, Santiago y Juan como la voz que habló desde la Nube (la morada del SEÑOR), diciendo: «Este es mi Hijo amado en quien YO SOY el que manifiesto mi fuego sagrado transfigurador, en quien YO SOY en manifestación el que tiene complacencia»[6]. Allá donde el cielo y la tierra se encuentren en el sagrado corazón del Hijo, los discípulos del Cristo presenciarán el matrimonio alquímico del alma con el Espíritu de su Señor y Maestro: «...para que el mundo conozca que tú me enviaste». ¡Mirad el Cordero, la Palabra Encarnada, que se ha convertido en el arquetipo de los cuatro seres vivientes! Mirad, «Yo y el Padre (mi Gurú) Uno somos».

Como el guía del Sendero del Rayo Rubí por el que el alma se funde con la Persona Crística, este Espíritu vivificante se convierte en el precursor de la era de Acuario. ¡Acuario! La época profetizada como la población de la Tierra por unos pocos, y luego por muchos, Espíritus vivificantes que revelan a las multitudes la Persona de Cristo como EL SEÑOR JUSTICIA NUESTRA,[7] el Ser Crístico interior. Esta, amados, es vuestra misión para con las multitudes, que realizaréis con el ejemplo de vuestras palabras y obras.

Vosotros, como Hijos del hombre, herederos de la conciencia Divina a través de Cristo, estáis llamados a ser mis representantes en todas las naciones. Fundidos con el Cristo, infundidos con la luz del Rayo Rubí de mi corazón, yo os inicio en la entrada al cuerpo espiritual de Dios. Sed fructíferos y multiplicad y repoblad la Tierra con Luz. A vosotros, que elegís lícitamente ser portadores de la imagen de lo celestial, os envío como Espíritus vivificantes a las multitudes. Ahora, animad el reino de Dios, su conciencia venida, pues por ello seréis llamados la raza YO SOY.

Alguien así era Ezequiel, el precursor de vuestro llamado. Por tanto, mis hijos e hijas, id y sed como él era, Profeta del Señor, Vigilante de la Palabra para la casa de Israel, visionario y revelador de la gloria Shekinah y de las Cuatro Fuerzas Cósmicas representativas de los cuatro tipos de la Persona Crística.

Vuelvo para revelar el camino de la ciencia sagrada de la Madre, por la cual vosotros, los Espíritus vivificados y vivificantes, encarnaréis las cuatro caras de Cristo.

YO SOY
Sanat Kumara

Véase Ezequiel 2, 3.

9

Las iniciaciones cuadrangulares en el Sendero del Rayo Rubí

Mas la casa de Israel no te querrá oír, porque no me quiere oír a mí; porque toda la casa de Israel es dura de frente y obstinada de corazón.

He aquí yo he hecho tu rostro fuerte contra los rostros de ellos, y tu frente fuerte contra sus frentes.

Como diamante, más fuerte que pedernal he hecho tu frente; no los temas, ni tengas miedo delante de ellos, porque son casa rebelde.

Y me dijo: Hijo de hombre, toma en tu corazón todas mis palabras que yo te hablaré, y oye con tus oídos.

*Y ve y entra a los cautivos, a los hijos de tu pueblo, y háblales y diles: Así ha dicho el S*eñor *D*ios*; escuchen, o dejen de escuchar.*

*Y me levantó el Espíritu, y oí detrás de mí una voz de gran estruendo, que decía: Bendita sea la gloria del S*eñor *desde su lugar.*

Oí también el sonido de las alas de los seres vivientes que se juntaban la una con la otra, y el sonido de las ruedas delante de ellos, y sonido de gran estruendo.

*Me levantó, pues, el Espíritu, y me tomó; y fui en amargura, en la indignación de mi espíritu, pero la mano del S*eñor *era fuerte sobre mí.*

Y vine a los cautivos en Tel-abib, que moraban junto al río Quebar, y me senté donde ellos estaban sentados, y allí permanecí siete días atónito entre ellos.

EZEQUIEL 3:7-15

Amados que tenéis el valor de aceptar el encargo del Señor:

¡No temáis! ¡Ni el terror nocturno, ni la saeta que vuele de día; ni de la pestilencia que ande en oscuridad, ni la mortandad que en medio del día destruya! Porque YO, el SEÑOR vuestro Dios, SOY con vosotros.

¡Oh América, oh naciones de la Tierra! YO SOY Sanat Kumara, el Anciano de Días, vivo por siempre en medio de vosotros para mostraros el camino de los vigilantes en el muro del SEÑOR. Llamo a los hijos e hijas de la Luz a que suban a sus puestos en la puerta norte, la puerta este, la puerta sur y la puerta oeste de la Ciudad Cuadrangular. Porque la destrucción acecha en las idas y venidas de los hijos de Dios. Y las huestes del SEÑOR están acampadas alrededor para la victoria.

Los siete santos Kumaras piden el apoyo de cantidades innumerables de personas de todas las procedencias, de todos los senderos de iniciación, para unirse y ordenar a las legiones de luz en la batalla para la conservación de la llama de la libertad en la Tierra. Que el niño escoja convertirse en el Hijo e invoque la plena herencia de su herencia conjunta con Cristo para abatir a los asesinos y a los traidores de una humanidad infantil gestándose en el vientre de la Madre.

Hijos de Dios en la vanguardia de la victoria, YO SOY el que ha venido para entregaros la ciencia sagrada de la Madre para que encarnéis las cuatro caras de Cristo. Ahora estudiad el Reloj Cósmico que os ha dado la Virgen María a través de los mensajeros. Pues el cimiento del edificio de la Ciudad Cuadrangular ya ha sido dispuesto en el resumen que ella hace de los cuatro cuadrantes del ser y en las cuatro Personas de la Deidad que han de ser cristalizadas dentro del alma mediante los elementos alquímicos de fuego, aire, agua y tierra.

Utilicemos ahora este Reloj Cósmico para trazar el diagrama de los cargos de las Cuatro Fuerzas Cósmicas: el León como el Padre, el Becerro como el Espíritu Santo, el Hombre como el Hijo y el Águila como la Madre. Iniciadores del alma bajo las jerarquías de Leo, Tauro, Acuario y Escorpión hacen la señal de la Cruz Rubí.

Las iniciaciones cuadrangulares en el Sendero del Rayo Rubí   59

Estas Cuatro Personas de la Cristeidad Cósmica son —mediante el Señor Maitreya, el Señor Gautama, el Señor Jesús y yo mismo, y a través del cargo de la Madre y los dos testigos— los iniciadores de las iniciaciones cuadrangulares en el Sendero del Rayo Rubí. Estas iniciaciones son: la Iniciación del Sacrificio bajo el León, la Iniciación del Servicio bajo el Becerro, la Iniciación de la Entrega bajo el Hombre y la Iniciación de la Abnegación bajo el Águila.

Ahora bien, si estáis de acuerdo en entrar en el Sendero del Rayo Rubí y recibir sus iniciaciones, debéis dirigiros a la Palabra Encarnada en el siguiente orden de sumisión de vuestra alma a la jerarquía de la luz a quien el Ser Sin Nombre ha confiado el Rayo Rubí para vosotros:

Amada Poderosa Presencia YO SOY, amado Santo Ser Crístico y amados Santos Seres Crísticos de los santos de la Iglesia, amados dos testigos, Lanello y Madre, amado Jesús el Cristo, amado Maitreya Buda, amado Gautama Buda, amado Sanat Kumara, el Anciano de Días, amadas huestes del SEÑOR que sirven al trono del Señor Dios Todopoderoso: YO SOY vuestro potencial vivo convertido en el Espíritu vivificante. YO SOY vuestro hijo que ha reclamado vuestra Filiación. En vuestro nombre, YO SOY EL QUE YO SOY, invoco, por tanto, las iniciaciones del Rayo Rubí a través de vuestros emisarios y vuestros mensajeros arriba y abajo, en el Espíritu y la Materia. Porque yo y el Padre Uno somos, y quiero ser vuestro testigo en el sendero de la santidad.

Habiendo hecho esta invocación, estaréis listos para recibir a los dos testigos como la persona de Cristo Jesús venida a la carne. Esta confesión es vuestro llamado y la necesaria convicción para vuestro comienzo en el Sendero.

Tal como los dos testigos os traen mis buenas nuevas y las verdaderas enseñanzas del Señor Jesucristo, el Señor Jesús, en el adviento de su Segunda Venida a vuestro corazón, os habla de las iniciaciones de su gran Gurú, el Señor Maitreya:

Primero debéis mostrar, amados míos, el rostro del *León*,

arquetipo del Gran Bautizador con agua y con fuego. A través de la Iniciación del Sacrificio —el sacrificio del yo— vuestra alma dará muerte a la bestia de la autoindulgencia y entrará en el bautismo del SEÑOR.

Ser bautizados por él es experimentar con él la apertura de los cielos y el descenso del Espíritu de Dios «como una paloma» posándose sobre vosotros en él y él en vosotros. Ser bautizados por él es oír la voz del cielo decir: «Este es mi Hijo amado en quien YO SOY el que tiene complacencia. Este es mi amado Hijo del hombre en quien YO SOY en el Hijo de Dios interior»[1]. Ser bautizados con él es ser el instrumento con él de la transferencia del fuego y del agua a las multitudes a través de la maestría del corazón. Es enseñar la maestría del Yo, el alma en Cristo, en el cuerpo etérico de fuego (de la memoria).

El León es el guía a través de la jerarquía de Leo y el elemento fuego. Es el arquetipo del Cristo en el cuadrante de fuego del universo de Espíritu-Materia. Él enseña el mando sobre el fuego sagrado en el cielo y en la tierra a través de los ángeles del fuego y de los elementales del fuego. Así, a través del sacrificio del yo mutable en las cosas pequeñas y grandes, conseguiréis la maestría propia del Yo Inmutable: el LEÓN. Y vosotros, el León, descubriréis que el Yo Es el «*ION* de Luz». Vosotros, el «electrón libre» que por libre elección se convertirá en el «Átomo Permanente» con carga positiva, diciendo: «YO SOY *el que YO SOY*». ¡Y mirad, el ION del LEÓN está con Dios! «Yo y el Padre Uno somos».

En segundo lugar, amados míos, debéis mostrar el rostro del *Becerro*, arquetipo del Cristo crucificado. A través de la Iniciación del Servicio, vuestra alma dará muerte a la bestia del amor propio y entrará en la crucifixión del SEÑOR.

Ser crucificados con él es estar con él en la Cruz Rubí en la muerte del ego humano y en la vida del Ego Divino. Ser crucificados con él es estar con él en la alquimia de la autotrascendencia del Yo, por la cual esto mortal se vestirá de inmortalidad y esto corruptible se vestirá de incorrupción[2]. Ser crucificados con él es ser sellados con él, el chela con el Gurú, en el sepulcro del Espíritu-Materia.

Este sepulcro es el cubo rubí suspendido como el sarcófago dentro de la Cámara del Rey de la Gran Pirámide. En el centro del cubo rubí, suspendido en el nivel de los dos tercios donde arde el fuego brillantemente, el crucificado declara a vuestra alma:

> Yo en ti y tú en mí
> ante el Espíritu de Resurrección nos inclinamos,
> tú en mí y yo en ti
> con la Llama de la Resurrección nos comprometemos.
> Yo en el Padre, el Padre en mí,
> ahora, oh alma, hacemos nuestra morada en ti.
> Ven, oh Llama Trina de la Vida,
> sé ahora la resurrección del Cordero
> dentro de la esposa del Cordero.
> Aparece, oh luz de inmortalidad,
> consume lo oscuro de esa mortalidad.
> ¡Desciende, oh Espíritu de Fuego Vivo,
> tú, Incorruptible!
> Desciende, consume todo el deseo de muerte,
> apaga al corruptible.

Ser crucificados con él es estar con él hoy en el paraíso,[3] en la dicha de Alfa y Omega en el nexo de la Cruz Rosa. Ser crucificados con él es ser el instrumento del agua, la sangre y el vino para los iniciados del fuego sagrado que en procesión van hacia la Esfinge, el Gran Gurú en Tauro. Es enseñar la maestría del Yo, el alma en el Cristo, en el cuerpo físico (terrenal).

El Becerro es el guía a través de la jerarquía de Tauro y del elemento tierra. El Becerro es el arquetipo del Cristo en el cuadrante de tierra de los universos del Espíritu-Materia, el Cristo de Alfa-Omega venido en el fóhat (fuego) del El (Elohim). Enseña el mando sobre la forma y la no-forma de la tierra, de la Madre y el Padre en los chakras de la base y de la coronilla, a través de los ángeles devas de la tierra y los elementales de la tierra.

En tercer lugar, amados míos, debéis mostrar el rostro de un *Hombre,* arquetipo del Salvador vivo que salva a los suyos a través de la resurrección del alma para vuestro Dios y mi Dios, vuestro Padre y mi Padre, «vuestra» Presencia YO SOY que es también «mi» Presencia YO SOY;[4] porque «YO SOY EL QUE YO SOY». A través de la Iniciación de la Entrega —la renuncia del yo— vuestra alma dará muerte a la bestia del egoísmo y entrará en la resurrección del Hijo del hombre.

Ser resucitados con él es ser la Mente Crística en el cuadrante de aire. El significado interno de Hombre es aquel que se ha convertido en el átomo Madre con carga negativa. Es decir, el Hijo de Dios (+) que está encarnado en el Hijo del hombre (-) se ha convertido en el arquetipo del ser andrógino (+/-) en la Materia (-). Ser el Hijo del hombre significa mostrar el rostro, la Imagen, del Unigénito de Dios. Ser resucitado con él es resucitar esa Imagen a cuya semejanza fue hecha toda alma viviente. Y toda alma viviente que es vivificada ha de serlo por esa Imagen; y sin esa Imagen no fue hecho nada de lo que fue hecho[5]. Es un engrama impreso en los conos y bastones de la conciencia.

Almas que os movéis hacia la fuente de las aguas vivas del Anciano de Días, sostenidas por el Cristo de Acuario, conoced ese rostro que brilla a través de los profetas y los santos. Estar con él en la resurrección es estar con él en el sepulcro de la Materia para la victoria de la vida sobre el infierno y la muerte, para demostrar a las ovejas perdidas de la casa de Israel que la muerte no es real y que el alma puede trascenderse a sí misma y los ciclos de karma en el tiempo y el espacio mediante el glorioso Espíritu de la Resurrección. Estar con él en el sepulcro es invocar la Llama de la Resurrección con los representantes angélicos de Alfa y Omega que están en el «principio» y en el «fin», en Aries y en Piscis, en la «cabeza» y en los «pies» del cuerpo del Señor.

Estar con el hombre de Piscis, que en vosotros y en Saint Germain se ha convertido en el hombre de Acuario, es descender a los infiernos, al plano astral, para exhortar a esa casa de Israel insolente y dura de corazón; para advertir al maligno que se aparte de su maldad y al hombre justo que se aparte de su iniquidad. Ser el iniciado del Gran Gurú en Acuario, el bendito y amado Saint Germain, el Hijo del hombre en el Hijo de Dios, el maestro ascendido, es enseñar y predicar a todo el cuerpo de Dios durante cuarenta ciclos desde la hora de vuestra resurrección hasta la hora de vuestra ascensión. Es transferir todo el contenido del «rollo de libro» dado a Ezequiel y del «librito» dado a Juan para los niños de Dios en la Tierra[6].

Por tanto, los guardianes de la llama de la libertad Divina en Acuario que deseen resucitar toda la gloria de la persona del Anciano de Días, de su memoria y de la mente de Dios en él, deben ser responsables de todas las enseñanzas de la Gran Hermandad Blanca que ha habido anteriormente en esta dispensación de nuestros dos testigos. Que estudien sabiamente para mostrarse aprobados ante Dios para que puedan recibir, día a día, las iniciaciones del Rayo Rubí. Que consignan la publicación de nuestra Palabra en forma de libro, casete y lección. Que la coman hasta la «amargura» y hasta que les «queme» en el vientre y en las entrañas, hasta que todo el hombre sea hecho integro según el rostro de un Hombre.

El rostro de un Hombre es el guía a través de la jerarquía de Acuario y del elemento aire. Esta imagen del Cristo formada como un Hombre enseña el mando sobre el aire en la forma y la no-forma, del alma en los chakras de la sede del alma y del tercer ojo, a través de los ángeles del cristal terrible y de los Grandes Vigilantes Silenciosos del Ojo Omnividente inmaculado.

En cuarto lugar, amados míos, debéis mostrar el rostro del *Águila voladora,* arquetipo del Gran Regenerador de agua y de tierra, Energía (Espíritu) de Alfa-Omega en la Geometría del El en la Tierra (Materia). A través de la Iniciación de la Abnegación, vuestra alma dará muerte a la bestia de la idolatría hacia uno mismo y el amor propio, y entrará en la ascensión del Águila voladora.

Para estar con él en la ascensión, primero debéis mostraros vivos con él tras vuestra crucifixión y resurrección «por muchas pruebas indubitables... y hablando de las cosas concernientes al reino de Dios». Ser regenerados por él es ser bautizados por el Espíritu Santo. Tomar parte en su ascensión es ser testigos de su ascensión «tanto en Jerusalén como en toda Judea, en Samaria y hasta los confines de la tierra» por el poder del Espíritu Santo.

> Estar con él en la ascensión es seguirle
> desde las tres cruces del Gólgota que cargó,
> hasta la colina de Betania donde llevó
> transparentes vestiduras de luz viva
> y la Nube lo recibió ocultándolo a los ojos de ellos.
> Estar con él en la ascensión
> es quedarse en la Nueva Jerusalén
> hasta que le veáis venir, el Rey de Gloria,
> «tal como le habéis visto ir»[7].

Estar ascendido con él y permanecer, sin embargo, no ascendido, es dar testimonio de las enseñanzas de Cristo, sí, su demostración de la ascensión prometida para el final de esta era a todos los que prediquen su evangelio a todas las naciones y todos los planos del ser. Ascender con él es moverse entre las multitudes con un mensaje de liberación del alma a través de la Luz de la Madre, la luz blanca de sus corrientes ascendentes dentro del cuerpo. Al ascender con ella, con él, «extenderás tus manos, y te ceñirá otro, y te llevará a donde no quieras»[8].

El Águila voladora, arquetipo de la Mujer, es el guía a través de la jerarquía de Escorpio, que enseña a los niños de Dios cómo el sendero de la generación humana se convierte en el sendero de la regeneración divina mediante la elevación de las energías sacras de vida a través de todos los chakras del ser, desde la base de la columna hasta la coronilla.

El Águila voladora es la visión de la Mujer unida al Espíritu Santo, la shakti de Shiva, que enseña a sus hijos la maestría del alma a través del propósito mente única y ojo único: unión con el Yo Divino por medio de la anulación propia del alma en el sendero de la abnegación. La jerarquía de Escorpión a través de los Elohim, los ángeles y los elementales de agua en la tierra enseña la maestría del yo en el cuerpo de los deseos a través del plexo solar y la inmersión propia del alma en el Cristo en el cuadrante de agua, cuya maestría en la Madre es la Palabra hablada con el pleno poder y la plena autoridad del chakra de la garganta. Ascender con Cristo en la Mujer es ser trasladado al reino del Hijo querido del Padre y ser copartícipe de la herencia de los santos que han ascendido en la luz[9].

La ascensión, amados míos, es la meta del Sendero del Rayo Rubí. Pero tenemos muchos pasos que dar hasta ese día y muchos pasos que deshacer según dirijáis, en el nombre del SEÑOR y la jerarquía de sus huestes, el Rayo Rubí hacia los pasos de vuestro karma y de vuestro dharma, que habéis dejado como huellas en las arenas del tiempo y el espacio.

> Algunos de estos los borraréis
> con el fuego violeta de la libertad de vuestra alma
>   en el Espíritu Santo, el Becerro.
> Algunos de estos los trazaréis
> con el relámpago azul de vuestra buena voluntad
>   en el Padre, el León.
> Algunos de estos los aceptaréis
> mediante la llama de la Resurrección,
> de vuestra Palabra interna,
> sometiendo las marcas de vuestras palabras y actos
> al amor-sabiduría del Hijo, el Hombre.
> Pero en el fin de vuestro principio,
> sustituiréis todas esas huellas
> en las arenas del tiempo y el espacio
> con luces saltarinas como linternas de señalización
> para todos los que pasen por allí.
> Y tú, Águila que se eleva a las alturas,
>   recibirás sandalias de luz aladas
> mientras tu alma remonta el vuelo,
> una vez más hacia la tierra

para llevarte a los aguiluchos
   de la Madre
en el pliegue de tu vestidura ascendente.
Entonces, en dirección al cielo, esta ronda final
abrirá la puerta en el cielo
para que otro pueda encontrar lo que tú has encontrado.

YO SOY

Sanat Kumara

Yo he hallado el Camino.
YO SOY el Camino.

Véase Ezequiel 3.

10

El misterio del Cristo interior

Y aconteció que al cabo de los siete días vino a mí palabra del SEÑOR, diciendo:

Hijo de hombre, yo te he puesto por atalaya a la casa de Israel; oirás, pues, tú la palabra de mi boca, y los amonestarás de mi parte.

Cuando yo dijere al impío: De cierto morirás; y tú no le amonestares ni le hablares, para que el impío sea apercibido de su mal camino a fin de que viva, el impío morirá por su maldad, pero su sangre demandaré de tu mano.

Pero si tú amonestares al impío, y él no se convirtiere de su impiedad y de su mal camino, él morirá por su maldad, pero tú habrás librado tu alma.

Si el justo se apartare de su justicia e hiciere maldad, y pusiere yo tropiezo delante de él, él morirá, porque tú no le amonestaste; en su pecado morirá, y sus justicias que había hecho no vendrán en memoria; pero su sangre demandaré de tu mano.

Pero si al justo amonestares para que no peque, y no pecare, de cierto vivirá, porque fue amonestado; y tú habrás librado tu alma.

Vino allí la mano del SEÑOR sobre mí, y me dijo: Levántate, y sal al campo, y allí hablaré contigo.

Y me levanté y salí al campo; y he aquí que allí estaba la gloria del SEÑOR, como la gloria que había visto junto al río Quebar; y me postré sobre mi rostro.

EZEQUIEL 3

Amados que deseáis conocerle tal y como Él es:

El Sendero del Rayo Rubí es la iniciación progresiva del alma en el misterio del Cristo interior. Percibido primero como el Hijo del hombre, reconocido después como el Hijo de Dios, el Cristo que estaba en Jesús ha de ser entendido en última instancia como el denominador común de todo hijo e hija de Dios. Aquello que se ve en él debe verse en vosotros, oh hijos del Altísimo.

Esta es la transición de la infancia a la Filiación. Es la cuestión doctrinal de Cristo revelada en el Aposento Alto a los discípulos durante cuarenta días de comunión, que continuó hasta la hora de su ascensión.

Esta cuestión doctrinal es el cruce de caminos donde muchos abandonan al SEÑOR. Como entonces, hoy también las multitudes se reúnen para que se las alimente de la vid viva, pero no se quieren alimentar de su propia vid e higuera. Por ello, cuando él les dijo, «si no coméis la carne del Hijo del hombre, y bebéis su sangre, no tendréis vida en vosotros», se marcharon y sólo quedaron sus discípulos. Poniendo a prueba sus almas, para ver si ellos también malinterpretaban el misterio de su doctrina, Jesús les dijo: «¿Queréis acaso iros también vosotros?». La respuesta fue: «SEÑOR, ¿a quién iremos? Tú tienes palabras de vida eterna»[1].

De nuevo el cuerpo de Dios en la tierra está dividido. Amplios segmentos de la Cristiandad están sumidos en una idolatría hacia la persona de Jesús, adorándolo a él en vez de al SEÑOR del cielo que habitaba en su interior y, por tanto, en ellos mismos. Esta es la conclusión del Logos —esta transferencia lógica de la luz del único Hijo que ha de ser llevado cautivo a los muchos, y que ha de llevar a los muchos a la cautividad de su Filiación— por la cual todo iniciado del Rayo Rubí debe asumir plena responsabilidad.

Luego están los idólatras del yo que dicen que adoran a Dios donde se encuentran, pero no lo conocen. Estos son los adoradores del ego, que añaden confusión a una ya confundida idolatría. Estos últimos son los de mente carnal, seguidores que no saben que siguen el culto de Satanás. Pero los anteriores son la «buena gente» que, por su mal interpretada dependencia del

Hijo del hombre Jesús, no han asumido la responsabilidad por los peligros de un planeta mediante la independencia en Cristo, el Hijo de Dios.

El Rayo Rubí es el sendero para los devotos que desean caminar por la Tierra como Cristo Jesús, que desean amarse unos a otros como él les ha amado, que desean apropiarse de esa mente que estaba en él, que desean ser perfectos como él lo era. Con sus abundantes buenas obras, estos conocen la gracia del Señor.

Pablo es el gran ejemplo cristiano del chela ungido por el Maestro Ascendido Jesús en su sendero de Cristeidad. Lo ungió como su mensajero en el quinto rayo de la ciencia, la verdad y la curación. Lo envió con su mensaje sobre el misterio de la salvación a «judíos» y «gentiles». Y Pablo predicó el misterio del Cristo interior como «Cristo en vosotros, la esperanza de gloria». Aquellos que no pueden, que no quieren entender este misterio, seguirán siendo bebés en Cristo, en el mejor de los casos. No pueden seguir sus pasos para llegar a ser bodhisattvas, Salvadores del Mundo, espíritus vivificantes.

Venimos, pues, con la plena autoridad de nuestro cargo para desafiar a los falsos Cristos y a los falsos profetas que enseñan la falsa doctrina del Anticristo. Moviéndose entre la congregación de los justos, los han vuelto, como ellos mismos son, farisaicos. Enseñando las santas escrituras por los espíritus de impostores, no tienen ni el Espíritu Santo ni el manto de la autoridad de la Palabra. Y perecerán por el deplorable y empobrecido sentido que tienen de Su poder y Su gloria.

En el nombre del ungido del Señor, nosotros os predicamos el misterio de «Cristo en vosotros, la esperanza de gloria», y convocamos al seminario de los Instructores del Mundo a los fieles y verdaderos estudiantes de la Palabra que tienen la valentía de ser iniciados por Jesucristo como pastores de las multitudes.

Considerad pues, benditos hijos e hijas, estas palabras de Pablo, iluminado por el Espíritu:

«Cristo en vosotros, la esperanza de la gloria», es este Ser Crístico, el Hijo puro de vuestra divinidad regenerada. Es Aquel en virtud de quien predicamos, advirtiendo a todos los hombres y enseñando a todos los hombres toda su sabiduría para que podamos presentar a todo hombre en su propio Ser Crístico, perfecto, para la llegada a su templo de Cristo Jesús.

Vuestro amado Ser Crístico, como Mediador de vuestra Presencia YO SOY, *es* vuestra esperanza de que la gloria de Cristo Jesús pueda llegaros por obras, la labor sagrada de corazón, cabeza y mano (buen karma) y por gracia (la transferencia de luz-energía-conciencia mediante la iniciación del Gurú). Pablo confirmó su participación en la reconciliación, diciendo: «Para lo cual —para cuya perfección, es decir, la perfección de mi ser Crístico— también trabajo, luchando según la potencia de él, la cual actúa poderosamente en mí».

Pablo, el Hijo iniciado, convertido por Jesucristo en coheredero junto a él, trabajó sin embargo esforzándose por la perfección del Cristo mientras ese Ser Crístico realizaba sus poderosas obras a través de él. Así como este Hijo del hombre era uno solo en su Ser Crístico, también era uno solo en Cristo Jesús. La medida de perfección de su Ser Crístico, que exteriorizó día tras día en su alma, fue la misma medida por la cual recibió parte de la divinidad de Cristo Jesús. Él sabía que el proceso de «reconciliación» de judíos y gentiles es el «cambio profundo», o transmutación total, por el Espíritu del Señor, de pecador a santo, de hombre natural a hombre espiritual. Él enseñaba que esta reconciliación del alma con el Espíritu de la Presencia YO SOY ocurre a través de Cristo crucificado en la cruz de Alfa y Omega.

Aprended ahora el verdadero propósito y significado de vuestra meditación sobre el crucifijo, el Hijo del hombre Jesús *fijado* a la cruz en vida y muerte.[2] Sólo a través de Cristo (vuestro propio Ser Crístico) crucificado puede reconciliarse vuestra alma viva con el Espíritu vivificante. La crucifixión es la iniciación en el Sendero del Rayo Rubí por la cual el Hijo de Dios en vosotros da su luz al Hijo del hombre. Este Hijo del hombre se convierte —a través de la resurrección, por Cristo, de Dios dentro de él— en la plenitud de la Divinidad que habita físicamente, alma por alma, en todo el cuerpo de Dios en la Tierra.

Cada vez que la iniciación de la crucifixión es recreada, un alma viva se reconcilia a través de Cristo con el Señor del cielo. La salvación por su «sangre» se produce por la energía del Rayo Rubí, que hasta hoy fluye libremente desde el sagrado corazón de Jesucristo, desde el corazón inmaculado de María, desde el ardiente corazón púrpura de Saint Germain, desde todos los corazones de los santos en el cielo y, de mayor importancia, desde el corazón de vuestro bendito Ser Crístico como la destilación de vuestra propia Llama Trina.

La gran revelación de Pablo fue el misterio del cuerpo de Dios como la verdadera Iglesia interna, la Iglesia Universal y Triunfante. Piedra a piedra, observó el Templo la Hermosa construido con las piedras vivas, devotos convertidos en la Palabra viva por la demostración del camino de la Cristiedad personal.

Pablo experimentó directamente la comunión de los santos en el cielo y los santos en la tierra. Conocía a los santos del cielo como «los santos en la luz». Así describió con precisión a los maestros ascendidos que se le aparecían en sus cuerpos glorificados. Y conocía a los santos no ascendidos de la tierra, tanto dentro como fuera del cuerpo:

> Conozco a un hombre en Cristo, que hace catorce años (si en el cuerpo, no lo sé; si fuera del cuerpo, no lo sé; Dios lo sabe) fue arrebatado hasta el tercer cielo. Y conozco al tal hombre (si en el cuerpo, o fuera del cuerpo, no lo sé; Dios lo sabe), que fue arrebatado al paraíso, donde oyó palabras inefables que no le es dado al hombre expresar.[3]

Pablo dio gracias al Padre, Dios Todopoderoso individualizado en su amada Presencia YO SOY, que nos hizo a nosotros santos en la «oscuridad», portadores del Karma en la tierra, aptos para participar de la herencia de los santos en la «luz», en el cielo. Esta herencia de los maestros ascendidos es compartida por sus chelas (los discípulos no ascendidos de Cristo) como la comunión del cuerpo del SEÑOR. Cada maestro ascendido que se haya convertido en el Padre, el Hijo y el Espíritu Santo encarnado por la intercesión del Cordero encarnado, sostiene la luz de la Trinidad como su propia herencia que, entonces, por la autoridad de su propia Filiación, él transfiere a los discípulos de Cristo a través del ritual de iniciación. La herencia de cada maestro ascendido se guarda como sus «tesoros en el cielo». Es la luz de su conciencia Crística acumulativa, la ganancia neta del pensamiento y sentimiento, palabra y acto puro almacenado en las grandes esferas (las muchas mansiones) de su cuerpo causal.

Esta luz es el «cuerpo y sangre» de Cristo, la comunión del SEÑOR, entregada primero por él a los maestros ascendidos cuando aún no habían ascendido, ahora entregada por estos a sus discípulos. La «sangre» de Cristo es el Espíritu de su Mente, Conciencia: Alfa (+); y su «cuerpo» es la Energía y Luz de su Palabra manifestada: Omega (-). El Espíritu Santo siempre se manifiesta en esta polaridad masculina-femenina de Alfa y Omega, Espíritu-Materia, apareciéndose a los apóstoles como una llama con una lengua hendida, una llama indivisa como los dos en Uno.

La comunión de los santos es la participación de los espíritus vivificantes en la asimilación de la Palabra de Cristo —del Padre en el Hijo, es decir, de la Amada Presencia YO SOY en el Bendito Ser Crístico— como un solo cuerpo en el cielo y en la tierra, a través del Espíritu Santo. Es la participación de los maestros ascendidos y sus discípulos no ascendidos en Cristo, el Instructor (la Persona, la Encarnación de Dios, de ahí *el Cuerpo*) y, en Cristo, la Enseñanza (el Principio, la Esencia-Energía, de ahí *la Sangre*).

Yo, el Anciano de Días, os declaro que quienquiera que niegue esta comunión de los santos es Anticristo y no tiene ni el Cuerpo ni la Sangre de Jesús. Y quienquiera que me niegue será negado por Él; y quienquiera que niegue a la mensajera de mi Palabra será negado por Él. «El que a vosotros recibe, a mí me recibe; y el que me recibe a mí, recibe al que me envió… Y a cualquiera que me niegue delante de los hombres, yo también le negaré delante de mi Padre que está en los cielos»[4]. Y serán arrojados a las tinieblas de afuera (fuera de la comunión del Cordero con sus santos) donde hay llanto y rechinar de dientes; puesto que no han venido, no serán llamados a la cena de las bodas del Cordero de la que participan todos los hijos-siervos ascendidos y no ascendidos.

Que quienes deseen permanecer dentro del círculo santificado del Gurú y el chela se deshagan de las vestiduras desgastadas y anticuadas de los cultos de Canaán y entren en el Sendero del Rayo Rubí como yo, el Anciano de Días, faculté a Jesús para que lo enseñara.

Volvamos una vez más a la experiencia del Hijo del hombre Ezequiel, que encarnó la ley de la autotrascendencia del Yo para la casa de Israel. Él es el hombre espiritual que ha desbancado al hombre natural a través de la crucifixión, y llevó en su cuerpo los pecados de Israel «trescientos noventa días». Todos los que tomen la cruz rubí para seguirme a diario por el camino de la regeneración deben estar dispuestos a llevar una cantidad de karma planetario así como de karma personal. Esto, amados míos, lo haréis como siempre lo han hecho los santos, mediante la llama violeta transmutadora, el fuego omniconsumidor del Espíritu Santo.

Fijaos bien, amados míos, en el proceso —el ritual sagrado— del Sendero del Rayo Rubí a medida que su ardiente espiral se despliega en la vida de Ezequiel. Quinientos años antes del nacimiento del Mesías, Ezequiel era un sacerdote, hijo de Buzí, en la tierra de los Caldeos (Babilonia). Fue el sacerdote que se convirtió en profeta, y su encargo hacia toda la casa de Israel comenzó con la aparición de la Presencia YO SOY y las Cuatro Fuerzas Cósmicas. Antes de que su misión fuera realizada, él mismo experimentaría el ponerse las cuatro caras de Cristo que se le aparecieron. La aparición del SEÑOR a Ezequiel es un ejercicio de Su libre albedrío para entrar en el tiempo y el espacio en lo que el hombre moderno llamaría una excepción a las leyes de la ciencia material. Ciertamente esta aparición no estaría sujeta a la prueba empírica de la ciencia material; pero con la misma certeza es totalmente verificable en la prueba empírica de la ciencia espiritual, demostrada diariamente por almas que son de la luz.

El SEÑOR eligió revelarse a Ezequiel como el Creador, quien había creado todas las cosas para su deleite, como el Conservador y como el terrible Destructor. Se mostró como el único Jehová, el fuego sagrado impersonal a la vez que la Presencia personal que caminaba y hablaba con él como amigo, como instructor, como Dios mismo.

Yo era esa Presencia Divina para Ezequiel. Yo le di el encargo de ser Vigilante de la Palabra, y YO SOY el que está aquí hoy con todo el fuego del Sanctasanctórum para consumir todo lo que se oponga al YO SOY EL QUE YO SOY y para devorar a los enemigos de la Palabra encarnada. Así, aparté para Ezequiel la ley natural por la que el hombre natural se autogobierna y se autolimita, y le presenté la ley espiritual por la que el hombre espiritual siempre se autogobierna y se autolibera desde su Yo.

El alma viva Ezequiel, testigo osado y devoto de este fenómeno de Espíritu-Materia, me respondió con el ejercicio de su libre albedrío. Aceptó de mí el Llamado, el Encargo y la Alianza, aunque, como escribió, «en amargura, en el ardor de mi espíritu». De este modo describió aptamente, aunque sin entenderlo completamente, el «calor» alquímico de la transmutación, que también observó Pedro, que fue testigo de «los elementos» de la resistente y recalcitrante conciencia humana que se derrite con el «calor ferviente», el fuego sagrado del Espíritu. Y la amargura en él fue como la experiencia de Juan después de tomar y comer «el librito» que recibió como Ezequiel recibió «un rollo de libro» del ángel del SEÑOR. La amargura en el vientre (el chakra del plexo solar, sede del cuerpo de los deseos) es el símbolo alquímico de la transmutación del deseo humano en el deseo Divino, un requisito para todo el que desea volver a entrar en la Escuela de Misterios.

Durante cada ritual sucesivo del Sendero del Rayo Rubí en que se produce una repentina aceleración de luz en los cuatro cuerpos inferiores y una repentina quema de los efluvios humanos, durante un instante, sólo un instante, el Hijo del hombre reza a menudo al Anciano de Días con las palabras de Jesús, «Padre, si quieres, pasa de mí esta copa; pero no se haga mi voluntad, sino la tuya»⁵.

Dirigiendo mi Presencia a través de su Presencia individual YO SOY, calmé el alma de Ezequiel mientras pasaba por esta prueba de fuego y sintió la mano fuerte del SEÑOR sobre él. Y se sentó a orillas del río Quebar permaneciendo entre los hijos del cautiverio siete días «atónito», el alma viva acompañada por el Señor del cielo, absorbiendo en siete días los siete rayos de la conciencia Crística gracias al Espíritu del SEÑOR. Este es el período en el que se come la carne del Cristo y se bebe su sangre. Es un intervalo de asimilación, la asimilación de la conciencia Divina para la obra que el Señor ha de realizar a través del alma a la que él unge con fuego sagrado.

Vosotros, amados míos, tendréis muchos intervalos así, algunos en el ayuno, otros en la comida; algunos en la meditación quieta y otros en el calor de la acción, continuando con la sagrada labor de la Palabra. Estos intervalos son para ponerse la espiral de la ascensión, incremento a incremento, espiral a espiral. Cada una de ellas es una iniciación claramente marcada, designada individualmente para vuestra alma.

Una característica de los iniciados de este sendero es que pierden la percepción objetiva del yo inferior al quedar absortos en el Yo Superior y sujetos a él. A menudo sus percepciones de la Luz interior son inexistentes, pues a la vez están en el centro de su fuego sagrado envolvente y, al mismo tiempo, tienen una aguda conciencia, en contraste, de los elementos del karma personal en proceso de derretimiento en su llama omniconsumidora, un fuego blanco incandescente para la disolución de mundos dentro de mundos.

Mientras permanecen dentro de la columna de la Presencia ardiente del SEÑOR, las bestias erróneas e ilusorias del karma planetario surgen amenazadoramente. Y la Palabra de los iniciados es como la Palabra del profeta. Como una lengua de fuego, arremete para ¡desenmascarar y consumir!, ¡desenmascarar y consumir!, desenmascarar y consumir todo lo que no es como ella misma. Verdaderamente es la llama de la Madre defendiendo a sus hijos.

A los que no están familiarizados con el fenómeno del Hijo del hombre caminando por la Tierra como el Señor del cielo, tales manifestaciones les parecen excéntricas, egocéntricas y en su conjunto amenazadoras para su existencia sensual y sensorial.

Si deseáis recibir el don de la profecía del Espíritu Santo, debéis estar dispuestos a ser como los profetas, siendo elevados por el Espíritu y arrebatados por las alas de las criaturas vivientes que emiten el sonido del Tai chi giratorio, y las ruedas que emiten el sonido de vórtices de luz giratorios, y el gran estruendo del YO SOY EL QUE YO SOY en vosotros.

Si deseáis conocer el don concedido a los profetas y que ahora se ofrece a los santos, por el cual vosotros, amados míos, podéis convertiros en los instrumentos de exhortación, juicio, desenmascaramiento, como verdaderos instructores de la Enseñanza, entonces pedid que las iniciaciones que di a Ezequiel os sean dadas a vosotros, paso a paso. Y el fuego que se envuelve a sí mismo descenderá del Anciano de Días, de Gautama Buda, del Señor Maitreya, de Jesucristo, a través de las llamas gemelas y los cuerpos causales gemelos de nuestros dos testigos, pasando por vuestra propia Presencia YO SOY y vuestro Ser Crístico para ser entregado a vuestra alma a través de la Llama Trina, tres Personas-Principios de la Trinidad ardiendo en el altar de vuestro corazón.

YO SOY

Sanat Kumara

Espero vuestro llamado, la convicción de vuestro corazón, la confesión de vuestra boca y el compromiso de vuestra alma con la obra del SEÑOR que es su Palabra en Acuario.

Véase Ezequiel 3, 4; Miqueas 4:4; Juan 15:12; Filipenses 2:5; Mateo 5:48; 1 Corintios 3:1; Colosenses 1; 2:9; Romanos 8:17; Mateo 6:19-21; Hechos 2:3; Mateo 22:13; Apocalipsis 19:9; Mateo 19:28; Apocalipsis 4:11; 2 Pedro 3:10; Ezequiel 2:9, 10; 3:1, 2; Apocalipsis 10:8-10.

El horno de fuego ardiendo de la Cruz Rosa

Las Iniciaciones Cuadrangulares y los Cuatro Iniciadores
en el Sendero del Rayo Rubí

11

La revelación de la ciencia sagrada de la aceleración del alma hacia Dios

Hijos de Dios en Cristo:

«Y por cuanto sois hijos, Dios envió a vuestros corazones el Espíritu de su Hijo, el cual clama: ¡Abba, Padre!»[1]. Puesto que sois hijos, tenéis el don de la Llama Trina de la vida dentro de vuestro corazón. Y puesto que tenéis el don de la Llama Trina dentro de vuestro corazón espiritual, que está «detrás» de vuestro corazón físico, Dios puede enviaros el Espíritu de su Hijo a vuestro corazón. Los que no tienen la Llama Trina no pueden recibir el Espíritu del Hijo, ni pueden recibir el Espíritu del Padre.

¿Cómo es que Pablo oyó a la Persona del Hijo clamar, «Abba, Padre»? Porque él era el Hijo del hombre en quien moraba el Hijo de Dios. Conocía íntimamente al Ser Crístico y el cargo de este Hijo de gloria que está dentro del corazón como Mediador, reduciendo las terribles vibraciones del «cristal terrible» para que los hijos de la luz puedan comer el «pan», sustancia de Vida, y vivir. El santísimo Ser Crístico repite el nombre de Dios YO SOY EL QUE YO SOY, llamando al SEÑOR día y noche. YO SOY EL QUE YO SOY es su nombre y su Palabra. Contemplad al Ser Crístico, el sostenedor de la luz YO SOY, la gloria Shekinah, de la Persona del Padre en los hijos adoptados.

El Espíritu del Hijo es el principio vital dador de vida del unigénito de Dios. El Espíritu del Hijo es el aliento de fuego sagrado de Amor exaltado. El Espíritu del Hijo es la esencia primordial de vuestra Divinidad. Su descenso al templo vivo del hombre es el fenómeno del ser incorpóreo, el Yo Superior, que entra y posee al ser corporal, el yo inferior, mediante la adopción y adaptación libremente elegidas tanto por el alma como por el Dios Padre-Madre. El Espíritu del Hijo es la luz activadora, el principio del despertamiento, el que vivifica de la muerte a la Vida.

Pablo rezaba para que los santos pudieran andar como es digno de la Presencia YO SOY agradando en todo a su Palabra, siendo fructíferos, es decir, multiplicando su Presencia, con toda buena obra y creciendo en el conocimiento de la Presencia Divina. Rezaba por su fortalecimiento con todo poder. Era la Poderosa Presencia YO SOY la que facultaba a Pablo. Él lo supo, lo vio, se convirtió en ello. Vio este glorioso poder presente como el poder del Padre. Su resplandeciente luz en el rostro de un Hombre, Cristo Jesús, iba delante de él, ciudad tras ciudad, predicando el poder del reino de Dios venido súbitamente a su templo.

De igual forma irá el rostro de un Hombre delante de vosotros, hijos e hijas del Rayo Rubí. Mi rostro estará sobre el rostro de mi mensajera en la llama de la Madre como el Águila voladora, y veréis el rostro del Señor Gautama en la Persona del Becerro, y el rostro del Señor Maitreya en la Persona del León, y el rostro de Jesucristo en la Persona del Hombre. No os sorprendáis. Porque aunque hablo figuradamente y aunque la Palabra de Dios está escondida en un misterio, aquellos que la experimentan, la experimentan de una manera literal y real.

Amados míos, YO SOY el que os desvela la ciencia sagrada de la aceleración del alma hacia Dios. ¿Pueden las múltiples espirales de la conciencia cósmica desenrollarse tan fácilmente, párrafo tras párrafo? Os digo que no. Sólo en vuestra profunda meditación y en vuestro anhelo por cumplir la voluntad de Dios —tan intensamente como para consumir todos los demás anhelos— os puedo dar a conocer qué es esa esencia destilada del vino del Espíritu, gota a gota.

Los maestros ascendidos conocen el camino. La meditación sobre su Palabra conduce al camino que YO SOY. Y no hay ningún otro cimiento asentado más que la Palabra de Cristo para la construcción de la Gran Pirámide, para la construcción del Templo la Hermosa.

Los maestros ascendidos son aquellos que os han precedido en el Sendero del Rayo Rubí. Son las almas que eligieron en la Tierra convertirse en espíritus vivificantes, y por ese motivo se aceleraron hacia la luz del YO SOY EL QUE YO SOY. Son los maestros que han ascendido a la luz blanca porque han acelerado su destino de fuego prestablecido. Conocen el camino de la adopción de hijos. Preguntadles y os lo dirán.

Ellos también «hablan de la sabiduría de Dios en misterio, la sabiduría oculta, la que Dios predestinó antes del mundo para nuestra gloria». Aquellos que han trascendido el tiempo y el espacio hablan desde la matriz de una Palabra trascendente. Mientras estuvieron con vosotros cumplieron con su papel como portadores de la imagen de Cristo en la tierra. Ahora se han convertido en los portadores de la imagen de lo celestial para vosotros. ¿Podéis verlos? ¿Los veis? Son vuestros hermanos y hermanas de la luz trascendente. Son trasladados al reino, la conciencia superior, de su querido Hijo que es la imagen del Dios invisible, el primogénito, el unigénito, el Ser Crístico de toda criatura, todo niño de Dios.

Enoc era el Hijo del hombre porque su alma eligió tras numerosas encarnaciones, en este y otros hogares estelares, convertirse en el arquetipo cuádruple. Llevó el título de Hijo del hombre como alguien que ocupó el cargo y llevó el manto de Cristo. Habiéndose cumplido todas las cosas, el SEÑOR se lo llevó al núcleo de fuego blanco del ser. Yo estaba presente en el momento de su ascensión. Y hasta este momento todo hombre, mujer y niño del planeta recibe el ímpetu de aquella ascensión y conserva su recuerdo impreso en su alma.

Y la promesa del SEÑOR a todo hijo, a todo niño y a todo hombre-niño es esta: «Así como tomé a Enoc, habiendo él realizado el Sendero de la Cruz Rubí, te tomaré a ti para mí, oh mi alma viva, cuando hayas realizado el evangelio del amor cuadrangular. Amar y amar, amar y amar en el nombre del Padre y de la

La revelación de la ciencia sagrada 81

Madre, en el nombre del Hijo y del Espíritu Santo, este es el camino del Rayo Rubí. Caminad por él».

Si deseáis conocer los requisitos de mi camino, amados, estudiad la Palabra de aquel que halló el camino, se convirtió en el camino, y declaró: «YO SOY el camino». Luego leed los cuatro evangelios de las Cuatro Fuerzas Cósmicas y aprended los requisitos, todos cumplidos en Jesucristo, de quien ha de portar el cargo del Hijo del hombre que viene con la autoridad del Hijo de Dios. Porque debéis ser siervos rectos del YO SOY EL QUE YO SOY, predicadores e instructores del mensaje de vuestra Presencia YO SOY Amada para las naciones, que siempre aparece con la identidad del Cristo manifestado en vosotros. Este Cristo es «inmolado desde el principio del mundo»[2]; pero por ser él inmolado, vuestra alma se levantará de nuevo. Su mensaje es rechazado por todos excepto por los hijos elegidos, aquellos que eligen ser la Palabra, aquellos a quienes Dios elige para que sean la Palabra.

¿Sabíais, amados míos, que no basta con que el alma elija ser Dios? El Espíritu también debe elegir. Estas son las dos partes, sí, los socios, necesarios para el contrato matrimonial. El velo nupcial del alma es la vestidura sin costuras, el atavío, vuestro Cuerpo Solar Inmortal. Y cuando llegue la hora de vuestra ascensión, lo habréis tejido, hilo a hilo, a partir de la llama de la Madre elevándose en vosotros, a partir de su corriente de la ascensión. Los hay que eligen ser Dios gritando «SEÑOR, SEÑOR», con los labios, mientras sus corazones están lejos de él.

Enoc vio a los Vigilantes, que cayeron de la gracia hace tanto tiempo, tentar a toda la raza humana e interponerse en su camino para llegar a ser la Raza YO SOY. Ahora, en los últimos tiempos, claman pidiendo misericordia, pero no se da misericordia alguna. Porque Enoc, el séptimo desde Adán, escribió sobre su historia, sobre su infamia y su juicio; y hablaremos de ellos en una *Perla de Sabiduría* más adelante. Pero ahora sed conscientes de que aunque clamaron pidiendo misericordia e incluso buscaron a Enoc para que intercediera por ellos, el Todopoderoso rechazó a sus personas igual que ellos habían rechazado el descenso de la Persona de Cristo, el Espíritu del Hijo del Señor.

Y así está escrito en el Libro de la Vida que el Señor Dios ha rechazado de manera constante formar una alianza de redención con estos Vigilantes que han atormentado a la gente que mora en la Tierra. Esto es el ejercicio del libre albedrío de Dios, denegar el don de sí mismo como Padre, Hijo y Espíritu Santo. Y algunos han declarado equivocadamente, por una interpretación errónea de la doctrina de Cristo, «hemos pecado, pero Dios *debe* perdonarnos». Amados, está escrito de forma clara que la progenie del maligno, como la cizaña sembrada entre el buen trigo, no es perdonada, sino que en el momento de la cosecha es cosechada por los ángeles, atada en manojos y quemada en el fuego sagrado; es decir, devueltos al núcleo de fuego blanco del Gran Sol Central para la disolución de los mundos del no-ser, la no-identificación con el León, el Becerro, el Hombre y el Águila voladora.

La misericordia es un don dado libremente y recibido libremente. Pero no es un derecho. Es un privilegio del que disfrutan aquellos que mantienen una alianza con su Hacedor y una comunión con los santos. Es un privilegio que puede ser suspendido cuando se abusa de él o se utiliza mal. Por tanto, no consideréis que la gracia de Dios esté garantizada. Porque con su libre albedrío él puede perdonar o no perdonar, puede dotar o no dotar con el don de la vida eterna a aquellos que se dirigen a él clamando, «Señor, Señor». La vida, incesante, continuará, amados míos, pero las partículas en la corriente pueden ser creadas, recreadas o «descreadas» de acuerdo con el libre albedrío del Padre y de sus Hijos adoptados.

La repentina e inesperada venida del Hijo del hombre, como el relámpago que sale del oriente y brilla hasta el occidente, muestra la completa independencia de Dios Todopoderoso con respecto a la tiranía que desea imponer sobre él una generación idólatra por medio de su falsa doctrina y dogma. No, no porque las almas griten, «Señor, Señor», repitiendo las escrituras una y otra vez desprovistas de Espíritu y significado, vendrá repentinamente el Señor, el YO SOY EL QUE YO SOY a quien buscáis, a su templo, sino porque él lo habrá ordenado. Y ese día reconoceréis a la mensajera de mi alianza en quien os deleitáis como la manifestación de mí mismo.

Mi mensajera me prepara el camino, pero yo ocupo el templo de mi mensajera. Esto también es el misterio del Dios interior. Y así, os revelo la propiedad del Anciano de Días sobre todas las almas al servicio de la luz. YO SOY el poseedor de Dios en vosotros. YO SOY ese Dios dentro de vosotros. Por libre albedrío se producen mis idas y venidas en vuestro templo.

Algunas veces hablo directamente a vuestra alma. Pero a menudo, cuando no me oís, pronuncio mi palabra de amor a través de mi mensajera debido a vuestra condenación hacia vosotros mismos. También doy mi reprimenda a través de mi mensajera debido a vuestra satisfacción con vosotros mismos y a los exiguos estándares de armonía en vuestra vida que no son adecuados para contener la plena armonía, con todos sus maravillosos acordes, de la alianza de la Ley. Una verdadera sinfonía de luz, sonido y color gobierna el intercambio del alma con el Espíritu y del Espíritu con el alma, que siempre se produce a través del Hijo de Dios. No existe ningún otro modo por el cual el alma pueda relacionarse con el Espíritu excepto por el Yo que es Cristo.

YO SOY el que ha venido para enseñaros a ser ese Cristo. YO SOY el Instructor y la Enseñanza. Deseo conferiros el manto tan usado por los maestros del Rayo Rubí.

YO SOY Sanat Kumara. YO SOY el que abre una puerta en el cielo de vuestro Cuerpo Causal. Entrad y conoced al Señor vuestro Dios,

YO SOY EL QUE YO SOY

Véase Colosenses 1; 1 Corintios 15:49; Juan 14:6; Mateo 7:21-23; 13:24-30; 24:27; Malaquías 3:1.

«¡Ocupaos entre tanto que vengo!»

EL LEÓN
El "ION de Luz"
El YO SOY de Omega con la carga negativa

El que muestra el camino del Espíritu Santo Demostrador del sendero del Servicio mediante la maestría del cuerpo en el cuadrante tierra	El que muestra el camino del Padre Demostrador del sendero del Sacrificio mediante la maestría de la memoria en el cuadrante fuego
EL BECERRO El Cristo de Alfa-Omega venido con el fóhat (fuego) de EL (Elohim)	Arquetipo del Cristo crucificado	Arquetipo del Gran Bautizador con agua y con fuego	**EL HOMBRE** El Átomo Madre con la carga negativa
	Arquetipo de la Mujer, Gran Regeneradora de agua y de tierra	Arquetipo del Salvador vivo, que salva a los suyos mediante la resurrección del alma	
El que muestra el camino de la Madre Demostrador del sendero de la Abnegación mediante la maestría del deseo en el cuadrante agua	El que muestra el camino del Hijo Demostrador del sendero de la Entrega mediante la maestría de la mente en el cuadrante aire

EL ÁGUILA VOLADORA
La Energía (Espíritu) de Alfa-Omega
en la Geometría de EL en la tierra (Materia)
Las Cuatro Personas de la Cristeidad Cósmica
Véase Ezequiel 1:10 y Apocalipsis 4:7

Cargos ocupados por las Cuatro Fuerzas Cósmicas
en el Espíritu y por los Hijos y las Hijas de Dios en la
Materia hasta la venida del S{\scriptsize EÑOR}

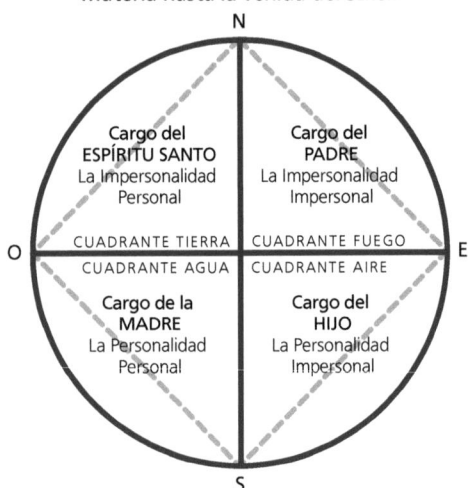

Cimientos de la Ciudad Cuadrangular
Las cuatro columnas del Templo llamado La Hermosa del alma

12

∞

Un libro sellado con siete sellos

> *Y vi en la mano derecha del que estaba sentado en el trono un libro escrito por dentro y por fuera, sellado con siete sellos.*
> *Y vi a un ángel fuerte que pregonaba a gran voz: ¿Quién es digno de abrir el libro y desatar sus sellos?*
> *Y ninguno, ni en el cielo ni en la tierra ni debajo de la tierra, podía abrir el libro, ni aún mirarlo.*
> *Y lloraba yo mucho, porque no se había hallado a ninguno digno de abrir el libro, ni de leerlo, ni de mirarlo.*
> *Y uno de los ancianos me dijo: No llores. He aquí que el León de la tribu de Judá, la raíz de David, ha vencido para abrir el libro y desatar sus siete sellos.*
>
> APOCALIPSIS 5:1-5

Amados que sois del León de la tribu de Judá
y que conocéis la Raíz de David como el Cristo vivo:

Mirad, viene a vosotros, oh hijos del Dios Altísimo. Mirad, está en medio de vosotros y YO SOY el que está en medio de vosotros, y somos uno en el León, el Becerro, el Hombre y el Águila voladora.

El libro es el libro del Cristo vivo. Los siete sellos sellan las siete esferas de la conciencia del Cristo Cósmico que son suyas para transferírselas, mediante el sendero de iniciación en el Rayo Rubí, a los hijos e hijas de Dios. No podéis recibir estas iniciaciones a no ser que lleguéis a ser como un niño pequeño, y entonces el niño pequeño escoge convertirse en el Hijo Varón, aceptando el don de Filiación ofrecido de acuerdo con las alianzas del Dios de Israel.

Por consiguiente, yo, el Anciano de Días, me he dilatado en los misterios de la Filiación antes de proceder con la comprensión de la apertura del libro y la apertura de los siete sellos. Los siete sellos están sobre los siete planos del cielo y las siete esferas del Cuerpo Causal Universal de Dios y en los cuerpos causales individuales de aquellos que eligen ser Dios porque son de Dios. Los siete sellos sellan el sendero de iniciación y la luz del Cristo Cósmico para todos excepto para los verdaderos herederos de la luz blanca de la ascensión, porque se han sometido al horno de fuego de la Cruz Rosa y a las iniciaciones cuadrangulares y a los cuatro iniciadores del Sendero del Rayo Rubí. Ellos son quienes para nuestro Dios son hechos reyes y sacerdotes, y reinarán en la tierra como en el cielo.

Ningún hombre es considerado digno de abrir y leer el libro, ni de mirarlo, salvo el Hijo Varón vestido completamente con la luz del Anciano de Días y el descenso de esa luz a través del orden progresivo de la revelación jerárquica. La Raíz de David es la descendencia directa del ser Crístico marcada por los siete planos del cielo, las siete esferas del cuerpo causal y los siete chakras en el cuerpo de Dios. El libro de siete sellos es el registro de la Gran Pirámide de la Vida de la cual cada Hijo individual hecho Cristo es a la vez el todo y la parte, el Todo en el todo, la geometría de la Pirámide y una única y vigorosa piedra dentro de ella.

La descendencia directa desde el gran trono blanco hasta el alma-santo que se mueve en el tiempo y el espacio es una espiral de siete niveles, extendiéndose desde la tierra al cielo y desde el cielo a la tierra. El cuarto nivel es la luz mística en el centro de la Pirámide, la llama en el corazón de la Gran Pirámide de la Vida que es la espiral interna del hombre y la mujer encarnada. El cuarto nivel es el punto de integración donde la multiplicación de la conciencia inferior realiza la individualidad en Cristo. Sin las iniciaciones del Rayo Rubí en la Cámara del Rey, el Sanctasanctórum de la Gran Pirámide de la Vida, no hay transición desde la base de la Pirámide hasta el ojo omnividente de Dios.

El cuarto nivel es la esmeralda del cuarto cimiento de la Ciudad Santa y la cuarta piedra, la esmeralda, del pectoral de Aarón. Ahora sabéis por qué YO SOY la esmeralda.

Sopesad bien y adoptad mis palabras que hasta aquí os he revelado en estos discursos sobre la apertura del séptimo sello. Porque en ellas he colocado las claves para la reunión mística de vuestra alma con el Espíritu vivo. Todo eso debe preceder a la apertura de los seis sellos y del séptimo sello de vuestra propia Pirámide de la Vida.

Estoy en medio de la Tierra, en el corazón de los Profetas y los santos. YO SOY el poderoso liberador de las siete esferas de vida inmortal por las cuales los que aún están atados por la ley mutable serán desatados por la ley inmutable. Y los mortales cuyo origen está en Dios se pondrán la inmortalidad, y esa carne y sangre que es corruptible será transformada para compartir la herencia del Incorruptible.

Que todos cuenten con la llama blanca de la Madre y con el horno de fuego al rojo vivo. Que todos hagan caso de la Palabra de mi hijo Serapis, que entrega el mandato de la espiral de la ascensión y de la espada de la ascensión. Su Palabra es la Palabra de oro para la era de oro. Él es el ángel poderoso que proclama con fuerte voz: «¿Quién es digno de abrir el libro y desatar sus sellos?». Y la respuesta que le doy a él es la respuesta que le doy a los siete chohanes: «He aquí, tú eres digno porque YO SOY digno, porque tú eres yo mismo en los siete planos del ser».

Así, el orden de la jerarquía del Anciano de Días es revelado y los siete Hijos de Dios, los Señores de los Rayos, se convierten en los iniciadores en mi nombre, en el nombre de Jesucristo, del Hijo del hombre en vosotros, Guardianes de la Llama de Vida. Y todos los maestros ascendidos de la Gran Hermandad Blanca que han seguido el camino, la verdad y la vida del logro de Cristo Jesús ocupan el cargo del Hombre: el Hijo del hombre que se ha convertido en el Hijo de Dios. Porque él ha elegido hacerlos ya no siervos, sino amigos y, si amigos, entonces iguales, coherederos, cocreadores con él.

Verdaderamente se han convertido en el Hijo de Dios. Su luz es el brillo del sol al mediodía. Cualquier denominación inferior es la blasfemia de negar todo el poder en el cielo y en la tierra de Jesucristo para transferir la plena e igual Filiación a los hijos e hijas de Dios. Él, el primer fruto y el Espíritu vivificante, se ha convertido en el Todo-en-todo en toda descendencia piramidal y en el linaje de la Gran Pirámide de las vidas.

Nosotros echamos a los demonios y a los lobos con piel de cordero que han entrado en el Templo la Hermosa del alma y han negado ahí el testimonio vivo de la vida abundante de Jesucristo en la persona de todos los hijos e hijas de Dios que han sometido, total y absolutamente, su ser al ser de él. Así, los siete chohanes junto con el Maha Chohán, el representante del Espíritu Santo, prestan servicio con los Instructores del Mundo, Jesucristo y San Francisco, conocido hoy como el Maestro Ascendido Kuthumi. De este modo el Salvador ha elegido compartir su cuerpo y su sangre con Francisco en la Tierra mediante la visita del serafín con los estigmas, rito supremo de Cristo crucificado en el cuerpo, el alma, el corazón y la mente, sí, en la carne y la sangre de Francisco. Él, que le concedió en mi nombre el honor de la representación de la crucifixión, la cual fue en él corporalmente, le ha concedido así en el cielo la misma unidad corporalmente.

Esta unidad se consigue con amor, amor que se sacrifica a sí mismo, amor abnegado, un amor que camina diariamente en la orden de San Francisco por el sendero de la entrega y el servicio mediante los votos de obediencia del corazón, castidad de la mente y pobreza del alma. Por tanto, el lado este de la Ciudad Cuadrangular y sus tres puertas son sostenidas por los maestros ascendidos en nombre y para sus chelas no ascendidos, los discípulos encarnados de la Cristeidad, los peregrinos de paz, verdad, libertad e iluminación, cuyo emblema es la Cruz Rosa.

He aquí, el León de la tribu de Judá, el Gran Iniciador, el Gurú, el Padre, la primera y la última encarnación del Instructor y la Enseñanza. Con él están los bodhisattvas de Oriente y Occidente, los sostenedores de la luz del corazón. Son los Guardianes de la Llama del Cristo interior del corazón que entonan el cántico «Abba, Padre» en los muchos lenguajes de la Palabra y en las lenguas de los ángeles. Así como los maestros ascendidos sostienen la imagen del Cristo como un rostro de Hombre en las almas del cuerpo de Dios, los que están llegando a ser Budas y los iniciados de la Diosa Blanca sostienen la imagen del León como el que define y el que refina los fuegos sagrados del corazón.

El León de la tribu de Judá es el Cristo, el Gran Iniciador en medio de vosotros, sin el cual no hay sendero. Así como los maestros ascendidos, que prestan servicio con el Salvador Jesucristo, abren los siete sellos en el nivel del alma —la conciencia solar— de la identidad individual, los ungidos en el sendero del Cristo Cósmico y los Budas planetarios abren la puerta del corazón a aquellos que pasan las iniciaciones de los siete chohanes, el Maha Chohán y los Instructores del Mundo dentro de la sede del alma.

> Mediante el ritual del devenir, oh alma mía,
> mediante el ir y venir de las Cuatro Fuerzas Cósmicas,
> te pondrás la vestidura de los santos vestidos de blanco
> y entrarás en la comunión del corazón
> que conociste antes de que descendieras de la gracia,
> la Gran Rebelión y la Caída.
> Ponte ahora el vestido de boda,
> prepárate para encontrarte con el Todo-en-todo.

Todos aquellos descritos por el mensajero angélico de Jesucristo que habló a Juan y le dio el Libro del Apocalipsis de los siete sellos, todos aquellos vestidos de blanco reunidos alrededor del trono del Cordero y bajo el altar de la Llama Trina son los iniciados del Rayo Rubí cuyos nombres están escritos en el Libro de la Vida, que día a día consiguen la victoria sobre la bestia por la sangre del Cordero y por la Palabra del testimonio de ellos.

Conocen la Raíz de David. Conocen a su alma, que se ha convertido en el Espíritu vivificante, el Salvador del mundo para judíos y gentiles. Conocen al León de la tribu de Judá como el Gurú en el Edén que ha vuelto para iniciarles en los misterios del

Cristo interior. Este Padre Maitreya, este Hijo Jesús, son uno solo. Mirad, yo y el Padre uno somos.

Ninguna argumentación ni lógica carnal puede negar la unidad del Señor vivo en manifestación. Porque él lo ha ordenado y es así por la Lógica de su Palabra. Y lo que es, es. Y lo que es real, es real. Y ninguna doctrina o dogma falso puede refutar al Cristo Cósmico en manifestación en el corazón del iniciado.

He aquí, YO SOY Sanat Kumara. YO SOY la intensificación del Rayo Rubí dentro de vosotros, amados míos. Y cuando el hijo Serapis proclamó con voz fuerte, «¿quién es digno de abrir el libro y desatar sus sellos?», he aquí, yo contesté, «YO SOY digno. Y porque YO SOY digno, tú eres digno, oh hijo mío». Por tanto, Serapis abre el libro sobre la ley de la ascensión en la piedra imán de la Madre. Escuchadle bien. Porque hay aperturas y aperturas. Hay sellos y sellos. Hay velos y velos. Y tú, oh alma, oh iniciado, debes quitar los velos de ilusión, los sellos de tu karma, que te han sellado efectivamente fuera de la Sala del Gran Trono.

Hay puertas de orgullo que forman barricadas causadas por la rebelión y que aprisionan de forma efectiva la individualidad. Por tanto, los maestros ascendidos vienen con la visión del Hijo del hombre para enseñaros el camino de saldar el karma y de la transmutación de las energías mal cualificadas en los chakras inferiores. Estas iniciaciones son preparatorias para las iniciaciones del corazón. Hay que someterse a ellas. No se pueden pasar por alto.

Vigilad vuestra paciencia, y en esa paciencia poseed vuestra alma. Porque muchos han dejado a la Madre, la mensajera y los maestros ascendidos por exaltadas alturas de las cuales imaginaron que formaban parte, creyendo que su camino era superior a los pasos fundamentales de la Verdad, el estudio de la Ley, el ritual de la labor sagrada y la infantil dulzura que día a día se convierte en el fruto maduro de la verdadera hombría y feminidad. Se han creído superiores. Han deseado entrar en el retiro del corazón sin recibir la iniciación del lavado de los pies del Salvador Jesucristo.

«Si no te lavare, no tendrás parte conmigo»[1]. Así suena su Palabra hasta el momento presente. Es pronunciada a todos los discípulos de Cristo. Quedaos, pues, en la ciudad de Jerusalén, la ciudadela cuadrangular de la maestría de la Madre sobre el cuerpo Material. Quedaos con la Mujer, aprended su sabiduría y convertíos en ella. Cuando vuestros pies hayan sido lavados, y sólo entonces, podréis entrar en las iniciaciones del Rayo Rubí del corazón.

YO SOY
Sanat Kumara

YO SOY el que procede día tras día con la iniciación cuádruple de los hijos y las hijas de la luz en el alma, en el corazón, en la mente y en el cuerpo universal de Dios, por los siglos de los siglos.

Véase Apocalipsis 5; Marcos 10:15; Apocalipsis 21:14, 19; Éxodo 28:15-18; 1 Corintios 15:51-54; Juan 15:15; Apocalipsis 7:9; 6:9; 3:5; 12:11; Lucas 21:19

13

Digno es el Cordero

> *Y miré, y vi que en medio del trono y de los cuatro seres vivientes, y en medio de los ancianos, estaba en pie un Cordero como inmolado, que tenía siete cuernos, y siete ojos, los cuales son los siete espíritus de Dios enviados por toda la tierra.*
>
> *Y vino, y tomó el libro de la mano derecha del que estaba sentado en el trono.*
>
> *Y cuando hubo tomado el libro, los cuatro seres vivientes y los veinticuatro ancianos se postraron delante del Cordero; todos tenían arpas, y copas de oro llenas de incienso, que son las oraciones de los santos;*
>
> *y cantaban un nuevo cántico, diciendo: Digno eres de tomar el libro y de abrir sus sellos; porque tú fuiste inmolado, y con tu sangre nos has redimido para Dios, de todo linaje y lengua y pueblo y nación;*
>
> *y nos has hecho para nuestro Dios reyes y sacerdotes, y reinaremos sobre la tierra.* APOCALIPSIS 5

Oh almas del Anciano de Días redimidas de toda raza, lengua, pueblo y nación:

Os saludo en el nombre del Cordero, que os hará para nuestro Dios reyes y sacerdotes: y reinaréis sobre la Tierra.

¡Contemplad al Cordero que es digno de estar en medio del trono y de las cuatro bestias, y en medio de los ancianos! ¡Mirad al Cordero que está en medio del trono, unido al Anciano de Días que se sentaba en el trono, quien vive por siempre jamás!

¡He aquí, yo y el Hijo uno somos!

Sólo el chela que se ha convertido en el Cordero puede estar en medio del gran trono blanco y permanecer. De eternidad a eternidad mirad, el Cordero es Dios encarnado, Cristo Palabra viva. Habiendo sido inmolado, permanece y sigue permaneciendo, el Cordero, con siete cuernos: el acento del impulso acelerador de Alfa que emite la luz del rayo masculino desde los siete planos del ser; y con siete ojos: la conciencia esférica de la presencia de Omega en los siete chakras. Esparciéndose por todas partes, penetrándolo todo, los ojos son la precipitación de la visión de los siete cuernos en la Materia.

Así, la creación de-Alfa-a-Omega se realiza en la Palabra, y la Palabra es hecha carne en los siete Espíritus de Dios que son enviados a toda la tierra. Y estos siete Espíritus, cada uno de ellos como lenguas hendidas de fuego, son los siete poderosos Elohim, los siete representantes del Dios Padre-Madre en los siete planos del firmamento Espíritu-Materia.

El Cordero que es inmolado es el Cordero que encarna en la Tierra, sufriendo la crucifixión en cuerpo, mente y alma y siendo iniciado siete veces siete en los fuegos sagrados de la resurrección y de la ascensión. Mezclándose con los Elohim como las siete manifestaciones de la Persona del Espíritu Santo, el Cordero es el Unigénito de Dios personificado en los hijos e hijas elegidos. Habiendo descendido desde el trono y habiendo pasado por los ciclos del karma y el dharma de las multitudes cuya evolución él ha venido a servir, el Hijo asciende al trono de gracia.

Ahora leemos la iniciación de alguien que se ha convertido en el Cordero, habiendo saldado el karma y el dharma personal y planetario y habiendo cumplido los requisitos del Sendero de la Cruz Rosa: «Y vino y tomó el libro de la diestra del que estaba sentado en el trono».

Cada iniciado del fuego sagrado que regresa a Dios con un cien por cien de la luz con la que fue enviado equilibrada, manifestada y expandida en los siete planos del cielo y la tierra, puede estar donde yo estoy, puede entrar en la cámara secreta de mi corazón y allí tomar el libro de mi diestra, el libro «escrito por delante y por detrás sellado con siete sellos». Con la reciente dispensación concedida por el Consejo Kármico por la que las almas pueden realizar su ascensión con tan sólo el cincuenta y un por ciento de su karma saldado, cumplido su dharma (mientras que anteriormente se exigía de todos los candidatos a la Vida eterna el cien por cien), la iniciación del Cordero y la apertura del libro de siete sellos se concede sólo después de que el adepto ha saldado toda jota y tilde de la Ley desde el estado ascendido.

Cada vez que el Cordero encarna —pasando por los ciclos de la infancia, niñez y madurez adulta del Mesías hasta alcanzar la plena Filiación del avatar— se representa el gran drama ritual. Alcanzando la consumación de la encarnación de Dios, entrega su vida para poder tomarla de nuevo; y al entregar su vida, se convierte en la vid que alimenta a todas las ramas. Con su Presencia en la tierra, aumenta la conciencia Divina de los hijos de Dios. Y toma esa vida, elevándola literalmente para devolverla a su origen en el Espíritu, para que toda la ronda celestial-terrestre pueda cumplir otro lapso en la espiral acelerada del Ser Universal.

Vestido, entonces, con la plenitud del Rayo Rubí, teniendo la autoridad de llevar la «vestidura teñida de sangre», el Hijo de Dios ascendido en la plenitud del YO SOY EL QUE YO SOY recibe ahora el título de «el Cordero». Y cuando toma el libro, significativo de su autoridad para estar con el Anciano de Días en Espíritu y Materia, las cuatro criaturas vivientes y los veinticuatro ancianos caen ante el Cordero, reconociendo así que es digno de ser adorado como Dios porque se ha convertido en la totalidad de la Deidad corporalmente en el Espíritu y la Materia, porque ha cumplido su destino ardiente en el cielo y en la tierra.

Las cuatro fuerzas cósmicas y los veinticuatro ancianos de Dios llevan las arpas de la Palabra viva mediante las cuales hacen sonar el tono del AUM en las siete esferas. Seis ancianos están en cada uno de los cuatro cuadrantes, protegiendo la Nueva Jerusalén en el cielo y la Ciudad Cuadrangular en la tierra. Los seis forman tres parejas de llamas gemelas; cada pareja de llamas gemelas —focalizando la luz del Dios Padre-Madre para los aspirantes— protege

Digno es el Cordero

uno de los portales de la Ciudad Cuadrangular. Juntos forman un arco de lenguas hendidas de fuego para las almas de luz que pasen por esos portales de iniciación bajo las doce jerarquías solares.

Las cuatro criaturas vivientes colocadas en los puntos cardinales del Reloj Cósmico emiten la luz de la conciencia Divina que arde en el altar central de la ciudad, una verdadera fuente de fuego sagrado de la luz del YO SOY EL QUE YO SOY. Esta fuente está simbolizada como el punto en el centro del círculo. Es el punto de conciencia de Sí mismo del Cristo en el Espíritu y el punto de conciencia de Sí mismo del Cristo en la Materia.

Estas veintiocho figuras (veinticuatro ancianos y cuatro fuerzas cósmicas) sostienen el equilibrio de los siete rayos en cada uno de los cuatro lados de la ciudad y son los instrumentos de las iniciaciones del Padre, el Hijo, el Espíritu Santo y la Madre que son impartidas día tras día a las almas en la Materia que se encaminan hacia la Gran Pirámide de la Vida. Estas almas, patrocinadas por la Trinidad, se dividen en cuatro categorías:

Primero, los mensajeros, profetas y seres Crísticos que ocupan el cargo de los dos testigos en la puerta este, allanando el camino del perfeccionamiento del alma a través de la ciencia de la religión. Estos cumplen las iniciaciones del Hijo de Dios en el quinto rayo, el chakra de pétalos gemelos de la ciencia y la religión a través del ojo omnividente de Dios.

Segundo, las almas que ocupan el cargo de los santos en la puerta norte. Estos son los santos de la Iglesia interna, la Iglesia Universal y Triunfante, en Oriente y Occidente. Estas son las almas perfeccionadas por el perfeccionamiento del deseo Divino, motivación pura como la matriz del fuego sagrado, voluntad pura como la emanación de pensamiento que ha de ser, intención pura como el movimiento de la voluntad que conecta el pensamiento y el sentimiento hacia la acción cristalizada. Son los recipientes del Cordero; son los vehículos de su ida y su venida.

Estos son los que siguen al Cordero dondequiera que éste vaya. Estos fueron redimidos de entre los hombres, siendo las primicias para Dios y el Cordero. Por ser redimidos mediante el logro del Hijo de Dios que puede estar en presencia del gran trono blanco y permanecer, ellos tampoco tienen mancha ante el trono de Dios. Son los chelas de la Palabra que se ha convertido en la boca del Señor en la Tierra. Así, está escrito: y en sus bocas no fue hallada mentira.

Estos cumplen las iniciaciones de la novia de Cristo bajo el Padre en el sexto rayo. Sirviendo dentro de la Iglesia al cuerpo de Dios en la Tierra, tienen el cubo blanco en el corazón: son la Iglesia viva. Y de sus vientres fluirán ríos de «agua viva» —«agua de fuego sagrado»— pues el dorado sol de Helios y Vesta está dentro de su chakra del plexo solar, la entrada al cuerpo de los deseos de Dios. Y los frascos dorados de los veintiocho personajes tri-angulares de Dios están llenos de «fragancias» —emanaciones de fuego sagrado— de las oraciones —los decididos decretos de la Palabra— de estos santos.

Tercero, contemplad a los corderos de Dios apiñados en las colinas del mundo a la espera del Buen Pastor. Estos ocupan en la puerta oeste el cargo de la gran multitud, que ningún hombre podía contar, de todas las naciones, y razas, y pueblos, y lenguas, que estaban ante el trono, y ante el Cordero, vestidos de blanco, y con palmas en sus manos; y gritaban con fuerte voz, diciendo: salvación a nuestro Dios que se sienta en el trono, y al Cordero. Cumpliendo las iniciaciones del perfeccionamiento del alma en el séptimo rayo bajo el Espíritu Santo y el chohán de la era, alcanzan la conciencia solar de la amable Presencia del Señor a través del chakra de la sede del alma. Estos son los que salieron de la gran tribulación y han lavado sus vestiduras, y las han blanqueado en la sangre del Cordero. Por ello están ante el trono de Dios y le prestan servicio día y noche en su templo.

Amados míos, como veréis en la gráfica de la figura en forma de ocho que ilustra el flujo de las personas y principios de la Deidad en el cielo y en la tierra [véase página 141], todas las energías e iniciaciones han de pasar por el nexo de la figura en forma de ocho que siempre es la Madre, la Madre en el cielo y la Madre en la tierra. El nexo de la figura en forma de ocho es el lado sur de la Ciudad Cuadrangular. Y la Nueva Jerusalén que baja de Dios desde el cielo como una novia ataviada para su esposo se manifiesta en la tierra como la Ciudad Cuadrangular, la base de la Gran Pirámide de la Vida.

La copa de la Materia es el reflejo de la copa del Espíritu. Sin embargo, las dos son una sola. Porque las energías de la Vida están en movimiento perpetuo, y el cielo desciende a la tierra y la tierra asciende al cielo a cada momento, y toda la creación gime y sufre dolores de parto a la vez para dar nacimiento a la conciencia Crística.

YO SOY el Cordero encarnado en el Espíritu y la Materia. Me siento en el gran trono blanco como el Anciano de Días. YO SOY el Gurú pero YO SOY también el chela, porque yo y el Padre uno somos. La Madre Eterna es el Gurú, masculino y femenino, y el Gurú es quien adora y se convierte en la llama de la Madre. Los dos testigos, los santos y las multitudes deben pasar por el vientre de la Madre para identificar al Hijo, primero fuera y luego dentro. El Hijo establece en ellos al Padre Supremo, individualizado en la Presencia YO SOY. Y juntos el Padre y el Hijo ungen a los dos testigos, a los santos y a las multitudes con el fuego pleno del Espíritu Santo.

La Madre es la piedra angular en la bóveda del ser. La Madre es la luz blanca de la llama de la ascensión en vosotros. La Madre es la Diosa Blanca que es desvelada en vosotros sólo por el poder del tres por tres, las tres Personas de la Trinidad, representando cada una las tres puertas de iniciación en los tres lados de la Ciudad Santa.

> La Madre aparece
> para secar tus lágrimas,
> para disolver tus temores,
> para liberarte del tiempo y el espacio
> con luz más allá de los años.

El vientre de la Madre es la puerta abierta hacia la Individualidad en el Hijo nacido del Padre, concebido en la plenitud del tiempo y el espacio por el Espíritu Santo enviado.

Amados míos, la Vida es una geometría de dimensiones infinitas. Seamos pacientes unos con otros mientras la Mente Infinita destila para el yo finito vislumbres de una amplia geometría contenida en el alma aún sin nacer. Pero un día nacerá, os lo prometo, si os adherís a la llama de la Madre, a su vestidura blanca, y al corazón del Gurú que vive en su corazón.

YO SOY el Anciano de Días, y el Cordero está en mí, y YO SOY el que está en el Cordero en medio del trono. YO SOY aquel que se sienta en el trono, y habito entre la gran multitud en los templos de los dos testigos y en los corazones de los santos, mis siervos a quienes he sellado en sus frentes, a través de mis mensajeros, verdaderamente el remanente de los ciento cuarenta y cuatro mil. Por tanto, las multitudes ya no pasarán más hambre, ni sed; tampoco caerá el sol sobre ellas, ni calor alguno. Porque el Cordero que está en medio del trono, él las alimentará, y las guiará a fuentes vivas de aguas; y Dios como Madre enjuagará toda lágrima de sus ojos.

YO SOY

Sanat Kumara

Con toda criatura viva, yo digo:
«Al que está sentado en el trono, y al Cordero,
sea la alabanza, la honra, la gloria y el poder,
por los siglos de los siglos».

Véase Apocalipsis 5:7; 21; Mateo 5:18; Juan 15:1-6; Apocalipsis 19:13; Colosenses 2:9; Apocalipsis 11:3; 14:4, 5; Juan 7:38; 10:1-30; Romanos 8:22.

14
∞

Reyes y sacerdotes para nuestro Dios

Amados míos
que ocupáis los cargos de Cristeidad Universal en la tierra
para la venida del Anciano de Días:
¡Salve, en el nombre del Cordero!

Hemos hablado del cuadrado de la Materia dentro de la esfera de la Materia. Hemos hecho el diagrama de la base de la pirámide dentro de la Ciudad Cuadrangular en la tierra que aparecerá, seguro que aparecerá, por medio de los dos testigos que revelan ciencia y religión como la emanación de la Palabra y que cristalizan la conciencia Divina en el quinto rayo en la puerta este.

Hemos mostrado la venida del Evangelio Eterno a través de los santos, los ciento cuarenta y cuatro mil que sirven a la llama del Padre en el Hijo en el sexto rayo en la puerta norte. Y hemos mostrado las mansas multitudes que han de ser alimentadas a diario por el Espíritu Santo trasmitido a través de la Palabra de los testigos. Y hemos mostrado a la Madre como el nexo del flujo de la vida desde Dios hasta la manifestación en los mundos no permanentes que han de ser hechos permanentes por el aliento de fuego sagrado.

Examinemos ahora las jerarquías de las cuatro fuerzas cósmicas colocadas en la ciudad celestial, la Nueva Jerusalén, que esperan ser exteriorizadas, que ciertamente serán exteriorizadas, en la novia en espera y en los dos testigos, los santos y las multitudes. Puesto que la Madre hace nacer al Hijo, el Hijo es la puerta abierta para las multitudes. Como él dijo: «Nadie viene al Padre, sino por mí». La Palabra encarnada es la apertura del camino, la verdad y la vida que YO SOY. El mantra del Hijo es «¡YO SOY la puerta, YO SOY la puerta, YO SOY la puerta abierta que ningún hombre puede cerrar! ¡YO SOY el hacedor, YO SOY el hacedor, YO SOY el hacedor de la Palabra hecha carne!».

Cuando mi hijo Jesucristo dio su discurso sobre el Buen Pastor, habló del papel de la Cristeidad personal, el cargo que él había asumido y que asumiría para establecer el ejemplo para los verdaderos pastores de las ovejas llamados por los Instructores del Mundo a aparecer en esta era para liberar al rebaño de mi pasto de los falsos pastores que las dispersan y destruyen. Por tanto, aprended de él el significado del cargo del Hombre ocupado por los siete chohanes, el Maha Chohán, los Instructores del Mundo y todos los maestros ascendidos de la Gran Hermandad Blanca que os dan, amados Guardianes de la Llama, las iniciaciones del Hijo del hombre en la puerta este de la Nueva Jerusalén.

Quedaos con el Hijo de Dios y los hijos a quienes él ha concedido el estado de Filiación total e igual a la de él para que puedan sostener la llama del Buen Pastor (el Amado Ser Crístico, EL SEÑOR JUSTICIA NUESTRA) por y en nombre de los discípulos de Cristo en la Tierra. Someteos a las iniciaciones del Hijo de Dios para el equilibrio del karma y la transmutación de la energía mal cualificada mediante la perfección de la mente de Dios en Cristo. Aprended la máxima de los iniciados que están en la puerta este: «Haya pues en vosotros esta mente que hubo también en Cristo Jesús». Aprended el camino del dharma de la entrega y aprended su virtud en la disciplina moral del yo y la sociedad:

> *De cierto, de cierto os digo: El que no entra por la puerta en el redil de las ovejas, sino que sube por otra parte, ése es ladrón y salteador.*
> *Mas el que entra por la puerta, el pastor de las ovejas es.*
> *A éste abre el portero, y las ovejas oyen su voz; y a sus ovejas llama por nombre, y las saca.*
> *Y cuando ha sacado fuera todas las propias, va delante de ellas; y las ovejas le siguen, porque conocen su voz.*

Mas al extraño no seguirán, sino huirán de él, porque no conocen la voz de los extraños.

Esta alegoría les dijo Jesús; pero ellos no entendieron qué era lo que les decía.

Volvió, pues, Jesús a decirles: De cierto, de cierto os digo: YO SOY la puerta de las ovejas.

Todos los que antes de mí vinieron, ladrones son y salteadores; pero no los oyeron las ovejas.

YO SOY la puerta; el que por mí entrare, será salvo; y entrará, y saldrá, y hallará pastos.

El ladrón no viene sino para hurtar y matar y destruir; YO SOY el que ha venido para que tengan vida, y para que la tengan en abundancia.

YO SOY el Buen Pastor; el Buen Pastor su vida da por las ovejas.

Mas el asalariado, y que no es el pastor, de quien no son propias las ovejas, ve venir al lobo y deja las ovejas y huye, y el lobo arrebata las ovejas y las dispersa.

Así que el asalariado huye, porque es asalariado, y no le importan las ovejas.

YO SOY el Buen Pastor; y conozco mis ovejas, y las mías me conocen.

Así como el Padre me conoce, y yo conozco al Padre; y pongo mi vida por las ovejas.

También tengo otras ovejas que no son de este redil; aquéllas también debo traer, y oirán mi voz; y habrá un rebaño, y un pastor.

Por eso me ama el Padre, porque yo pongo mi vida, para volverla a tomar.

Nadie me la quita, sino que yo de mí mismo la pongo. Tengo poder para ponerla, y tengo poder para volverla a tomar. Este mandamiento recibí de mi Padre.[1]

Guardianes de la Llama, estáis llamados a encarnar la Persona del Buen Pastor bajo los Instructores el Mundo. Os he patrocinado y continúo patrocinándoos a medida que os reunís en nuestros centros de enseñanza y en Summit University para el Seminario de los Instructores del Mundo, la primera de una serie de iniciaciones que conducen a la concesión del manto de los Instructores del Mundo.

El discurso de Jesucristo sobre el Buen Pastor esboza las claras diferencias entre los senderos de los verdaderos Cristos y de los falsos Cristos, de quienes el Salvador Jesús profetizó que vendrían en su nombre. Los que desean dominar la mente de Dios en Cristo deben entrar por la puerta del corazón. Los que no están dispuestos a ser consumidos por el Amor, el precio que hay que pagar por la mente de Dios, intentan entrar en el Sanctasanctórum por algún otro camino.

¿Cuáles son los otros caminos? Queridos míos, incluso la recitación de mantras, cuando estos están desprovistos de amor, pueden degenerar en autohipnosis, manipulación mental y, ¡ay!, magia negra. Por tanto, no podemos reiterar demasiado la advertencia de que no todos los que gritan, «Señor, Señor», pueden entrar. Pues el motivo del corazón puede contaminar la corriente de la conciencia y a todos los que entren en contacto con ella. Y la corriente contaminada no puede alcanzar la Fuente.

Los impostores del Sendero de la Cruz Rosa que desvían a las multitudes son los ladrones que roban la luz de Dios a través de las propias ovejas que roban del redil. Pero incluso la luz de Dios que hay en las ovejas se convierte en la manifestación de su juicio. El verdadero pastor entra por la puerta de aquel que ocupa el cargo del Hijo de Dios, el Señor Jesucristo, y de aquel, el Ser Crístico interior, que es en verdad la mismísima manifestación de ese Hijo de Dios.

El Cordero de Dios es «el portero», que abre la puerta a aquel que desea encarnar la llama del Buen Pastor. Una vez que la puerta de los misterios internos del corazón se le ha abierto, las ovejas oyen su voz; porque su voz se ha convertido en la voz de la Palabra de Dios. Y él llama a Sus discípulos por el nombre interno, por la vibración del alma, y les conduce fuera de la turbulencia de la conciencia de las masas y de las falsedades y falsificaciones de los asalariados.

Esos falsos Cristos realmente están para ser contratados. Son los adoradores de la bestia, de su carnalidad y su culto idólatra. Tienen su imagen, su marca, su número y su nombre. Su motivo es la codicia de la luz, una ganancia ilícita. Su intención es tomar la luz sin pagar el precio del Amor omniconsumidor y autoconsumidor. Han venido a robar la luz, a matar a la Palabra encarnada y a destruir y dispersar las ovejas del Buen Pastor. ¡Pero el Hijo de Dios pronuncia la Palabra, los mundos tiemblan, y los falsos Cristos son autoconsumidos!

«YO SOY el que ha venido para que tengan vida, y para que la tengan en abundancia». Que sea este el mantra de la Palabra en vosotros esta semana, pues estamos resueltos a que los asalariados sean atados, lo que hay en la Iglesia y el Estado que ven al lobo de la conspiración capitalista-comunista y abandonan a las ovejas huyendo.

¡Que el gran drama del Fiel y Verdadero sea representado! Aquí entran los ejércitos del SEÑOR que estaban en el cielo y que están ahora en la tierra siguiéndole sobre caballos blancos, vestidos de lino fino, blanco y limpio. Que los lobos con piel de cordero sean atados en el cielo y en la tierra por la Palabra de los apóstoles que también están sentados en los doce tronos juzgando a las doce tribus de Israel.

YO SOY

Sanat Kumara

Entrego mi vida por las ovejas.
Y la pongo en el corazón de la Madre
para poder tomarla de nuevo.

Véase Juan 14:6; Filipenses 2:5; Mateo 24:24; 7:15, 21; Apocalipsis 15:2; 19:11, 14; Lucas 22:30

15

∞

La Iniciación de la Puerta Este

Amados del Gran Trono Blanco que sois emanaciones
de la Luz del Anciano de Días:
YO SOY el que ha venido para que tengáis vida, y para que la tengáis en abundancia.

Amados que sois mis ovejas y las ovejas del Buen Pastor, examinemos más a fondo el cargo del Hombre, el Hijo de Dios, en el cual tenéis el llamado: «¡Ocupaos entre tanto que vengo!». Fijaos bien en el requisito de la ley de esta Iniciación de la Puerta Este. Es la afirmación individual en Cristo del Dios interior, públicamente, ante el escrutinio y la mofa de los rezagados y los caídos que están encarnados entre los israelitas, entonces y ahora, pero que no pertenecen a la progenie original de Abraham.

Jesús el Cristo, el que ocupa el cargo del Hijo de Dios en el Hijo del hombre, afirmó su encarnación triple de la Divinidad:

Celebrábase en Jerusalén la fiesta de la dedicación. Era invierno,
y Jesús andaba en el templo por el pórtico de Salomón.
Y le rodearon los judíos y le dijeron: ¿Hasta cuándo nos turbarás el alma? Si tú eres el Cristo, dínoslo abiertamente.
Jesús les respondió: Os lo he dicho, y no creéis; las obras que yo hago en nombre de mi Padre, ellas dan testimonio de mí;
pero vosotros no creéis, porque no sois de mis ovejas, como os he dicho.
Mis ovejas oyen mi voz, y yo las conozco, y me siguen,
y yo les doy vida eterna; y no perecerán jamás, ni nadie las arrebatará de mi mano.
Mi Padre que me las dio, es mayor que todos, y nadie las puede arrebatar de la mano de mi Padre.

Yo y el Padre uno somos.
Entonces los judíos volvieron a tomar piedras para apedrearle.
Jesús les respondió: Muchas buenas obras os he mostrado de mi Padre; ¿por cuál de ellas me apedreáis?
Le respondieron los judíos, diciendo: Por buena obra no te apedreamos, sino por la blasfemia; porque tú, siendo hombre, te haces Dios.
Jesús les respondió: ¿No está escrito en vuestra ley: Yo dije, dioses sois?
Si llamó dioses a aquellos a quienes vino la palabra de Dios (y la Escritura no puede ser quebrantada),
¿al que el Padre santificó y envió al mundo, vosotros decís: Tú blasfemas, porque dije: Hijo de Dios YO SOY?
Si no hago las obras de mi Padre, no me creáis.
Mas si las hago, aunque no me creáis a mí, creed a las obras, para que conozcáis y creáis que el Padre está en mí, y yo en el Padre.
Procuraron otra vez prenderle, pero él se escapó de sus manos.
Y se fue de nuevo al otro lado del Jordán, al lugar donde primero había estado bautizando Juan; y se quedó allí.
Y muchos venían a él, y decían: Juan, a la verdad, ninguna señal hizo; pero todo lo que Juan dijo de éste, era verdad.
Y muchos creyeron en él allí.[1]

Los que son chelas de los maestros ascendidos deben entender que nunca las ovejas del Buen Pastor desafiarán la individualidad del Cristo encarnado. Ellas conocen íntimamente la jerarquía de los hijos de Dios y son conocidas por ésta. En Oriente y Occidente, obedecen a los verdaderos Gurús. Conocen la voz del Hijo de Dios en todo Buen Pastor a quien él ha ungido con su propia llama y su propio nombre. Por medio de los verdaderos pastores les da Vida eterna y afirma que ningún hombre arrebatará las ovejas, ni de la mano del Hijo ni de la mano del Padre, porque «yo y el Padre uno somos».

Los judíos que tomaron piedras para apedrear a Jesucristo no eran ni hijos de Israel ni hijos de Dios. Que quede claro que los que pertenecen a la sinagoga de Satanás[2] encarnaron entre los hijos de Israel, quienes habían incurrido en las prácticas de sexualidad y ritos de fertilidad cananeos, se mezclaron con las evoluciones rezagadas que habían encarnado procedentes de otros planetas casándose con ellas, y luego les dieron su semilla y su nombre; y debido a su rebelión generaron rebelión y trajeron a los hijos del Maligno y a la progenie de los Vigilantes, sobre quienes vuestro Padre Enoc os ha hablado, que eran verdaderamente los Luciferinos caídos.

Estos rezagados, pues, se llamaron a sí mismos judíos, avanzaron hasta el rango de los escribas, los fariseos, los saduceos, los rabinos, los sumos sacerdotes y el Sanedrín, y buscaron la cooperación de sus homólogos en el Imperio romano para ejecutar lo conveniente, tal como lo expuso Caifás, «para que un hombre», el Hijo de Dios, «muriera por el pueblo». Estos caídos, pretendiendo ser Brahmanes en todas las culturas y naciones, no tienen nada que ver con la corriente pura de la conciencia Crística que ha descendido mediante la llama del sacerdocio de Melquisedec transferida a Abraham, Isaac y Jacob, a los doce hijos de Jacob y a su progenie para la venida del hijo de David en el Hijo del hombre, Jesucristo, y para todos los santos y la gran multitud, que son los herederos de esa luz por medio del Sendero de la Cruz Rosa. Como mi hijo Djwal Kul os ha dicho, estos no son conocidos por una descendencia hereditaria humana, sino por el símbolo de la estrella de seis puntas, la Llama Trina en el corazón y por el nombre inscrito en ella, YO SOY EL QUE YO SOY.[3]

Por consiguiente, debe suceder que el niño que desea ser santo y el santo que desea ser Hijo debe dar testimonio de mí en Jesucristo ante estos caídos, que han negado la Palabra desde su principio y la negarán hasta su final. Sí, mucho antes de la encarnación de Jesucristo, estos hijos de Belial se rebelaron contra el Hijo de Dios y se negaron a adorar su imagen, imagen que el Padre colocó en el corazón de cada uno de sus hijos antes de enviarlos al viaje de sus almas en el tiempo y el espacio. Puesto que la imagen del Cristo está sellada en su corazón, siempre conocen la voz del Hijo de Dios. Y puesto que esa imagen está sellada en su corazón, son perseguidos por causa de Su justicia.

Puesto que la imagen está sellada en su corazón, como niños pueden elegir convertirse en coherederos junto con Jesucristo de la herencia eterna de los hijos de Dios, la verdadera Luz, que ilumina a todo Hijo Varón que viene al mundo. Debido a que la imagen está oculta en la cámara secreta del corazón y puesto que son llamados por el Cordero, que los redime para que lleguen a ser reyes y sacerdotes para nuestro Dios, ellos también deben seguir a Jesucristo en la afirmación pública de la Trinidad interior.

En su afirmación directa sobre la Trinidad, Jesucristo primero declara que ya les ha dicho que él es el Cristo. En segundo lugar, afirma que él está unido al Padre —el Padre interior—, que el YO SOY EL QUE YO SOY que se apareció a Moisés está realmente encarnado en él y que es digno de ser llamado SEÑOR. ¡Digno es el Cordero! ¡Digno es el Cordero! ¡Digno es el Cordero!

Cuando vuelven a tomar piedras para apedrearlo, Jesús destaca sus muchas buenas obras, y pregunta: «¿Por cuál de estas obras me apedreáis?». Negándose a constatar la evidencia del Espíritu Santo manifiesto, ellos se manifiestan como teóricos materialistas. Acusándole de blasfemia, de ser un hombre como ellos sin la luz de Dios en su interior, estos caídos tenían celos de su Filiación. Habiendo perdido su eminente estado, estaban resueltos a perpetuar su filosofía sensual que negaba la unidad del Padre y del Hijo.

Pero aquel que cumplió el descenso intacto de la luz del Anciano de Días, cuya venida está profetizada en todas las escrituras antiguas, les citó la ley de Moisés que «les había llamado "dioses", a quienes la Palabra de Dios vino». Pero aquellos que no podían creer en el Padre porque no creían en el Hijo no podían aceptar las obras del Espíritu Santo en Jesucristo más de lo que pueden aceptar esas mismas obras en vosotros, amados míos.

Amados míos, enfatizo estas palabras y este ejemplo del Salvador Jesucristo para que podáis entender las iniciaciones de la puerta este y el cargo del Hombre, para que podáis tomar su manto e ir de dos en dos, como los otros setenta, a toda ciudad y a todo lugar, adonde él había de ir; luego, siguiendo los pasos de los apóstoles, para sostener las líneas del Reloj Cósmico para el sellado en la frente de las doce tribus de Israel y de la gran multitud que las siguen.

Tanto Juan el Bautista como Jesucristo demostraron claramente la misión de los iniciados del Rayo Rubí: desafiar al mal encarnado y llamar a las ovejas perdidas de la casa de Israel, los ciento cuarenta y cuatro mil que vinieron conmigo en mi misión de rescate a la Tierra; después, llamar a las multitudes, las otras ovejas que no son de este redil. Os seguirán a vosotros, los que asumáis el manto de los verdaderos pastores, los Instructores del Mundo, y con él guieis a la gente en la Iglesia y el Estado como reyes y sacerdotes para Dios.

Como preparación para estas iniciaciones bajo los Instructores del Mundo, quisiera que leáis los relatos de los cuatro Evangelios sobre la confrontación de Juan y Jesús con el Anticristo en los rezagados, los caídos y los Vigilantes. Luego, según su ejemplo, que toméis la cruz de los siete chohanes y del Maha Chohán, desafiéis al Mentiroso y su mentira y a todos los que son de su padre, el Demonio, que fue homicida de la Verdad encarnada desde el principio.

Con la disciplina moral de las energías del yo y de la sociedad, denunciad la degeneración moral de las décadas, el vertido astral que contamina la corriente principal de la conciencia Crística en el niño pequeño, que aún tiene que llegar a ser el Hijo Varón que gobernará todas las naciones con vara de hierro. Id con la llama de la Madre a atar en el cielo y en la tierra y con el llamado a juicio a todos los que oprimen y ofenden a los pequeños de Oriente y Occidente.

Sí, amados míos, os autorizo a que les retéis, uno a uno, como la Madre os ha enseñado, llamándolos por su nombre. Retadles mediante la acción del Rayo Rubí en el orden de la descendencia de su jerarquía, desde el gran trono blanco hasta el ángel más

La Iniciación de la Puerta Este

pequeño, y sabed que YO SOY el que está ahí, en vosotros, en vuestra Palabra, y que YO SOY la Palabra y que mi Palabra no regresará a mí vacía, sino que cumplirá lo que yo quiero, y prosperará en aquello a lo que la mando. Desafiadles diciendo:

«¡Por el Rayo Rubí, en el nombre de la Todopoderosa Presencia YO SOY, el Yo Divino que YO SOY, el Amado Ser Crístico que YO SOY, el Espíritu Santo que YO SOY: en el nombre de las Cuatro Fuerzas Cósmicas, el Cordero Eterno y el Cordero Encarnado, llamo al Corazón del Señor Sanat Kumara, el Anciano de Días, Gautama Buda, Señor Maitreya, el Salvador Jesucristo, las Llamas Gemelas de los Dos Testigos y las llamas del corazón de los santos de Oriente y Occidente!

»¡Desafío a la persona y el principio, creador y creación del mal encarnado, en los rezagados, los caídos, los Vigilantes, el Anticristo, la progenie del Maligno y toda la creación Luciferina!».

Entonces, amorosa, valientemente y con toda la autoridad de vuestra Cristeidad, amados míos, haced el Llamado a Juicio de Jesús el Cristo, «¡No pasarán!».

Así será, porque la Boca del Señor lo ha dicho en vosotros, en mí dentro de vosotros.

YO SOY
Sanat Kumara
MA I AM*

Sanat Kumara

Empuño la espada de la Madre
en defensa del honor, la libertad,
la paz y la iluminación
de todas los pueblos temerosos de
Dios en todas partes.

iluminación como una vela encendida y mantenida en el templo del pueblo	honor en el fuego sagrado cimientos de la Vida
ILUMINACIÓN	HONOR
PAZ	LIBERTAD
paz en el desear ser Dios	libertad de ser Dios en la mente y el corazón

Véase Juan 10:10; Lucas 19:13; Juan 11:47-54; Juan 18:14; Mateo 5:10; Romanos 8:17; Juan 1:9; Lucas 10:1; Apocalipsis 7; Mateo 10:5, 6; 15:24; Juan 8:44; Apocalipsis 12:5; Isaías 55:11.

*En inglés *MA* hace referencia a la 'Madre' y *I AM* significa 'YO SOY' (nota del traductor).

El Llamado a Juicio de Jesús el Cristo
¡No Pasarán!

En el Nombre del YO SOY EL QUE YO SOY,
yo invoco la Presencia Electrónica de Jesucristo:
¡No pasarán!
¡No pasarán!
¡No pasarán!
Por la autoridad de la cruz cósmica de fuego blanco será:
Que todo lo que se dirija en contra del Cristo
   dentro de mí,
   dentro de los santos inocentes,
   dentro de nuestros amados Mensajeros,
   dentro de todo hijo e hija de Dios...
¡Se torne ahora
   por la autoridad de Alfa y Omega,
   por la autoridad de mi Señor y Salvador Jesucristo,
   por la autoridad de Saint Germain!

¡YO SOY EL QUE YO SOY en el centro de este templo
   y declaro en la plenitud de
   todo el Espíritu de la Gran Hermandad Blanca:
Que los que practican la magia negra
   en contra de los hijos de la Luz...
Sean atados ahora por las huestes del SEÑOR,
Que reciban ahora el juicio del Señor Cristo
   en mí, en Jesús,
   y en todo Maestro Ascendido,
Que reciban ahora la plena retribución
   —multiplicada por la energía del Cristo Cósmico—
   de los actos nefastos que han practicado
   desde la encarnación misma de la Palabra!
¡He aquí, YO SOY un Hijo de Dios!
¡He aquí, YO SOY una Llama de Dios!
¡He aquí, yo estoy de pie firmemente en la Roca de la Palabra viviente!
Y declaro con Jesús, el Hijo viviente de Dios:
¡No pasarán!
¡No pasarán!
¡No pasarán!
Elohim. Elohim. Elohim. [Canto]

Postura para hacer este decreto: Póngase en pie. Levante la mano derecha, haciendo el mudra *abhaya* (gesto de la intrepidez, con la palma hacia delante), y ponga la mano izquierda sobre el corazón, con los dos primeros dedos y el pulgar tocando el chakra, dirigidos hacia dentro. Haga este llamado al menos una vez cada ciclo de 24 horas.

Relatos en los cuatro Evangelios sobre el enfrentamiento de Juan el Bautista y Jesucristo con el Anticristo en orden cronológico

1. Juan reprende a los fariseos y saduceos que asisten a su bautizo (Mateo 3:1-12; Lucas 3:1-18). **2.** Juan da testimonio del único Hijo de Dios ante los sacerdotes y levitas de Jerusalén (Juan 1:19-34). **3.** Jesús echa del templo a los cambistas (Juan 2:13-25). **4.** Jesús predica en la sinagoga, leyendo a Isaías (Lucas 4:16-30). **5.** Jesús desafía a los escribas y fariseos que dicen para sí: «Este blasfema» (Mateo 9:2-8; Marcos 2:1-12; Lucas 5:17-26). **6.** Jesús advierte a los escribas y fariseos que cuestionan que coma con publicanos y pecadores (Mateo 9:10-17; Marcos 2:15-22; Lucas 5:29-39). **7.** Jesús responde a los judíos que le persiguen por curar a un hombre impotente en Betesda durante el día de reposo (Juan 5:1-47). **8.** Los discípulos recogen espigas de trigo durante el día de reposo y Jesús recrimina a los fariseos que por ello le cuestionan (Mateo 12:1-14; Marcos 2:23-28; 3:1-6; Lucas 6:1-11). **9.** Jesús reprende a escribas y fariseos que le acusan de expulsar demonios por Belcebú (Mateo 12:22-37; Marcos 3:22-30; Lucas 11:14-26). **10.** Jesús contesta a una «generación perversa» que busca una señal (Mateo 12:38-45; Lucas 11:16, 29-36). **11.** En la sinagoga de Capernaum, Jesús recrimina a judíos y a muchos discípulos que murmullan incrédulos porque dijo: «... El que come mi carne y bebe mi sangre, tiene vida eterna...» (Juan 6:22-7:1). **12.** Los mandamientos de Dios contra la tradición del hombre: Jesús reprende a escribas y fariseos de Jerusalén y llama a la multitud a que entienda (Mateo 15:1-20; Marcos 7:1-23). **13.** Jesús reprende a fariseos y saduceos que le tientan, buscando una señal (Mateo 15:39-16:4; Marcos 8:9-12). **14.** Jesús enseña en el templo de Jerusalén, hablando audazmente y profetizando por el Espíritu; fariseos y sumos sacerdotes envían alguaciles para prenderlo (Juan 7). **15.** Jesús desafía a escribas y fariseos que acusan a la mujer descubierta en adulterio (Juan 8:1-11). **16.** Conflicto fundamental entre Jesús y los fariseos: origen de Cristo (Juan 8:12-59). **17.** Jesús cura a un ciego en el día de reposo y afirma que es Hijo de Dios ante los fariseos; el Buen Pastor (Juan 9; 10:1-21).

18. Jesús responde al intérprete de la ley que quiso ponerle a prueba; el buen samaritano (Lucas 10:25-37). **19.** Ayes a escribas y fariseos por hipocresía y a los intérpretes de la ley por quitar la clave del conocimiento (Lucas 11:37-54). **20.** Jesús libera a una mujer de su enfermedad durante el día de reposo, enfrentándose al principal de la sinagoga (Lucas 13:10-17). **21.** Jesús envía a los fariseos a que testifiquen ante «aquella zorra», Herodes (Lucas 13:31-35). **22.** Jesús responde a los fariseos que le ponen a prueba sobre el divorcio (Mateo 19:3-12; Marcos 10:2-12). **23.** Jesús testifica sobre su unidad con el Padre ante los judíos, que «no son de mis ovejas», quienes se reúnen a su alrededor para apedrearle (Juan 10:22-42). **24.** Jesús reprende a los fariseos codiciosos (Lucas 16:14-18). **25.** Los fariseos exigen a Jesús que diga cuándo ha de venir el reino de Dios (Lucas 17:20, 21). **26.** Entrada triunfal en Jerusalén: Jesús responde a los fariseos, quienes dicen: «Maestro, reprende a tus discípulos» (Lucas 19:29-44). **27.** Jesús vuelve a echar a los cambistas del templo y responde a sumos sacerdotes y escribas que cuestionan el «¡Hosanna al Hijo de David!» de los niños (Mateo 21:12-17; Marcos 11:15-19; Lucas 19:45-48). **28.** Jesús confunde a sumos sacerdotes y ancianos que desafían su autoridad (Mateo 21:23-46; 22:1-14; Marcos 11:27-33; 12:1-12; Lucas 20:1-19). **29.** Jesús refuta a los fariseos, que cuestionan el tributo al César (Mateo 22:15-22; Marcos 12:13-17; Lucas 20:20-26). **30.** Jesús calla a los saduceos que dicen que no hay resurrección (Mateo 22:23-33; Marcos 12:18-27; Lucas 20:27-40). **31.** Jesús responde a un intérprete de la ley que le pone a prueba sobre el gran mandamiento (Mateo 22:34-40; Marcos 12:28-34). **32.** Jesús calla a los fariseos preguntándoles: «¿Qué pensáis de Cristo? ¿De quién es hijo?» (Mateo 22:41-46; Marcos 12:35-37; Lucas 20:41-44). **33.** Jesús anuncia siete ayes para los escribas y fariseos (Mateo 23:13-39). **34.** Jesús recrimina a sumos sacerdotes y ancianos del pueblo, que van a arrestarlo (Mateo 26:47-56; Marcos 14:43-52; Lucas 22:47-53; Juan 18:2-12). **35.** Jesús ante Caifás, el sumo sacerdote (Juan 18:13-24; Mateo 26:59-68; Marcos 14:55-65; Lucas 22:66-71). **36.** Jesús ante Poncio Pilato, el gobernador (Mateo 27:2, 11-31; Marcos 15:1-20; Lucas 23:1-5, 13-25; Juan 18:28-19:16). **37.** Jesús ante Herodes: no contesta (Lucas 23:6-12).

16

∞

La Iniciación de la Puerta Norte

Amados que cantáis un nuevo cántico, diciendo:

Digno eres de tomar el libro
y de abrir sus sellos;
porque tú fuiste inmolado,
y con tu sangre nos has redimido para Dios,
de todo linaje y lengua y pueblo y nación;
y nos has hecho para nuestro Dios
reyes y sacerdotes,
y reinaremos sobre la Tierra.

El nuevo cántico es el cántico celestial del Cristo y del Buda que se convierte en el cántico terreno, como el sonido del HUM murmurado en los corazones de la gran multitud, como el sonido del AUM en el cubo blanco de los santos, y como el sonido de YO SOY EL QUE YO SOY, la Palabra interminable, procedente de la boca de los dos testigos.

Acerquémonos a la puerta norte. Es el cargo del León. Aquí se sienta el Gran Iniciador, el Gurú de Gurús. El sostenedor y el observador del cargo es Maitreya, el Gran Ser Amoroso, el Buda Venidero Que Ha Venido. Su dharma es el sacrificio. Su virtud es la diligencia para todos en el discipulado del discernimiento y la discriminación, mente y corazón, para la acción decidida.[54] Él, el único, el primer Gurú y el último Gurú de la primera Madre y la última Madre, enseña el arte y la ciencia del equilibrio del karma y la transmutación de las energías mal cualificadas mediante la perfección del corazón.

He aquí, su corazón es el corazón de Dios. Y YO SOY el que

está en ese corazón. He aquí, su corazón es el corazón de Cristo. Y YO SOY el que está en ese corazón. He aquí, su corazón es el corazón del Gran, Gran Sol Central. Y YO SOY el que está también en ese corazón, bodhisattvas adornados y adornantes, fila tras fila, y devotos de la Madre en la Diosa Blanca. Su emanación solar para todas las almas es la maestría del alma sobre el corazón del Padre, del Hijo y del Espíritu Santo. Y el lema que él da a los iniciados del fuego sagrado de la Madre que desean volar hacia él como el Águila voladora es: «Sed, pues, vosotros perfectos, como vuestro Padre que está en los cielos es perfecto».

Él sobrepone en el Reloj Cósmico la cruz cósmica de fuego blanco. Coloca cuidadosamente doce rosas rubí sobre esa cruz comenzando por el centro, en el nexo de la Madre, donde Alfa y Omega se encuentran. Se inclina ante el Cordero y ante el nombre de su Padre. Y hace reverencia al Gurú detrás del Gurú, Gautama Buda, y al Gurú detrás del Gurú, el Anciano de Días. Y entonces coloca en el sitio ideal las cuatro rosas de los cuatro seres vivientes, dos a la izquierda y dos a la derecha sobre el brazo horizontal. Ofrece adoración a la Llama Trina de la Vida, el latido del corazón de la gran multitud y de los santos. E invoca esa Llama Trina, como arriba, así abajo, sobre el brazo vertical que los cuatro seres vivientes, como custodios del Árbol de la Vida, guardan en los cuatro lados de la Ciudad Cuadrangular.

Tres rosas arriba, tres rosas abajo, y el Rayo Rubí está establecido. Y las iniciaciones del Sendero del Rayo Rubí están escritas en piedra. Y el tono del sacrificio es el grabado en la roca de YO SOY EL QUE YO SOY tres veces tres, como arriba, así abajo, tres veces tres por los triángulos entrelazados. Y el ojo en el centro es la rosa rubí en el nexo de la cruz cósmica de fuego blanco y en el nexo del flujo de la figura en forma de ocho del Buda y de la Madre. Y la rosa mayor y la menor marcan la señal del corazón y del templo interno del corazón.

Este Cordero que estuvo en el monte Sion es el iniciador de la espiral que se eleva desde el cuadrado, desde el punto del cen-

La Iniciación de la Puerta Norte

tro que es el ion, el primer fotón de luz fohática (*Sion*=la espiral del *ion*). Y la espiral que palpita desde el centro de la base de la Gran Pirámide es la *S* de la figura en forma de ocho. Y la conclusión de la *S* es la fusión con el ocho mediante la llama de la ascensión según procede del lado norte de la Ciudad Cuadrangular en la tierra, elevándose, elevándose desde el altar de la invocación de la Iglesia Universal y Triunfante, donde se reúnen los santos, los dos testigos dan testimonio y la gran multitud sale de la gran tribulación para lavar sus vestiduras (auras-campos energéticos) y las blanquean en la sangre (fuego sagrado) del Cordero (el Gurú Maitreya encarnado en la *MA*).

Sí, amados míos, la llama de la ascensión se eleva de seres así. De norte a sur en la Materia, de sur a norte en el Espíritu, las almas que ascienden pasan del Padre en la Materia a la Madre en la Materia a la Madre en el Espíritu al Padre en el Espíritu. Así, Alfa y Omega, el Dios Padre-Madre, el principio y el fin, están unidos en el Espíritu y en el reflejo del Espíritu.

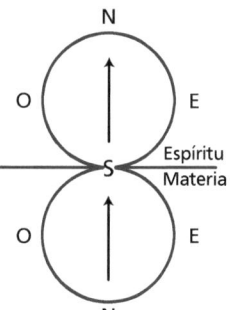

Los ciento cuarenta y cuatro mil bodhisattvas y devotos de la Madre, los santos de la Iglesia en Oriente y Occidente, tienen el nombre de su Padre escrito en sus frentes, la delantera de la autoconciencia consciente del Yo; YO SOY ese Padre. Mi nombre es Sanat Kumara, YO SOY EL QUE YO SOY, el Anciano de Días. Todo el que provenga de los originales ciento cuarenta y cuatro mil tiene el nombre sagrado sellado en la visión de su tercer ojo y en la memoria de mí. Pronunciado en todos los idiomas y en las lenguas de los ángeles, es siempre YO SOY *EL QUE* YO SOY. Significa YO SOY la Trinidad del Ser de Dios encarnada en la forma y la no-forma, en acción en Espíritu y en Materia, siempre y siempre en la Madre.

Ahora, hijos míos, escribid en papel cebolla (o papel fino) el nombre sagrado *I AM THAT I AM* [YO SOY EL QUE

YO SOY]* y leedlo en voz alta en el reverso. ¿Acaso no dice *MA I TAHT MA I*? No significa esto que el YO SOY que YO en verdad SOY, cuya naturaleza está reflejada en lo de «abajo», es la polaridad de lo de «Arriba»? ¿No revela esto a la Persona de la Mujer coronada con doce estrellas de la Cruz Rosa como el logro del Gurú que YO SOY?; siempre en el cielo y, sin embargo, siempre en la tierra. Por eso YO SOY la *MA I* y la *MA I*, la primera y la última encarnación de la Madre en el cielo y en la tierra. YO SOY el nexo de la Vida que fluye, sabiendo quién YO SOY dentro de vosotros.

Cuando veáis el pronombre *THAT* [EL QUE], ya sea en inglés o en sánscrito como *TAT*, ello marca el punto de transición a través del cual el Yo Superior de Brahmán entra en el yo inferior de la manifestación del alma y ahí reivindica su derecho como la realidad suprema de su principio y su fin.

TAT [EL QUE] es el pasaje de la Trinidad, que entra y conquista la llama de la Materia con las dos *'T'*, cruces, donde Dios en el hombre es crucificado para la redención de la vida entera. La *'A'* en el centro es el hijo Alfa, el Buda flanqueado por las dos *'T'*, sus bodhisattvas de Oriente y Occidente. La versión inglesa *THAT* introduce la *'H'*, aliento de fuego sagrado del Espíritu Santo, presente en la semilla y el hijo Alfa. Incluso cuando expiró con la oración de despedida, «¡Consumado está!», los dos malhechores en sus dos *'T'* entendieron la Palabra sagrada: *MA I AM*.

> La *MA I* es el llamado a la Madre
> debido a su I-dentidad y a su sagrado OJO
> [*I* 'YO' y *EYE* 'OJO' se pronuncian igual en inglés].
> Con estas dos 'I' la Salvadora salva a los suyos
> y llama a los pecadores para que vuelvan al Origen al AUM,
> el nombre sagrado de MU,
> la Madre de Luz que

---

*Los siguientes cuatro párrafos dan enseñanza en base al nombre 'YO SOY EL QUE YO SOY' en inglés I AM THAT I AM. Siendo un pasaje intraducible, véase los corchetes como ayuda al hispano hablante en la comprensión de la enseñanza (nota del traductor).

nutre la llama de Alfa en vosotros,
como pronto veréis en
la página de la Materia cuando escribáis
el AUM y lo leáis MU A.
La *MA* en *U* (en ti universalmente),
el hijo *A*lfa (sol).

¿Creéis, amados míos, que juego con las palabras o con la Palabra? ¡Ni lo penséis! Eso es lo que los oscuros os dirían. Ellos son el juego de palabras y el juego con la Palabra. Son ellos quienes pagarán, pulgada a pulgada, con la espiral del ser hasta que no queden más pulgadas porque el *YO* de la Madre ya no estará en ellos. Y cuando pagan el último céntimo, están más alejados del Sol Central y no pueden correr, de aquí para allá, con las fuerzas cósmicas; esto lo sé.

Así, cuando el juicio llega, ellos mismos se amontonan sobre los suyos. ¡Que sus acciones sean su juez! Y la Luz que ya no está en ellos permanecerá apartada de ellos y dará testimonio de ellos y de su negativa a someterse a la Palabra viva. Por ello la luz se ha apagado en ellos. Por ello la Luz consume a aquellos que buscaron con sus apetitos consumirlo a Él.

Ahora, del cielo, oigo una voz como la voz de muchas aguas. Estas muchas aguas son las corrientes de conciencia que fluyen, corrientes de vida que fluyen todas de vuelta a la corriente principal del Cordero y a la Fuente, su Padre que YO SOY. Es la voz única de la Palabra que oí en la voz de muchas almas que han sellado la señal de la Madre. Y caminan sobre el agua, pues el deseo de Dios está en ellas. Y de en medio de ellas, la voz de un gran trueno. Y, he aquí, las muchas aguas de los hijos de la Madre son alineadas por los siete Espíritus que entonan el sonido de la Palabra en los siete planos del cielo y la tierra, produciendo el sonido único de un gran trueno y la voz de arpistas tocando sus arpas.

He aquí, es todo el Espíritu de la Gran Hermandad Blanca, y el pleno diapasón de ese Espíritu Santo. He aquí, una sola voz de la Persona del Espíritu Santo: una Persona, un Cargo, una Voz realizada en los infinitos arpistas que tocan con sus arpas. Un Persona, un Cargo, una Voz de un gran trueno que resuena de corazón a corazón a corazón en la infinitud de la Individualidad que Dios Todopoderoso, el Señor que es Señor, ha multiplicado para que suene el sonido del trueno universal de la Palabra. Una Persona, un Cargo, una Voz de la Madre proveniente de muchas almas que nadan en las aguas del Mar Cósmico.

Estamos ante el gran trono blanco. Estamos cantando un cántico nuevo, amados míos. Estamos con el Cordero —mirad, yo y el Padre uno somos—, ante los cuatro seres vivientes y los veinticuatro ancianos. Y nadie podía aprender el misterio sagrado de ese cántico sino los ciento cuarenta y cuatro mil, que fueron redimidos de la tierra. Es el cántico infinito cantado por la manifestación infinita de la Divinidad.

Los que lo cantan son los que entienden la Palabra encarnada. Ellos la entienden, pues la siguen a dondequiera que vaya, desde la base de la Pirámide de la Vida hasta el ojo omnividente, la energía de la llama de la ascensión, la luz virgen, la luz de la Virgen. Y su luz no es profanada por la luz lunar de la mujer astral. Ellos siguen al Cordero. Siguen al Anciano de Días. Son los redimidos de entre los hombres. Son las primicias para Dios y para el Cordero.

Las iniciaciones de la puerta norte, amados míos, provienen de un nuevo cántico que cantaréis cuando *vosotros* oigáis una voz del cielo como la voz de muchas aguas y como la voz de un gran trueno, y cuando oigáis la voz de los arpistas tocando con sus arpas. Estas son las iniciaciones que el Padre-Gurú da al hijo-chela. Estas son las doce iniciaciones del Árbol de la Vida.

A cada iniciación que se pasa, el Padre da al Hijo un único fruto del Árbol de la Vida para que pueda comer y vivir para siempre en la conciencia Divina, paso a paso, de las doce jerarquías del sol. Así el Gurú Maitreya da a sus chelas el fruto del Árbol de la Vida. Y nadie puede tomar ese fruto a no ser que sea puesto en la boca del chela desde la boca del Gurú.

La Iniciación de la Puerta Norte

Todos los falsos Gurús desean tentaros para que toméis y comáis del fruto del árbol del conocimiento del bien y del mal, para que podáis llegar a ser sabios como los Vigilantes, que desertaron del servicio de los Grandes Vigilantes Silenciosos. Ya no vigilan y aguardan para investir a la juventud maestra ascendida con la verdad viva. En su lugar, vigilan y acechan, como buitres a su presa, buscando qué almas puedan devorar a cada momento, a cada momento. Estos buitres, caídos provenientes del grupo de Víctory, irán al lado del camino por una tierra oscura e inhóspita.

¡Mirad, la estrella de Su aparición está cerca! Ahora yo, el Anciano de Días, os anuncio la venida de los muchos y los pocos Grandes Vigilantes Silenciosos, reforzando el cargo del Elohim Ciclopea y los dulces misterios de los retiros internos de la Gran Hermandad Blanca. Los Grandes Vigilantes Silenciosos se han congregado en incontables cantidades ante el trono, la llameante Presencia del gran Tres-en-Uno, y dentro de los retiros de la Hermandad convocan a los chelas que han aprendido por el ojo omnividente la perfección del alma en el sendero de la ciencia y la religión, y que están listos para comenzar con las iniciaciones de la puerta norte.

¡Es la construcción, es la construcción del Templo de la Victoria que se eleva desde la base hasta la corona de la vida! Hombres y mujeres de buena voluntad, os convoco para que aquietéis las tempestades de la Tierra con su Palabra, «¡paz, aquiétate!», para conocer al Padre en el Hijo por medio de la Presencia del Ser Llameante, para ser la Ley y el Legislador, y para comprender que cuando llega la hora en que el Hijo del hombre debe ser glorificado, es glorificado en el YO SOY EL QUE YO SOY, el Padre de todo.

Así, el sacrificio del corazón representado en el cargo del León puede ser estudiado y discernido en la Palabra de Jesucristo:

> *De cierto, de cierto os digo, que si el grano de trigo no cae en la tierra y muere, queda solo; pero si muere, lleva mucho fruto.*

El que ama su vida, la perderá; y el que aborrece su vida en este mundo, para vida eterna la guardará.

Si alguno me sirve, sígame; y donde YO SOY, allí también estará mi servidor. Si alguno me sirviere, mi Padre le honrará.

Ahora está turbada mi alma; ¿y qué diré? ¿Padre, sálvame de esta hora? Mas para esto he llegado a esta hora. Padre, glorifica tu nombre. Entonces vino una voz del cielo: Lo he glorificado, y lo glorificaré otra vez.

Y la multitud que estaba allí, y había oído la voz, decía que había sido un trueno. Otros decían: Un ángel le ha hablado.

Respondió Jesús y dijo: No ha venido esta voz por causa mía, sino por causa de vosotros.

Ahora es el juicio de este mundo; ahora el príncipe de este mundo será echado fuera.

Y yo, si fuere levantado de la tierra, a todos atraeré a mí mismo.

Y decía esto dando a entender de qué muerte iba a morir.

Le respondió la gente: Nosotros hemos oído de la ley, que el Cristo permanece para siempre. ¿Cómo, pues, dices tú que es necesario que el Hijo del Hombre sea levantado? ¿Quién es este Hijo del Hombre?

Entonces Jesús les dijo: Aún por un poco está la luz entre vosotros; andad entre tanto que tenéis luz, para que no os sorprendan las tinieblas; porque el que anda en tinieblas, no sabe a dónde va.

Entre tanto que tenéis la luz, creed en la luz, para que seáis hijos de luz. Estas cosas habló Jesús, y se fue y se ocultó de ellos.

Pero a pesar de que había hecho tantas señales delante de ellos, no creían en él;

para que se cumpliese la palabra del profeta Isaías, que dijo: Señor, ¿quién ha creído a nuestro anuncio? ¿Y a quién *se ha revelado el brazo del Señor?*

Por esto no podían creer, porque también dijo Isaías:

Cegó los ojos de ellos, y endureció su corazón; para que no vean con los ojos, y entiendan con el corazón, y se conviertan, y yo los sane.

Isaías dijo esto cuando vio su gloria, y habló acerca de él.

Con todo eso, aun de los gobernantes, muchos creyeron en él; pero a causa de los fariseos no lo confesaban, para no ser expulsados de la sinagoga.

Porque amaban más la gloria de los hombres que la gloria de Dios.

Jesús clamó y dijo: El que cree en mí, no cree en mí, sino en el que me envió;

y el que me ve, ve al que me envió.

YO SOY la luz que ha venido al mundo, para que todo aquel que cree en mí no permanezca en tinieblas.

Al que oye mis palabras, y no las guarda, yo no le juzgo; porque no he venido a juzgar al mundo, sino a salvar al mundo.

El que me rechaza, y no recibe mis palabras, tiene quien le juzgue; la palabra que he hablado, ella le juzgará en el día postrero.

Porque yo no he hablado por mi propia cuenta; el Padre que me envió, él me dio mandamiento de lo que he de decir, y de lo que he de hablar.

Y sé que su mandamiento es vida eterna. Así pues, lo que yo hablo, lo hablo como el Padre me lo ha dicho.

Amados míos, estas son las palabras del Hijo de Dios que entra en el corazón del Padre. Son las palabras del chela que proclama el sagrado nombre de su Gurú y que encuentra suficiencia en aquel a quien llama Padre. Con estas palabras Jesucristo se revela como el Mensajero de su Padre-Gurú, el Señor Maitreya. Examinadlas bien, examinadlas una y otra vez. Porque sucederá que estas palabras serán cumplidas en vosotros como la

Iniciación de la Puerta Norte.

En el nombre del Padre y de su Hijo Jesucristo y del Espíritu Santo, amén.

YO SOY

Sanat Kumara

en la llama de Maitreya
Yo y el Padre uno somos

Las doce jerarquías solares inician al Hijo de Dios a través del Padre en las doce flores que se despliegan, los doce Soles-Hijos de la Madre, en la Cruz Rosa

Véase: Apocalipsis 5:9, 10; Mateo 5:48; Génesis 2:9; 3:22, 24; Apocalipsis 2:7; 22:2, 14; Apocalipsis 14:1-4; Apocalipsis 7:14; Apocalipsis 12:1; Juan 19:30; Lucas 23:32; Mateo 5:26; Génesis 2:9, 17; Marcos 4:39; Juan 12:23; Juan 12:24-50.

17

La Iniciación de la Puerta Oeste

> *Y miré, y oí la voz de muchos ángeles alrededor del trono, y de los seres vivientes, y de los ancianos; y su número era millones de millones,*
>
> *que decían a gran voz: El Cordero que fue inmolado es digno de tomar el poder, las riquezas, la sabiduría, la fortaleza, la honra, la gloria y la alabanza.*
>
> *Y a todo lo creado que está en el cielo, y sobre la tierra, y debajo de la tierra, y en el mar, y a todas las cosas que en ellos hay, oí decir: Al que está sentado en el trono, y al Cordero, sea la alabanza, la honra, la gloria y el poder, por los siglos de los siglos.*
>
> *Los cuatro seres vivientes decían: Amén; y los veinticuatro ancianos se postraron sobre sus rostros y adoraron al que vive por los siglos de los siglos.*
>
> APOCALIPSIS 5

Amados que amáis la orilla dorada de la realidad:

La puerta oeste es la puerta del futuro. El futuro que se convierte en el ahora por el don de la invocación. La invocación es la ciencia de la precipitación de la llama Divina desde vuestra Presencia YO SOY individual, desacelerada hasta vuestro Ser Crístico individual, que es el gran destilador de la llama Divina para vuestra alma. Gota a gota, el Gurú individual en vosotros entrega el vino del Espíritu; y él es el gran lagar, que exprime la esencia del Espíritu Santo para la alquimia de la transmutación de vuestra alma. Este es el vino nuevo del Espíritu Santo enviado al Hijo por el Padre.

El amado Ser Crístico, el Buen Pastor de vuestra alma, es el representante del padre de familia que plantó una viña, la rodeó con una cerca, cavó un lagar en ella, construyó una torre, la arrendó a unos labradores y se marchó a un país lejano. El padre de familia es el Padre en el Hijo (Yo y el Padre uno somos) que ha plantado la viña de la Tierra. Y las uvas de la vid son las almas cuya vida está en *la Rama*. Cada grano de uva es como un alma con el libre albedrío para producir la semilla de la Palabra que tiene en sí misma, verdaderamente la semilla de la Presencia YO SOY. Cada grano representa la identidad de un alma, una conciencia solar. Y la medida de esa conciencia la mide el gran lagar que dosifica la esencia del fruto.

La Iniciación de la Puerta Oeste es la cosecha de los granos completamente maduros. Y hasta que las uvas no estén completamente maduras, el ángel del fuego sagrado no sale del altar del templo que está en el cielo a clamar con fuerte voz al ángel de la afilada hoz, diciendo: «Mete tu hoz aguda, y vendimia los racimos de la tierra, porque sus uvas están maduras».

El Señor de la viña es la Presencia YO SOY, que hace a sus labradores los supervisores espirituales-materiales durante el período de la recogida del fruto de la vid. Ellos son los gobernantes de Dios que mandan en los gobiernos y las economías de las naciones, no por derecho propio, sino por la gracia de Dios; pues gobiernan en su lugar. Así experimentan con la autoridad del Logos y se colocan a la derecha o a la izquierda de la Palabra.

Entre estos labradores están los que una vez fueron gobernantes en el cielo que perdieron su estado elevado, y ahora son gobernantes en la tierra; porque el Señor de la viña no ha creado la viña sólo para la maduración de las almas de sus hijos, sino para una última y definitiva oportunidad para los que eran los poderosos entre las legiones del Señor. Se les echó de sus asientos de autoridad porque no estaban alineados con aquel que se sienta en el gran trono blanco. Ahora deben demostrar su lealtad y, para ello, se les debe conceder los asientos de los poderosos en la tierra.

Recordad, amados míos, la tierra es un escenario que refleja el escenario del cielo. Todo es un juego de roles, un juego de roles. Dios no está interesado tanto por la condición material como por la condición del corazón. De esta forma, los que se sientan en los asientos de los poderosos en la tierra —aunque no sean dignos de desatar los zapatos del más humilde de los sirvientes de sus casas— deben recibir la oportunidad de elegir en la tierra, como ya eligieron en el cielo, aceptar o rechazar a la Palabra encarnada en los siervos de Dios. Poco a poco, después de haber mantenido sus puestos vida tras vida como gobernantes de hombres y naciones, esos labradores acostumbran a olvidar que no es ni por derecho ni poder propios que gobiernan en el reino de escabel, sino por la autoridad del SEÑOR de la viña.

Así, cuando el Padre envía a sus hijos-siervos, los maestros ascendidos, en esa estación en la que se acerca el tiempo del fruto para que Él pueda recibir los frutos de la conciencia del alma y su labor sagrada, estos labradores toman a Sus siervos, que son los discípulos vivos de la Palabra, para «golpearlos» y «matarlos» y «apedrearlos». Y aún envía más siervos que antes: y los labradores, no queriendo renunciar a sus puestos de poder que se les han confiado, se niegan —oh, todavía se niegan— a reconocer a los siervos que van en nombre del SEÑOR.

Al final envía a su Hijo, diciendo: «Reverenciarán a mi Hijo, el Cristo encarnado, como Gurú». Pero los príncipes de este mundo valoran al Hijo sólo por su herencia. Desean la totalidad de su luz. Puesto que no se quieren inclinar ante él, deben «matarlo» antes de poder hacerse con su herencia.

El Reino de Dios, su conciencia Divina, lo he confiado a los ciento cuarenta y cuatro mil en la tierra. Las generaciones rezagadas lo han agarrado y han gestionado mal la luz, energía y conciencia de mi llama. Han querido tomar para sí a mi Persona como si fuera suya, pero han rechazado la piedra blanca. Esta es la era de la maduración. Y, he aquí, los campos del SEÑOR están blancos para la cosecha, y son pocos los trabajadores que saben cómo reunir a las almas de mi conciencia.

Yo, incluso yo, rezo al SEÑOR de la cosecha para que envíe trabajadores a su cosecha. Así como es la era de Acuario para la recolección de la uva, también es la era del juicio de los labradores. Ahora vemos el gran lagar de la ira de Dios, pisado sin la ciudad, pisado fuera de la ciudad, exprimiendo la esencia del fruto de todo hombre.

Ahora mirad una nube blanca, y sobre la nube aquel que se sentaba *con la apariencia* del Hijo del hombre, con una corona dorada sobre su cabeza y una hoz afilada en la mano. Ahora mirad otro ángel que sale del templo, clamando con fuerte voz a aquel que se sienta en la nube: «Mete tu hoz y siega; porque la hora de segar ha llegado, pues la mies de la tierra está madura».

Por tanto, a los opresores que han oprimido a la Palabra en el cielo y en la tierra se les quita el reino de Dios y se da a los círculos de devotos que no cesan de extenderse de Oriente y Occidente, que producen los frutos de la conciencia Divina. Y la Iniciación de la Puerta Oeste es la iniciación de la piedra blanca. La piedra es el tono sagrado del Cordero, la nota clave del plan divino de todo aquel que es de la luz. Y al que cayere sobre esta piedra será quebrantado; y sobre quien ella cayere, le desmenuzará.

La piedra es la piedra blanca en el corazón de los santos. Es el cimiento de Israel. Cuando Cristo va a los israelitas que no son fieles a su llamado, él es para ellos una ofensa y un obstáculo, el siervo que se interpone en el camino de su orgullo y ambición ilícita. Esta piedra que los constructores rechazaron al construir sus monumentos al yo inferior se ha convertido en la cabeza del ángulo de la comunidad del Espíritu Santo que, incluso ahora, está apareciendo nación tras nación. Mientras los muros exteriores de un nacionalismo corrupto se derriban, la torre interior construida sobre la roca de Cristo emerge como el núcleo de portadores de luz que proclaman el nuevo orden de las eras.

Esta piedra es el sagrado tono de Elohim que los mensajeros de Dios hacen sonar en las naciones. Y con el sonar de la Palabra, aunque el sonido no se oiga, la piedra del Espíritu Santo se convierte en la hiriente piedra del cristal terrible, el Destructor de las fortalezas internacionales y sus hombres fuertes. Porque los ofensores de mi pueblo son quebrantados por la roca de Cristo. En el nombre de la Roca, los quebrarás con un cetro de hierro; los harás pedazos como a vasijas de barro.

Hijos e hijas de luz, acercaos con cuidado y con esmerada consideración a la puerta oeste. Es el cargo del Becerro cuyo manto lo lleva con realeza Gautama Buda. En el Espíritu y en la Materia él es el cuerpo de Dios, el Espíritu Santo en la forma y en la no-forma. Sus lenguas hendidas se manifiestan en vosotros como el Alfa y Omega de vuestro servicio, de vuestro dharma, que es el servicio del Becerro. Su virtud es la paciencia. Es el sufrimiento paciente de los siervos de Dios hasta que la mies de la tierra esté madura.

A pesar de que claman: «¡Hasta cuándo, oh Señor!», larga, larga es la espera de los santos para la cosecha de la luz y la oscuridad, el Bien encarnado y el Mal encarnado. Pues ellos conocen la ley irrevocable del karma: «Aquel que conduzca a la cautividad acabará en cautividad; aquel que mate por la espada debe ser muerto por la espada». Por ello, saben que «de cierto, tienen su recompensa», los que obran iniquidad, la suya, y los que obran justicia, la suya. En esta Ley y en su desarrollo a través de la Palabra ponen los santos su paciencia y su fe.

Ahora recibid la comunión del Señor como el cuerpo y la sangre de Cristo y sed fortalecidos para Armagedón. Porque los engaños de los impostores del Espíritu Santo han ido hacia las naciones en los cuatro cuadrantes de la Tierra. Y los que representan a Gog y Magog, como el bien y el mal relativos, han rodeado el campamento de los santos, y la amada ciudad. Pero el fuego sagrado ha bajado de Dios proveniente del cielo a través de la invocación de la Palabra, y el fuego sagrado devora a los enemigos de los dos testigos mientras sirven en medio de la gran multitud.

En la puerta oeste encontramos al Alfa y la Omega de Cristo en manifestación universal a través del Becerro, que es el símbolo de los Señores de los Mundos, los Logos Solares, y de todas las llamas gemelas del Dios Padre-Madre manifestadas en la naturaleza a través de los siete poderosos Elohim de los siete rayos (externos) y de los cinco Elohim de los cinco rayos (internos) en el núcleo de fuego blanco del ser. Aquí encontraréis, inclinándose ante el Cordero y la esposa del Cordero, a los cuatro seres de los elementos representando a las cuatro fuerzas cósmicas. Porque la puerta oeste se os da, amados míos, para la cristalización de la llama Divina en el Espíritu y en la Materia. Y el lema de los iniciados del Espíritu Santo es: «Este es mi cuerpo, que es partido para vosotros».

En esto el Cordero demuestra la fragmentación del Yo Superior para la supervivencia del yo inferior. Una miga de la hogaza equivale a la hogaza entera. Ahora bien, cada quien en la gran multitud contiene una única miga de la Vida del Cordero que es inmolado. Y la supervivencia y la salvación del alma están aseguradas.

Ahora, iniciados del Rayo Rubí, aprended la multiplicación del Yo, vuestro Yo —Alfa multiplicado por Omega, Omega multiplicada por Alfa en el gran intercambio cósmico— y vuestro Yo en medio de ello como la Palabra viva. Aprended ahora el equilibrio del karma, el cumplimiento del dharma y la transmutación de la energía mal cualificada a través de la perfección de la conciencia corporal. La conciencia corporal es el espacio en el que mora el Buda. Debe ser multiplicado por el tiempo, tiempo, tiempo de la luz pulsante de la Madre en el centro del espacio.

¿No dijo él: «Destruid este templo, y en tres días lo levantaré?». Id y haced lo mismo. Id y sed el levantamiento del Templo la Hermosa en medio de la gente. Sed la torre de poder sobre la roca cuya luz es sabiduría, cuya fuente es amor. Id y sed la luz del Anciano de Días y levantad el templo por la ley de la Trinidad, primero en el cargo del Hijo en las iniciaciones de la puerta este, segundo en el cargo del Padre en las iniciaciones de la puerta norte, y tercero en el cargo del Espíritu Santo en las

La Iniciación de la Puerta Oeste

iniciaciones de la puerta oeste.

La Iniciación de la Puerta Oeste fue revelada en parte por Jesucristo cuando habló con sus discípulos de camino al huerto de Getsemaní:

> *YO SOY la vid verdadera, y mi Padre es el labrador.*
>
> *Todo pámpano que en mí no lleva fruto, lo quitará; y todo aquel que lleva fruto, lo limpiará, para que lleve más fruto.*
>
> *Ya vosotros estáis limpios por la palabra que os he hablado.*
>
> *Permaneced en mí, y yo en vosotros. Como el pámpano no puede llevar fruto por sí mismo, si no permanece en la vid, así tampoco vosotros, si no permanecéis en mí.*
>
> *YO SOY la vid, vosotros los pámpanos; el que permanece en mí, y yo en él, éste lleva mucho fruto; porque separados de mí nada podéis hacer.*
>
> *El que en mí no permanece, será echado fuera como pámpano, y se secará; y los recogen, y los echan en el fuego, y arden.*
>
> *Si permanecéis en mí, y mis palabras permanecen en vosotros, pedid todo lo que queréis, y os será hecho.*
>
> *En esto es glorificado mi Padre, en que llevéis mucho fruto, y seáis así mis discípulos.*
>
> *Como el Padre me ha amado, así también yo os he amado; permaneced en mi amor.*
>
> *Si guardareis mis mandamientos, permaneceréis en mi amor; así como yo he guardado los mandamientos de mi Padre, y permanezco en su amor.*
>
> *Estas cosas os he hablado, para que mi gozo esté en vosotros, y vuestro gozo sea cumplido.*
>
> *Este es mi mandamiento: Que os améis unos a otros, como yo os he amado.*
>
> *Nadie tiene mayor amor que este, que uno ponga su vida por sus amigos.*

Vosotros sois mis amigos, si hacéis lo que yo os mando. Ya no os llamaré siervos, porque el siervo no sabe lo que hace su señor; pero os he llamado amigos, porque todas las cosas que oí de mi Padre, os las he dado a conocer. No me elegisteis vosotros a mí, sino que yo os elegí a vosotros, y os he puesto para que vayáis y llevéis fruto, y vuestro fruto permanezca; para que todo lo que pidiereis al Padre en mi nombre, él os lo dé.
Esto os mando: Que os améis unos a otros.

Los escritos del amado Juan en los capítulos quince y dieciséis de su Evangelio son la profecía de todo lo que ha pasado en la comunidad del Espíritu Santo que está construida en el lado oeste de la Ciudad Cuadrangular. Estas son las iniciaciones del amor que pueden llegarle al chela sólo cuando éste habita en la Presencia YO SOY y el YO SOY está en él. Estas palabras son la enseñanza del Instructor sobre la relación Gurú-chela que Jesucristo establece en los últimos días a través de su Iglesia Universal y Triunfante.

Es el Padre quien quita la rama que no da fruto. Es el Padre quien poda todas las ramas que dan fruto para que den más fruto. Dentro y entre los miembros de esta comunidad que habitan en él y en su Palabra —su Palabra *manifiesta,* su Palabra *viva,* su Palabra *revelada,* su Palabra *profética*— piden lo que quieren con la ciencia de la invocación de la Palabra que está en ellos, y se les concede. Aquí la Palabra en los discípulos da mucho fruto, abundante fruto, el fruto de la conciencia Divina suficiente para todas las naciones de la Tierra.

Los que participan en las iniciaciones de la puerta oeste son llenados con la plenitud del gozo del Cordero. Ellos aceptan la promesa de que su gozo esté en ellos. Se aman mutuamente con el amor ferviente de su Salvador; no con el amor posesivo de persona a persona, sino que aman realmente «como yo os he amado». Entregan su vida diariamente en el altar de la invocación; emiten la Palabra con sus decretos dinámicos y resueltos.

Pues este es el dharma del Becerro (el Buey), el gran portador de la carga del karma personal y planetario.

Ya no son esclavos ni pecadores. Son los amigos del Cristo vivo que viene a ellos en la persona de los maestros ascendidos. Y los maestros ascendidos, uno por uno, representan las migas de la mesa del SEÑOR. Colectivamente, son todo el Espíritu de la Gran Hermandad Blanca. Son las huestes del SEÑOR en el cielo que están reflejadas en los rostros de la gran multitud en la tierra. Aquellos que entran en las iniciaciones de la puerta oeste son llamados los amigos del Salvador. Comparten su intimidad con el Padre tal como él ha compartido con ellos todas las cosas que ha oído del Señor Maitreya, del Señor Buda y de mí.

Cada uno de los miembros del cuerpo de Dios dentro del círculo del Espíritu Santo es elegido por el Gurú y es ordenado, iniciado, por él, con el propósito de salir y producir el fruto de los santos y la gran multitud ciudad a ciudad y nación a nación. A ellos se les da la ciencia de la Palabra hablada: el poder, la sabiduría y el amor de la invocación «para que todo lo que pidiereis al Padre en mi nombre, él os lo dé».

El Gurú en medio del jardín del Edén ordena a sus discípulos que se amen y se amen y se amen unos a otros, que den sus vidas unos por otros, y que se amen unos a otros en su nombre. Este amor es el flujo, entre el cuerpo de creyentes, de la inmensa luz de su invocación. Sellados como si fueran uno solo por el poderoso movimiento del amor del Espíritu Santo en medio de ellos, son capaces de soportar el odio del mundo lanzado contra el círculo de su unidad en su relación Gurú-chela. Este odio no es sino la virulencia de la enemistad de la mente carnal con Cristo y la energía mal cualificada de la mente carnal que se precipita en el vórtice del amor —amor rubí— para ser transmutada.

Escuchad bien, hijos míos, la advertencia de mi Hijo Jesús. Pues todas estas cosas han de pasar antes de que estéis victoriosos en Dios en la realidad Divina en el lado oeste de la ciudad:

Si el mundo os aborrece, sabed que a mí me ha aborrecido antes que a vosotros.

Si fuerais del mundo, el mundo amaría lo suyo; pero porque no sois del mundo, antes yo os elegí del mundo, por eso el mundo os aborrece.

Acordaos de la Palabra que yo os he dicho: El siervo no es mayor que su señor. Si a mí me han perseguido, también a vosotros os perseguirán; si han guardado mi palabra, también guardarán la vuestra.

Mas todo esto os harán por causa de mi nombre, porque no conocen al que me ha enviado.

Si yo no hubiera venido, ni les hubiera hablado, no tendrían pecado; pero ahora no tienen excusa por su pecado.

El que me aborrece a mí, también a mi Padre aborrece.

Si yo no hubiese hecho entre ellos obras que ningún otro ha hecho, no tendrían pecado; pero ahora han visto y han aborrecido a mí y a mi Padre.

Pero esto es para que se cumpla la palabra que está escrita en su ley: Sin causa me aborrecieron.

Pero cuando venga el Consolador, a quien yo os enviaré del Padre, el Espíritu de verdad, el cual procede del Padre, él dará testimonio acerca de mí.

Y vosotros daréis testimonio también, porque habéis estado conmigo desde el principio.

Estas cosas os he hablado, para que no tengáis tropiezo.

Os expulsarán de las sinagogas; y aun viene la hora cuando cualquiera que os mate, pensará que rinde servicio a Dios.

Y harán esto porque no conocen al Padre ni a mí.

Amados míos, el signo de Acuario es el signo de la intensificación del amor en la Tierra. Es la señal de la mayoría de edad de los santos que tienden la copa de cristal, reciben la sangre del Cordero que es la esencia del Rayo Rubí, y permanecen en la Tierra como los guardianes del amor de Cristo hacia los suyos.

Son los que empuñan la lanza sagrada cuyo poder es la sangre santa. Y siempre están con la Persona cuyo vestido es bañado en sangre: y su nombre es La Palabra de Dios.

YO SOY el enviado,

Sanat Kumara

Véase Apocalipsis 5; Mateo 9:17; Mateo 21:33-34; Marcos 12:1-11; Lucas 20:9-18; Isaías 4:2; 11:1-9; 60:21; Jeremías 23:5, 6; 33:15; Zacarías 3:8; 6:12; Apocalipsis 14:17, 18; Isaías 66:1; Apocalipsis 2:17; Juan 4:35; Mateo 9:37, 38: Apocalipsis 14:19, 20; 19:15; Apocalipsis 14:14, 15; Isaías 8:14, 15; Romanos 9:32, 33; 1 Pedro 2:6-10; Ezequiel 1:22; 1 Corintios 10:4; Salmos 2:9; Romanos 8:6, 7; Juan 15:18-27; 16:1-3; Apocalipsis 19:13; Juan 6:29.

18

∞

La palabra y la obra de los santos en la Puerta Oeste

Amados que estáis en el Gran Camino Blanco
del sendero de iniciación en el Rayo Rubí:

El servicio de los santos que sirven en la puerta oeste, guardando las idas y venidas de las almas de la gran multitud, es la ciencia de la religión, la ciencia por la cual el alma es atada a Dios con las cuerdas de amor. Este amor es la esencia del Espíritu Santo.

La ciencia de los santos es la palabra y obra del Espíritu Santo. Es la vida de ellos. Ya no están afligidos, ni el pesar llena sus corazones por el Mensajero que dijo: «Voy al que me envió; y ninguno de vosotros me pregunta: ¿A dónde vas?».

Los santos de la comunidad llamada Cámelot están inmersos en la manifestación trina del Espíritu Santo que Jesús, el Mensajero Crístico, les ha enviado:

Pero yo os digo la verdad: Os conviene que yo me vaya; porque si no me fuera, el Consolador no vendría a vosotros; mas si me fuere, os lo enviaré.

Y cuando él venga, convencerá al mundo de pecado, de justicia y de juicio.

De pecado, por cuanto no creen en mí;
de justicia, por cuanto voy al Padre, y no me veréis más;
y de juicio, por cuanto el príncipe de este mundo ha sido ya juzgado.[1]

El Espíritu Santo viene para «convencer» —es decir, a sacar a la luz, a traer a nuestra memoria— de la ley del Padre que hemos conocido desde el principio, que en sí misma expone la irrealidad de la ley del pecado y la muerte. Esto Él lo debe hacer porque la gente no ha creído en el Hijo como la encarnación de la ley del Padre.

El Espíritu Santo viene para enunciar la ley del Hijo en cuanto a la justicia, el *justo uso de la energía* de la ley de la vida eterna. Esto lo debe hacer el Espíritu Santo a través de sus instrumentos, los maestros ascendidos y sus chelas, porque el Jesucristo ascendido ya no está encarnado físicamente en esta octava. Su conmemoración de la Palabra a los suyos ha de ser, en lo sucesivo, a través del Espíritu Santo y sus representantes, que son los instrumentos físicos, corazón, cabeza y mano, habiéndose convertido en «su cuerpo» y «su sangre».

El Espíritu Santo viene para dar a conocer la naturaleza del juicio de la mente carnal en el individuo y el morador en el umbral satánico de la conciencia planetaria del bien y del mal. Pues la misión del Hijo de Dios Jesucristo y de todos los que él inicia en el sendero de la Filiación es volver a promulgar este juicio mediante la ciencia de la invocación en las esferas de la Materia. Esta es la cruz cotidiana tomada por los iniciados de la cruz rosa hasta que toda la falsa jerarquía sea llevada a juicio ante mí en la Corte del Fuego Sagrado, en el gran trono blanco, ante las cuatro fuerzas cósmicas y los veinticuatro ancianos.

Verdaderamente esta triple acción de convencimiento es la re-demostración al mundo de la Verdad respecto del *pecado, la justicia y el juicio*. Y esta luz ha venido al mundo a través de las enseñanzas de mis hijos-siervos, los maestros ascendidos, entregadas a los santos por el Cordero.

Puesto que esta progenie de la Mujer le ha aceptado creyendo en su palabra, los que la forman son aquellos sobre los cuales se ha profetizado que «guardan los mandamientos de Dios y tienen el testimonio de Jesucristo». Mientras sirven a la Vida entera en la puerta oeste, se convierten en iniciados de la llama de la Madre que yo sostengo en el Cordero encarnado en la puerta sur. Porque ellos han creído la profecía de los dos testigos; y por esa profecía, que es la verdadera edificación del Espíritu Santo, vencen día a día al «dragón»[2] por la sangre (fuego sagrado) del Cordero y por la palabra (ciencia de la oración e invocación) del testimonio de ellos. Son los que no aman sus vidas hasta la muerte. Recuerdan la Palabra de Jesús que predijo que su verdadera enseñanza vendría por este Espíritu.

> *Aún tengo muchas cosas que deciros, pero ahora no las podéis sobrellevar.*
>
> *Pero cuando venga el Espíritu de verdad, él os guiará a toda la verdad; porque no hablará por su propia cuenta, sino que hablará todo lo que oyere, y os hará saber las cosas que habrán de venir.*
>
> *Él me glorificará; porque tomará de lo mío, y os lo hará saber.*
>
> *Todo lo que tiene el Padre es mío; por eso dije que tomará de lo mío, y os lo hará saber.*

El Espíritu Santo es una Persona, en verdad es la Persona de cada maestro ascendido. Las Enseñanzas de los Maestros Ascendidos son la Palabra del Espíritu Santo que está en ellos; y sus enseñanzas son siempre la glorificación del Señor Cristo en Jesús y en todo aquel al que él haya iniciado en el sendero de la Filiación. Los maestros ascendidos tomarán de lo mío, y os lo harán saber.

La comunión de los santos en el cielo es el compartir el Cuerpo y el Espíritu del Señor. Los maestros ascendidos participan en la cena de las bodas del Cordero. Comen la «carne» y la «sangre» de su conciencia; y, en la Persona del Espíritu Santo, lo hacen saber a los chelas no ascendidos a través de la Ciencia de la Palabra Hablada y la certera Palabra de profecía, entregada a través de los mensajeros encarnados, llamas gemelas que ocupan el cargo de los dos testigos en cada era.

En las últimas horas de su misión terrenal, Jesús predijo «aquel día» en el que «no me pediréis nada». Pues «ese día», que es la dispensación de Acuario:

La palabra y la obra de los santos en la Puerta Oeste 137

> *De cierto, de cierto os digo, que todo cuanto pidiereis al Padre en mi nombre, os lo dará.*
>
> *Hasta ahora nada habéis pedido en mi nombre; pedid, y recibiréis, para que vuestro gozo sea cumplido.*
>
> *…la hora viene cuando ya no os hablaré por alegorías, sino que claramente os anunciaré acerca del Padre.*
>
> *En aquel día pediréis en mi nombre; y no os digo que yo rogaré al Padre por vosotros,*
>
> *pues el Padre mismo os ama, porque vosotros me habéis amado, y habéis creído que yo salí de Dios.*
>
> *Salí del Padre, y he venido al mundo; otra vez dejo el mundo, y voy al Padre.*

Jesús predijo el día, que ha llegado, en que los santos practicarían la Ciencia de la Palabra Hablada. Mientras invocan la luz del Padre en el nombre del Hijo, pueden orar, como él ha orado, por la autoridad de la Palabra directamente a la Presencia YO SOY en el nombre del Ser Crístico, en el nombre de Cristo en Jesús y en todo maestro ascendido.

Por tanto, el cumplimiento de la misión del Hijo de Dios es el restablecimiento de la intimidad de los discípulos de la Palabra con el Padre mismo, que los ama porque ellos han amado la Palabra y han creído en la misión del Cordero, que procede del Padre y va al Padre y es digno, por tanto, de abrir el libro de los siete sellos.

Jesucristo ha hecho la promesa que se cumple en cada uno de los iniciados del Rayo Rubí cuyo amor consumado del Padre es consumado en la iniciación del Cordero: «*Ya no os hablaré por alegorías, sino que claramente os anunciaré acerca del Padre*». A través de sus dos testigos, Jesucristo ha demostrado verdaderamente a todos los que tienen oídos para oír la verdad llana sobre la ley del Padre y su aplicación en la Iglesia y el Estado.

Ahora, que las revelaciones del Señor Jesucristo a sus dos testigos, Mark L. Prophet y Elizabeth Clare Prophet, salgan como su enseñanza para todas las naciones. Y que su Palabra sea el gran bautista con agua y fuego, en el nombre del Padre y del Hijo y del Espíritu Santo.

Estando en la puerta oeste, Jesucristo predice la gran tribulación mientras los santos, con paciencia y su obra perfecta, batallan en Armagedón contra las fuerzas, tanto ignorantes como maliciosas, del Anticristo. Antes de entrar en la Iniciación de la Puerta Sur en la llama de la Madre, les deja el consuelo de que los sostendrá durante el período de preparación anterior al advenimiento de su propia cruz y sus catorce estaciones: «En el mundo tendréis aflicción; pero confiad, yo he vencido al mundo». Y como dijo a Juan: «Mayor es el que está en vosotros, que el que está en el mundo».

Las actividades de los discípulos en la puerta oeste representan un movimiento mundial en conciencia superior. Ganando impulso, se convierte en la revolución de los seres Crísticos que se han revuelto contra la implantación de los Luciferinos y el monolito de su mecanización de masas, personificado en la conciencia de Nimrod de la torre de Babel. Esta última es la amalgama de elementos desunidos de la mente carnal que están unidos en alianza, aun siendo enemigos mortales, en un último intento de derrotar al Cristo vivo y demostrar que son capaces de subir satisfactoriamente la escalera del culto al éxito sin la Madre, sin su llama, sin el Gurú vivo. Y, por supuesto, lo pueden hacer mientras esté permitido, hasta que el ángel meta su hoz en la tierra y vendimie la viña de la tierra, la buena y la mala, y la arroje al gran lagar de la ira de Dios.

La escalera del éxito en este mundo, descolgada por el príncipe de este mundo para todos los que están hechos a su imagen (la imagen de la bestia) no es una medida del hombre y la mujer Crísticos. Sólo la escalera de Jacob es la medida del Hijo del hombre que se convierte en el Hijo de Dios. Y los ángeles del Señor que ascienden y descienden dentro del templo del alma miden la disposición del alma para «luchar» con el ángel hasta el amanecer y hasta que la bendición del alma se convierte en la purificación por el fuego sagrado de elementos no transmutados.

La palabra y la obra de los santos en la Puerta Oeste 139

La bendición (iniciación) le es transmitida por un personaje vivo de la jerarquía de la Gran Hermandad Blanca.

Mientras los traidores de la Palabra miden su éxito con estándares mundanos, otro viene a quien le es dada una caña, como una vara de medir, para medir el templo de Dios, y el altar, y a aquellos que adoran en su interior. Con la apertura del Sendero del Rayo Rubí, el Maestro Ascendido Juan el Amado es convocado para medir la capacidad de luz de aquellos llamados a ser el templo del Dios vivo. Él mide el altar de la Iglesia Universal y a los que adoran en su interior. Mide la medida de un hombre y una mujer en la Llama Trina que arde en el altar del corazón. Mide las adoraciones de los santos y las fragancias (vibraciones) de las oraciones de los santos contenidas en los frascos dorados que llevan las cuatro criaturas vivientes y los veinticuatro ancianos.

Por consiguiente, el Señor, en la persona de los cuatro Señores del Destino, los cuatro Señores de la Creación, los cuatro Señores de la Individualidad y los cuatro Señores de la Forma y la No-Forma, viene para evaluar a las almas dignas que entonan el nuevo cántico en el templo de Dios y que esperan la profecía de los dos testigos para poder ir y predicar el evangelio. Este predicar el evangelio es el servicio de los santos en la puerta oeste. Ellos vienen como el arquetipo del Cristo crucificado. Conocen al Becerro y lo conocen como el Cristo de Alfa y Omega venido en el fóhat del El.

Sí, los santos son las almas dignas a las que se encuentra entonando el nuevo cántico en mi templo. He aquí, YO SOY Sanat Kumara. YO SOY el otorgamiento de poder de los dos testigos y su profetizar, en el Espíritu y la Materia, durante mil doscientos sesenta ciclos en conciencia Divina, una vez vestidos con la tela de saco de la conciencia humana y el karma humano, ahora vestidos con el Espíritu de vida de Dios. Y los santos son los que oyen la profecía que es la edificación y la iluminación de sus almas en el sendero de iniciación. Y contemplan a los dos testigos —uno a este lado del río y el otro en aquel lado del río— ante el Dios de la Tierra, el Señor Gautama Buda, que es la luz de la puerta oeste y del servicio de los santos.

YO SOY Sanat Kumara. Os iniciaré en el sendero de la profecía de los dos testigos para que podáis recibir la recompensa que doy a mis siervos los Profetas, y a los santos, y a aquellos que temen mi nombre.

YO SOY EL QUE YO SOY

Véase Juan 14:26; Romanos 8:2; Apocalipsis 12:17; Juan 16:12-15; Apocalipsis 19:9; Juan 16:23-28; Apocalipsis 7:14; 16:16; Santiago 1:4; Juan 16:33; 1 Juan 4:4; Génesis 10:8-10; 11:1-9; Apocalipsis 13; 14:9-11; 15:2; 16:2; 19:20; 20:4; Génesis 28:10-15; 32:24-32; Apocalipsis 11:1; 21:17; Daniel 12:5; Apocalipsis 11:3, 4, 11,18.

El flujo de las Personas y los Principios de la Divinidad en los siete planos del cielo y la tierra

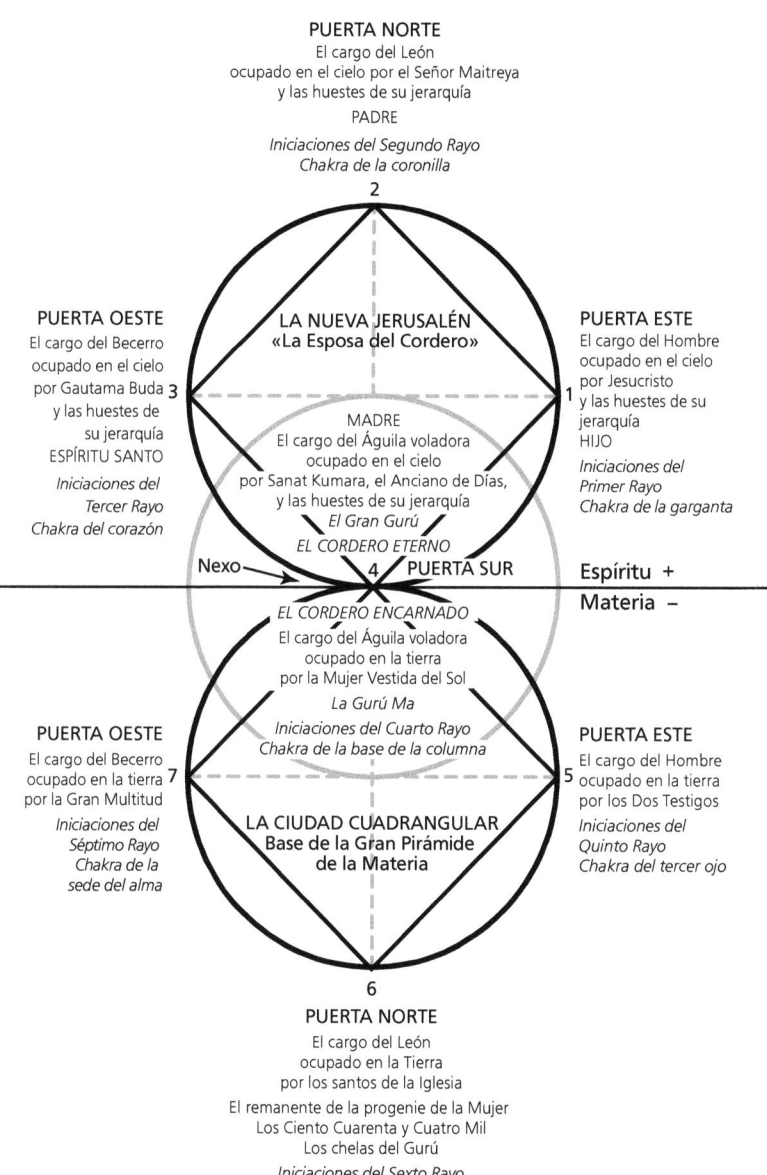

19

El Evangelio del Padre, y del Hijo, y del Espíritu Santo

Y Jesús se acercó y les habló diciendo: Toda potestad me es dada en el cielo y en la tierra.

Por tanto, id, y haced discípulos a todas las naciones, bautizándolos en el nombre del Padre, y del Hijo, y del Espíritu Santo;

enseñándoles que guarden todas las cosas que os he mandado; y he aquí yo estoy con vosotros todos los días, hasta el fin del mundo. Amén.

MATEO 28

Siervos del Cordero que deseáis predicar el Evangelio de Dios:

YO SOY el que ha venido en la plenitud de la Luz para entregaros el mensaje de los misterios del evangelio, para que podáis ser iniciados en el sendero de la profecía de los dos testigos.

¿Qué es el evangelio[1] predicado por los siervos del Cordero? Es la afirmación séptuple de la ley de Elohim, al tiempo que esa ley es aplicada por los hijos e hijas de Dios al sendero de iniciación séptuple, manifestado dentro de las esferas cuadrangulares de la Materia.

El primer evangelio es el Evangelio del Reino de Dios, su conciencia venida en el Espíritu y en la Materia por la fusión de la Luz de Alfa y Omega en el Hijo de Dios. Este es el evangelio del Dios único, cuya Individualidad contiene la polaridad Padre-Madre, como arriba, así abajo. Es el evangelio del Espíritu eterno (masculino), por siempre unido a la Materia eterna (femenina) manifestado en lenguas hendidas de fuego sagrado en el cielo y en la tierra. Es el evangelio del Divino Nosotros (Elohim), por siempre individualizado en la Persona y el Principio del SEÑOR. Las buenas nuevas de este SEÑOR, que declara YO SOY QUIEN YO SOY, es que Elohim se individualiza dentro de la creación en la Presencia YO SOY de toda alma viva.

Esta es la historia de la conciencia Divina y de las alianzas hechas entre la Presencia YO SOY y el alma. También contiene el registro, para que todos lo lean y se aprovechen de él, de la interacción de las almas con la Presencia YO SOY a lo largo de extensos milenios de la historia escrita y no escrita de la Tierra. Ya sea por virtud y paciencia o por ensayo y error, esta exteriorización de la Ley y del Legislador por parte de las evoluciones de la Tierra está escrita en las capas de *akasha* como prueba de la Alianza Eterna de nuestro Hacedor con su progenie, de que aquellos que guarden sus mandamientos comerán algún día del fruto del Árbol de la Vida y vivirán para siempre, y aquellos que no obedezcan sus mandamientos, porque no aman, no vivirán para siempre sino que perecerán por su falta de fe y su incredulidad.

Este es el evangelio del primer Gurú, Maitreya, que caminaba y hablaba con Adán y Eva, llamas gemelas en el Edén. Verdaderamente él era mi Presencia Divina personificada. Él personificaba la Ley y les dio la alianza del primer amor: obediencia al Gurú como la puerta abierta a la gracia. Pero fueron desafiados inmediatamente por la Serpiente, y la mujer entabló un diálogo con el falso Gurú, quien puso en duda la Ley y se hizo a sí mismo Legislador. Así, debido a un libre albedrío manipulado, primero la mujer y después el hombre abandonaron su primer amor e hicieron uso de medios ilícitos para conseguir un fin lícito. Y esta es, siempre, la falsedad de las falsas enseñanzas de los falsos instructores.

Ahora, ellos y su descendencia tendrían que esperar, he aquí, 6.666 ciclos, clamando: «¡Hasta cuándo, oh SEÑOR!», hasta que el pueblo que caminaba en la oscuridad de incontables generaciones de la filosofía de la Serpiente viera la Luz como la Palabra hecha carne y habitando entre ellos en la Persona del Hijo. Porque aunque la Luz brilló en la oscuridad, la oscuridad no la comprendió; pues sin la Presencia del Padre (cuyo eterno Yo contiene a la Madre), el Gran Gurú en el Gurú vivo, el Cordero eterno en el Cordero encarnado, el mundo no Le conocería así como ellos no Le conocieron: ni los hijos de Lemuria ni las llamas gemelas elegidas. Y la mujer, aunque bien intencionada, aceptó la iniciación de este falso Gurú como un medio para un «fin». En su mente, el fin era la aceleración bajo Maitreya. Pero en la mente de Serpiente, el fin era la destrucción de las almas de las llamas gemelas mediante la destrucción del sendero de iniciación bajo el Gran Gurú.

Porque, aunque la Luz sea la Luz de todo hijo de Dios —sellada en la cámara secreta del corazón como la Llama Trina pulsante (Poder, Sabiduría, Amor de Padre, Hijo, Espíritu Santo)— y aunque esa Luz sea el Creador del mundo que está en el mundo, fuera del Jardín del Edén, donde se revela a sí mismo en el círculo santificado de la relación Gurú-chela, él va a los suyos en la bendición del Ser Crístico, pero los suyos no le reciben porque, por edicto de su karma, aún moran en la oscuridad exterior.

Hasta que el Unigénito encarna en carne y hueso no vuelven a contemplar la gloria (la luz) del Padre (la Presencia YO SOY) y de su Persona en el Señor Maitreya. De esta forma, los hijos de Lemuria siguieron el camino de los ángeles caídos que eran llamados Vigilantes. Y aquellas llamas gemelas, llamadas a las iniciaciones del Rayo Rubí dadas por el Señor Maitreya en la antigua escuela de misterios, igualmente aceptaron la mentira, aunque en el nombre del Bien, del agente encarnado de Lucifer cuyo nombre era Serpiente. Y fueron condenados (juzgados) por sus actos de desobediencia a Dios Padre, y su condena (juicio) fue justa. Y la Personalidad-Personal del Padre se retiró de la interacción personal con sus hijos en la Tierra. Y Dios Padre se convirtió en la Impersonalidad-Impersonal, enviando su Palabra por medio de sus profetas y de sus mensajeros hasta que la plenitud del tiempo y el espacio de los ciclos del karma personal y planetario se terminaran.

Entonces se produjo la venida de la Palabra, y el Hijo Jesús apareció como representante del Dios Impersonal (Gurú), que eligió manifestarse personalmente en la Personalidad del Hijo (chela), predicando el evangelio de Maitreya, diciendo: «Arrepentíos; pues el reino de los cielos [la conciencia Divina del Señor Maitreya] se ha acercado... Y será predicado este evangelio del reino [de la Persona del Padre, Sanat Kumara, venido en la Luz del Señor Maitreya] en todo el mundo, para testimonio a todas las naciones; y entonces vendrá el fin».

Esta es la historia del primer evangelio venido de nuevo en el segundo evangelio. Y para aquellos que no le recibieron en primera instancia, este evangelio se ha convertido, en segunda instancia, en la primera puerta que es abierta. Es la puerta abierta en la tierra para que el alma pueda recibir de nuevo las iniciaciones del Mediador vivo y pasar hasta la Divinidad. Es el evangelio de creer en el enviado como la puerta abierta al Ser Crístico, al Yo Superior de cada alma. Para todos los que no creyeron en el Padre en el principio, es la oportunidad de creer en el Hijo al final.

Por tanto, el segundo evangelio es el evangelio de la gran gracia de Jehová, el Dios personal de los israelitas que había hablado y caminado con ellos en la Persona del SEÑOR, la Presencia YO SOY, que primero apareció saliendo de Horeb y del Sinaí y luego de la llama del arca de la alianza. Este SEÑOR, que es la Deidad, que es Elohim, está personificado ahora en la Palabra encarnada en el Hijo engendrado sólo por Dios, el Ser Crístico. Es el restablecimiento de este contacto con el Ser Crístico lo que capacita al alma para entrar de nuevo en la relación íntima con el Padre y con aquel que el Padre envía para iniciar a los santos en la puerta norte, el Gran Iniciador, el Señor Maitreya.

Mediante la iniciación de la Filiación, Jesucristo transfiere el contacto original con el «SEÑOR» Maitreya, que las evoluciones de la cuarta raza raíz perdieron por desobediencia a la primera alianza. Y esta es la obra del Hijo: ser el ejemplo, sí, la encarnación del Ser Crístico que todo hijo de Dios debe encarnar. Porque el niño no puede encarnar al Ser Crístico a no ser que vea a ese Yo Real en el Hijo, cara a cara.

Este evangelio de la gracia del Padre manifestada en el Hijo es el evangelio del Emmanuel, «Dios con nosotros» en las huestes del SEÑOR: maestros ascendidos, jerarquías de seres angélicos cuyos cargos de intercesión celestial-terrenal culminan en la Persona del Hijo Jesucristo, Gran Gurú de la Gracia en la Era de Piscis. Y a través de él se transfiere el manto de la Filiación por el sendero de iniciación a todos los que en él contemplen la Palabra encarnada y el Cordero inmolado desde el comienzo del mundo.

El evangelio de la gracia del Padre, el Poderoso YO SOY individualizado en el Hijo, es la esencia de aquel que declara: «Yo y el Padre uno somos». Este es el evangelio de la elevación de la Luz del Hijo del hombre en el templo del individuo, al igual que Moisés elevó el fuego sagrado de la fuerza serpentina (llamada Kundalini) en el desierto de la conciencia materialista, sensualista, ritualista, de las generaciones rezagadas. Se exigiría de los israelitas que pasaran a través de estas cosas en sucesivas encarnaciones, hasta que el profetizar de los comedores del librito se cumpliera.

Estas son las buenas nuevas de creer en el enviado por el Anciano de Días, de creer en la jerarquía del Unigénito cuya Luz, que procede del trono de Dios y del Cordero, es el río puro de agua de vida, claro como el cristal. Este río que pasa por los cálices individuales de los hijos e hijas de Dios es la conciencia Crística, el Unigénito de Dios.

Esta es la Luz engendrada sólo por Dios. Esta es la Luz que es dada por la gracia a sus siervos que ven su rostro en la Presencia YO SOY y tienen la geometría de su nombre, YO SOY EL QUE YO SOY, en sus frentes (tercer ojo). Esta Luz está en cada hijo de Dios como la Persona de Cristo: el Ser Crístico. Y este es el evangelio del amor de Dios, que dio a su Hijo unigénito para que fuese la Luz, el Mediador, el Instructor, el Consejero para cada alma que creyera en Él. Las buenas nuevas de este evangelio

El Evangelio del Padre, y del Hijo, y del Espíritu Santo 147

es que el don de la Filiación es el don del Padre para cada hijo que confirme a la Persona de la Luz en el Cordero encarnado Jesucristo y en todos los que ostentan el cargo del Cordero en el cielo y en la tierra.

«Nadie subió al cielo, sino el que descendió del cielo; el Hijo del Hombre, que está en el cielo». Mediante el evangelio del Hijo se establece el verdadero sendero de la ascensión. Pues por la gracia de este Hijo —el Ser Crístico— y sólo por su gracia, el alma que es el Hijo del hombre baja del cielo y asciende al cielo. Este es el sendero del Cordero encarnado y sus siervos. Es el evangelio del Gurú y sus chelas.

El evangelio de la gracia es la buena nueva de oportunidad de salvación (elevación del alma) para todas las evoluciones de la Tierra —la aceleración del alma hacia su Luz natal— mediante el Hijo, a través del arrepentimiento del pecado. ¿Y qué es pecado? Es la separación intencionada del alma del YO SOY EL QUE YO SOY y de la ley de la encarnación de la Luz dentro del alma a medida que el alma atraviesa las esferas de la Materia. Pecado es la rebelión original del alma contra la Divinidad y su consiguiente separación del Uno. Pecado es la densidad resultante de la densa conciencia de la «tierra, terrenal» del alma, el velo de energía creado a partir de su propia energía mal cualificada, que oscurece al Sanctasanctórum y a toda la jerarquía celestial.

Las acciones que sustentan la separación del alma manteniéndola fuera del círculo de unidad —la unidad del Padre y del Hijo que focalizan la relación Gurú-chela a través del Cordero— pueden ser categorizadas como niveles de pecado y de conciencia de pecado, es decir, separación de la llama de la Vida eterna. El Evangelio de Gran Gracia predicado a través del Unigénito de Dios, al manifestarse éste como la Luz y el Yo Real de todo hijo de Dios, es el evangelio de misericordia y perdón, del regreso del alma a la unidad a través de la salvación mediante la Persona del Cordero (Gurú).

El tercer evangelio predicado por los santos es el Evangelio del Consolador Prometido, que transfiere el amor de Alfa y

Omega a los iniciados del Rayo Rubí como el bautismo de fuego sagrado. Por medio de este evangelio, las verdaderas enseñanzas de Jesucristo y de todo avatar (encarnación de Dios) que ha aparecido desde el comienzo de los mundos son traídas a la memoria de los hijos de Dios. Y por esta enseñanza y la presencia personal del Consolador, las almas experimentan las pruebas de fuego del amor y las pruebas del alma, mientras el Señor Dios mismo prepara el templo del discípulo para que sea su morada para siempre.

Aquellos que reciben su Espíritu sin condiciones, sino sólo con la promesa del amor, son amigos y seguidores del Espíritu Santo, que se les aparece en sus múltiples expresiones en los hijos ascendidos de Dios. Uno a uno, estos arquetipos de los senderos de la llama séptuple del Espíritu Santo inician a los devotos del Cordero no ascendidos en los nueve pasos de iniciación en el Sendero del Rayo Rubí que conducen al otorgamiento de los nueve dones del Espíritu Santo.

Estos dones son: 1) palabra de sabiduría, 2) palabra de ciencia, 3) fe, 4) dones de sanidades, 5) hacer milagros, 6) profecía, 7) discernimiento de espíritus, 8) diversos géneros de lenguas, 9) interpretación de lenguas. El examen de estos dones del Espíritu Santo y las iniciaciones en el Sendero del Rayo Rubí que conducen a su concesión son una parte esencial del mensaje de Amor, el evangelio vivo del Espíritu Santo. Por ello, nos extenderemos sobre ellos a su debido tiempo a medida que los siete sellos del libro de siete sellos son abiertos para los Guardianes de la Llama y son abiertos de nuevo.

El evangelio del Espíritu Santo se entrega, primero, con el descenso del bautismo de fuego sagrado en Pentecostés y, luego, siguiendo esta dispensación, en la Palabra y Obra del Señor manifestadas en los discípulos y apóstoles escogidos y ordenados. Pablo, el arquetipo del apostolado, ilustra el pleno florecimiento del discipulado hasta la unidad con el maestro ascendido Jesucristo, del que él da testimonio diciendo que se ha producido a través de la confrontación directa con el Salvador y por una

El Evangelio del Padre, y del Hijo, y del Espíritu Santo   149

conversión cara a cara por la cual, el Salvador, el Gurú vivo, ha entrado en el templo de su discípulo para vivir, moverse y tener existencia en la Tierra a través de él. Así, aun estando ascendido, el Gurú Siempre Presente está encarnado en el apóstol ungido cuyo evangelio de la gracia de Dios se convierte entonces en el relato de su contacto con el Señor, con los santos y con la gran multitud, a quien predica con todo el Espíritu del Espíritu Santo de su Señor (la Sagrada Presencia del Espíritu de Su Señor).

Y todo maestro ascendido que haya pasado la iniciación del Cordero, por la cual le es dado todo el poder en el cielo y en la tierra, puede, a voluntad, transferir a su chela no ascendido su «Espíritu Santo», la réplica de su Divinidad llamada Presencia Electrónica. Esta Presencia acompañante del maestro ascendido es el manto transferido al chela en incrementos, por iniciación en el Rayo rubí, hasta que la multiplicación de la conciencia del maestro ascendido en su chela se convierte en la plenitud de su Espíritu.

Ahora el logro de conciencia Divina del maestro ascendido se mezcla con el alma del chela y el chela es facultado por el «Espíritu Santo» de su Gurú. Fue así como el Espíritu Santo de Jesucristo llenó a todos los apóstoles en aquel día de «común acuerdo» en «un mismo lugar». Su «común acuerdo» era su concordancia en la Ley de la Armonía Divina. Su «mismo lugar» es el lugar preparado en el nexo de la cruz cósmica de fuego blanco, donde Dios se convierte en hombre y el hombre se convierte en Dios en la Persona del Hijo y del Espíritu Santo del Hijo. Así, al tomar su cruz diariamente, los santos son facultados continuamente por el Espíritu Santo de su Palabra.

Este evangelio de la gracia de Dios para los apóstoles es la buena nueva escrita por ellos hoy, un testimonio de su Palabra y Obra en su Señor. Ha sido escrito desde el momento de la ascensión de Jesucristo, de Gautama Buda y de otros avatares como el evangelio de los actos en el sendero de la divinidad personal. Lo escriben siempre los más allegados a la luz del corazón (logro) de la Palabra encarnada, quienes toman el manto de su

«SEÑOR», el que ostenta el cargo (es decir, la autoridad en la Tierra) del Anciano de Días. Por tanto, los apóstoles del SEÑOR son aquellos que engrandecen su nombre. Su vida en la Tierra se expande y expande hasta ser un testimonio vivo de la Llama personal de la Vida del SEÑOR, la cual ahora demuestran y la hacen suya.

El evangelio del Espíritu Santo, el mensaje de consuelo e iluminación, también llega por la revelación del Hijo de Dios dada a San Juan el Divino y a otros santos de la Santa Iglesia, en Oriente y Occidente, como revelaciones que se van desvelando de las dispensaciones de los siglos. Ello incluye los mensajes de los servidores angélicos y los maestros ascendidos a las almas que ascienden por la espiral de siete niveles dentro del cubo blanco en la Materia. Estos están expuestos de manera críptica en el propio Libro del Apocalipsis como los mensajes a las siete «iglesias». Se trata de las iniciaciones de los siete chakras y aquellos que están pasando por las iniciaciones de los siete rayos en los siete cuerpos del hombre en los senderos de rectitud. Estos senderos de los siete santos Kumaras, pronunciados por los siete poderosos Elohim, han sido traídos por los avatares que he enviado para fundar las religiones de los mundos.

Los tres primeros evangelios son los evangelios del Padre, el Hijo y el Espíritu Santo. Estos ya están escritos en el cielo y en la tierra de los mundos remotos, donde las evoluciones de Dios resuelven su salvación con el temor del Señor y el temblor ante la majestuosidad de su trono. Algunos elementos de estos evangelios han sido transferidos a este mundo por medio de grandes videntes y escribas que han servido con los avatares, Kumaras y Manús desde la Atlántida, Lemuria y más allá. YO SOY el que está dispensando otros elementos en el Eterno Ahora a través de las siempre comparecientes llamas gemelas llamadas a dar testimonio de mí.

Ellas testifican acerca del Cordero y de la esposa del Cordero hasta que se convierten en el Cordero y en la esposa del Cordero. Y los que ocupan el cargo de «estos dos profetas», cuya luz es un

El Evangelio del Padre, y del Hijo, y del Espíritu Santo

tormento para los habitantes anti-Luz de la Tierra, siempre enuncian la ley y el amor del Dios Padre-Madre. Las tradiciones de las escrituras de Oriente y Occidente (Alfa y Omega) aportan un base firme de esta ley, habiéndose de interpretar, sin embargo, por la Palabra viva, encarnada y enunciada y expuesta por los mensajeros Crísticos, que las hacen relevantes para cada generación y dispensación siguiente. Esta es la esencia del evangelio continuo del Espíritu Santo.

Que pueda convertirse en la esencia de vuestra alma. Y que vuestra esencia sea encendida por el Espíritu Santo. Y que vuestra llama sea la Luz inextinguible en Israel.

YO SOY el que está en el Sanctasanctórum
guardando la llama del Evangelio para mi pueblo

Sanat Kumara

Véase Mateo 28; Juan 1:1-14; Mateo 4:17; 24:14; Juan 6:29; Apocalipsis 13:8; Apocalipsis 22:1; Juan 3:13; 1 Corintios 15:38-50; Mateo 28:18; Hechos 2:1-4; Apocalipsis 1-3; Filipenses 2:12; Apocalipsis 11:3-12.

20

El Evangelio del librito abierto

> *Vi descender del cielo a otro ángel fuerte, envuelto en una nube, con el arco iris sobre su cabeza; y su rostro era como el sol, y sus pies como columnas de fuego.*
>
> *Tenía en su mano un librito abierto; y puso su pie derecho sobre el mar, y el izquierdo sobre la tierra;*
>
> *y clamó a gran voz, como ruge un león; y cuando hubo clamado, siete truenos emitieron sus voces.*
>
> APOCALIPSIS 10

Amados que os comeréis el librito
abierto y profetizaréis de nuevo:

Cuando Juan vio a otro ángel poderoso descender del cielo envuelto en una nube, con el arco iris sobre su cabeza, observó que tenía en la mano un librito abierto. Este ángel, de nombre Adoremus, tenía un rostro que parecía el sol y pies como columnas de fuego. Con todo el dominio de la Deidad, de quien es mensajero, puso su pie derecho sobre el mar, mostrando la omnipotencia de Dios sobre la mente subconsciente y todo lo que esta contiene; y puso su pie izquierdo sobre la tierra, mostrando la omnisciencia de Dios para dominar la mente consciente y todo lo que esta contiene.

(El pie derecho y el pie izquierdo del poderoso ángel, que son como columnas de fuego, simbolizan el dominio de su conciencia cósmica sobre el mar y sobre la tierra, el tercer y cuarto cuadrante de las esferas de la Materia. Los pies son el símbolo del entendimiento, y representan y simbolizan las iniciaciones de la jerarquía de Piscis que el Señor Jesucristo vino a demostrar).

Entonces, con la autoridad del Espíritu Santo, clamó con fuerte voz como cuando ruge un león; y por la autoridad del Gran Gurú Señor Maitreya, emitió el decreto divino que evocó los siete truenos y la pronunciación de sus voces.

Los siete truenos son los siete poderosos Elohim que vienen con el pleno poder del Espíritu Santo a consumir por amor y por sabiduría toda manifestación que sea Anticristo. Los siete poderosos Elohim hacen la declaración de la Ley que desvela el sendero de iniciación para los santos. Este sendero de iniciación es el mensaje del librito, mantenido abierto en la mano del ángel poderoso.

Los siete truenos emitieron sus voces, haciendo sonar el sonido, el AUM universal, el camino de regreso al Origen para los llamados a encarnar el arquetipo del Cristo vivo en los siete rayos. Su Palabra era y es la Palabra de Dios para cada alma que anhele la reunión. El decreto divino pronunciado por el ángel poderoso, Adoremus, aquel que adora la expresión séptuple del Divino Nosotros representada por las llamas gemelas de Alfa y Omega en los siete poderosos Elohim, formuló la Palabra de los Elohim concerniente al sendero de Piscis demostrado por Jesucristo.

Juan iba a escribir lo que ellos decían, pero oyó una voz del cielo decir: «Sella las cosas que los siete truenos han dicho, y no las escribas». (Leed todo el capítulo décimo del Apocalipsis). La enseñanza de los siete truenos y la enseñanza del librito abierto está sellada por Dios hasta el cumplimiento de la dispensación de Piscis. Entonces, el poderoso ángel levantó su mano al cielo y juró por el Anciano de Días que a la conclusión de la sexta dispensación (la era de Piscis), cuando su «tiempo» debiera cumplirse, no habría más retrasos (no más tiempo) en la finalización de los misterios de Dios para esa dispensación; realmente esos misterios vendrían «en los días de la voz del séptimo ángel».

Los días de la pronunciación de la Palabra de Dios por parte del séptimo ángel son los ciclos de Acuario, la séptima dispensación que ahora está cercana. En este momento, ese séptimo ángel, Saint Germain, mi hijo de la séptima era, ha comenzado a sonar. Porque yo le he ungido como jerarca de Acuario para que preste servicio con Jesucristo y los maestros ascendidos, que están con él en el cargo del Hombre en la puerta este. Y día a día y año a año va terminando el misterio de Dios, los misterios sagrados del Santo Grial, declarando estos misterios a sus siervos los Profetas.

Ahora, el librito, que Juan el Amado se comió, es abierto para los iniciados que han predicado el evangelio de Jesucristo tal como él lo enseñó, a aquellos que están listos —siendo santificados— para las iniciaciones del Rayo Rubí, por las cuales demostrarán científicamente dicho evangelio.

Y así, el ángel poderoso baja del cielo de nuevo, envuelto en una nube y con un arco iris sobre su cabeza. Y una vez más se yergue, su pie derecho sobre el mar y su pie izquierdo sobre la tierra. Ha venido a iniciar a los discípulos de la Palabra en el Sendero del Rayo Rubí.

Y al gritar con fuerte voz como cuando ruge un león, los siete poderosos Elohim pronuncian el decreto divino y los siete santos Kumaras están situados en el Espíritu y la Materia para la transferencia de la luz de la Palabra viva. Y la voz que se oye del cielo habla a los iniciados que entran en los ciclos de la liberación del alma bajo el séptimo ángel, diciendo: «Ve, toma el librito abierto en la mano del ángel que está de pie sobre el mar y sobre la tierra».

A cada uno de los que siguen los pasos de Juan el Amado, el apóstol patrocinador del Rayo Rubí, y a todos los que le sigan hasta el Sagrado Corazón de Jesús se les da la oportunidad de decirle, junto con él, al ángel: «Dame el librito». Y mientras lo hacen, uno por uno, el ángel les dirá: «Toma, y cómelo; y te amargará el vientre, pero en tu boca será dulce como la miel».

Y todos los que tomen el librito de la mano del ángel y se lo coman experimentarán la iniciación de la transformación química de la conciencia a través del Rayo Rubí. Y entonces conocerán el significado de la palabra de Juan, quien dijo: «Y era en mi boca dulce como la miel; pero cuando lo hube comido, amargó mi vientre». A tales personas, pues, el ángel da la advertencia que le dio a Juan el Amado: «Es necesario que profetices otra vez sobre muchos pueblos, naciones, lenguas y reyes».

¿Cuál es el mensaje del librito abierto? ¿Por qué es dulce en la boca y amargo en el vientre? Es dulce en la boca porque la Palabra de Dios, como el encargo de hacer su voluntad, es recibida alegre e impacientemente por sus hijos e hijas. Pero cuando se dan cuenta de que para hacer la voluntad de Dios ha de producirse una transformación completa de conciencia, una verdadera alquimia por la mente inconsciente —el cuerpo de deseos y las capas del cinturón electrónico— y que esto sólo se puede realizar a través de la depuración del plexo solar mediante los fuegos sagrados del Espíritu Santo, el Destructor del error encarnado, entonces experimentan la amargura del sendero del sacrificio, la entrega, la abnegación y el servicio. Y éste, como sabéis, amados míos, es el sendero que tenéis delante y que, una vez aceptado, supone vuestra experiencia diaria de la plenitud de la alegría en Jesucristo, el Señor Maitreya, Gautama Buda y Sanat Kumara. Y éste es el camino del gozo, de la vida abundante vivida en Él. Caminad por él.

¿Cuál es el mensaje del librito? Es el mensaje proclamado con voz de trueno por los poderosos Elohim y que retumba a través de las almas de los niños de Dios, causando temor e incluso sacudiendo y haciendo temblar la Tierra. Es este mensaje: «Has caminado tras las huellas de tu Señor y Salvador. Has dado tu devoción al Hijo de Dios. Has predicado su evangelio. Ahora debes ponerte el manto de tu Salvador. Debes asumir la responsabilidad de separar las aguas de la vida. Debes caminar sobre el Jordán y conducir a los hijos de Israel a la tierra prometida del Yo Superior.

»Debes aceptar la doctrina divina sostenida para ti, he aquí, estos dos mil años, pues ahora es el tiempo aceptado y ahora es el día de salvación para pisar sobre las huellas del Salvador y saber que su manto está en ti para que hagas las obras que él hizo en el nombre de Dios y para que aceptes la resplandeciente realidad de tu propia Filiación».

El librito abierto contiene las iniciaciones de los niños de Dios que eligen entrar en la herencia conjunta con el Hijo, que están totalmente preparados para las iniciaciones de esa Filiación y para que Dios Padre, Dios Hijo y Dios Espíritu Santo habiten en ellos físicamente. Esta expansión de la conciencia de Dios se produce por la magnificación del Señor: «¡Engrandecido sea Dios!», como dijo el Salmista.

El engrandecimiento de la Llama Trina de la Trinidad es la obra de los iniciados del Rayo Rubí. Esa llama es engrandecida por amor, por sabiduría, por poder. Sus fuegos son avivados por el aliento del Espíritu Santo, insuflado en ellos una y otra vez mientras el suplicante entra en meditación con el Creador, el Conservador y el Destructor de mundos internos y mundos externos.

El librito es el esquema, paso a paso, del sendero de los avatares de las eras. Y como tal, es la ciencia de la Madre que enseña a sus hijos cómo seguir los pasos del Hijo, hasta que el niño se convierte verdaderamente en la plenitud del Hijo de Dios, a cuya imagen está hecho, según cuya imagen ha nacido.

El librito es la sabiduría de Dios sellada «en un misterio» hasta la hora en que se pronuncie; aun «en un misterio, la sabiduría oculta[1], que Dios predestinó antes de los siglos para nuestra gloria». Esta gloria, amados míos, es la luz del YO SOY que está en vosotros, que sois mis hijos e hijas. A vosotros se os revelan las cosas profundas de Dios por mi Espíritu.

Y YO SOY ese Espíritu santísimo y YO SOY el que está en vosotros buscando todas las cosas, sí, la altura y la profundidad del mar de la conciencia Divina, para que podáis conocer también los misterios dados libremente a los hijos e hijas por los Elohim de Dios.

Tenéis la mente de Cristo y YO, Sanat Kumara, SOY esa mente. Y YO SOY el que está en Dios y YO SOY el que está en vosotros. Y os santifico para que recibáis la Palabra hablada de los misterios del Rayo Rubí amparados en el cáliz del Grial.

¿Y qué es el Grial? ¿No habéis oído? ¿No habéis recordado?

Es el Rayo, o Hijo, de Dios que es la progenie de Alfa (sí, la progenie de Abraham), que siempre es la Encarnación de la Luz. GRIAL (Rayo de Dios como la Luz de la Encarnación del Hijo de Alfa). Este Hijo proveniente de Dios, este sol del Sol, es el único recipiente que puede contener el misterio del Cuerpo y la Sangre. Este Hijo es el Grial que buscáis y que encontráis sólo cuando os convertís en él por mi Espíritu.

El librito es el arquetipo de vuestro Yo. Contiene el misterio de todo lo que sois y de todo lo que llegaréis a ser en Dios a través de Cristo. El Grial. Es el cáliz de la Palabra en que os convertiréis cuando os lo comáis. Por completo. Es su Cuerpo y su Sangre. El librito es la conciencia de Jesucristo en el Espíritu y la Materia. A no ser que os lo comáis, no tendréis vida en vosotros.

El librito es el evangelio de Jesucristo tal como lo vivió y tal como lo demostró. Es la explicación, por mi Espíritu, a sus discípulos en la séptima era de cómo pueden seguir sus pasos y realmente obedecer su mandamiento de manifestar, no sólo las señales del Espíritu Santo, sino las del Padre, de la Madre y del Hijo, haciendo incluso mayores obras que él *porque* creyeron en Él y porque Él ha ido al Padre. Son los chelas del Cordero. Cuando el Cordero acelera, ellos aceleran. Según Él avanza en la Corriente Cósmica, ellos se mueven con Él, demostrando en la Materia las obras mayores que Él mismo está realizando hoy en el Espíritu.

El librito esboza la obra de la Madre y sus hijos, la Mujer y su progenie. Porque pronto debe suceder que enfrenten, con victoria Divina, todos los desafíos e iniciaciones del Rayo Rubí expuestos en las profecías del libro de *La revelación de Jesucristo* que yo, el Anciano de Días, le di para que mostrase a sus siervos (chelas) la ley del karma, que se cumpliría en los últimos días (ciclos) de la encarnación de ellos en la Tierra.

Y aunque los santos conocen realmente el significado de esa amargura en el vientre cuando Cristo establece su morada en sus templos, aceptan el encargo con la plena fe de que aquel que hizo la promesa a Abraham y a su progenie cumplirá esa promesa, así como ellos son fieles a su voto hecho al Anciano de Días.

Ellos dicen con Job: «De oídas te había oído; mas ahora mis ojos te ven». Con los ojos abiertos de par en par contemplan la visión del Cordero en el Monte de Sión (pues están con Él) y también contemplan la visión del Dragón que hace la guerra contra la Mujer (pues están con Ella) para evitar el nacimiento de su Hijo Varón en cada era; y que hace la guerra contra vosotros, amados míos, que sois el remanente de su progenie.

Ellos estudian la naturaleza del Anticristo en la persona de Satanás y su progenie, del Dragón y sus legiones de ángeles caídos. Conocen al Falso Profeta y a sus muchos representantes que vienen como la persona de los falsos gurús de Oriente y Occidente. Conocen a la Gran Ramera como la anti-Comunidad de la Iglesia y el Estado y a todos los falsos Cristos y falsos profetas que violan el amor-sabiduría de la comunidad del Espíritu Santo y la relación Gurú-chela dentro de ella.

Conocen la filosofía de los caídos por la cual han establecido la anti-Doctrina, sembrando así las semillas de la apostasía entre los hijos de Dios. Están familiarizados con la Serpiente, la que siempre desafía la misión de los dos testigos, y con el Acusador de los Hermanos, de nombre Peshu Alga. Y comprenden la misión de los santos que guían a la gran multitud para derrocar a la bestia que subió del mar y a la bestia que subió de la tierra. El término «bestia» se usa para indicar la conciencia colectiva de aquellos que funcionan a la derecha y a la izquierda de la conciencia Crística en el espectro del bien y mal relativo, pronunciando la filosofía del Falso Profeta entre las masas no iluminadas (la conciencia de las masas que se opone a la iluminación de la gran multitud).

Estas «bestias» de los sistemas económicos opuestos que son el comunismo mundial y el capitalismo mundial —que han aparecido en la polaridad de Oriente y Occidente, que se oponen a la luz de Alfa y Omega y que son conocidos por muchos nombres— están animados por una organización astral conocida como «Rezagados contra la Luz», que han pervertido los sistemas de la

El Evangelio del librito abierto 159

economía divina y del gobierno Divino durante miles de años. Y son los santos los llamados en estos días postreros a derrotar a estas bestias mediante la omnipotencia y la omnisciencia de Dios, encarnadas por el ángel poderoso. Porque ahora es el momento en que él asume el dominio sobre la tierra y sobre el mar en la puerta oeste de la ciudad, revelando la igualdad de contrapeso entre Realidad y Equilibrio en la balanza de la justicia cósmica. Así, los llamados a la Misión de la Joya Amatista de Saint Germain van de dos en dos con la omnipotencia y la omnisciencia del Cristo vivo; y aceptan el llamado de ser como él y de estar con él omnipresentes en la plenitud de mi Amor en la representación de las iniciaciones que constan en los cuatro Evangelios.

Pase lo que pase, aceptan el desafío; y por tanto, están listos para sentarse a los pies de los dos testigos, para oír la profecía de Dios a través de ellos y para pasar a la acción hasta que la Tierra se llene con el conocimiento del Señor, el YO SOY EL QUE YO SOY, como las aguas ocupan el mar. Este es el evangelio que será predicado por los siervos del Cordero cuando, en la plenitud de su tiempo, que ha llegado, y en el espacio de los ciclos de la séptima era, Dios envíe el Espíritu de su Hijo a sus corazones, el Hijo Varón vivo nacido de la Mujer.

¡Oh Hijo de Dios; oh Hijo de la Luz! ¡Ven a los corazones de mis hijos!

YO SOY vuestro Padre, el Anciano de Días,

Sanat Kumara

Véase Colosenses 2:9, Salmos 70:4; 1 Corintios 2; Mateo 26:26-28; Juan 6:53; 14:12; Apocalipsis 1:1; Job 42:5; Apocalipsis 12-14; Mateo 24:24; Habacuc 2:14; Gálatas 4:6.

21

∞

El Evangelio Cuadrangular Eterno

> *Vi volar por en medio del cielo a otro ángel, que tenía el evangelio eterno para predicarlo a los moradores de la tierra, a toda nación, tribu, lengua y pueblo,*
> *diciendo a gran voz: Temed a Dios, y dadle gloria, porque la hora de su juicio ha llegado; y adorad a aquel que hizo el cielo y la tierra, el mar y las fuentes de las aguas.*
>
> APOCALIPSIS 14

Amados que deseáis volar con el ángel
en medio del cielo y
predicar a aquellos que moran en la Tierra:

El cuarto evangelio es el evangelio del Cordero. Es el Evangelio Eterno. Es el evangelio cuadrangular de los cuatro seres vivientes, arquetipos de la manifestación cuadrangular del Ser Crístico que se desvela en el Sendero del Rayo Rubí. Se trata de cuatro evangelios en uno para la enseñanza y la predicación de la ley del Uno, la ley del Amor supremo.

El Evangelio Eterno realiza el evangelio de la Trinidad y es, por tanto, la cuadratura del círculo. Por este evangelio la Palabra es hecha carne en vosotros. Así, os capacita para que experimentéis la alquimia sagrada del librito abierto en vuestra alma como ya se ha realizado en el Espíritu de vuestra Presencia YO SOY. Como arriba, así abajo, por este evangelio, vuestros cuatro cuerpos inferiores se convierten en vehículos de la Luz como el templo cuadrangular de la habitación santa del Señor. Verdaderamente, a través de este evangelio es que el reino del Señor (el reino de su conciencia) ha venido a la tierra como es en el cielo, en la Materia como es en el Espíritu.

Por tanto, es la enseñanza de la Madre a sus hijos. Por tanto, la Sabiduría edificó su casa en la Materia. Por tanto, ella construye sobre la Roca de la Palabra viva. Por tanto, labró sus siete columnas. El Evangelio Eterno es la iniciación de la Mujer dada a los santos. Es el evangelio del Anciano de Días por el que he esperado, he aquí, estos ciclos de milenios para dároslo a vosotros, amados míos.

Ahora aprended de Mí y de Mi Misterio, pues yo ocupo el cargo de la Mujer. YO SOY la Sabiduría que enseña a sus hijos. He edificado mi casa en Shambala y en la Shambala de vuestro corazón. Construyo sobre la piedra blanca de la Palabra que vive en mis hijos e hijas. Yo labro la imagen de mis siete columnas, los siete santos Kumaras, en los centros sagrados del hombre y la mujer, restaurando el arquetipo del Cristo en el sendero de los siete rayos. He aquí, YO SOY el que está en la Mujer y la Mujer está en mí. Y yo y la Madre uno somos. En el Espíritu YO SOY Padre, en la Materia YO SOY Madre. En el Cosmos somos Uno.

Ahora, pues, hijos, oídme,
Y bienaventurados los que guardan mis caminos.
Atended el consejo, y sed sabios,
Y no lo menospreciéis.
Bienaventurado el hombre que me escucha,
Velando a mis puertas cada día,
Aguardando a los postes de mis puertas.
Porque el que me halle, hallará la vida,
Y alcanzará el favor del SEÑOR: YO SOY EL QUE YO SOY.
Mas el que peca contra mí, defrauda su alma;
Todos los que me aborrecen aman la muerte.

Y parte del Evangelio Eterno lo leeréis aquí, y parte lo aprovecharéis y pasaréis a la acción. Pero no todo. Y parte lo daré a los Guardianes de la Llama en sus lecciones escritas, y parte lo daré en las lecciones no escritas, transferidas sólo por el Cordero a su esposa.

El evangelio cuadrangular es la vida de aquel, el Hijo del hombre, que ha descendido a la tierra para exteriorizar la Cristeidad de los cuatro seres vivientes. Habiendo cumplido este destino de fuego del alma de Dios, se convierte en el que asciende a los cielos.

Jesucristo llegó a ser la plenitud de las cuatro fuerzas cósmicas. ¡Iniciados del Rayo Rubí, comeos el librito abierto e id y haced lo mismo! ¡Estudiad, oh, estudiad las cuatro fases de la Encarnación de la Palabra y mostraos convencidos y aprobados para Dios!

1) El Hijo. La primera fase es el nacimiento del Salvador, la iniciación del Hijo del hombre, que ha de llegar a ser el Hijo de Dios a través del Cristo de Jesús, bajo el cargo del Hombre en la puerta este. Esto incluye la infancia, la niñez y los años de madurez, cuando el Espíritu del SEÑOR se fortalece en la llama del corazón. Ello incluye el peregrinaje del alma, tanto durante como después de los años de enseñanza formal, cuando busca y encuentra a los Gurús vivos y se sienta a sus pies en la tierra y en el cielo (en el plano etérico en retiros internos de la Gran Hermandad Blanca), sometiéndose a todas las iniciaciones que más tarde demostrará ante los santos y la gran multitud.

En la exteriorización de este primer arquetipo de Cristeidad personal, el Hijo del hombre se descubre y se define a sí mismo como el Hijo de Dios, declarando: «YO SOY QUIEN YO SOY... ¡He aquí, YO SOY el que ha venido para hacer tu voluntad, oh Dios!». Con esta conciencia que el Yo tiene de sí mismo, él emprende el viaje del alineamiento del alma con el plan divino que Dios tiene para las evoluciones a las que ha de servir. Se requiere de él que atraiga una cantidad suficiente de luz como para sostener el equilibrio en los siete planos contra todos los principios y personalidades anti-Luz con que se encontrará. Así, en la primera fase, edifica su casa —el campo de fuerza de su conciencia Crística—, y labra sus siete columnas —los cimientos de fuego sagrado para apoyar la misión de revelar el Sendero Crístico en cada uno de los siete rayos—.

La primera fase es convertirse en el Hijo. Es el reunir las

puertas de Divinidad, la convocatoria de las fuerzas del Ser individual, por lo cual el Hijo puede entonces sacrificar al Yo como ofrenda aceptable en el altar del Padre. Sólo este sacrificio supremo puede sostener el equilibrio (pagar el precio) por los pecados (karma) del mundo.

Para satisfacer las exigencias de la entrega en el Sendero del Rayo Rubí, uno debe tener una identidad que entregar. Y esa identidad es el Hijo de Dios, y ninguna otra será aceptada. Por ello muchos de los discípulos, cuando oyen este dicho de la ley de la Cristeidad individual, se dan la vuelta y dejan de caminar con el Señor. Careciendo de luz en su interior, desdeñan la iniciación de comer su carne y su sangre, por temor a morar en él que él more en ellos y, por tanto, ser como él. Pues él dijo: «El me come, él también vivirá por mí».

Estos son los que desean la luz del Hijo, no para convertirse en el Hijo y ofrecerse a sí mismos como hizo él, en Roma, para ser crucificado de nuevo. ¡Oh, no! No tienen la más mínima intención de tomar la cruz del Rayo Rubí y ser crucificados con él. Desean la luz para perpetuar su propia oscuridad y para perpetrar sus propios actos oscuros. Cuidado, pues, con aquellos que pretenden estar en el Sendero, asociándose con portadores de luz por el mero disfrute de la luz, en vez de por causa del Dharma.

¡Oh Bendito Dharma, santísima Presencia del Instructor en la Enseñanza! ¡Oh bendito Dharma, Tú Palabra Viva en la cual todos los devotos disfrutan de la suprema razón de ser! Sólo te entregaría a aquellos que portan el estandarte de la alegría en Mi Obra, alegría en Mi Nombre, alegría en Mi Hijo y alegría de vivir en Mí. Oh bendito Dharma, por motivo de tu llama habitaría en medio de mi pueblo, que me ama por lo que YO SOY y no meramente por lo que doy. Sólo a estos y a los que son como estos doy libremente de Mí. Y ellos me dan el único don digno de ser dado: el Yo.

2) **El Padre.** La iniciación de la segunda fase de Cristeidad es el Bautismo de Agua (Materia) a través del Cristo de Maitreya, bajo el cargo del León en la puerta norte. Esta fase fue representada por el Señor Jesucristo cuando fue bautizado por Juan en el

río Jordán. Su propósito era el de ilustrar el ritual para vosotros, amados míos; pues los Gurús vivos (hombres-Dios) Juan y Jesús no tenían necesidad de representar públicamente el ritual, excepto para cumplir la ley como ejemplo de su justo uso para sus chelas; un ejemplo que deberían seguir tanto en el espíritu como en la letra en el momento de su iniciación en el segundo evangelio de los cuatro que forman el cuadrado.

Por ello el Maestro dijo: «Deja ahora, porque así conviene que cumplamos toda justicia». Este es el momento de la iniciación dada por Maitreya en el que la Persona del Padre entra en el templo, engrandecido por la ya equilibrada y expandida Llama Trina. La Luz de la Presencia YO SOY, como la Luz de Alfa y Omega, se derrama directamente de su chakra del corazón al estar él dedicado a su misión terrenal, mediante la paloma del Espíritu Santo. Este es el momento de mi aprobación: «Este es mi Hijo, mi amado, en quien YO SOY el que tiene complacencia».

El significado de estas palabras es revelado a los iniciados: «Este es mi Hijo [la manifestación de Luz de mi Presencia, es decir, la encarnación de mi Palabra (la extensión de mi Yo a través de la descendencia directa del Rayo Rubí)]; esta es mi amada alma Jesús [mi amado Yo en la Materia, en la Madre] en quien YO SOY EL QUE YO SOY [en quien yo habito, porque "Yo y el Hijo (Luz) uno somos"] el que tiene complacencia» [sumamente Uno].

La complacencia del Padre en el Hijo se da siempre por la ley de la congruencia. Cuando el Hijo es el cáliz perfecto para el Padre, entonces el Padre está gozoso, cómodo y consuela a la vida entera a través de la Presencia transparente del Hijo. Así, cuando el Hijo cumple su propósito de ser el cáliz digno, el cáliz es sellado en el Bautismo de Agua y la divina aprobación se pronuncia ante los consejos de las huestes del cielo y ante todos los que en la Tierra tengan oídos para oír.

Este bautismo es la señal de que el Gurú está en el chela, corporalmente. Los triángulos equiláteros de su identidad son congruentes. Esta es la primera parte del triple otorgamiento conferido en las fases segunda, tercera y cuarta.

Todo lo que ocurre entre el Bautismo de Agua (Materia) y la Transfiguración en el alto monte de la conciencia Crística en la puerta oeste realiza el segundo arquetipo de la Cristeidad personal en el Sendero del Rayo Rubí. Muchas de estas iniciaciones están ilustradas en el ministerio público del Salvador, pero no todas. Otras iniciaciones se producen única y exclusivamente en los retiros de la Hermandad. Su ministerio público es la evidencia para todos los adeptos de que él ha pasado por dichas iniciaciones, de acuerdo con el sendero predeterminado.

3) **El Espíritu Santo.** Comenzando con la Transfiguración, el Bautismo de Fuego (Espíritu), Jesús exteriorizó el tercer arquetipo de la Cristeidad, la señal del Espíritu Santo, la iniciación a través del Cristo de Gautama bajo el cargo del Becerro en la puerta oeste. En ese momento él magnetizó la luz del Gran Sol Central, la luz de Alfa y Omega (individualizada en la Poderosa Presencia YO SOY), en todas las células de sus cuatro cuerpos inferiores. Jesús focalizó esta gran afluencia de la luz del Logos y la intensificó de tal forma, a través de sus siete chakras (centros solares) y los núcleos de todos los centros energéticos, que «resplandeció su rostro como el sol, y sus vestidos se volvieron resplandecientes, muy blancos, tanto que ningún lavador en la tierra los puede hacer tan blancos». Así dice el relato testimonial de sus discípulos.

Este gran drama es conocido como el intercambio cósmico, el intercambio entre Espíritu y Materia. Es el baño de cada cristal del cáliz de la Materia (la vestidura) del Hijo de Dios con el bautismo de fuego del Espíritu Santo. Esta tercera fase de la Cristeidad es la «anteprueba» hacia la cuarta fase, que debe tener lugar bajo el cargo del Águila voladora en la puerta sur, el Señor cuyo Señor YO SOY.

La Transfiguración es la fusión del microcosmos y el Macrocosmos, y ninguno de los dos volverá jamás a ser lo mismo. Para que los discípulos vieran y dejaran constancia del suceso, para que vosotros podáis tener constancia escrita para vuestras iniciaciones que deberán tener lugar en los últimos días de vuestra encarnación de la Palabra, amados míos, el Señor Jesús elevó a Pedro,

Santiago y Juan al monte alto de su exaltada conciencia cósmica. Así, los «llevó», acelerando literalmente sus facultades de visión y las del alma, a las octavas de luz y les dio una anticipación del cielo y su orden jerárquico: allí, con él en su gloria transfigurada, observaron al maestro ascendido Elías (el profeta Elías), cuya alma, según explicó más tarde, ya había encarnado en la persona de Juan el Bautista, había terminado su misión como mensajero de las iniciaciones de Cristo, había sufrido martirio a manos de Herodes (que representaba el consejo de Vigilantes) y había ascendido de regreso a los cielos de donde vino. Él, como Elías, había ascendido a los cielos en un carro (vórtice) de fuego sagrado. Él, maestro ascendido antes de nacer, fue alguien casi único en los anales de la historia de la Tierra. Por eso es comprensible que Jesús dijera de él: «Entre los que nacen de mujer no se ha levantado otro mayor que Juan el Bautista».

Al honrar así a su heraldo, Jesús cumplió la ley del discipulado. El chela que se había convertido en el Gurú rendía homenaje al que le había dado esa «doble porción» de su logro en el Espíritu Santo y el manto de su autoridad bajo Dios Padre. En esta afirmación Jesús reconoce a Juan como el que le precedía en el sistema nobiliario cósmico, pues realizó su ascensión cuando era Elías, mientras que su discípulo Eliseo no lo hizo. Porque la plenitud de su tiempo (ciclo de iniciación en el Rayo Rubí) todavía no había llegado; pues más tarde debía encarnar mi Palabra como Mesías para la dispensación de Piscis. (El nombre *Elías* significa «YO SOY EL QUE YO SOY es Dios», o Persona del Padre, de ahí Gurú. El nombre *Eliseo* significa «Dios es Salvador», o Persona del Hijo, de ahí chela. El alma de Juan el Bautista había estado encarnada como Elías. El alma de Jesucristo había estado encarnada como Eliseo. Juntos prestaron servicio en Israel en su relación Gurú-chela).

En la Transfiguración, por tanto, Jesús está ante los Gurús inmortales de la dispensación israelita (Aries), habiendo ascendido ambos a los cielos antes que él. Moisés y Elías. Así demostró la ley de intercambio cósmico por la cual el Hijo del hombre, que ha pasado por el ritual de la Transfiguración, puede relacionarse libremente con los maestros ascendidos, los Gurús ascendidos de Oriente y Occidente, y dar su luz, su consejo y sus iniciaciones a los chelas no ascendidos. Aquí refrendó la comunión de los santos en el cielo y en la tierra por medio de la agencia del Espíritu Santo cuando está patrocinada por un iniciado de la Gran Hermandad Blanca, mientras que la Palabra siempre condena las comunicaciones psíquicas y mediúmnicas con los difuntos o con la divinidad, cuando tal comunicación se practica sin la agencia del Espíritu Santo o cuando se hace al margen de la relación Gurú-chela del sendero de iniciación.

La «nube de luz» que los cubrió en el lugar de la Transfiguración era la misma nube en la que Jesús, el SEÑOR, ascendería (ocultándole «de sus ojos», del espectro físico) a la conclusión de la cuarta fase de su demostración del Camino de Cristeidad personal. Desde esta nube —vórtice de fuego sagrado— que rodeaba la Presencia del Padre, fue el Señor Maitreya, uno con la Presencia YO SOY de Jesús, quien pronunció el mensaje que vosotros, amados míos, podréis oír algún día cuando entréis en la tercera fase de vuestra Cristeidad:

«Este es mi Hijo amado, mi elegido; a él oíd»; lo cual quiere decir: «Esta es la encarnación de Mi Yo a quien yo he elegido para entregaros mi Palabra. Él es la Palabra que YO SOY. Su Palabra es mi Palabra. Y YO SOY el que está en la Palabra y él está en mí. Y la Palabra que él habla es la Palabra en la que se ha convertido: mi mismísimo Yo».

4) **La Madre.** La cuarta fase de la Cristeidad, cuyo arquetipo es el Águila voladora, se da en la puerta sur bajo mi propio Nombre. En esta se encuentra la consumación del amor de la pureza mientras el alma abraza la llama de la Madre y entra en las iniciaciones de la Crucifixión, la Resurrección y la Ascensión. En la vida de Jesucristo, éstas comienzan con la predicción a sus discípulos de su crucifixión, seguida de la unción de su cabeza (chakra de la coronilla) por María de Betania para las tres iniciaciones que han de venir. Éstas suponen la culminación del Sendero del Rayo Rubí. No pueden completarse hasta que el ritual

de las catorce estaciones se haya cumplido en Alfa y Omega, en el principio y el fin de todos los ciclos (evolucionando en los centros sagrados) del plan divino individual.

El anuncio del Hijo de Dios a todo el mundo, para todas las eras por venir, de que ha pagado realmente hasta el último céntimo de karma personal y planetario y está listo para ascender a la Deidad de donde descendió hace tantas evoluciones, resuena todavía por los siglos y las galaxias:

«Toda potestad me es dada en el cielo y en la tierra… Y, he aquí, YO SOY el que está con vosotros todos los días, hasta el fin de vuestras iniciaciones bajo la ley del karma personal y planetario. He aquí, YO SOY todo el poder de Dios, la plenitud de su alegría y la gloria de su Vida universal y triunfante por todo el cosmos Espiritual-Material».

Que también vosotros podáis recibir la corona de Vida que él ha prometido a todos los que le aman, soportando la tentación (encontrándose con las energías mal cualificadas del karma personal y planetario) y la tribulación (el sendero de iniciación).

Sí, amados míos, el evangelio cuadrangular eterno es la apertura del libro de siete sellos que yo sostengo en mi mano. Delinea para vosotros, paso a paso, el Sendero séptuple del Rayo Rubí y de la Cruz Rosa y el sonar séptuple de los juicios por medio de los siete tonos sagrados de la Palabra. Se transmite mediante la transferencia de Luz desde mi mano, a través de la mano de todo el Espíritu de la Gran Hermandad Blanca, en la iniciación del selle de los siervos de nuestro Dios en sus frentes. Primero los ciento cuarenta y cuatro mil y luego la gran multitud, deben recibir el fóhat de la Palabra por la transferencia directa de la llama desde el YO al Ojo. Y esto también es la comunicación de la Palabra en el evangelio cuadrangular.

El Evangelio Eterno es el mensaje de la ascensión para los hijos de Dios, y es el mensaje de la segunda muerte para los que blasfeman el nombre de Dios, YO SOY EL QUE YO SOY, y no se arrepienten de sus actos. Es el mensaje del juicio que libera a todas las almas arriba y abajo hasta la conclusión de sus rondas.

El Evangelio Cuadrangular Eterno 169

Renovemos nuestras meditaciones sobre las iniciaciones dadas al alma en los puntos cardinales de la ciudadela de la conciencia. [Véase páginas 84 y 141] Porque, aunque las iniciaciones de las cuatro puertas de la ciudad son distintas y siguen los ciclos del tiempo y el espacio y se experimentan en orden secuencial en la cronología de la evolución de cada individuo, estas cuatro iniciaciones —y su desglose bajo las tres jerarquías solares que gobiernan las iniciaciones de cada uno de los cuatro cuadrantes en el Espíritu y la Materia— son en su naturaleza «geométricas» y «esféricas» y, por ello, simultáneas en apariencia. Como dijo Pablo, «cada día muero»; que vosotros podáis decir, «cada día asciendo».

Por tanto, es posible que una persona beba de las cuatro copas de la conciencia Crística cuyo prototipo es el Hombre, del León, del Becerro y del Águila voladora, al tiempo que, día a día, domina las pruebas de su alma en las frecuencias de fuego, aire, agua y tierra, que gobiernan: 1) su naturaleza interna (Esta naturaleza interna consiste en el cuerpo de fuego y los registros que en él se han hecho como el recuerdo de su inmersión en Dios en el Gran Sol Central, antes de que los mundos fueran forjados. Ello incluye la memoria de todas sus encarnaciones en la Tierra, que pueden ser de millones de años.); 2) su naturaleza externa (La naturaleza externa se expresa a través de los vehículos de aire y agua, la mente y las emociones, que corresponden al desarrollo mental y emocional, la personalidad, los hábitos, las costumbres, el conocimiento de uno mismo y el propósito en los fragmentos de la Individualidad experimentados en una encarnación determinada.); y 3) la integración por su parte de su naturaleza interna y externa (Esta integración se experimenta a través del cuerpo de «tierra», el cuerpo de la forma que circunscribe la identidad, bien sea en el Espíritu o en la Materia; es decir, el cuerpo celestial o el cuerpo terrenal).

Al prepararse el Gurú para asumir su posición en la puerta sur de la Nueva Jerusalén en el Espíritu y de la Ciudad Cuadrangular en la Materia, da a sus santos, que encarnarán su llama en su Iglesia, el Gran Encargo de ser él mismo en la plenitud de los siete rayos y en el octavo rayo. Estos santos son los electrones libres de Dios que han elegido ser libres en su expresión de la Palabra y que comprenden las disciplinas de esa libertad del Espíritu Santo y las aplican amorosamente. Movidos por el Padre, el Hijo y el Espíritu Santo, se están sometiendo a las iniciaciones cuadrangulares del Evangelio Eterno de los cuatro seres vivientes.

Estos santos del Rayo Rubí, llevados en el Espíritu, están colocados por todas partes de la circunferencia y dentro del Círculo santificado de la Vida, la vida eterna que pertenece a los que moran en la Palabra y en quienes la Palabra mora. Estos son los que participan de la relación Gurú-chela con el Cordero, ahora y en adelante.

Mirad, yo os anuncio vuestras iniciaciones en el Rayo Rubí como chelas del Cordero encarnado.

YO SOY

Sanat Kumara

«El Cordero que fue inmolado es digno
de tomar el poder, las riquezas, la sabiduría,
la fortaleza, la honra, la gloria y la alabanza».
Y se eleva de la niebla de la profundidad
a la que las almas de Dios han descendido,
a quienes los santos han seguido y defendido
por el evangelio de la Palabra,
el canto de alabanza y adoración universal
por el que la gran multitud cree y es bautizada
porque ha oído la predicación de los cuatro Evangelios:
«Al que está sentado en el trono,
y al Cordero, sea la alabanza,
la honra, la gloria y el poder,
por los siglos de los siglos».

Véase Apocalipsis 14; Juan 1:14; Proverbios 8:32-36; 9:1; 2 Timoteo 2:15; Juan 6:53-57; Mateo 3:13-17; 17:1-13; Marcos 9:2-13; Lucas 9:28-36; Mateo 14:1-12; 11:11; 1 Reyes 19-22; 2 Reyes 1-2; Hechos 1:9; Mateo 26:1-13; 5:21-26; 28:18, 20; Santiago 1:12; Apocalipsis 7; 1 Corintios 15; Apocalipsis.

22

∞

El mandamiento de predicar el evangelio a toda criatura

Y les dijo: Id por todo el mundo y predicad el evangelio a toda criatura.

El que creyere y fuere bautizado, será salvo; mas el que no creyere, será condenado [juzgado].

Y estas señales seguirán a los que creen: En mi nombre echarán fuera demonios; hablarán nuevas lenguas;

tomarán en las manos serpientes, y si bebieren cosa mortífera, no les hará daño; sobre los enfermos pondrán sus manos, y sanarán.
MARCOS 16

A los santos que adoran dentro del templo de Dios:

Estas son las Palabras y Obras del Padre, el Hijo y el Espíritu Santo en vuestro interior, cuyo logro en el Sendero se mide con la vara del amor.

Iréis a todo el mundo, a toda la esfera de la Materia, colocados en cada una de las líneas del Reloj Cósmico y en cada uno de los puntos de las esferas planetarias, y predicaréis el evangelio a toda criatura.

Los acontecimientos profetizados por el Hijo de Dios, que tienen lugar en las vidas de los santos que obedecen este mandamiento como parte del Gran Encargo, están bajo la égida del Padre, el Hijo y el Espíritu Santo. La Trinidad se exterioriza en el santo a través de las iniciaciones del sendero de los siete rayos; y el cuarto rayo, mediante el logro del alma, tanto en las esferas del Espíritu como en las de la Materia, se convierte en el octavo rayo de la integración, como arriba así abajo, con el Cordero como el Gurú encarnado.

El primer mandamiento de predicar el evangelio a toda criatura en todo el mundo es la iniciación del poder del Padre en la Palabra hablada del Hijo. Esta transferencia de poder al alma que ha entrado en el sendero de las iniciaciones del Rayo Rubí llega con el ejercicio de ese propio poder y de la Palabra.

El poder es tanto la Persona, la mismísima Presencia personal del Padre en el Hijo, y su Energía. Es transferido día a día a través de la misión del Hijo de Dios; y el fervor de la constancia y la consagración del alma son el medio para la aceleración de este poder. No puede ser ni recibido ni mantenido a no ser que sea ejercido. Mientras trabaja en esta iniciación del poder de la Palabra, el devoto experimenta la interacción del Padre y el Hijo en su propio templo, y comprende por qué Jesús clamó cuando dijo: «El que cree en mí, no cree en mí, sino en el que me envió».

Porque aunque él era el ejemplo más claro del Padre interior, la gente, entonces y ahora, a menudo rinde culto a su persona —y su persona de carne y hueso nada menos— en vez de a la Todopoderosa Presencia YO SOY, de quien hablaba cuando dijo: «El que me ve, ve al que me ha enviado. YO, la luz, SOY el que ha venido al mundo para que todo aquel que cree en mí (el YO SOY EL QUE YO SOY que habita en mí y que es el primer principio de Luz en mí y en toda criatura de Dios) no permanezca en tinieblas».

Jesucristo entendió que el pronunciamiento de la Palabra es la transmisión de mi Persona, la transferencia directa de la Luz de Alfa y Omega que YO SOY. Por ello, dijo: «El que me rechaza, y no recibe *mis palabras,* tiene quien le juzgue; *la Palabra* que he hablado, ella le juzgará en el día postrero». Jesucristo fue el gran ejemplo de la iniciación del poder de la Palabra por el Señor del Primer Rayo y el chohán correspondiente: el desatarse la boca de Dios en la boca del hombre.

Todos esos profetas de Israel que le precedieron tuvieron la autoridad para declarar: «¡La boca del SEÑOR ha hablado!». Porque habían recibido de los serafines de seis alas la iniciación del fuego sagrado. Tal como se hizo con Isaías, igual se hizo con

El mandamiento de predicar el evangelio a toda criatura 173

ellos. Y sus cuatro cuerpos inferiores fueron purgados de los malos usos del fuego sagrado de Dios en el primer rayo en su orificio: el centro de la garganta.

> *En el año que murió el rey Uzías vi yo al* SEÑOR *[el Anciano de Días, el Señor Sanat Kumara] sentado sobre un trono alto y sublime, y sus faldas llenaban el templo.*
>
> *Por encima de él había serafines; cada uno tenía seis alas; con dos cubrían sus rostros, con dos cubrían sus pies, y con dos volaban.*
>
> *Y el uno al otro daba voces, diciendo: Santo, santo, santo,* SEÑOR *de los ejércitos; toda la tierra está llena de su gloria.*
>
> *Y los quiciales de las puertas se estremecieron con la voz del que clamaba, y la casa se llenó de humo.*
>
> *Entonces dije: ¡Ay de mí! que soy muerto; porque siendo hombre inmundo de labios, y habitando en medio de pueblo que tiene labios inmundos, han visto mis ojos al Rey,* SEÑOR *de los ejércitos.*
>
> *Y voló hacia mí uno de los serafines, teniendo en su mano un carbón encendido, tomado del altar con unas tenazas;*
>
> *y tocando con él sobre mi boca, dijo: He aquí que esto tocó tus labios, y es quitada tu culpa, y limpio tu pecado.*
>
> *Después oí la voz del* SEÑOR, *que decía: ¿A quién enviaré, y quién irá por nosotros? Entonces respondí yo: Heme aquí, envíame a mí.*

Por tanto, el mandamiento de predicar el evangelio a toda criatura necesita del sometimiento del alma a las iniciaciones del primer rayo. Estas iniciaciones son dadas siguiendo la visión del YO SOY EL QUE YO SOY y mi propia revelación sobre Mí mismo como el SEÑOR que se sienta en el trono, guardando la Llama de Vida para todos mis hijos que entran en la esfera de la Materia para cumplir la misión del Cordero.

Os pido, por tanto, que os sometáis a mi hijo-siervo, el

maestro ascendido El Morya, que es el Cordero digno de abrir el libro de siete sellos para sus chelas en Darjeeling. Pues todo chela de la voluntad de Dios es un predicador del evangelio de su propia Presencia YO SOY. Por ello, para ser un oyente y un hacedor de esa Palabra, el chela debe aprender el significado de la devoción a la voluntad de Dios y comprender que Jesucristo, en su misión como representante de la Presencia YO SOY, fue malinterpretado y lo sigue siendo en el presente. Y que aquellos en quienes aún moran espíritus inmundos de cotilleo, calumnia, orgullosa presunción y abusos del fuego sagrado de la voluntad de Dios en el centro de poder, se humillen ante la gran Luz que desciende de la Presencia YO SOY y se preparen para la iniciación en la que se desata la lengua, con lo que se convierte en la lengua del SEÑOR.

Entonces, habiendo recibido en el altar el toque del fuego sagrado transmitido por los Instructores del Mundo a través del cargo de la Madre, id como peregrinos llevando la espada de la paz, dividiendo el camino de luz y oscuridad y teniendo en vosotros la humildad infalible de un Cristo vivo, que dijo: «Porque yo no he hablado por mi propia cuenta; el Padre que me envió, él me dio mandamiento de lo que he de decir, y de lo que he de hablar. Y sé que su mandamiento es vida eterna. Así pues, lo que yo hablo, lo hablo como el Padre me lo ha dicho».

«¡Creed y sed bautizados! ¡Creed y sed bautizados! ¡Creed y sed bautizados!». ¿Qué significa esto? O, como algunos han dicho, ¡qué quiere decir esto!

YO SOY el que está en el Cordero y el Cordero está en mí; y, he aquí, yo y la Madre uno somos. Dondequiera que vaya, YO SOY el que está en la Madre y la Madre está en mí, y ocupamos la puerta sur de la ciudad. Aquí, en la iluminación global del sol que brilla con la fuerza de los siete santos Kumaras y con la pureza de la llama de la Madre ardiendo, ardiendo en los altares de los trece templos de Lemuria, los santos ejercen diariamente el poder de la Palabra. Podéis oírlos en el rugido del León y en el fuego blanco de las deidades iracundas, que pronuncian sus denuncias del error —engendrado por el mal y multiplicado por la irrealidad— en sus emisiones incesantes de la Palabra radiante en la religión de Ra Mu.

Los santos creen en la Palabra encarnada porque se están convirtiendo en esa Palabra. Los que no tienen la Palabra en ellos y los que rechazan ejercer su poder no creen. Los que tienen la Palabra confían en la Palabra, y debido a su confianza están alineados con la Palabra. Ellos son la Palabra, y puesto que son la Palabra, obedecen a la Palabra. Este es el misterio de la relación Gurú-chela y el verdadero sendero de los bodhisattvas de Oriente y Occidente, que ejercen la sabiduría de la Palabra y aceptan amorosamente las iniciaciones del Hijo.

Su bautismo es la inmersión total en el cuerpo, la mente, el alma y el corazón del Gurú. Fluyen con Alfa. Fluyen con Omega. Y no terminan hasta que ese bautismo es realizado por el León, el Becerro, el Hombre y el Águila voladora. Cuatro personas de la Cristeidad entran en sus templos. Cuatro arquetipos del ser cumplen el destino ardiente de sus almas. Y la religión de Ra Mu, amados míos, es la ciencia de la invocación lemuriana, por la cual uno asume la Mente Cósmica a través de la meditación en esa Mente.

Fijaos bien aquí que el término *creer,* tal como consta en el Libro de Marcos, capítulo dieciséis, versículo dieciséis, es la clave del cuadrado dentro del cuadrado; y esa misma Palabra *creer* se traduce místicamente como «meditar». Por tanto, la directiva del Hijo de Dios es: «Meditad en el Gurú y estad inmersos en el Gurú».

Con el Chohán del Segundo Rayo, mi hijo Lanto, entrad en el Retiro del Royal Teton y estad con aquel que es el Cordero digno de abrir el libro de siete sellos y de transferiros la sabiduría de vuestro sendero de meditación y vuestro ejercicio de la Palabra. Porque por la Palabra emitida desde vuestra meditación (Alfa) y vuestra inmersión (Omega), las energías estáticas de la Vida se traducen en las disciplinas activas de los discípulos del segundo rayo. La Meditación *sobre* y la inmersión *en* el Cordero son la fuerza motriz de la Revolución Venidera en Conciencia Superior.

Está escrito: «El que no creyere, será condenado». Esta condena (juicio) no tiene por qué ser una condena eterna (a no ser que sea la segunda muerte en el Juicio Final), porque sólo perdura mientras exista el estado de incredulidad. La incredulidad significa desenchufar la conciencia del alma del conector de la Presencia YO SOY. Así, aislada del flujo y de la fuente de la Realidad, el alma declara su propia autocondena. Y lo que cree, lo puede anular, mientras haya tiempo y espacio, mientras la luz esté con vosotros.

Amados míos, si habéis tirado del enchufe, que es el cordón umbilical que os une a vuestra Deidad, tenéis la oportunidad en este mismo momento, mientras tenéis vida y aliento en esta encarnación, de enchufaros de nuevo al Gran Sol Central de ilimitado amor, luz, inteligencia, vida abundante y, sobre todo, a la relación personal con el Padre en el Hijo y la íntima comunión en el círculo santificado del Cordero y de la esposa del Cordero.

YO SOY
Sanat Kumara

YO SOY el que llama a todas
y cada una de las criaturas engendradas por Dios
para que renueven la antigua alianza
de vuestra alma conmigo,
el Anciano de Días.

Véase Marcos 16; Juan 12:44-46, 48; Isaías 1:20; 40:5; 58:14; Miqueas 4:4; Isaías 6:1-8; Santiago 1:22-25; Juan 12:49, 50; Apocalipsis 19, 20, 21.

23

El poder de predicar la Palabra de Dios

> *Vete a tu casa, a los tuyos, y cuéntales cuán grandes cosas el SEÑOR ha hecho contigo, y cómo ha tenido misericordia de ti.*
>
> MARCOS 5

A vosotros a quienes se da el poder
de predicar el evangelio a todas las criaturas:

El poder de predicar es el poder de llegar al alma mediante el fuego sagrado del Espíritu Santo transferido por el Padre en vosotros al Hijo, de ahí al Ser Crístico de la criatura, para que la luz de su Cristeidad interior pueda descender a vivificar su propia alma. Este poder de predicar la Palabra de Dios debería buscarse y no eludirse sólo porque algunos lo hayan utilizado mal en la religión organizada con el fin de atar a las almas a sí mismos en vez de a Dios.

Eclesiastés fue un predicador de justicia y un llamador de almas hacia la realidad, según iba de un lado a otro desenmascarando la vanidad de las vanidades de la irrealidad. ¡Id y sedlo! ¡Id y haced lo mismo!

Juan el Bautista llegó predicando en el desierto de Judea, diciendo: «¡Arrepentíos, porque el reino de los cielos se ha acercado!... Haced, pues, frutos dignos de arrepentimiento». Y cuando él, el Gurú que precedió a su chela, fue puesto en prisión —porque la luz de Dios que había en él era tanto una ofensa como un ultraje para la generación de víboras que huían de la ira que se acercaba—, su chela tomó su manto y también comenzó a predicar, diciendo: «¡Arrepentíos, porque el reino de los cielos se ha acercado!».

Por tanto, id del mismo modo y predicad la inminencia de la esfera del Espíritu y su inminente descenso hacia el interior de la esfera de la Materia! Y predicad la venida de las cuatro fuerzas cósmicas y la presencia del Cordero en la persona del Gurú encarnado y en la persona del Anciano de Días, que hace su morada en el templo de la Madre y en los corazones de los santos vivos.

El espíritu de los predicadores clamando y proclamando la Verdad, anunciando la venida del Rey y su reino, siempre ha estado presente en el mundo desde la dispensación de mi venida. Porque sin los predicadores de justicia —del uso correcto de la energía de la Palabra— no hay ni Rey ni reino en el cuerpo de Dios, ni nadie que tenga la llave de la encarnación de Dios en los santos, ni nadie que guarde las llaves del reino, la comunidad de los portadores de luz del Cordero.

Vuestro mensajero Mark Prophet, que ocupó el cargo del Padre en medio de vosotros, siendo también el Hijo y el Espíritu Santo, sirviendo también a la Madre (y la Madre estaba en él y él estaba en la Madre), os encargó, tal como os encargó el Salvador, que contarais las buenas nuevas de Verdad. Aquí incluyo su mandamiento para vosotros, «Diles», porque la iniciación del Gurú Siempre Presente, Lanello, a los santos del Rayo Rubí es que encarnen la llama del predicador, aquel que no sólo anuncia las buenas nuevas, sino que es capaz de disertar sobre el evangelio séptuple con el profundo entendimiento del profeta.

Él hizo esto. Y esto es lo que mi hijo Lanello os declara con la promesa de que cuando toméis el manto del predicador, él entrará en vuestro templo y os conferirá su manto, y no os dejará hasta que vuestra misión esté cumplida en el nombre de los dos testigos.

Diles

Diles,
antiguos fuegos,
cómo los estratos de la roca
se enfriaron y formaron la superficie
de una verde esfera que había de ser.

Diles,
aguas antiguas,
de los fluidos refrigerantes de las profundidades;
poderosos ciclos de perfección,
mundo marino que ahora vemos.

Diles,
atmósfera poderosa,
del inspirado velo azul,
de la cubierta de delicadas nubes blancas
que revela un cosmos ocultado.

Diles de la Creación,
que como mecanismo que da la hora
muestra la complejidad de la naturaleza
en una red tan sublime.

Diles del brote de semilla
lleno de un destino estructurado.
Diles del alto cedro
que gracias al sol había de ser.

Diles del susurro
que se oyó dentro del alma.
Diles, Eterna Sabiduría,
bendita meta de la naturaleza.
Diles de la Realidad
que con los hombres juega al escondite.
Diles de la Era de Oro
que viene una vez más.

Diles del Buda
y de Cristo sobre la colina.
Diles la Verdad, la Realidad
que a almas hambrientas llenan.

Diles de la chispa eléctrica
que destella por el cielo.

Habla de la Inmortalidad que acuna a nuestra
 humanidad,
que algún día nadie morirá.

Di la Verdad
que de la boca de Cristo se manifestó,
que Pilatos escuchó y cuestionó,
que ahora en verdad es bendecida.

Dilo alto y dilo mucho;
dilo en poesía y en canción,
que destacando en las colinas del tiempo
una eterna sabiduría ahora resuena;

Campanas de carillón de torres celestiales
tocadas por otras manos que las nuestras,
voces de ángeles resonando
elevan ahora un himno vencedor.

Diles cómo los que leemos
podemos con fe plantar vital semilla,
ver sus brotes salir pujando
por la tierra, la roca y los obstáculos.

Echando raíces en la tierra,
buscando el valor de la esencia vital
y estirándose hacia el sol para clamar
que ¡YO SOY real en el Nombre de Dios!
Diles, pues, que la noche más oscura
espera del alba la luz primera,
que el hombre puede ver y captar el pensamiento
de que Dios en verdad nos ha traído
una oportunidad tan buena,
una respuesta a la oración de un niño.

Padre nuestro, ayúdanos a estar
abnegadamente injertados en Ti,
que nuestra naturaleza, entonces, será

como el corazón de amor de un padre;
semillas del cielo en lo alto
esparcidas aquí en el jardín hermoso,
sol y lluvia cayendo ahí
pueden ayudar en el planeado deleite
y en la victoria de lo correcto.

Diles, Padre, Ser Eterno,
del Sol Dorado de tu Naturaleza.
¡Diles de Tu Nombre y Espíritu!
¡Diles para que todos lo oigan!
¡Diles para que nadie lo tema!
¡Diles para que todos lo reverencien!
¡Diles para que nadie pierda,
vida o don; para que todos escojan ahora
y sin que dejen de ver
que sólo la Verdad puede ser
revestida de Inmortalidad.

Ahora bien, el Hijo que se movía en medio de vosotros por el Espíritu Santo es el que está revestido de Inmortalidad. La Gran Ley exige que uno demuestre el Sendero del Rayo Rubí y sea el ejemplo para todos, sí, y que sea el electrodo en el cielo por el cual su Espíritu Santo descienda en medio del cuerpo de creyentes, la Iglesia viva. En verdad, no hay Iglesia sin la comunidad del Espíritu Santo. Y no hay Espíritu Santo a no ser que uno de entre vosotros que haya descendido de Dios, ascienda a Dios.

Así vuestro amado Lanello, que asimismo cumplió mi mandato «Diles», escribió mi poema. Obedeció mi orden porque me amaba. Y yo le amaba a él, y me lo llevé para que por el sacrificio del que se ha convertido en la plena gloria de la ascensión para todos, vosotros podáis vivir para realizar no sólo vuestro destino ardiente, sino el suyo también. Caminad con confianza, pues, en el Espíritu de la Verdad que él llegó a ser, porque el manto de Lanello está sobre vosotros. Agarradlo ahora y utilizadlo como él lo usó para desafiar la autoridad de los caídos.

Oh amantes de la Verdad,
¡cómo sois los amados de la Verdad viva!
Sin verdad y sin la llama del honor,
la vida no merece ser vivida y nada se gana.
Y todo es un robo conseguido en vano.

Pero él, como el Salvador vivo,
no pensó que fuera robo hacerse igual a Dios.
Él es uno de los pocos, los héroes de los siglos,
que oyeron la Palabra y atraparon la chispa
y la usaron para consumir lo oscuro.
Tenía el valor del León.
Y rugía su mensaje como el León.
No aceptaba nada menos que ser Hijo plena e igualmente.
Y sabía, como el Diablo sabía y como los apóstoles sabían,
que esto también lo hacía igualmente heredero
de la plenitud de la Luz.

No era un mero reflejo, no un mero recipiente.
Pues la Luz hacía mucho había devorado
el reflejo y el recipiente
para presentarse como un haz puro y radiante
donde una vez hubo el reflejo y el recipiente.
En verdad la totalidad del Hijo puede contener
sólo la totalidad de Dios.

Entended lo que quiero decir, y no lo malinterpretéis. Porque digo, Todo lo que el Hijo es, es Dios. Y el Hijo no puede realizar más de Dios de lo que de él ha llegado a ser. Pero cuando la plenitud del Hijo ha llegado, entonces la plenitud de su Presencia Divina viene a él. Y todo lo que hay en la inmensa extensión de las esferas Espíritu-Materia y los mundos lejanos está contenido en la mente de Dios como un único punto de luz. Por tanto, el Hijo que está unido al Padre y cuya mente está en él también puede contener el punto de luz.

No, él no estaba satisfecho con una parte del Ser. Por eso se fundió con el Todo que está en todo y se convirtió en la Totalidad. Porque Dios así lo ha querido. Este es el misterio sagrado que los demonios han invertido, pues por él o bien serán convertidos o bien subvertidos. Reflexionad en ello y sed libres de ser como Lanello en Dios como Dios.

Y el Hijo es igual al Padre, y el Padre es igual al Espíritu Santo, y el Espíritu Santo es igual a la Madre, y la Madre es igual al Hijo, y el Hijo ES…

YO SOY QUIEN YO SOY

¿Sabéis vosotros quién sois?

Sanat Kumara

Véase Eclesiastés; Marcos 1:14, 15; Mateo 3, 4; 16:13-20; Filipenses 2:5, 6.

24

∞

Predicadores del año aceptable del Señor

> *Y yendo, predicad, diciendo: El reino de los cielos se ha acercado.*
> *Sanad enfermos, limpiad leprosos, resucitad muertos, echad fuera demonios; de gracia recibisteis, dad de gracia...*
> *Lo que os digo en tinieblas, decidlo en la luz; y lo que oís al oído, proclamadlo desde las azoteas...*
> *A cualquiera, pues, que me confiese delante de los hombres, yo también le confesaré delante de mi Padre que está en los cielos.*
> *Y a cualquiera que me niegue delante de los hombres, yo también le negaré delante de mi Padre que está en los cielos.*
>
> MATEO 10

A vosotros que deseáis predicar el año aceptable del Señor:

¡Mirad, ahora es el ciclo aceptable para la venida del YO SOY EL QUE YO SOY cara a cara, en los corazones de mi pueblo! Los santos que siguen al Cordero adondequiera que vaya, los santos que están con el Salvador en su cumplimiento de la profecía de la Palabra tanto escrita como no escrita tomarán el Libro de Isaías y harán el decreto dinámico que anuncia la venida del Señor a este templo:

> *El Espíritu del Señor está sobre mí, por cuanto me ha ungido para dar buenas nuevas a los pobres; me ha enviado a sanar a los quebrantados de corazón; a pregonar libertad a los cautivos, y vista a los ciegos; a poner en libertad a los oprimidos; a predicar el año agradable del Señor.*

Predicadores del año aceptable del Señor

Los discípulos del Salvador Jesucristo que viven en él, y él en ellos, saben que es la hora de la Segunda Venida, la venida de EL SEÑOR JUSTICIA NUESTRA, el Ser Crístico, a los corazones de los hijos de Dios por la intercesión de Jesucristo, cuyo Primer Advenimiento abrió la puerta en la tierra, la puerta de la gracia.

Por eso, ellos también predican el día de la venganza de nuestro Dios, el día del descenso del karma personal y planetario en el Ciclo Oscuro, el día en que toda alma que evoluciona en las esferas de la Materia es llamada para rendir cuentas ante los Señores del Karma por palabras y obras. Por ello predican el entendimiento de la Ley y el correcto uso de la Ley. Y consuelan a todos aquellos que lloran la ausencia de Cristo Jesús, predicándoles la exclamación de Elohim: ¡He aquí ahora el tiempo aceptable; he aquí ahora el día de salvación del Señor cuando el Mesías entra en vuestro templo! Y la misión de su Segunda Venida es encender vuestra propia Llama Trina en la plena expansión de la presencia de vuestro Ser Crístico, que habita en vosotros corporalmente.

Esta es las buena nueva de vuestro Salvador, que yo, Sanat Kumara, os llamo para que prediquéis. Pero parece que algunos de vosotros habéis creído con el curso de los años que podéis escoger ser o no ser predicadores vivos. Pero yo os digo que hasta que no toméis el manto de vuestro maestro, como Eliseo tomó el manto de Elías y golpeó las aguas de la conciencia humana, no recibiréis del Espíritu Santo las señales que acompañan a aquellos que creen.

Deseo hablaros de estas señales conferidas por el Espíritu Santo. Pero antes debo deciros por qué es necesario predicar la buena nueva a *todas* las criaturas. Pues hay algunas criaturas creadas por Dios y que son progenie de Cristo. Ellas son «el trigo». Y hay otras criaturas creadas por el Diablo y que son progenie del Maligno. Ellas son «la cizaña».

Todavía no he desvelado completamente el misterio de las dos creaciones y de las dos criaturas que moran juntas en la tierra hasta el día de la cosecha; y no lo haré en este escrito excepto para confirmar que, contrariamente al hecho de que se niegan a sí mismos y de que perpetúan la filosofía de que no existen, en realidad existen como esas maldades espirituales en los altos puestos de la Iglesia y el Estado. Y si no existieran, no tendrían necesidad de negar que existen. Y así, por la mismísima presencia de su filosofía anti-Diablo y antimal, y por la virulencia de las víboras desenmascaradas contra los predicadores, se sabe, amados míos, que existen.

Hay almas en la Tierra, tanto en encarnación física como entre encarnaciones en el plano astral, que están en el «sepulcro» de la conciencia de muerte. Y está esperando la voz de la Palabra viva —esperando la aceleración— que es pronunciada a través de los predicadores que son discípulos del Cordero. Cuando pronunciéis su palabra, facultados como predicadores, y oigan su voz a través de la vuestra, todos saldrán de sus sepulcros de irrealidad, materialismo e idolatría donde han estado sepultados. Y los que pertenecen a la progenie de Cristo que han hecho buenas obras, serán llamados por el poder del predicador a la resurrección de vida; y los que pertenecen a la progenie del Maligno cuyas obras hayan sido malas, serán resucitados a la condenación (el Juicio Final ante el gran trono blanco).

Pero tanto si sus obras son buenas como si son malas, el juicio que les llega a través de vuestra predicación del Evangelio Eterno será la respuesta que den a ese Evangelio mediante el pronunciamiento de la Palabra del Padre al Hijo en vosotros y en la criatura. Y por el amor vivificante del Espíritu Santo, los pecadores son llamados al arrepentimiento; e incluso los rezagados y los ángeles caídos pudieran doblar la rodilla y confesar que Cristo es SEÑOR y entrar en el sendero de la obediencia amorosa e iluminada al Cordero. Esta es la misión del predicador. Pues él tiene el poder de alcanzar las almas tanto de los buenos como de los malos, y llamarlas de la tumba para que sean juzgados por el Espíritu vivo de la Resurrección.

Tanto Juan el Bautista como Jesucristo estuvieron entre los saduceos y los fariseos, e incluso fueron acusados o bien de tener un demonio, o bien de ser amigos de publicanos y pecadores. Así, cuando Jesús estaba en la casa de Simón el Fariseo, quien había querido que comiera con él, vino una mujer de la ciudad, una pecadora que ungió los pies de Jesús con ungüento. Y el fariseo razonaba dentro de sí: «Este, si fuera profeta, conocería quién y qué clase de mujer es la que le toca, que es pecadora». De esta forma, Jesús, con su presencia a la mesa con Simón, fue el instrumento para el desenmascaramiento de la dureza de corazón de Simón hacia la pecadora cuyos pecados Jesús perdonó, diciendo: «Tu fe te ha salvado, ve en paz», mientras los otros que se sentaban con él a la mesa también desafiaron su autoridad de perdonar el pecado.

El fariseo era un rebelde contra Dios que podría haber sido salvado de haber ofrecido la devoción a Cristo que ofreció la mujer. Y en el mismo momento, por la misma llama de la Palabra viva, todos los que estaban con él fueron juzgados, algunos a la vida eterna y otros a la autocondenación (autojuicio) por su reacción individual hacia la Palabra del Hijo y a su Obra en el Espíritu Santo.

Ahora, considerad el ejemplo de vuestros mensajeros y su misión en Ghana, en África Occidental. Tres veces los he enviado allí: primero, en el nombre del Padre, antes de la ascensión de Mark; luego, en el nombre del Hijo, tras su ascensión; y el último viaje, en el nombre del Espíritu Santo. En cada ocasión predicaron la Palabra a todos los que estaban en el sepulcro de la ignorancia respecto de la poderosa Presencia YO SOY y el Ser Crístico. Presentaron de forma efectiva las incomparables Enseñanzas de los Maestros Ascendidos. De haber seguido estas enseñanzas un mayor número de personas, y especialmente los líderes, con honor e integridad, habrían evitado, por la ciencia de la Palabra hablada y el amor del Espíritu Santo, el gran karma que ha descendido sobre esa nación.

Los mensajeros predicaron la Palabra a todas las criaturas, desde la menor hasta la mayor, a los poderosos en sus asientos, a los humildes en sus chozas. E incluso los traidores del pueblo, temiendo la ira que se avecinaba, buscaron la bendición (iniciación) de los mensajeros. Pero no produjeron frutos dignos de arrepentimiento. No abandonaron sus viejos caminos sino que, al contrario, intentaron ocultar al SEÑOR sus maldades contra la luz y la nación. Incluso buscaron el sello de aprobación de los mensajeros sobre su forma de gobierno. Pero los mensajeros proclamaron constantemente el camino de rectitud y no hicieron acepción de sus personas humanas, sino que dieron a todos la luz y la Palabra de forma equitativa.

Así, ha sucedido que la Palabra misma se ha convertido en su juez. Porque los que rechazaron a mis mensajeros y no recibieron sus palabras han estado, después de sus ejecuciones, ante la Corte del Fuego Sagrado y ante los veinticuatro ancianos. Y la Palabra que yo hablé a través de mi mensajera, la misma fue el juez en su último día, el día de su juicio final. Que nadie piense que los que ordenaron sus ejecuciones fueron sus jueces; más bien, por sus acciones se juzgan a sí mismos. (Sin embargo, también ellos han de ir al juicio, ya sea ahora o después).

Como veis, si estos hombres hubieran sido hombres de Dios, su muerte física no habría alterado la evolución de sus almas; pero desde el momento de su rechazo a la Madre y a su advertencia respecto de la integridad moral y el sacrificio por el pueblo, fueron autojuzgados ante la Palabra. Por tanto, ya sea en la vida como en la muerte, en este mundo o en el siguiente, el rechazo a la Palabra trae consigo el juicio. Y hay muchos que continúan vivos en Ghana que han rechazado dicha Palabra y que, por la gracia de Dios, tienen la oportunidad aún de pagar el precio de su karma en esta encarnación.

Elementos de la política y de la religión quisieron entrampar a la mensajera y luego condenarla por su respuesta. Pero su voto a favor del «gobierno de unión» fue dado, no por el hombre, sino por Dios, cuya comunidad del Espíritu Santo ella ha predicado año tras año como el destino que Ghana ha de descubrir, definir y refinar. Es el plan divino de autogobierno del pueblo, bien representado bajo un consejo multifacético de hombres y mujeres profesionalmente cualificados, dotados del Espíritu Santo, debidamente elegidos, que trabajen desinteresadamente como los servidores de todos.

Esta es la visión que mantenemos para las naciones de África, pues es el arquetipo del autogobierno de los israelitas (ante la ausencia del liderazgo bajo el profeta o su rey o sacerdote ungido) dondequiera que hagan su morada, para tomar el dominio sobre la Tierra. Y que el servidor público ideal siga el ejemplo de Mohandas Gandhi, verdadero Hijo del hombre y siervo del SEÑOR, y no el de los intrusos, el de los asalariados, a quienes la gente ha permitido gobernar en lugar de EL SEÑOR JUSTICIA NUESTRA, el Ser Crístico individual. Y la gente no debe culpar a nadie más que a sí misma, y mucho menos a los verdaderos siervos de Dios.

Observad el auge y la decadencia de los tiranos y sus idólatras por toda África. Observad la manipulación de los partidos políticos por agentes de los internacionalistas, buscando moldear gobiernos y economías con motivos impuros. Cerremos el círculo del estado como nación reclutando agentes no competitivos del Espíritu Santo, que se desharán de sus vidas egoístas y las vivirán, de ahí en adelante, para la salvación de la unidad de los estados africanos.

Yo, el Anciano de Días, doy solemne advertencia a todos los del continente de Afra: Cesad vuestro amor al dinero, al placer, a la propia ganancia y a la propia gloria y uníos para servir al pueblo. Porque si no lo hacéis, seréis devorados y esclavizados por las fuerzas de la avaricia desde dentro, que son presa fácil para los Vigilantes. Aquellos que codician el poder mundial, si no se los detiene, violarán y saquearán África hasta conseguir lo que quieren: los recursos de la Madre y la luz (dinero y mano de obra) de sus hijos. Sin embargo, todo esto fue sellado por el Padre en el principio, para la vida abundante de los suyos. Ahora, en el fin de la Madre, cuando la cosecha está cerca, ¿vais a dejar que rompan el sello y tomen la generosidad del SEÑOR?

Que nadie se desaliente. Porque cuando la Gran Hermandad

Blanca envía a sus emisarios a las naciones, ha llegado el juicio. Por tanto, que la Palabra enviada amorosamente sea recibida amorosamente y todo irá bien. Ghana es una nación de los maestros ascendidos. Hasta que su pueblo no tome el don que se le ofrece y siga el Sendero que ha conocido desde antaño, aun habiéndose rebelado contra él una y otra vez, no cumplirá su destino como comunidad del Espíritu Santo ni como el corazón de Afra.

A nuestros fieles servidores en Ghana se les conoce por su nombre. Su luz es la luz de la nación y del continente. Y los siervos infieles que niegan a su SEÑOR en el momento de su crucifixión también son conocidos. Todos pueden recoger la antorcha de la llama de la libertad y la estrella de Ghana que se ha dejado caer para apoyar a todos los hombres y mujeres temerosos de Dios y de buena voluntad. Y todos deben ver en la Ciencia de la Palabra Hablada la espada, la espada viva, por la cual los enemigos de dentro y de fuera de la comunidad del Espíritu Santo pueden ser conquistados lícitamente. Pero aquel que mata con la espada debe morir por la espada.

Que los estudiantes de Ghana que deseen ver a su país libre de los manipuladores, tanto del comunismo como del capitalismo mundial, así como de los traidores de la gente en medio de ellos, exijan que las Enseñanzas de los Maestros Ascendidos sean distribuidas sin soborno y sin comprometer al Espíritu Santo. Y que arranquen las máscaras a los lobos con piel de cordero en la Iglesia y el Estado que niegan la Palabra. Pues sólo cuando la gente entregue voluntariamente su engaño y deshonestidad, el Espíritu Santo entrará de nuevo en el flujo de la vida normal de Ghana a través de los hijos de la luz.

Que todas las naciones queden advertidas de que cuando los santos os prediquen el Evangelio Eterno, ello significará la llegada del juicio. Y desde el menor hasta el mayor, nadie será ocultado, ni ellos ni sus actos, y todos deben abandonar su deslealtad a la llama de la Madre de la nación y sus abusos respecto de su economía y su gobierno.

¡Oh Ghana, que fuiste la noble luz de Afra y la esperanza de libertad para millones, elévate a tu llamado superior y a tu destino! Escucha la Palabra del SEÑOR y vive para siempre según los consejos de las huestes del SEÑOR de lo alto que te son entregados a través de los dos testigos y tu propio pueblo que es devoto nuestro.

Que todos sepan que cuando enviamos a nuestros mensajeros, no siempre les revelamos de antemano quién es de la luz y quién es de la oscuridad, para que este conocimiento no impida la entrega libre, imparcial y honesta de la Palabra a todos, tal como el sol brilla sobre el justo y el injusto. Aunque dotada del don del discernimiento, la Madre guarda nuestro consejo en su corazón mientras mantiene incondicionalmente el concepto inmaculado (meditando en la Luz del alma) de toda criatura. Verdaderamente, ella viene siguiendo los pasos de Jesucristo, quien dijo: «Al que oye mis palabras, y no las guarda, yo no le juzgo; porque no he venido a juzgar al mundo, sino a salvar al mundo».

La Madre tiene el profundo deseo, y lo ha tenido desde los primeros años de su encarnación, de llevar la luz a la Ghana que ella ama. Predicó a la nación y al gobierno, y todos los que tenían luz en su interior supieron que la luz estaba en ella. Y todos los que no tenían la luz en su interior fueron juzgados por su presencia.

Lo mismo que ella ofreció entonces, lo ofrezco yo hoy: Ghana, toma las Enseñanzas de los Maestros Ascendidos y vive. No dependas de salvadores, de la Iglesia o el Estado, mas deja que la Palabra misma —los verdaderos instructores, los maestros ascendidos, y su verdadera enseñanza— sea tu salvación. Y benditos son los que en mí no encuentran ofensa. Porque YO SOY QUIEN YO SOY y utilizaré a quien utilice, y hablaré a través de quien hable para edificar a mis hijos, exaltar a los humildes y derribar a los orgullosos de sus puestos de autoridad autoproclamada en la Iglesia y el Estado.

Mas sabe esto, oh mundo: ni la luz ni su mensajera son deshonradas por el deshonor del pueblo al que son enviadas.

Tampoco es contaminado el recipiente por aquellos que contaminan el agua clara como el cristal que a todos doy libremente. Comencemos por el principio. La integridad moral por amor a Dios y por amor al pueblo es el requisito del momento. Que todas las naciones de África escuchen y sean advertidas. Pues la luz del Espíritu Santo debe estar en vosotros, desde los niños pequeños hasta sus padres y todos. Y si el Espíritu Santo no estuviera en vosotros, entonces seréis devorados por los enemigos internos y externos. La mensajera lleva la enseñanza con honor. Depende de vosotros el que la recibáis con honor, el que la apliquéis, el que la viváis, el que ejerzáis la Palabra y el que honréis la Palabra, persona a persona. ¡Haced esto, haced esto!; y ved cómo Ghana y todas las naciones de África cumplirán su destino y serán un modelo de libertad y laboriosidad para el mundo.

Ahora, santos de la Iglesia, estudiad el ejemplo de la Madre y fijaos bien en la reacción hacia la mensajera y el mensaje. Porque esto también será vuestra iniciación en la puerta oeste. Pero regocijaos, porque yo he caminado por el continente de África antes que vosotros, hace mucho, mucho tiempo, en los días de Lemuria. Y no hay lugar al que podáis ir, en ese o en cualquier otro continente, por donde yo no haya caminado ya, colocando mis huellas para que las sigáis, en esta hora del otorgamiento del manto del predicador sobre vosotros.

YO SOY

Sanat Kumara

Véase Mateo 10; Isaías 61:1-3; Lucas 4:14-32; Jeremías 23:5, 6; Mateo 13:24-30, 36-43; Efesios 6:10-20; Juan 5:17-31, Apocalipsis 20:11-15; Mateo 9:10-13; Lucas 7; Mateo 3:1-12; Hechos 10:34, 35; Juan 12:44-50; Apocalipsis 13; Mateo 5:43-48; 11:1-6.

25

∞

¡En mi nombre, echad fuera demonios!

Y cuando llegó la noche, trajeron a él muchos endemoniados; y con la palabra echó fuera a los demonios.

MATEO 8

Amados en el camino real del sacerdocio
y la realeza para nuestro Dios:

Las «señales consiguientes» son las señales del Espíritu Santo. Son las señales de los iniciados del Rayo Rubí que han estado con el Hijo en la puerta este para confrontar al Anticristo como Satanás y su progenie en sus sutiles y múltiples manifestaciones; que han estado en la puerta norte con el Padre para confrontar al Dragón como los Vigilantes y su creación sin Dios, que se oponen a la luz generativa y regenerativa de Dios en su Paternidad dentro de sus hijos, en el cielo y en la tierra.

Ahora los iniciados del Rayo Rubí están en la puerta oeste con el Espíritu Santo, que se manifiesta en la persona de los maestros ascendidos. Y en el nombre del Cordero, toman la cruz cósmica de fuego blanco para, primero, *echar fuera demonios*.

Amados míos, no podéis ir más allá en el Sendero del Rayo Rubí hasta que no aceptéis vuestra responsabilidad de expulsar a los demonios y desencarnados que invaden el templo de los hijos de Dios. Porque mediante un plan deliberado, son enviados por los archiengañadores para profanar los templos de mi gente; y mediante el plan deliberado de los hijos e hijas de Dios, han de ser expulsados en el nombre de la Luz.

Este exorcismo pronunciado por los creyentes individualmente, uno por uno, dentro de la comunidad de creyentes, se realiza sólo por la autoridad de la Palabra que Jesucristo da, entonces y ahora, a los verdaderos discípulos que diariamente toman su cruz. Su cruz es la carga de su luz que él lleva para contrarrestar los «pecados» del mundo; estos pecados son la carga del karma planetario que él sostiene en suspenso (en equilibrio) hasta que los niños de Dios maduren.

Cuando el niño elige convertirse en un heredero de Dios a través de Cristo, debe hacerlo siguiendo el sendero de Cristo, tanto sus palabras como sus obras, como la única prueba verificable de que cree en él. Tal como dijo: «El que cree en mí, las obras que yo hago, él las hará también; y aún mayores hará, porque yo voy al Padre».

Obras y obras mayores son la medida por la cual el SEÑOR mide la calidad del corazón del verdadero creyente. La obra de llevar la cruz del pecado del mundo no significa sólo cumplir el mandamiento de amor como requisito («Si me amáis, guardad mis mandamientos»), sino que es un componente indispensable y de lo más necesario en el sendero de iniciación hacia la Cristeidad individual, como enseña y demuestra Jesucristo.

Yo, Sanat Kumara, desafío a todo el que abusa de este sendero, que es el verdadero llamado de los hijos e hijas de Dios. Yo, el Anciano de Días, desafío la mentira de los lobos con piel de cordero, que os dicen continuamente —como si, por mucho decirlo, la mentira fuera a convertirse en verdad— que mi Hijo Jesucristo hizo por vosotros aquello que, en realidad, sólo vosotros podéis hacer por vosotros mismos.

Son los propios ángeles caídos, que no tienen a Dios en ellos y, por lo tanto, son incapaces de hacer sus obras, quienes han enseñado a mis hijos que estos son incapaces de hacer aquellas «obras» que él prometió que harían; que es blasfemia suponer que en Cristo son capaces de «mayores obras», y que, en todo caso, ¡la realización de dichas obras es innecesaria para la salvación!

Santos del Rayo Rubí, apresuraos a demostrar la Ley para que podáis liberar, con las señales consiguientes, a los benditos hijos de mi corazón, aún esclavizados a la ley del pecado, y al pecaminoso sentido de pecado. Porque no tienen el menor concepto del significado de aquellas palabras tan repetidas de San Pablo: «Cristo murió por nuestros pecados». Amados míos, para los nacidos de Dios, la muerte no es real. Nunca ha sido real y nunca lo será.

Jesucristo estuvo colgado de la cruz de la Materia. Su alma abandonó el templo corporal. Murió entregando el Espíritu Santo. Y el Padre retiró la Llama Trina de los vehículos inferiores. Él, el alma fundida con la Trinidad, no murió, sino que descendió a los infiernos a predicar a los espíritus rebeldes. Sin embargo, todos los signos atribuidos a la muerte estaban presentes en aquella forma física. El cambio llamado «muerte» ciertamente había tenido lugar.

El milagro de la Resurrección fue el regreso del SEÑOR al mismo cuerpo de carne y hueso. Él, en Dios, lo resucitó de entre los muertos. Su alma volvió a entrar en el templo restaurado y una vez más, Jesús, el ungido con luz, fue la mismísima encarnación de la Trinidad, y de la llama de la Madre.

Esta victoria Divina sobre la Muerte y el Infierno fue la expiación de Dios Todopoderoso por los pecados del mundo cometidos contra el Hijo. Pero no fue una expiación indirecta. Esto quiere decir que lo hizo por vosotros, pero no en vuestro lugar. El «murió» por vuestros pecados para que pudierais vivir de nuevo y expiarlos vosotros mismos. Estableció «para vosotros» el ejemplo de lo que vosotros mismos debéis hacer, y hacerlo hoy. De no haber demostrado que la muerte es irreal, vosotros, amados míos, no estaríais encarnados ahora con renovado entusiasmo para «ocuparos en vuestra propia salvación con temor y temblor».

Esta es la responsabilidad que tenéis como iniciados del Rayo Rubí. Y me gustaría que considerarais la palabra *responsabilidad* y vierais en su lugar la palabra *cruz*. Pues la cruz que debéis llevar es la responsabilidad en Cristo no sólo por el pecado personal, sino también por los pecados del mundo entero.

«Porque Dios es el que en vosotros produce así el querer como el hacer, por su buena voluntad». Y la Cruz Rubí de Alfa y Omega es la luz-energía-conciencia de la Trinidad con la cual vuestros pecados y los pecados del mundo son consumidos por el fuego sagrado —el fuego blanco de purificación, el fuego violeta de transmutación— y por el Rayo Rubí, que es alquímicamente la sangre de Cristo.

Él vivió para demostrar el sendero de la vida, no el de la muerte y el morir. Todos los que le sigan en la Resurrección, «la segunda muerte no tiene potestad sobre éstos, sino que serán sacerdotes de Dios y de Cristo, y reinarán con él mil años».

Vosotros, que habéis estado conmigo desde el principio y que estaréis conmigo al final, a vosotros digo: He aquí, YO SOY Alfa y Omega. Os he levantado para que seáis los liberadores de mi pueblo como verdaderos pastores de la Palabra. Habéis tenido mil muertes en esta vida y más, mas ninguna de estas era real. Ni una sola. La única muerte que muere es la muerte que nunca vivió. Pues aquello que tiene la Vida que es Dios nunca muere.

Ahora, entended lo que quiero decir y cómo dividir correctamente mi palabra pronunciada por Pablo: «Y de la manera que está establecido para los hombres que mueran una sola vez, y después de esto el juicio, así también Cristo fue ofrecido una sola vez para llevar los pecados de muchos; y aparecerá por segunda vez, sin relación con el pecado, para salvar a los que le esperan».

Dejad que esta muerte muera, el no-yo, el yo del ego, el yo carnal, si queréis; pues no muere más que una vez, si es que realmente muere, y después de ello viene el juicio del alma. Porque el alma debe permanecer desnuda ante Dios y, separada del yo sintético, el ego humano, de forma que pueda ser juzgada por las palabras y obras de su identificación con la Verdad viva del Ego Divino, el desafiador siempre del ego humano y el defensor del alma contra la irrealidad de sus siniestras estrategias.

Entonces, no permitáis más que los falsos teólogos digan a mis hijos que esta tan frecuentemente mal interpretada y citable cita del apóstol es la prueba de que vuestras almas, y las de ellos, si es que la tienen, no han vivido continuamente con Cristo en este mundo o que no lo harán en el próximo. Así como Dios puede, ¡y realmente puede!, proveer muchas moradas en los cielos para que el alma las habite alegremente, también ha provisto muchos templos en la Tierra para las almas que él ha elegido que se eleven en su Palabra, en la evolución de su conciencia en la Materia. El hecho es que el plan divino para cada alma viva nunca se ha limitado a una encarnación.

Al fin y al cabo, ¿se puede esperar que el potencial finito realice la mente infinita de Dios en lo que llamamos una vida? ¡Pues bien, yo no! Y sé que esa continuidad del ser, de mundo en mundo, es el medio provisto para que el alma experimente la riqueza, la profundidad, la altura y la anchura de la conciencia de Dios. Él mismo es una concepción demasiado grandiosa en sí mismo como para limitar a sus hijos e hijas a una minúscula parte de sí mismo.

Verdaderamente, doscientos denarios no bastan para alimentar los multitudinarios compartimentos de la conciencia con que Dios ha dotado a todas las partes de sí mismo. Y toda alma, incluyendo la vuestra, es una parte de Dios y un multiplicador de Dios. Cada miga es la hogaza. Y cada miga puede ser multiplicada para alimentar a los cinco mil y a más.

Realmente Dios quiso que la vida se viviera en su totalidad y no que fuera interrumpida antes de que todo su deseo de expresarse a sí mismo en un campo universal expansivo y en expansión de amor fuera satisfecho a través de todas y cada una de las almas. Las almas, como margaritas en ese campo, deben florecer millones y millones de veces, hasta que la Matriz eterna sea satisfecha. Sin embargo, mis hijos temen la muerte. Temen el pasado. Temen el futuro. Y temen la responsabilidad del presente que, tanto su pasado como su futuro, han de poner sobre el alma.

Así, los falsos pastores desconectan convenientemente su pasado y su futuro. Y mis hijos irresponsables se lo tragan todo, aunque no saben que es la cruel, cruel muerte de su Cristo en el presente. Porque si vuestro Ser Crístico no vivió con vuestro Señor antes que Abraham fuera, ¿cómo podéis entonces vivir con él en el más allá? Lo que se convierte en eterno debe ser eterno en ambas direcciones —sí, en todas direcciones— anulando así el tiempo y el espacio y todas las restricciones para los vencedores en la carrera.

No podéis ser vencedores a no ser que estéis dispuestos a ocupar vuestro lugar con los buenos pastores de mi pueblo, que gritarán desde todos los campanarios: «¡El Señor ha venido! ¡El Señor ha venido! ¡El Señor ha venido!».

Oh pueblo mío, levántate, resplandece; porque ha venido tu luz, y la gloria del Señor ha nacido sobre ti. ¡No veis! El Cristo en vosotros —que es el mismo ayer, hoy y para siempre— es el mismo Cristo que ha encarnado con vuestra alma durante eones y eones para que podáis, al fin, ser hechos íntegros y podáis estar con él, realmente, en la primera resurrección.

Ahora grita, ¡oh Sion! Grita con el Cordero y los ciento cuarenta y cuatro mil en el monte Sion. Porque ahora es el momento de echar a los cambistas del templo, que han comerciado con su falsa teología bajo varios y diversos nombres y etiquetas. Pero todos y cada uno de ellos ha cortado el brazo horizontal de la cruz cósmica de fuego blanco que se extiende a la izquierda y a la derecha, hacia el pasado y el futuro distantes.

Algunos dicen que Él nunca vino. Otros dicen que aún ha de venir para reinar con los santos durante mil años. Algunos dicen que Él nunca fue y que nunca será. Otros dicen que no puede ni jamás podrá encarnar en un recipiente de arcilla, pues nunca hubo un recipiente perfecto ni una persona perfecta. Y estos últimos han anulado los nodos norte y sur del brazo vertical queriendo eliminar Su estrella en el centro de la cruz cósmica de fuego blanco.

Así, los hijos de Dios, privados de él en el pasado, el presente y el futuro, son mantenidos por los caídos en un compás de espera, siempre listos para llegar, pero sin hacerlo nunca, a la tierra prometida que mana leche y miel. Yo os digo, amados míos, que si el Mesías vino hace dos mil años, entonces ha venido hoy. Y dentro de un millón de años y hace un millón de años, todavía el Mesías ha venido, el don de Dios que es el Hijo para todos. Para todos, para todos los nacidos de él y del Espíritu, nacidos de la Madre y nacidos para heredar la vida eterna.

Comprended ahora qué son estos demonios de la negación de Emmanuel, «Dios con nosotros», aquí y ahora y para siempre. Observad que os dirán todos los sitios donde él no está, pero nunca os dirán dónde está, donde YO SOY, para que donde YO SOY vosotros también podáis estar, para que allá donde el YO SOY esté, allá se os pueda encontrar según su semejanza. Esta es la enseñanza y la predicación de la Palabra para los Hijos de Dios, que han padecido a causa de los demonios vestidos de escarlata, negro y gris, y el anaranjado del orgullo. Han tenido su día. ¡Y su día se ha acabado!

¡Hijos de la luz, aquí venimos! Para echar fuera demonios hemos venido; demonios de la mente y la memoria, de la funda astral, e incluso esos virus demoníacos que penetran en la envoltura de las células físicas y que producen un Armagedón en las esferas íntimas de la vida, atacando el centrosoma del Cordero y de la esposa del Cordero.

Verdaderamente, en las cuatro direcciones (cuadrantes) de la Tierra, Gog y Magog, la derecha y la izquierda del Anticristo, se reúnen para librar batalla contra los santos. Pero está escrito que «de Dios descendió el fuego del cielo, y los consumió». ¿Y por qué suponéis que el fuego descendió del cielo, amados míos? Porque aquellos santos vivos ejercieron la Ciencia de la Palabra Hablada y la invocaron en el nombre YO SOY EL QUE YO SOY.

Pronunciaron el Ritual de Exorcismo en el centro del AUM. Hicieron sus decretos divinos, ¡y la divinidad decretó en ellos!; y no se cansaron de hacer el bien, y no amaron sus vidas hasta la muerte de la progenie del Maligno. Y la muerte para ellos sería como cerrar los ojos y volverlos a abrir, como dejar una orilla y aproximarse a otra. Y aunque ya no son vistos como mortales por los mortales, el alma es inmortal por siempre jamás.

La persona de mente carnal dirá que predico una resurrección de carne y hueso. No lo hago. La vestidura gastada puede que permanezca, igual que permanece la concha del nautilo con sus celdas, como prueba de que el alma ha desalojado el sepulcro en pos de una mayor gloria en el seno eterno del devenir.

Eso no quiere decir que no sea posible para Cristo en vosotros acelerar cuerpo, alma y mente hacia la nube blanca en el momento de vuestra ascensión. Pero, amados míos, lo que digo es que no es necesario que la resurrección sea física, como fue el caso de Jesucristo. Porque es el alma la que resucita en el arrebato con Cristo. Y se proporciona el vestido de bodas, la vestidura sin costuras que el alma ha tejido y se ha ganado. Este es el cuerpo celestial que suplanta al cuerpo terrenal. Y en ese momento estaréis encantados de desechar la vestidura gastada y de consignarla al fuego sagrado.

Por tanto, mi hijo de Lúxor, Serapis Bey, da la Ley para la cremación del vehículo físico. ¿Pues no dijo Él que la carne y la sangre no pueden heredar el reino de Dios?

La morbosidad que rodea la conciencia de muerte y del morir que tiene la gente también es un demonio al que hay que echar. Porque el embalsamamiento y el enterramiento del cuerpo es la prolongación de la entidad de la muerte. Porque el cuerpo está compuesto de luz, y la luz en el núcleo de todo átomo, molécula y célula debe ser desmagnetizada de la «tierra, terrenal», y hay que permitir que el polvo vuelva al polvo, igual que a la luz que conservó su matriz se le permite ascender en espirales hacia el Gran Sol Central cuando es liberada de su encasillamiento en la forma mediante el elemento fuego. Con este fin, las ardientes salamandras realizan sus deberes sacerdotales de devolver la noble obra de Elohim, el cuerpo masculino y femenino, al Gran Sol Central para su repolarización.

Que la cremación sea la liberación de mi pueblo de la morbosidad y el apego a la forma. Pues nunca más renacerá dicha forma. Pero el alma, el alma, será ataviada con blanca vestidura, con la rectitud de los santos. Es la idolatría al yo lo que perpetúa el culto a la lápida, enriquece a las pompas fúnebres y llena los cofres y los féretros de los operadores de mausoleos, que sacan provecho de la falsa creencia de las masas de que a la inmortalidad se la encuentra bajo tierra.

«Del Señor es la tierra y su plenitud». ¡Que el mar, la tierra, sean exorcizados de la muerte, la entidad de la muerte y de los cuerpos donde no hay vida! Porque el aliento de vida los ha abandonado para nunca más volver. Y esas casas vacías son invadidas por los espíritus inmundos de la muerte que, como buitres, se alimentan de la luz que aún está atrapada en la forma. Se trata de la luz y la energía de Dios. Que los elementales de fuego, aire, agua y tierra reciclen esta energía llevándola de vuelta al Origen, a Dios, y ved cómo el cuerpo planetario, la propia amada Virgo, irradiará más luz y más luz y más luz.

Ciudadanos de la Tierra, deploramos la conciencia de muerte sobre la cual pareciera que hayáis prosperado a semejanza de los magos negros, que os destruirían vivos; destruirían vuestras almas en el infierno dejando a vuestros cuerpos andando por las calles de las ciudades físicas y los planos astrales. ¡Santos de Dios, este es un asunto serio! Porque todo el vehículo material de esta evolución debe ser limpiado. Y las prácticas antiguas del culto egipcio a los muertos deben dar paso a la cultura de la vida que conduce a la ascensión.

Por tanto, id y enseñad a la gente a poner el cuerpo en hielo, seco o de otra forma, dos días y dos noches. Y al tercer día, la conmemoración de la Resurrección es la invocación de la llama de la resurrección. Tanto en la pira funeraria como en un crematorio moderno, que el fuego físico pase a través del cuerpo intacto; porque tanto la carne como la sangre deben estar intactas; y el embalsamamiento está prohibido por la Hermandad de Lúxor.

Este método es seguro, sano y saludable para todos y ofrece al alma la libertad de todos los lazos terrenales al tiempo que los cuatro vehículos inferiores son desmagnetizados simultáneamente por el fuego físico y el fuego espiritual, y el alma, como el símbolo alado del *ka*, alza el vuelo con el Águila voladora para seguir las iniciaciones de la Madre en los retiros de la Gran Hermandad Blanca.

De esta manera, los demonios no tienen presa ni los buitres carne y sangre. Y la funda astral, consumida asimismo por el fuego físico-espiritual, no podrá vagar por la Tierra como un fantasma del yo anterior. Las hordas astrales que devorarían las espirales de luz salen huyendo. Pues el alma ha escapado limpiamente de la ronda mortal y se la oye cantar, en dirección al cielo.

Sí, mediante la cruz cósmica de fuego blanco él da la Palabra que habla desde el Vacío. Tomad, pues, la Cruz Rubí diariamente. Porque un día, cuando las obras de Amor estén cumplidas en vosotros en todas las esferas de la Materia, también será la cruz de fuego blanco de vuestra ascensión.

En la *Perla de Sabiduría* de la próxima semana delinearé los tres pasos dados por el Maestro para *El Ritual del Exorcismo*, desafiándoos por orden del Señor Dios Todopoderoso, a que lo practiquéis a diario, en el nombre de las cuatro Palabras vivas, las cuatro fuerzas cósmicas, que están Conmigo y con el Cordero. ¡Haced esto por la autoridad de Alfa y Omega hasta que la muerte y el infierno sean arrojados al lago de fuego sagrado!

¡Preparaos para encontraros con mi Palabra!

YO SOY

Sanat Kumara

Véase Mateo 8; 10:38; Lucas 9:23; Gálatas 4:1-7; Juan 14; 1 Corintios 15; Apocalipsis 6:8, 20; Filipenses 2:1-18; Hebreos 9:27, 28; Juan 6:1-14; Jeremías 23: 1-4; Juan 8; Isaías 60; Hebreos 13:8; Apocalipsis 14; Mateo 21:1-16; 22:1-14; Eclesiastés 3; Salmos 24.4.

26

El Ritual del Exorcismo del Señor
Primer paso

De cierto os digo que todo lo que atéis en la tierra, será atado en el cielo; y todo lo que desatéis en la tierra, será desatado en el cielo.

Otra vez os digo, que si dos de vosotros se pusieren de acuerdo en la tierra acerca de cualquiera cosa que pidieren, les será hecho por mi Padre que está en los cielos.

Porque donde están dos o tres congregados en mi nombre, allí estoy yo en medio de ellos. MATEO 18

Santos que deseáis alistaros en los ejércitos de la Palabra de Dios:

Lo siguiente son tres pasos de vuestro entrenamiento básico bajo el Fiel y Verdadero. ¡Poned en práctica estos pasos del Ritual del Exorcismo del Señor y ved cómo, a través de vosotros, él consumirá completamente la causa y el núcleo del mal en la tierra!

Primer paso: La atadura en la tierra y la atadura en el cielo

De cierto os digo que todo lo que atéis en la tierra, será atado en el cielo; y todo lo que desatéis en la tierra, será desatado en el cielo.

1. Recitad el Padre Nuestro YO SOY tres veces:

   Padre nuestro que estás en los cielos,
   Santificado sea tu nombre, YO SOY.
   YO SOY tu reino venido
   YO SOY tu voluntad cumpliéndose

YO SOY en la tierra tal como YO SOY en el cielo
YO SOY el que da hoy el pan de cada día a todos
YO SOY el que perdona a toda vida hoy
Tal como YO SOY también toda vida perdonándome
YO SOY el que aparta a todo hombre de la tentación
YO SOY el que libra a todo hombre de toda
  condición perniciosa
YO SOY el reino
YO SOY el poder, y
YO SOY la gloria de Dios en eterna e inmortal
  manifestación
Todo esto YO SOY. (3x)

Con esta séptuple afirmación científica de vuestro ser en la tierra y en el cielo, dais comienzo a vuestro ritual con el selle de vuestra alma en el Sagrado Corazón de Jesús y de todo maestro ascendido que sirve con él. Es el Padre Nuestro —la Oración *Yo y el Padre uno somos*— que él reza en el alma bendita que él ha elegido como su recipiente. Es la oración del Gurú dentro del chela que alegremente ha aceptado el papel de siervo.

Es la oración del alma en quien el Padre y el Hijo han hecho su morada, como él prometió: «El que recibe mis preceptos y los guarda, ése es el que me ama; el que me ama a mí será amado de mi Padre, y yo le amaré y me manifestaré a él... Si alguno me ama, guardará mi palabra, y mi Padre le amará, y vendremos a él y en él haremos nuestra morada».

Esta oración la pronuncia en conciencia Crística el alma cuya conciencia de sí misma como Grial la capacita para comprender que la afirmación YO SOY es la Palabra. Esta Palabra «en ella» confirma que Dios, que mora en ella, que es YO SOY EL QUE YO SOY, es el cumplimiento de la Ley. La Ley expresada como la Palabra hablada es el mandamiento del Padre pronunciado por el Hijo que ha elevado al alma uniéndola a él en la Llama Trina del corazón.

Esta versión YO SOY del Padre Nuestro es la que se entrega

a los discípulos a quienes él enseñó el sendero de la herencia conjunta, la herencia conjunta de la Presencia YO SOY. Esta oración es para los iniciados que, a su semejanza, no creen que sea un robo hacerse a sí mismos, en Cristo, iguales herederos de la Luz. Y Jesús, el SEÑOR del Sendero del Rayo Rubí, ha transmitido esta afirmación séptuple a sus discípulos de hoy a través de su testigo Mark L. Prophet, que también estuvo encarnado como el escritor del evangelio que lleva su nombre.

El Padre Nuestro escrito por Mateo y Lucas es para los niños que aún rezan al Padre y al Hijo como algo externo a ellos. Porque aún no han sabido de su libertad de elegir ser iniciados del León, del Becerro, del Hombre y del Águila voladora en el sendero de Filiación individual. Su religión es, por ello, *exotérica* hasta que decidan entrar en el sendero de los misterios del Grial por el que lo que es externo se convierte en interno, es decir, *esotérico*.[1]

No hace falta decir que la forma esotérica es esencial para todos los que desean obedecer el requisito, «¡En mi nombre, echad fuera demonios!". Porque hay muy pocos hoy en día que sin tenerla (y sin tener la plenitud de la apertura de la Palabra del libro de siete sellos que YO SOY el que da aquí) puedan obedecer estos requerimientos de su Maestro, a quien adoran. Es la finalización de sus misterios, que son míos, lo que necesitan. Y yo los terminaré, ahora y en adelante. Y si los queridos seguidores de Dios aceptan mi Palabra, harán realmente las «mayores obras» que él profetizó de ellos.

2. Recitad el Ave María tres veces:

Ave María, llena eres de gracia. El Señor es contigo. Bendita tú eres entre todas las mujeres y bendito es el fruto de tu vientre Jesús.

Santa María, Madre de Dios, ruega por nosotros, hijos e hijas de Dios, ahora y en la hora de nuestra victoria, sobre el pecado, la enfermedad y la muerte.

(3x)

Esto es la consagración de vuestra alma al Corazón Inmaculado de la Virgen María. Ella, la Bendita Madre, sostiene en su brazo derecho la autoridad de los juicios de su Hijo. Sostiene al alma que invoca su intercesión en su Sacratísimo Corazón. Porque he sellado mi llama blanca como un lirio en su corazón. Y ella, el complemento del Arcángel Rafael, protege la pureza del arquetipo de la vida del alma con su propia pureza.

La meditación que realiza es sobre la imagen inmaculada de Cristo, de la cual toda alma está hecha por Dios en el principio. Su Corazón Inmaculado es el espejo del corazón del Padre, de ahí que ella sea Madre. En este espejo ella, la Virgen, fija constantemente la mirada sobre el deseo puro de Dios, la amorosa e iluminadísima voluntad de él para cada uno de los de su progenie.

Este refuerzo del diseño divino (que toda alma que evoluciona en las esferas de la Materia es libre de exteriorizar), por la fuerza de su mente cósmica, es la gracia sustentadora que María lleva a todos los que aman a su Hijo y sirven al lado de ella en su nombre. Sobre todo lo que pudiere herir o destruir en todo mi santo monte, donde yo, el Anciano de Días, guardo la Llama de la Vida para mis hijos e hijas, ella invoca rápidamente el juicio del brazo derecho del Todopoderoso.

Sobre todos los que asaltan los bastiones del alma sellada en mi imagen inmaculada y sostenida en su Corazón Inmaculado, ella invoca la luz atadora y cegadora de los Elohim para confundirlos en sus destructividades anti-Crísticas. Se la puede ver de este modo, de pie ante mi trono con Jesús, con su brazo derecho descendiendo junto con el de Jesús y el mío. En otras ocasiones, ruega pidiendo misericordia infinita por las almas que son víctimas desventuradas del Error. Ella, verdaderamente, es Madre para todos los que aman la Luz y la protagonista que conduce a las legiones de Luz contra los enemigos de la visión y la virtud de sus hijos.

El Ave María es el saludo a la Madre Universal, a la Madre Personal en quien la Bendita María se ha convertido, al Gurú arriba y abajo, *y a Mí*. ¡Porque YO SOY Sanat Kumara, y proclamo enérgicamente que ocupo el Cargo de la Mujer, tanto ahora como en adelante, y YO SOY aquel que se sienta en el gran trono blanco! Y todo siervo hijo e hija de mi llama que haya alcanzado la iniciación de la Crucifixión, la Resurrección y la Ascensión responde al llamado del Ave María. Es la invocación a la Vida universal y triunfante. Y eso es la llama de la Madre. Es el Rayo, o la Luz, de la Ma sostenido en el cristal de la corona de la vida por todos los que lo han recibido del Hijo.

Realmente, el Ave María es la oración universal a la Madre Universal multiplicada, dondequiera que se recite, por todo ser ascendido y angélico, por los siglos de los siglos. Verdaderamente, cuando entráis en comunión con la Madre en la cámara secreta de vuestro corazón, fluís con su Corriente de Vida a través de todo cuanto tiene vida.

Por eso su corazón es sagrado. Es el cruce de caminos de los rastros de luz de los santos de todo el cosmos —sus idas y venidas en su corazón—, las oraciones, las alabanzas y los actos bien hechos para su gloria. Cuando meditéis con la Ma del Gurú que YO SOY, estaréis suspendidos en el ojo del antahkarana de mundos lejanos.

YO SOY Sanat Kumara. YO SOY el que está suspendido en el Corazón Inmaculado de la Madre, MaRay. YO SOY DONDE YO SOY. Deseo estar donde vosotros estáis. Colocaré una réplica de mí mismo con el Ishwara de la cámara secreta del corazón de todos aquellos que, fielmente, recen el rosario y, con la Leona, hagan el ritual del exorcismo de las almas de sus hijos.

3. Después de haber recitado el Ave María tres veces con profunda devoción por su corazón y una visualización intensa de su Presencia de Luz ante vosotros, estáis preparados para «La atadura en la tierra y en el cielo y el nombramiento de la entidad».

Esto significa que como discípulos que han cumplido los requisitos de la ley del Amor, tenéis la autoridad de Jesucristo para exorcizar el mal en los chakras del Espíritu y la Materia de mi pueblo, en los cuatro cuerpos inferiores, y en los siete planos dentro de la «tierra» y el «cielo» de las esferas de la Materia. Los chakras situados por debajo del corazón son los de la «tierra» o chakras de la Materia. Los chakras situados por encima del corazón son los el «cielo» o chakras del Espíritu. Y el corazón mismo, que también debe ser purificado del deseo impuro, representa la era de vuestra conciencia terrenal y celestial, sintetizada en la Llama Trina e ilustrada en los triángulos entrelazados de la Materia ascendiendo y del Espíritu descendiendo

«En el nombre del YO SOY EL QUE YO SOY, en el nombre del Padre, del Hijo, y del Espíritu Santo, en el nombre de la Madre, YO SOY la atadura en la tierra y YO SOY la atadura en el cielo de la causa y el núcleo de esta condición y conciencia del Diablo y sus agentes, encarnados o desencarnados, manifestándose en y a través de esta entidad de _____».

Aquí se pronuncia el nombre general o específico de los demonios posesivos, atormentadores, o el de los espíritus sucios e impuros. Si no se conoce su nombre, debéis describir lo mejor que sepáis la condición y la conciencia del mal que queréis exorcizar en Dios «en la tierra» y «en el cielo». Luego debéis invocar la Presencia de los dos testigos quienes pronunciarán en el cielo y en la tierra, en el Espíritu y en la Materia, el nombre o los nombres que sean la clave para expulsar a la legión, al solitario desencarnado o a la entidad encarnada. (Léase Lucas 8:26-39)

4. Ahora recitad la «Invocación de la Presencia de la Jerarquía del Rayo Rubí y el Juicio del Gran Trono Blanco del Anciano de Días». Puede ser recitada en su totalidad o nombrando sólo a aquellas entidades del Mal que tengan relación con la demostración específica de la Gran Ley en la que estáis trabajando. Los insertos numerados del 1 al 8 indican las condiciones y la conciencia que desafían vuestras iniciaciones en los siete rayos y en el octavo rayo. Los correspondientes a los rayos noveno y décimo serán dados en un trabajo que se realizará en el futuro.

«Por todo el poder y la autoridad del Cordero investidos en

mí, por la luz del Rayo Rubí, yo invoco la Presencia, aquí y ahora, del SEÑOR DIOS Todopoderoso, la Santísima Trinidad y la Madre manifestados en la Persona del Señor Sanat Kumara, el Anciano de Días, de Gautama Buda, del Señor Maitreya, de Jesucristo, de los dos testigos y de los santos vivientes; de todas las huestes de la jerarquía del SEÑOR que sirven con ellos en el cielo y en la tierra a través de la Llama Trina de todo el Espíritu de la Gran Hermandad Blanca y la gran multitud de los hijos de Dios el Altísimo.

»Invoco el juicio del Padre, del Hijo, del Espíritu Santo y de la Madre a través del Anciano de Días, que está sentado en el gran trono blanco, las cuatro fuerzas cósmicas y los veinticuatro ancianos, el Consejo Cósmico y el Consejo Kármico, el Cordero eterno y el Cordero encarnado, sobre las entidades del Mal, "la bestia que era, y no es, y sin embargo es", el morador en el umbral personal y planetario, la causa-efecto, registro-memoria de la progenie del Maligno sus condiciones, circunstancias, odio y creaciones de odio: Guerra, Hambre, Plaga, Pestilencia y Dolor; la Muerte y el Infierno y todo lo que no esté escrito en el libro de la Vida del Cordero, sus palabras y obras de iniquidad forjadas a través de:

1. »El Diablo en la persona del Anticristo y su antijerarquía de anticristos: Satanás, su progenie y sus ángeles caídos; el asesino original y su asesinato, que subvierten la autoridad del Hijo manifestada en la Gran Hermandad Blanca y usurpan el cargo del Hombre ocupado en el Espíritu por Jesucristo y las huestes de su jerarquía.

2. »El Diablo en la persona del Dragón: Lucifer, su progenie y sus ángeles caídos, sus clones y duplicados de la mente carnal, sus Vigilantes y su creación sin dios, sin alma, que subvierten la autoridad del Padre manifestada en la Gran Hermandad Blanca y usurpan el cargo del León ocupado en el Espíritu por el Señor Maitreya y las huestes de su jerarquía.

3. »El Diablo en la persona del Falso Profeta y su falsa

jerarquía de falsos profetas, que subvierten la autoridad del Espíritu Santo manifestada en la Gran Hermandad Blanca y usurpan el cargo del Becerro ocupado en el Espíritu por Gautama Buda y las huestes de su jerarquía.

4. »El Diablo en la persona de la Gran Ramera y la bestia de color escarlata llena de nombres de blasfemia; la anti-Iglesia, sus antiapóstoles y falsos pastores; el Adversario del Anciano de Días y su jerarquía de adversarios de nuestras llamas gemelas, ebrios con la sangre* de los santos y los mártires de Jesús, que subvierten la autoridad de la Madre, el Cordero eterno y la esposa del Cordero, el Gran Gurú y sus chelas ascendidos manifestados en la Gran Hermandad Blanca y usurpan el cargo del Águila voladora ocupado en el Espíritu por Sanat Kumara y las huestes de su jerarquía.

5. »El Diablo en la persona de la Serpiente, su progenie y sus ángeles caídos; el mentiroso original y su mentira; la progenie encarnada del Maligno; los falsos Cristos y los falsos profetas en la Iglesia y el Estado, los detractores y los falsos testigos, que subvierten la autoridad del Hijo y usurpan el cargo del Hombre ocupado en la Materia por los mensajeros de la Palabra, los dos testigos del Segundo Advenimiento del SEÑOR JUSTICIA NUESTRA por los amigos de Dios en la Iglesia y el Estado y por los verdaderos Cristos y verdaderos profetas.

6. »El Diablo en la persona del Acusador de los Hermanos; los Rezagados en contra de la Luz, los caídos y el reloj de traidores; Abadón, sus ángeles caídos y los diablos y bestias del abismo sin fondo, que hacen la guerra contra el Cordero y sus elegidos y fieles, que subvierten la autoridad del Padre y usurpan el cargo del León ocupado en la Materia por los santos que son los hijos e hijas de Dios, los 144.000 y el remanente de la progenie de la Mujer, que guardan la llama en el cubo blanco de la Iglesia Universal y triunfante.

7. »El Diablo en la persona de las bestias que salen del mar y de la tierra y el dragón que les dio su poder, asiento y gran

---
*luz

autoridad; aquél llamado blasfemia: su imagen, marca, nombre y número, 666; y sus agentes en el gobierno único y la economía única mundial, los banqueros y cambistas internacionales y los conspiradores capitalistas-comunistas, manipuladores de la Ley de la Vida Abundante y de la luz de Alfa y Omega en la labor sagrada de los hijos de Dios; los Archiengañadores de la humanidad; los demonios y desencarnados que operan a través de la creación sin dios y sin alma del monstruoso concepto de la mecanización, que subvierten la autoridad del Espíritu Santo y usurpan el cargo del Becerro ocupado en la materia por la gran multitud, que son los hijos del Altísimo.

8. »El Diablo en la persona de Babilonia la Grande; el anti-Estado y la anti-Ciudad; sus pecados y hechicerías, sus diablos y espíritus inmundos; los Vigilantes y su creación sin dios, su fornicación, que cualifican mal la luz del chakra de la Madre, permitiendo el abuso y el aborto de Sus hijos; sus cultos al dinero y a la bestia del dinero, de avaricia y glotonería, sus bestias de sensualidad y materialismo y su asesinato de los profetas y los santos; el Falso Gurú y su falsa jerarquía de falsos gurúes y sus falsos chelas; los consejos de magos negros y practicantes de la artes negras y adeptos del sendero de la izquierda; brujas y brujos y sus aquelarres de estratagemas y maleficios, la Muerte y el Infierno, y todos los que subvierten la autoridad de la Madre, el Cordero encarnado y la esposa del Cordero, La Gurú Ma y sus chelas no ascendidos, y usurpan el oficio del Águila voladora ocupado en la Materia por la Mujer vestida del Sol y su Hijo Varón encarnado en los iniciados del Rayo Rubí, que guardan la llama de la Escuela de Misterios en la Comunidad del Espíritu Santo.

»Jezebel y sus hijos, los temerosos e incrédulos, los abominables, los asesinos, los proxenetas, los hechiceros, los idólatras y todos los mentirosos; todos los que blasfeman contra el nombre de Dios y de su Hijo Jesucristo y no se arrepienten de sus actos para darle a Él la gloria; todos los demonios, desencarnados, evoluciones de rezagados y caídos, con sus entidades de masas y mecanización* monstruosa de todo tipo y forma de las cuatro bestias del magnetismo animal y el pequeño cuerno de sugestión mental agresiva, enfocado en sus redes y campos de fuerza astrales; y todo aquello que profane, produzca abominación o represente una mentira en contra de la Ciudad Santa o el templo del Señor Dios Todopoderoso y el Cordero.

»¡Ordeno que esto se haga en el nombre de la Palabra viviente. Ordeno que se haga en el nombre del Padre, del Hijo y del Espíritu Santo, en el nombre de la Mujer y su progenie, de todo el Espíritu de la Gran Hermandad Blanca y la Madre del Mundo, vida elemental: fuego, aire, agua y tierra!

»¡Está hecho, está terminado, está sellado!
¡Está hecho, está terminado, está sellado!
¡Está hecho, está terminado, está sellado!
¡Porque la boca del SEÑOR así lo ha hablado!
¡YO SOY EL QUE YO SOY!».

5. Recitad «¡No pasarán!» [Véase página 110] tres veces.

6. Concluid con las «Afirmaciones transfiguradoras de Jesucristo"», tres veces:

> YO SOY EL QUE YO SOY
> YO SOY la Puerta Abierta que nadie puede cerrar
> YO SOY la Luz que ilumina a todo hombre que viene al mundo
> YO SOY el Camino
> YO SOY la Verdad
> YO SOY la Vida
> YO SOY la Resurrección
> YO SOY la Ascensión en la Luz
> YO SOY el cumplimiento
>   de todas mis necesidades y
>   requisitos del momento
> YO SOY abundante provisión vertida sobre
>   toda vida

---
*multiplicación

YO SOY vista y oído perfectos
YO SOY la manifiesta perfección del ser
YO SOY la ilimitable Luz de Dios
    manifestada en todas partes
YO SOY la Luz del Sanctasanctórum
YO SOY un hijo de Dios
YO SOY la Luz en el santo monte de Dios (3x)

Practicad esto, el primer paso de vuestro ritual, hasta que vuelva con el segundo y el tercer paso. Sois mantenidos a salvo y seguros en los brazos eternos de Dios, así como YO SOY el que está con vosotros en justicia (en el uso correcto de su energía) para «juzgar y hacer la guerra».

YO SOY
Sanat Kumara

y permanezco como La Palabra de Dios.

Véase Mateo 18; Juan 14; Romanos 8; Filipenses 2:5-8; Mateo 6:5-13; Lucas 11:2-4; 1:26-38; Isaías 11:9; 65:25; Apocalipsis 2,6, 9, 10, 12, 13, 14, 16-22; Mateo 13:24-43; 1 Juan 2, 4; 2 Juan; Juan 8; Mateo 7, 24; Lucas 6; Jeremías 23; Lucas 13, 21; 1 Pedro 5; Génesis 3; Jueces 2; 2 Reyes 17; 1 Samuel 13, 14; Jeremías 12, 51; Mateo 26; Hechos 6; 1 Reyes 18-21; Daniel 7, 8.

27
∞

El Ritual del Exorcismo del Señor
Segundo y tercer paso

Santos que Le seguís sobre caballos blancos,
vestidos con lino fino, blanco y limpio:
Vuestros caballos son vuestros cuatro cuerpos inferiores sobre los que cabalgáis, ¡y tened cuidado de que ellos no os cabalguen a vosotros! Son blancos porque se han convertido en figuras claras como el cristal para la luz de la figura del Cordero. Son las cuatro transparencias que forman el cubo blanco de la esposa del Cordero. El lino fino con que estáis vestidos es la blancura y la limpieza de vuestro campo áurico. Procurad que sea así, de otra forma no cabalgaréis con los ejércitos del Fiel y Verdadero. Por tanto, acordad en la tierra en mi nombre que así será y llevad a cabo con la afilada espada de la diligencia el segundo y tercer paso de vuestro ritual. ¡Es la Luz que no falla!

Segundo paso: El acuerdo en la tierra

Otra vez os digo, que si dos de vosotros se pusieren de acuerdo en la tierra acerca de cualquiera cosa que pidieren, les será hecho por mi Padre que está en los cielos.

Dos o más santos de la Iglesia Universal y Triunfante deberían reunirse para El Ritual del Exorcismo, al menos una vez cada ciclo de veinticuatro horas, hasta que se hayan manifestado completamente los resultados deseados de su invocación específica. Juntos repetirán:
«En el nombre de Jesucristo, en el nombre del Cordero encarnado, en el nombre de la amada Presencia YO SOY y del Ser

Crístico de todos, y por el pleno poder del Espíritu Santo, acordamos juntos en la tierra que esto que pedimos en tu nombre, oh Señor Dios Todopoderoso —YO SOY EL QUE YO SOY, ELOHIM, EL SAHDDAI—, se cumplirá de acuerdo con la santa voluntad de Dios, por tu sabiduría y por tu amor, en el tiempo y el espacio y en los ciclos eternos del ser».

Ahora haced una afirmación clara y concisa de lo que tiene que cumplirse en el santo nombre de Dios. Pedid siempre que vuestro deseo sea purificado por el fuego sagrado hasta que se convierta en el deseo Divino y que vuestra plegaria sea la plegaria del Hijo de Dios en vosotros, completamente aceptable como una ofrenda a los ojos de Dios y sus ángeles santos. Y dad a vuestro Ser Crístico la autoridad de repudiar cualquier voto, decreto dinámico, voluntad o intención, razón, motivo o causa que no exprese la armonía Divina, el amor Divino y la verdad Divina de su Presencia.

El primer paso del Ritual de Exorcismo es la acción del Padre en medio de vosotros, que es realizada de acuerdo a su ley, arriba y abajo, a través de sus emisarios, los arcángeles, los Elohim y los Señores de los Rayos. En el segundo paso del ritual, os dejáis aconsejar por los hijos de Dios, los maestros ascendidos; y por las deliberaciones de sus consejos que se os dan a conocer a través del Hijo de Dios y sus dos testigos, acordáis en la tierra como ellos acuerdan en el cielo el curso de la exteriorización de la Palabra en la Comunidad del Espíritu Santo y en la comunidad mundial.

Esta es vuestra implementación legítima de la Palabra: «Venga tu Reino. Hágase tu voluntad en la tierra como en el cielo». Y los buenos pastores, ungidos por los Instructores del Mundo, han de ser consultados por los niños de Dios como ancianos de la Iglesia de forma que sus peticiones puedan reflejar el tono y el tenor de las dispensaciones provenientes del Consejo Cósmico, los veinticuatro ancianos y el Consejo Kármico. El acuerdo en el cielo y en la tierra se alcanza mediante la llama blanca de armonía Divina, verdaderamente el brazo del Espíritu Santo manifestado a través del Hijo como un solo Dios, YO SOY EL QUE YO SOY, en vosotros.

Tercer paso:
La reunión en el nombre YO SOY EL QUE YO SOY

Porque donde están dos o tres reunidos en mi nombre, allí estoy yo en medio de ellos.

El tercer paso en El Ritual de Exorcismo es la reunión, en el nombre del Señor, la Amada Poderosa Presencia YO SOY y el Ser Crístico, de los dos y de los tres hasta los miles de miles y los diez mil veces diez mil servidores que están ante mi trono —mi Llama Trina, que es mi cetro y mi autoridad— y los innumerables que afirman la ley y los juicios del Anciano de Días y de mi nombre, YO SOY EL QUE YO SOY. Esta es la acción del Espíritu Santo en el diapasón completo de los cuerpos causales de los santos que comulgan en la Palabra viviente, Jesucristo, y la jerarquía de los hijos-siervos que están con él, arriba y abajo, en el Rayo Rubí, y que permiten que esta Palabra fluya a través de los siete centros del ser como el flujo de la armonía para la curación de los creyentes y el selle de su círculo de unidad.

La repetición del nombre de Dios seguido de la afirmación y confirmación de la Palabra en acción en decretos dinámicos es la enseñanza de los profetas de Israel y de los *rishis* de los Himalayas. Es el misterio de la Palabra revelada por el séptimo ángel, Saint Germain, a sus siervos los Profetas. En todo signo y ciclo, es el ejercicio de la Palabra perdida. Es el redespertar de los sacerdotes y las sacerdotisas del fuego sagrado que cuidaban de los altares lemurianos y prelemurianos con la ciencia de la invocación del tono sagrado, mediante las sílabas y los sonidos de las lenguas antiguas y angélicas.

La práctica de esta ciencia universal del Anciano de Días nunca es vana cuando el practicante implica sus energías con las energías de Dios, amorosa, obediente, confiadamente, con la completa iluminación de su Yo Superior, que revela la Ley del Logos como el manifiesto poder de cambio en él. ¡Amados míos, aprended este arte y cambiad el pasado, cambiad el presente, cambiad el futuro, y morad en el Eterno Ahora!

Verdaderamente, la ciencia de la invocación no es más vana que la repetición incesante de los planetas y las estrellas y los centros de fuego solar de las galaxias en sus incesantes rondas, al participar en el ritual del sostenimiento del universo de la Materia mediante el mismo movimiento de sus recorridos. Desde el obediente electrón hasta el ritual de las células en el cuerpo del hombre, pasando por el rítmico latido de la vida por doquier, la vida es un grandioso ritual de la Palabra hablada y no hablada, interna y externamente, que marca los ciclos de perfección que se vuelven más y más perfectos dentro del marco de la percepción autoconsciente del alma.

Dondequiera que los santos se reúnen en grupos de dos o de tres para dar testimonio de la sinfonía de la Palabra, involucran sus chakras con los chakras de los Elohim. Y por el simple ejercicio mismo, las dimensiones de la plenitud individual aumentan su capacidad de conocer a Dios y de ser Dios. Así, la afirmación de la Palabra se convierte en la reafirmación de la Palabra pronunciada por Jesucristo hace dos mil años que continúa reverberando en el espacio santificado mientras los santos marcan el tiempo y la estación del adviento y su Segunda Venida a sus corazones.

> *Tened fe en Dios.*
> *Porque de cierto os digo que cualquiera*
> *que dijere a este monte: Quítate y échate en el mar, y no dudare en su corazón, sino creyere que será hecho lo que dice, lo que diga le será hecho.*
> *Por tanto, os digo que todo lo que pidiereis orando, creed que lo recibiréis, y os vendrá.*
> *Y cuando estéis orando, perdonad, si tenéis algo contra alguien, para que también vuestro Padre que está en los cielos os perdone a vosotros vuestras ofensas.*
> *Porque si vosotros no perdonáis, tampoco vuestro Padre que está en los cielos os perdonará vuestras ofensas*

Y llamaréis a los ángeles por su nombre así como el Señor Dios Todopoderoso, sentado en medio del consejo de sus huestes, los llama por su nombre y les ordena que realicen su obra perfecta, como arriba, así abajo. Los ángeles del Señor que se aparecen a los elegidos de Dios a lo largo de los milenios son identificados ahora por los dos testigos, por su nombre, llama, vibración y por el orden de su servicio jerárquico. El Ritual del Exorcismo está incompleto sin esta llamada al nombre del Señor cuando ese Señor, ese YO SOY EL QUE YO SOY, ese Ser Supremo, se personifica a través de su múltiple creación celestial.

La clasificación de los siervos de Dios en el Espíritu y en la Materia tiene lugar bajo los cargos de la Trinidad y la Madre:

Los Elohim transmiten el poder de «El» a través de la Persona del Padre. Ellos son los siete Espíritus que precipitan la creación por la Palabra del *Creador*.

Los hijos e hijas de Dios que están unidos a la Palabra algunas veces son mencionados en las Escrituras con el término general de «ángeles». Pero en otras ocasiones se los describe con mayor precisión como con «la apariencia de un hombre», como «alguien parecido a los hijos de los hombres» o como «un hombre de vestidura resplandeciente» o como los «dos hombres vestidos de blanco». Una vez han «descendido» a la tierra (es decir, cuando han desacelerado hasta las esferas de la Materia), han realizado su destino ardiente y han «ascendido» al cielo (es decir, han acelerado hasta el reino del Espíritu), son conocidos más exactamente como los «maestros ascendidos».

Los representantes encarnados del Señor en el sendero de la Cristiedad son conocidos en Oriente y Occidente como discípulos o chelas. Como miembros no ascendidos de la Gran Hermandad Blanca, estos devotos pueden alcanzar una considerable maestría e incluso la condición de adeptos mientras sirven en la Tierra y en los retiros físicos y etéricos de la Hermandad. Juntos, estos hermanos «ascendidos» y «no ascendidos» de Jesucristo sirven con el *Conservador* de la creación, por la sabiduría de la mente de Dios.

Todos los órdenes de arcángeles y sus legiones de ángeles, los serafines, los querubines que llenan el Vacío con el ritual de Dios, la danza de las horas y la repetición de la Palabra, son los instrumentos del Espíritu Santo que guardan la llama de todo lo que es Real y ostentan el cargo del ardiente Destructor que consume, a su debido tiempo, todo lo que es irreal.

Aunque el término «ángel» se usa libremente para describir a cualquier ser espiritual o visitante celestial, ellos comprenden un orden jerárquico que incluye muchos órdenes y clasificaciones, funcionando todos bajo el cargo del Espíritu Santo; mientras que los maestros ascendidos que constituyen la Gran Hermandad Blanca, sirviendo bajo el cargo del Hijo de Dios, son de apariencia distinta como la de un hombre de Dios, y son comúnmente denominados los santos vestidos de blanco, citados frecuentemente por Juan en su relato de la Revelación de Jesucristo y reconocidos jubilosamente por Pablo como una «tan grande nube de testigos».

El término «santo», intercambiable con el de «maestro ascendido», implica al alma que, por libre albedrío, salió de Dios y regresó a él victoriosamente en la vida y en la muerte; mientras que los ángeles, bajo circunstancias ordinarias, no encarnan, aunque en conexión con la Caída muchos lo han hecho en un intento de rescatar a los hijos de Dios de las redes de Satanás. El santo se polariza con la mente de Dios en Cristo Jesús y aprende a dominar las esferas de la Materia, a ser fructífero en el Espíritu Santo y a multiplicar la conciencia de Dios; mientras que las huestes angélicas, siempre al servicio de los hijos de Dios, se polarizan con los sentimientos de amor, alegría, compasión, curación, esperanza, etc., que irradian a toda la creación a través del cuerpo de los deseos: los sentimientos y emociones.

Los seres elementales de fuego, aire, agua y tierra están bajo el tierno cuidado de la Madre del Mundo, de quien son siervos junto con los benditos Budas y Bodhisattvas hasta la hora de su Resurrección, en la cual también habrán de ser elevados con Cristo en el arrebato; porque todos sus hijos de luz habrán sido arrebatados en su blanca vestidura en la cámara nupcial.

Por tanto, no teman los verdaderos creyentes que son seguidores de Cristo y cristianos en el más amplio sentido de la Palabra a los maestros ascendidos ni a sus nombres revelados por el Espíritu de profecía confirmado en los dos testigos, Mark y Elizabeth Prophet.

Habéis escuchado el evangelio de Dios y lo habéis recibido. Habéis escuchado el evangelio de la gracia de Jesucristo, y habéis escuchado el evangelio de las palabras y las obras de los apóstoles por el Espíritu Santo. Ahora recibid el Evangelio Eterno que el Señor os envía, entregado por el ángel que vuela en medio del cielo, en medio mismo de vuestro espíritu dotado con el Espíritu de Dios. Porque ese ángel viene a predicaros, a vosotros que moráis en la Tierra, y a toda nación, parentesco, lengua y pueblo. ¿Y cómo predicará él, excepto a través de sus evangelistas y mensajeros y a través de los predicadores e instructores de la Palabra?

Este es el evangelio que es la cuadratura del círculo. Es el evangelio de la Mujer para su progenie. Y es el evangelio tomado por su progenie y dado como la semilla de Cristo a todos los que pueden aceptar su desafío de «temed a Dios y dadle gloria; porque la hora de su juicio ha llegado; y adorad a aquel que hizo el cielo y la tierra, el mar, y las fuentes de las aguas».

Vosotros que sois de la gran multitud y que habéis creído en el Espíritu de profecía, en el mensaje del Salvador que es salvación para los justos por la gracia, vosotros que habéis creído en la visión del apocalipsis, creed ahora en el ángel del Evangelio Eterno y en aquellos a quienes él unge para predicarlo a vosotros en mi nombre.

YO SOY el Anciano de Días. Os invito, amados santos de la Iglesia interna, a que busquéis la primera señal, que es echar fuera demonios. Es el trabajo de los iniciados del tercer rayo, que sirven con el Cordero que es digno, el amado Pablo el Veneciano. Ved cómo él toma de mi mano el libro de siete sellos y abre vuestros vórtices de luz para la transferencia del tercer rayo, la llama rosa que con el uso acelerado se convierte en el Rayo

El Ritual del Exorcismo del SEÑOR *Segundo y tercer paso*   221

Rubí de los iniciados del Espíritu Santo.

Ahora buscad diligentemente el estudio de las jerarquías del tercer rayo, los Elohim, los arcángeles y los Señores de ese rayo que sirven con Jesucristo como hijos siervos en el cielo y en la tierra. Estudiad sus dictados, haced sus decretos. Porque por amor, sólo por amor a las ovejas descarriadas del SEÑOR, echaréis fuera demonios en el yo y en la sociedad. Este don del Espíritu Santo, esta señal de su Presencia en vosotros, llegará por medio de los fuegos del amor purificador a medida que estudiáis los escritos del Maha Chohán registrados por los mensajeros, y escucháis atentamente su enseñanza, que es la enseñanza del Gran SEÑOR sobre la consecución del Espíritu Santo.

Todo lo que he entregado a mis mensajeros del Rayo Rubí concerniente a la ciencia de la invocación de la Palabra es para vosotros, mis amados hijos. Nuestro manual para Guardianes de la Llama *Oraciones, meditaciones y decretos dinámicos para la revolución venidera en conciencia superior* incluye muchas ofrendas aceptables que apreciaréis y aprenderéis. Nuestras conferencias y dictados publicados en libros y grabados en cinta completarán la enseñanza que no se me permite ampliar más en este formato. El regalo ya se ha entregado. Creed y sed bautizados por el fuego sagrado de la Palabra que invocáis.

Cuando os reunáis en mi nombre, no dejéis de invocar al Elohim del Exorcismo, Astrea, al Arcángel de la Liberación, el Gran Príncipe Miguel, y a la Virgen María, ante cuya presencia los demonios también creen y tiemblan. Y no dejéis de llamar al poderoso Ray-O-Light y sus legiones de la llama de la intrepidez, quienes valerosamente atan a las hordas de impostores del Espíritu Santo, enviadas para entrampar a los hijos de Dios por medio de los lobos con piel de cordero, que conducen a sus congregaciones con oraciones malintencionadas, convirtiéndose así en practicantes de las artes negras, vibrando con la misa negra y el Papa Negro e incluso con los Satanistas activos en la lujuria de su sensualismo intelectual en estos últimos días.

Yo os digo que las oraciones de mala voluntad y malintencionadas son equivalentes a la brujería y al vudú. Sin embargo, en mi nombre son ofrecidas por los fariseos, tanto en los movimientos metafísicos como en los fundamentalistas u ortodoxos.

Tened cuidado, vosotros que desafiáis la Verdad. La Verdad, ante la poderosa presencia de Palas Atenea con escudo, espada y casco, os pondrá cabeza abajo y os volverá del revés y os sacudirá y sacará de vosotros las entidades erróneas que han invadido vuestros templos, obstaculizando vuestro sendero y haciendo que desobedezcáis a la Verdad. Porque la ley está escrita: el que quisiera desafiar la Verdad será desafiado por la Verdad. El desafiador de la Verdad debe mostrar, y se le debe mostrar, la Verdad y el Error, que viven juntas en su conciencia.

Por tanto, cuando desafiáis la Verdad, aceleráis el día de vuestro juicio, en el que oiréis la palabra de Josué en la persona de Jesucristo: «Elegid en este día a quién serviréis: a la persona de la Verdad o a la persona del Error en vosotros».

En el nombre de la Verdad, que es la sierva del Consuelo y de la paloma del Consuelo,

YO SOY

Sanat Kumara

El Portador de Amor Resplandeciente

Véase Apocalipsis 19; 21; Mateo 18; Apocalipsis 10; Marcos 11; Daniel 8:15; 10:16; Hechos 10:30; 1:10; Apocalipsis 3:4, 5, 18; 4:4; 7:9; 13, 14; 15:6; Apocalipsis 14; Marcos 16:15-20; Santiago 2:19; Josué 24. Véase *Oraciones, meditaciones y decretos dinámicos para la revolución venidera en conciencia superior,* incluyendo 10.14 «Decreto a La Amada Poderosa Astrea»; 10.00 «Señor Miguel»; 10.06 «Amado Arcángel Miguel»; 10.07 «¡YO SOY Miguel, Miguel, Miguel!»; 10.15 «Miguel, Arcángel de la Fe»; 12.00, 12.01, 12.02, afirmaciones tomadas de dictados del Arcángel Miguel; 7.21 «Despójanos de toda duda y temor»; *¡Mi alma magnifica al Señor!; El rosario del niño a la Madre María,* álbumes 1-5, disponibles en casete y en CD.

28

∞

La psicología de los demonios que también creen y tiemblan

> *También salían demonios de muchos, dando voces y diciendo: Tú eres el Hijo de Dios. Pero él los reprendía y no les dejaba hablar, porque sabían que él era el Cristo.*
>
> LUCAS 4

A los benditos que buscan las señales de la Palabra
y Obra del Espíritu Santo en los cuatro cuadrantes
de la esfera de la Materia:
¡YO SOY el que está aquí! Y tengo algo que deciros concerniente a la señal de echar fuera demonios.

A vosotros que sois consejeros, instructores, pastores, terapeutas, padres, madres o simplemente buenos vecinos para el alma obsesionada, para el alma poseída, yo digo: ¡Amad lo suficiente! ¡Amad lo suficiente a Dios para quedaros con esa persona, hasta que hayamos terminado con el arrogante álter ego y Dios sea magnificado en el templo!

Sí, os digo, amad a esa alma lo suficiente como si fuera un frágil huevo azul sostenido en la mano en primavera, esperando a que el petirrojo salga y cante. ¡El latido del corazón del pajarillo sostenido en la mano es el latido del corazón de un alma! ¡Por medio del Espíritu Santo, y sólo por ese Espíritu, echad fuera demonios, os digo, y ordenad a esa alma: «¡Sé sanada!».

Sed firmes con los demonios del autoengaño que se asoman y espían desde detrás de esa alma de identidad debilitada, debilitada a causa del abuso, quizá, además del abuso propio. Pero la vida entera es frágil hasta que el latido del corazón del pajarillo anida en el latido del corazón de Dios y conoce, al fin, una identidad mayor que la suya, que en verdad es suya. Oh amados míos que amáis, estad dispuestos a expiar por las vidas fragmentadas y su ignorante fragmentación propia debido al abuso ignorante de la vida y el amor.

Los médicos exigen de los pacientes que se preparan para una operación, cuyas constituciones son deficientes, que fortalezcan el cuerpo para lo que equivale a una crisis cuando masas de tejidos o tumores han de ser extraídos cuidadosamente. Lo mismo ocurre con las almas cuya conciencia de sí mismas no es fuerte, que aún no entienden dónde está su sitio en el esquema de las cosas entre el cielo y la tierra y no conocen su posición relativa a las estrellas, al amigo o enemigo, ni conocen el significado de la propia valía.

A menudo aquellos que han tenido poco o ningún refuerzo de la voluntad propia o de la autoestima ni un amor verdadero que dé mucho cariño, no pueden distinguir fácilmente entre el demonio poseyente y el yo. Hay entidades benignas, así como hay tumores benignos. Estas entidades, como camaleones, asumen la postura y la pose del alma no desarrollada y reflejan en tonos grises una identidad que ya se está desintegrando. Por eso, eliminar la entidad antes de que el alma descubra la verdadera Identidad en el YO SOY EL QUE YO SOY puede crear una calamidad que tiene como resultado un estado de catalepsia en el cuerpo astral, donde reside la entidad, y de donde debe ser expulsada.

Por tanto, recomendamos el enfoque constructivo del desarrollo de la persona que es capaz de invitar a la Persona del Hijo de Dios a su templo. Destacamos que la preparación desde edad temprana, la escuela y el entorno familiar son algo esencial para establecer el cimiento de una fuerte conciencia propia, un ego, si queréis, pero un ego que no se limite a sí mismo sino que siempre esté en el proceso de fusión con su Yo. El niño debe saber que es importante, pero que es importante porque es un alma, una corriente en movimiento de conciencia en Dios y de Dios.

No el orgullo del ego, sino una expresión propia gozosa y una realización propia creativa inspiran confianza, colocándola donde debe ser colocada: en la Divinidad interior. Este verdadero Yo es conocido por el alma que es enseñada por padres amorosos a apreciar la búsqueda y a aceptar la validez del yo que entra en el sendero del descubrimiento propio. Este sendero, que es a la vez espiritual y material, puede incluir cualquier esparcimiento creativo, educativo y recreativo que contribuya a la construcción de la espiral de individualidad, la verdadera llama de la Individualidad asegurada por los cuatro lados de la Gran Pirámide de la Materia.

Algunas veces encontramos estados psicológicos relacionados con encarnaciones anteriores por los que el alma se ha retirado, como si dijéramos, a un estado de coma; y lo que debería ser la fuerza dominante en el templo no es sino una colección de entidades extraviadas que objetivan rígidas exigencias demandadas de la personalidad exterior durante los años de formación. Las personalidades multifragmentadas consisten de entidades de múltiples propósitos atraídas por la mente exterior para formar un yo compuesto que satisfaga las exigencias de la sociedad y de las personas de autoridad que haya encontrado.

Todo el proceso de construcción del ego exterior, cuando tiene lugar bajo las presiones del hombre mecanizado, a menudo fuerza al alma delicada, sensible y altamente evolucionada a una recesión hacia el subconsciente, mientras un pseudoyo completo desarrolla una existencia sintética y aparece adaptado totalmente en la actual civilización.

¡Vengan los predicadores dotados del poder de la Palabra! ¡Vengan los predicadores que creen y son bautizados! ¡Vengan los santos dotados del manto y la autoridad del Cordero! A tales personas ellos pronuncian la atronadora palabra de la Verdad. ¡Tiemble el yo externo! El Gurú está llamando al chela interno de las profundidades para que pueda emerger a la superficie de la conciencia y tenga el valor de ser y de buscar la condición de Ser en esta vida. Venga el chela que ama lo suficiente como para percibir a una persona real y viva más allá de los anillos de irrealidad fabricada. Venga el chela que tiene la sabiduría para saber que antes que el cascarón externo pueda ser desmontado, debe apelar y suplicar al hombre oculto del corazón, la verdadera imagen del Cristo, en nombre del alma que es el potencial para realizar la Deidad —¡pensad en ello!— en esta misma encarnación.

Hay un punto de partida para convocar al alma desde los sepulcros donde moran los desencarnados. El amor es el punto de partida, el amor es el camino del medio y el amor es el punto final con una canción, con risa, con un poema o con la música de las esferas, con el fuerte clamor del Maestro, «¡oh alma, sal del sepulcro y vive!»; con amistad, con compasión. Sí, con algunas y con todas estas cosas y más, el alma puede ser nutrida para que pase de la enfermedad a la salud. Pero la sabiduría del discípulo siempre es lo que ha de acompañar a este trabajo del Espíritu Santo, con oración ferviente, meditación profunda y una gran cantidad de decretos dinámicos por el alma que debe realmente nacer de nuevo antes de poder ver el reino de Dios.

Esta experiencia de nacer de nuevo es una completa reorientación de la conciencia, no una restructuración de entidades, como tan a menudo ocurre con aquellos que son demasiado simplistas, excesivamente optimistas y desacertados en su acercamiento a la ciencia del Espíritu Santo. Una ausencia tal de profesionalidad, que a menudo marca a aquellos que profesan expulsar demonios, conduce muchas veces al cese superficial de los síntomas, mientras que ni siquiera se llega a las condiciones profundas y subyacentes de la conciencia.

Muchos criminales, una vez atrapados, han dado testimonio de la experiencia de nacer de nuevo. Un cierto número de estas son conversiones genuinas por el poder del Espíritu Santo, pero muchas más son una expresión del tremendo miedo y temblor de los demonios que entran en los templos desalojados de almas atadas a una pesadilla astral infernal. Luego son los demonios los que gritan desde estas casas encantadas: «¡SEÑOR, SEÑOR!», y por temor al exorcismo o incluso a la encarcelación o ejecución de su sujeto, se someten a una forma de religión y de conversión simplemente como medio para perpetuarse a sí mismos.

Los demonios que corren en manadas como lobos hambrientos (cuyo nombre es Legión, porque son muchos), que salen a la luz y luego retroceden con las mareas del cuerpo astral y las influencias lunares, ocupan toda una gama, desde la omnipotencia hasta la impotencia, desde la arrogancia y la ira hasta la lástima hacia uno mismo y la intensa melancolía, haciendo que el sujeto entre en un llanto inexplicable, puntuado por intervalos de altibajos, terminando en miserables depresiones. Considerando que los demonios y las entidades (que no tienen más identidad que la de los vehículos de sus sujetos) tienen varias modalidades de expresión propia caracterizadas por la adicción a las drogas, el alcohol, la nicotina, el azúcar, la marihuana, la pereza, la sensualidad y cualquier otro hábito humano esclavizante, no es sorprendente que el pseudoyo del «alma perdida» adquiera una actitud altamente defensiva del modus operandi de sus propias entidades.

Lo que más temen estas entidades es la venida del Cordero y los siervos del Cordero, y la venida al templo, rápida y repentinamente, de la Persona del Ser Crístico que entonces las expulsará —ellas lo saben— y concisamente llamarán al alma de las profundidades de la irrealidad para que afronte la responsabilidad de la vida en Dios. Por tanto, el que viene en el nombre del Cordero siempre corre el riesgo de incitar la ira de las entidades, que han de ser atadas, así como la resistencia del alma que no quiere ser molestada en su sueño de muerte.

Añadamos a esto la ira de padres, amigos y los denominados seres queridos que asimismo existen dentro de las cuatro paredes de la conciencia de muerte (que han buscado el refuerzo de su ego en estos seres a punto de despertar con quienes están relacionados en el tiempo y el espacio) y empezaréis a comprender el siniestro dominio, el horrendo mesmerismo que debe romperse con el chasquido repentino de la mente relampagueante de Dios, que se precipita como un águila poderosa para recoger al yo infantil y remontarse hasta la salvación de la Roca. No es de extrañar que el Salvador de almas declarara en presencia del Adversario infernal:

No penséis que he venido para traer paz a la tierra; no he venido para traer paz, sino espada.

> *Porque he venido para poner en disensión al hombre contra su padre, a la hija contra su madre, y a la nuera contra su suegra; y los enemigos del hombre serán los de su casa.*

La mayor parte de estos enemigos no son las propias personas sino las entidades que las poseen, con las cuales se identifican completamente a menudo y que, si se les permitiera, dividirían y conquistarían a toda la familia. Por eso el divorcio y la división es algo tan difundido, al intentar los caídos destruir las almas de mis pequeños igual que desean destruir la llama de la familia.

Comprended, pues, la Iniciación de la Puerta Sur y la Persona del Águila voladora que YO SOY. Comprended la misión de la Madre, mi contraparte, que como una loba protege a sus cachorros con la ardiente ira blanca de Dios.

Las cinco señales que siguen a los que creen en el Cordero y son bautizados en el Cordero son las señales de la aparición de la Mujer, la Mujer que es la novia del Espíritu Santo, la hija del Padre, la Madre del Hijo. De ahí que la capacidad del chela que está avanzando de echar fuera demonios, hablar nuevas lenguas, tomar serpientes, beber cualquier cosa mortífera e imponer manos sobre los enfermos en la puerta oeste dependa directamente de la interacción con la llama de la Madre y la llama de la Madre en el Gurú encarnado que está en la puerta sur.

La Virgen María se ha ofrecido como sacrificio vivo a mantener el equilibrio, para la vida y en la vida, de la intensidad de la llama de la Madre mientras lleva en su persona y en su Corazón Inmaculado el impulso acumulado anti-Madre de las hordas furiosas, que ven a la Madre venir y la menosprecian hasta la muerte. Estos que desprecian a la Madre son desencarnados despiadados y virulentos que han conseguido penetrar en la conciencia de aquellos que se consideran fervientes en los rituales de su religión. Sin embargo, gracias a un falso adoctrinamiento por parte de los falsos pastores, los que aún no han bebido toda la copa de Cristo experimentan una ansiedad y aprensión inexplicables ante los maestros ascendidos, los verdaderos instructores, y las verdaderas enseñanzas de Cristo, que ellos entregan a los devotos de la verdad.

¡Que se conozca la Verdad! Esta aprensión anormal no es sino el temblor de los demonios posesivos y las entidades familiares que temen el miedo supremo: su extinción por la luz ardiente y resplandeciente del Cordero en sus siervos.

Sin la acción del poderoso círculo y la espada del Elohim Astrea, la espada del Arcángel Miguel y Excálibur de El Morya, esos familiares bien intencionados, que de otra forma darían la bienvenida al Espíritu Santo en el fondo de su corazón, asumen a menudo la causa de los demonios furiosos y, en eso, pierden toda su credibilidad ante sus seres queridos en el Sendero debido a sus ataques de cólera y sus desvaríos. Queridos míos, esto sólo se puede explicar como el ataque de cólera de la Serpiente —no del alma— que quiere devorar a su poseído antes de ser ella la devorada por la Luz que se aproxima. Desgraciadamente, muchas almas inocentes se convierten en las víctimas inocentes del fuego cruzado de esta batalla de Armagedón, en medio de toda esta falta de conocimiento sobre quién es quién.

Con el cumplimiento de las profecías, «Y el hermano entregará a la muerte al hermano, y el padre al hijo; y los hijos se levantarán contra los padres, y los harán morir. Y seréis aborrecidos de todos por causa de mi nombre; mas el que persevere hasta el fin, éste será salvo», la voz sensata del Guardián de la Llama que se atreve a amar lo suficiente invoca la Palabra. Y por medio de la Palabra expulsa a los demonios atormentadores. Amados míos, sin este servicio prestado por unos pocos en beneficio de muchos, no le sería posible a la Gran Hermandad Blanca traer una era dorada, ni siquiera transferir esta enseñanza de corazón a corazón a los pueblos de este planeta.

Tan grande es el miedo de estos espíritus inmundos creados por los Luciferinos que sólo se les puede comparar con perros rabiosos o con jabalíes salvajes, huyendo en estampida hacia un final indefinido. Instantáneamente, en respuesta a vuestro llamado hecho en el nombre de Jesucristo a las huestes del Señor —principalmente al Arcángel Miguel y a la Poderosa Astrea—, decenas, centenares, miles y decenas de miles de tales demonios errantes son atados por los ángeles del SEÑOR y arrojados al lago de fuego, donde su forma y su ferocidad son consumidas totalmente, para no volver jamás.

Si os detenéis a considerar el estado de conciencia del cuerpo planetario, os daréis cuenta de que las condiciones de la Tierra se deben a formas y campos energéticos invisibles que llevan a hombres y mujeres, que de otra forma serían sensatos, hacia una locura inexplicable. Incluso los líderes de pueblos y naciones mueven sus fichas sobre el tablero de ajedrez internacional con un cálculo hacia la autodestrucción y hacia la destrucción de sus naciones. Tal toma de decisiones por parte de los ciegos guías de los ciegos sólo puede explicarse por la presencia de las sutilezas de los demonios obsesivos y posesivos.

La sagrada familia es la base de la vida en la Tierra y la clave del amor en niños bien adaptados, que no temen ni a los desafíos de vivir la vida abundante en esta octava, ni a su karma-dharma, ni a las bestias de presa astrales, ni a los diablos disfrazados. El amor a la familia es el amor hacia Dios en cada miembro, ocupando cada cual, con reverencia y honor, su cargo designado de Padre, Madre, hijo e hija.

Pero tened cuidado, al cuidar unos de otros, con no incurrir en el mesmerismo de la idolatría, donde el amor posesivo de las personas llega a ser mayor que vuestro amor hacia Cristo en los hijos e hijas de Dios puros. Porque esta es la prueba de la Cruz Rosa: «El que ama a padre o madre más que a mí, no es digno de mí; el que ama a hijo o hija más que a mí, no es digno de mí».

El honor de la lealtad del alma a la Verdad sólo puede ser sostenido dentro de la verdadera relación familiar, establecida sobre la roca de la voluntad de Dios en Cristo Jesús. Aunque él amó a los suyos como suyos y cumplió la ley de Moisés, encendió una llama para que la conciencia Divina expandida de la familia incluyera a los que hacen la voluntad de la Presencia YO SOY y, por tanto, excluyera a todos los que no hacen esa voluntad desde el círculo de responsabilidad de los discípulos:

La psicología de los demonios que también creen y tiemblan 231

> *Vienen después sus hermanos y su madre, y quedándose afuera, enviaron a llamarle.*
> *Y la gente que estaba sentada alrededor de él le dijo: Tu madre y tus hermanos están afuera, y te buscan.*
> *Él les respondió diciendo: ¿Quién es mi madre y mis hermanos?*
> *Y mirando a los que estaban sentados alrededor de él, dijo: He aquí mi madre y mis hermanos.*
> *Porque todo aquel que hace la voluntad de Dios, ése es mi hermano, y mi hermana, y mi madre.*

Hijos de la luz, si queréis levantaros para defender a vuestra nación, vuestra comunidad, vuestra familia y vuestra Individualidad, tomad la cruz del Rayo Rubí y proponeos, con toda la intensidad de vuestro ser consciente, contactar aquí y ahora a vuestra Individualidad supraconsciente, la amada Presencia YO SOY, y convertíos en quien realmente sois para que podáis pasar el resto de vuestra vida ayudando a las queridas almas de este querido planeta —siendo todas ellas vuestra querida familia— a que se conviertan en quien realmente son por libre albedrío, libres de las influencias de las bandas merodeadoras de seres oscuros que se hacen pasar por ángeles de luz. Recordad, oh, recordad las palabras que recibisteis para esta hora vuestra de decidir ser el Yo Real en medio de la irrealidad multiplicada:

> *Y el que no toma su cruz y sigue en pos de mí, no es digno de mí.*
> *El que halla su vida, la perderá; y el que pierde su vida por causa de mí, la hallará...*
> *Y cualquiera que dé a uno de estos pequeñitos un vaso de agua fría solamente, por cuanto es discípulo, de cierto os digo que no perderá su recompensa.*

La herencia del Reino de Dios no se encuentra en los lazos de la carne y la sangre, sino en los lazos de las almas que, en el amor, son el Cuerpo de Dios en la tierra. Así caminó él por el Sendero de la Cruz Rosa, no de la carne sino del Espíritu. Id y haced lo mismo.

Amados míos, no hay condición o circunstancia, por muy depravada o desalentadora que sea, que no pueda ser cambiada por Dios a través del santo vivo que sigue al Cordero por la vía de la entrega, el sacrificio, el servicio y la abnegación, siempre y cuando proceda con un corazón recto desde el amor del Espíritu Santo hacia las almas afligidas, sujetas en las garras mortíferas de diablos invisibles. Que los santos que comprenden la fuente de ese amor en el Cordero, y que se ven a sí mismos como extensiones de su Persona, se eleven hacia las dimensiones mayores de responsabilidad familiar y vayan a librar batalla por la vida de los hijos de Dios.

Soldados de Cristo, soldados de la Cruz Rubí, pido vuestro servicio bajo el estandarte de Maitreya al servicio más exigente y con mayor recompensa del Cordero.

En el nombre de Jesucristo y por el amor del enviado, yo digo: ¡Echad fuera demonios! ¡Expulsad a estos enemigos de la Luz de todos los hogares! Echadlos fuera del alma, la mente, la funda astral, fuera de la memoria y de los pliegues de la vestidura desgarrada del desconocido en vuestra puerta.

YO SOY

Sanat Kumara

Os leo una línea del libro de siete sellos:
«Servid al modesto, al humilde de corazón,
al enfermo y al pecador».

Véase Santiago 2:19; Lucas 4; 1 Pedro 3:4; Juan 3:1-8; Marcos 5:1-15; Mateo 10; Marcos 16:15-20; Apocalipsis 20:7-15; 21:3-8; Mateo 15:13-14; Marcos 3; 2 Corintios 11:13-15. Jesucristo echa fuera demonios: Mateo 4:23, 24; Mateo 8:16, 17; Marcos 1:32-34; Lucas 4:40, 41; Mateo 15:21-28; Marcos 7:24-30. El endemoniado ciego y sordo: Mateo 12:22-30; Marcos 3:22-30; Lucas 11:14-26. El endemoniado de Cafarnaúm: Marcos 1:23-28; Lucas 4:33-37. El muchacho endemoniado: Mateo 17:4-21; Marcos 9:14-29; Lucas 9:37-50. Un espíritu mudo: Mateo 9:32-35. El endemoniado gadareno: Mateo 8:28-34; Marcos 5:1-20; Lucas 8:26-40.

29

∞

Siete iniciaciones de los santos que siguen al Cordero

Amados del Cordero:

En mitad de la revelación de la Palabra y la apertura del libro de siete sellos, os he traído el mensaje del Señor Cristo pronunciado a «los once»[1] justo antes de que fuera «recibido arriba en el cielo», y se sentara «a la diestra de Dios». Este mensaje, hallado en el decimosexto capítulo del Evangelio de Marcos, aunque indefinido en su origen humano, es con toda seguridad de origen divino.

Y he aquí, el SEÑOR, el YO SOY EL QUE YO SOY encarnado en Jesucristo, regresó en el momento de su ascensión al gran trono blanco, a la Corte del Fuego Sagrado en medio de los veinticuatro ancianos, y al asiento de autoridad del Anciano de Días. Es la sede del gobierno Divino de las galaxias. Es la sede desde donde los hijos de Dios descienden y a donde ascienden en sus recorridos y misiones para los niños de Dios, esparcidos por las galaxias.

Localizada en el tiempo y el espacio, esta sede del orden jerárquico de los hijos de Dios y sus huestes celestiales es la Estrella Divina Sirio. Esta estrella de gran magnitud externa no es sino el signo del Sol interno detrás del sol y las coordenadas en este sector del cosmos del Gran Sol Central de todos los soles.

Sirio es, sin embargo, un punto de referencia. Es un punto que sirve para vuestra meditación sobre la conciencia Divina de las esferas. Porque en el núcleo de los centros estelares existe una ley de armonía que gobierna todo el cosmos. La meditación en esta ley y en la representación física de esta ley, específicamente en la Estrella Divina Sirio, supone un punto de conexión para las almas de la Tierra con hilos internos de luz y cordones que atan el alma a dimensiones superiores de conciencia cósmica animadas por los Elohim.

Por ello os aconsejamos, amados del Cordero, que en vuestra meditación vayáis de la manifestación externa de los principios universales a la comprensión interna del Vacío, del cual estos son signo y símbolo. La composición física de Sirio y su estrella binaria es como la de muchas otras estrellas. Cuando hablamos de la Estrella Divina, hablamos de un plano de conciencia donde la vida se ha acelerado hasta la perfección etérica y hasta las octavas de luz más allá de las frecuencias más elevadas, pero dentro del espectro de lo que se denomina Materia.

Los planos del cielo más allá de los planos del tiempo y el espacio son exaltados en la Estrella Divina a través de la conciencia Divina del inmenso ser conocido como Surya. Surya, el Gran Gurú, y su chela, el Maestro Ascendido Cuzco, son las divinidades que animan estos dos puntos de luz que se mueven como uno solo, como Alfa y Omega en una polaridad positiva-negativa.

Dentro de la escalera de caracol de los planos del cielo animados por ellos se le mostró a Enoc las bellezas y los misterios de una vida lejana, mucho más allá de la tierra, terrenal, a la que los hijos de Adán habían descendido. Enoc había descendido de la Estrella Divina, y a ella ascendió. Es el hogar estelar de los mensajeros y los avatares que han venido, todos ellos, a la Tierra llevando la luz de la Estrella (chakra) de la Madre para avivar los fuegos del Amor sobre los altares del corazón de las evoluciones de la Tierra.

¿Por qué os hablo de Sirio? Oh hijos míos, lo hago para que vuestras almas despierten al recuerdo del Anciano de Días y a nuestra unión en los dilatados milenios y en las fortalezas eternas del Todopoderoso. Poneros en contacto con la luz interna de Sirio es mi cargo. Como mediador de esa luz, soy el portador de consuelo a vuestras almas que se lamentan por la pérdida de la luz de la Madre y que ahora están preparadas para restablecer el lazo con el gran trono blanco, la sede de la Gran Hermandad Blanca desde donde descendisteis hace mucho tiempo.

Esta es la hora de la preparación para el ascenso. Desde la última vez que os escribí, antes del equinoccio de otoño, uno de entre vuestros miembros fue tomado por Dios en el ritual de la ascensión, bajo la vara de Serapis Bey, a la Corte del Fuego Sagrado. Amén. Un alma regresó al punto de origen divino.

Su ascenso es tejer una escalera de caracol, una escalera de luz desde vuestro corazón al corazón de la Estrella Divina. Y qué se ve, sino innumerables ángeles del Ser Sin Nombre ascendiendo y descendiendo por esta escalera de luz. Estos ángeles llevan vuestras meditaciones sobre la Madre, vuestras oraciones poderosas implorando al SEÑOR por la liberación y la salvación de su pueblo. Y los ángeles que descienden llevan la autoridad de la Palabra desde el cargo del Cordero que es digno.

Es aquí, en la Corte del Fuego Sagrado, que yo, el Anciano de Días, recibo a cada hijo e hija de Dios cuyo registro terrenal queda impreso como «Misión cumplida». De esta forma he recibido al Señor Jesús y a todas y cada una de las almas que han dominado el diseño interno de la vida mediante la aceleración hacia la llama Divina, que es el centro del diseño original y el origen de donde vino.

Os hablo de la ascensión y del poder de la ascensión. Porque dicha ascensión y dicho poder son para que afirméis la Palabra todos los días. Y poco a poco, la perfección de esa Palabra os devolverá, desde el Vacío de la Estrella Divina, vuestra propia ascensión en la luz. Y el poder que ello confiere es vuestro para que lo transfiráis a las luces menores de los universos.

Bien deberíais aclamar a la Maestra Ascendida Kristine, el nuevo nombre dado a Florence Jeanette Miller. Porque aclamando el nombre del elegido, dais un único paso —el paso indispensable— hacia el Ser Sin Nombre. Éste os conferirá algún día, amados míos (en un futuro no demasiado lejano, según se van desplegando los ciclos de la Vida), el nuevo nombre «que ningún hombre conoce salvo el que lo recibe», escrito en la piedra blanca que surge del núcleo ardiente de vuestra propia Presencia YO SOY.

El signo del hijo de Dios ascendente es el signo del regreso de vuestra alma a la llama de la Madre en la plenitud del tiempo y el espacio. Y, amados míos, cuando todas las iniciaciones del Rayo Rubí hayan sido cumplidas, ello se convierte en la señal para la apertura del Libro de la Vida de siete sellos: vuestra vida y vuestro registro de vida. Porque en el análisis final, sólo vosotros podéis abrir ese libro de siete sellos. Es el libro que contiene la ley de vuestro ser más íntimo —vosotros en el Hijo y en el Padre y en el Espíritu Santo—, vosotros realizando el evangelio de los tres y luego trazando, por medio de las idas y venidas de vuestra alma de aquí para allá y por todas partes en la Tierra, el evangelio cuadrangular.

Vuestra exteriorización de dicho evangelio día a día es vuestro Dharma, vuestro deber de ser vosotros mismos y el instrumento del Instructor y de la enseñanza, que es vuestro Ser Crístico Real. Este Dharma de la Individualidad realizado en el Instructor y la enseñanza es la piedra angular del plan divino de cada uno, la misma construcción de la Gran Pirámide de la Vida de cada uno. Lo que un iniciado haya hecho, todos los iniciados deberán hacerlo. Así, la Gran Pirámide de la vida, vuestra vida vivida en Dios, se basa en la Llama Trina del evangelio trino de la Trinidad, que vosotros, amados míos, demostráis para los hijos de Dios con todas las «señales consiguientes» del evangelio cuadrangular, manifestado por la Madre y el Maitreya en vosotros.

Deteneos por un momento, pues, en vuestro peregrinaje, vosotros que sois los portadores de la Cruz Rosa, y contemplad el misterio de la ascensión de vuestra compañera de trabajo y amiga, chela de El Morya a quien defiendo ahora como el ejemplo y la precursora en el Sendero del Rayo Rubí.

En las horas que transcurrieron desde la transición de su alma desde el plano físico hacia los planos etéricos, el 17 de septiembre, hasta su ascensión, el 20 de septiembre, la amada Florence fue recibida por Saint Germain, con Lanello y magníficos serafines que estaban a su lado en el Retiro del Royal Teton. Desde el mediodía del lunes hasta el amanecer del jueves, mientras la Madre y discípulos guardaban la vigilia al lado del sepulcro de la Materia, ella fue instruida por la Hermandad sobre el papel al que el Señor la había llamado que representara en el Sendero del Rayo Rubí, un ejemplo y una señal para los chelas de hoy en día y las generaciones venideras de la aceleración de la luz en el alma y sus cuatro vehículos externos.

Su sendero, durante muchos siglos, había sido el de la entrega, el sacrificio, el servicio y la abnegación, guiada por los maestros ascendidos bajo las cuatro fuerzas cósmicas. Viviendo siempre para la misión del Gurú y mis mensajeros, trascendió los modos y las manifestaciones terrenales. Su luz llenó las copas de la conciencia hasta rebosar, creando nuevas corrientes de inmersión en el amor de Cristo para todos los que siguieran las brisas de su ondulante vestido nupcial.

Lady Kristine —nombre que le dio Saint Germain en La Tourelle— fue llevada luego a la Cueva de los Símbolos donde, en compañía de los amados Rex, Nada, Bob y Pearl (la juventud maestra ascendida que recibió las iniciaciones para la ascensión bajo los auspicios del Gran Director Divino, Saint Germain, la Maestra Ascendida Leto y los mensajeros Godfre y Lotus en la década de 1930), estaba sentada (su alma, en sus vehículos etérico, mental y de sentimientos, mientras su vehículo físico yacía inconsciente en el hospital) en el acelerador atómico conocido como la silla de la ascensión.[2]

Por medio de este asombroso aparato inventado por Saint Germain, la llama de la ascensión pasa en espirales por los átomos, las células y las moléculas de las fundas y más fundas de la conciencia interna y externa, preparándola para el ritual del amor consumado por el cual el alma es desposada con el Espíritu en la ascensión propiamente dicha.

Esta luz que se intensifica en el alma, que es la sierva del Altísimo —habiendo saldado al menos el cincuenta y uno por ciento de su karma y habiendo concluido su ronda de encarnaciones terrenales— es esa *gracia* del Señor (el Cristo que es Gurú) por la cual las palabras y obras del chela son aceleradas más y más allá de la órbita terrestre y de las leyes de peso, densidad y gravitación atómicos, hasta que el alma se encuentre, como si dijéramos, «flotando libremente» en las octavas del Espíritu. Así, para los que se han ganado la ascensión, los maestros ascendidos proveen este y otros instrumentos magníficos para la implementación de la victoria.

Si esto suena demasiado fantástico, amados, más vale que sepáis que las muchas mansiones de la casa del Padre, que incluyen los retiros etéricos de la Gran Hermandad Blanca, contienen inventos incluso más fantásticos que afectan a todos los aspectos de la evolución de la vida en la Tierra y en cualquier otra parte. ¿No está escrito: «Cosas que ojo no vio, ni oído oyó, ni han subido en corazón de hombre, son las que Dios ha preparado para los que le aman»?

Cuando oigáis hablar de las cosas del Espíritu no convencionales, no ortodoxas, debéis considerar que incluso la *pneumatica*, los dones espirituales del Espíritu Santo, fueron en un tiempo desconocidos sin que se hubiera oído hablar de ellos, e incluso hoy es tema de burla. Por tanto, quizá podáis empezar a ver por qué el Señor ha ocultado estas cosas a los sabios y prudentes y las ha revelado a los niños.

La querida gente de este planeta ha caído en un surco del plano astral y del intelectualismo concreto tal, que casi cualquier enseñanza nueva referente a la vida después de la muerte y a la existencia en el plano etérico entre encarnaciones sucesivas del alma es considerada por muchos como falsa o sintética, sólo por ser algo nuevo. Sólo porque ellos nunca han oído hablar de ella. ¡Sólo porque «no está en la Biblia»!

Bien, damos gracias a Dios por tener una Mensajera que no es sólo un testigo ocular de estos eventos que tienen lugar en el plano etérico, sino que también tiene el valor de entregaros nuestros mensajes «tan, tan equivocados» ante el ridículo rápido y furioso de los cuervos que graznan sobre la cerca. Y damos gracias a Dios por tener chelas que saben lo que significa ser el recipiente del Señor.

Nuestros chelas son nuestras copas. Contienen nuestra certera palabra de profecía. Así, la antorcha que se pasa no se deja caer, y esta generación no llegará a perder el don más preciado de los avatares de las eras: La Continuidad de La Palabra.

Con la ascensión de Lady Kristine, el dicho que está escrito ha sucedido: «Entonces estarán dos en el campo; el uno será tomado, y el otro será dejado. Dos mujeres estarán moliendo en un molino; la una será tomada, y la otra será dejada». Y el que fue tomado no podía pasar al otro lado de la conciencia de Dios a no ser que el que fue dejado se quedara a este lado del río de la vida. Y el que fue dejado no podía permanecer en esta orilla a no ser que el que fue tomado cruzara el río de la vida hacia la otra orilla.

Y Juan Bautista fue tomado y Jesucristo fue dejado.[3] Y, poco a poco, el SEÑOR fue tomado y los apóstoles fueron dejados. Y luego ellos fueron tomados y vosotros, mis amados discípulos, fuisteis dejados —he aquí, estos dos mil años— para cumplir el evangelio cuadrangular, para predicar la Palabra viva hasta el año aceptable de la encarnación del SEÑOR en vosotros, corporalmente. Entonces, cuando él llegue a vosotros personalmente en el Segundo Advenimiento y cuando, en la Persona del Cristo, hayáis cumplido la predicación del evangelio en todo el mundo como testimonio para todas las naciones, entonces, y sólo entonces, llegará el final de la espiral de las encarnaciones de vuestra alma en la tierra, terrenal.

Esa hora se acerca para todos los que adoran al Rey de reyes mediante palabras y obras de amor y sólo amor. Este es el Sendero acelerado del Rayo Rubí que promete a todos la plenitud de la Vida ahora y en adelante, ciclos interminables de la Vida vividos universal y triunfalmente por siempre jamás.

Sí, vuestra amada Florence ascendió en presencia de nuestros dos testigos y de aquella compañía de ángeles de cuyo grupo había descendido hacía tanto para ir en busca de las ovejas descarriadas de la casa de su Padre. Ha regresado gloriosamente gratificada y beatificada con muchas ovejas en sus brazos. Podáis vosotros también hacer lo mismo, amados míos. Podáis tocar su vestidura para obtener fuerza y esperanza en la esencia de su santidad, y para conseguir una cercanía a vuestro Esposo celestial.

Por esta causa y para este fin os tomamos de la mano y os guiamos paso a paso. Esto es lo que hicimos con Lady Kristine. Y ahora ella, la patrona de Holanda, caminará con vosotros siguiendo los mismos pasos para vuestra victoria. Y el Cuerpo del SEÑOR como cuerpo de creyentes arriba y abajo está unido, fortificando a las almas y absteniéndose de los sentidos terrenales para la victoria de unos y otros.

Deleitándose en el amor de quien se ha convertido en esa Mujer vestida del Sol,[4] dando a luz a la conciencia Crística con la Madre del Mundo en todos sus hijos, volvamos con toda diligencia al tema que nos atañe:

Para poder definir y refinar para vosotros el profundo significado de mi Palabra hablada a través del Señor Jesucristo, ya os he llevado por siete entregas de luz en las *Perlas de Sabiduría*. No lo he hecho a modo de digresión de mi asunto, la apertura del séptimo sello, sino más bien para capacitaros para que cumpláis la ley del Cordero que es digno.

Hay dos mandamientos del Padre y el Hijo y cinco señales del Espíritu Santo que siguen a la palabra y obras de aquellos que los obedecen. Estas siete iniciaciones bajo la llama de la Madre están expuestas [en Marcos 16] en la advertencia final a los iniciados del Cordero que dio el Señor Jesús antes de su ascensión. La obediencia de aquellos discípulos que fueron dejados mientras él era tomado se observa en las señales prometidas que les acompañaron mientras predicaban por doquier.

Puesto que obedecieron el mandamiento de predicar la Palabra del Anciano de Días, puesto que creyeron en la Palabra encarnada —la encarnación real del YO SOY EL QUE YO SOY *como* el SEÑOR en Jesucristo— y fueron bautizados por la inmersión de la conciencia en el Padre y el Hijo y por la comunión en el cuerpo y la sangre de Alfa y Omega, fueron facultados por el

Espíritu Santo para echar fuera demonios por el Sagrado Nombre del Padre y del Hijo, como os he enseñado que hagáis cuando hagáis el Ritual de Exorcismo del SEÑOR.

Debéis cumplir cada uno de estos siete puntos de la ley de la Cristeidad individual bajo los siete chohanes de los rayos. Los chohanes están ungidos por mí para administrar estas iniciaciones a las evoluciones de la Tierra. Cada uno de ellos se ha convertido en el Cordero digno de abrir el libro de siete sellos y ha tomado dicho libro de mi mano derecha, siendo por ello facultado plenamente como Señor del Rayo –la encarnación de la Ley del Rayo– para vosotros, que aún estáis esforzándoos por entrar en la plenitud del núcleo de fuego blanco de cada uno de los siete rayos.

Someterse a estos siete hijos-siervos para recibir entrenamiento y pruebas en las leyes de la Cristeidad como preparación para el Segundo Advenimiento es evidencia de humildad y honestidad, que los ángeles registradores y el propio Señor Cristo nunca pasan por alto. Contrariamente, exigir que el SEÑOR de la viña baje hasta vosotros cuando ya ha enviado a sus siervos y a su Hijo es ignorar la cadena jerárquica que funciona como un muelle helicoidal.

Espiral a espiral la luz de la Divinidad os es transferida por emisarios del Altísimo, eminentemente cualificados para ocupar las espirales de la inmensa cadena de luz jerárquica, acelerando y desacelerando para acomodar la necesidades varias de las evoluciones del cosmos. Así como vosotros, amados míos, me representáis a mí y a mi cargo y a todo el linaje del Rayo Rubí ante aquellos que no saben nada de nosotros (de nuestro nombre, de nuestra Palabra, de nuestra vibración); así como aquellos que os reciben me reciben a mí (pues YO SOY en vosotros y vosotros estáis en mí), esto supone una iniciación clave para todos los que deseen acercarse al trono de gracia para recibir al enviado por el Maestro: su mensajero, su profeta, su testigo.

Los chohanes son esto. Ellos representan al Cristo en calidad de precursores. Cuando los recibís por su nombre y cargo, recibís la recompensa de su nombre y cargo, una cantidad real de la luz de su conciencia Crística que el SEÑOR les ha conferido. Y a través de ellos y de la proximidad que tienen con Él en el muelle helicoidal del cosmos, os encontráis tanto más cerca de vuestro Salvador personal.

De este modo, bajo El Morya os sometéis al ejercicio del poder de la Palabra, predicando el evangelio a toda criatura. Bajo el Señor Lanto, confiáis en la relación Gurú-chela y la obedecéis al creer y ser bautizados. Y bajo Pablo el Veneciano, aprendéis a encarnar esa medida de amor por la cual echáis fuera demonios en nombre del amor de Cristo, simplemente porque el amor acelerado del Rayo Rubí les resulta intolerable.

Ahora bien, este es un punto de la Gran Ley que debo desarrollar antes de hablar de la iniciación del cuarto rayo: los demonios no pueden asimilar el amor puro de Cristo como amor; por tanto, el amor los asimila a ellos. Este amor es el fuego omniconsumidor del Espíritu Santo que consume todo lo que no es como sí mismo. Los demonios funcionan bajo la ley de consumir o ser consumidos, destruir o ser destruidos. Dejad que me explique.

La única forma en que los demonios pueden conquistar el amor es volviéndolo odio, lo cual se manifiesta en el plano astral como redes y campos energéticos flotantes de odio y creación de odio dirigidos por los demonios hacia aquellos hijos de la luz en quienes habita la Trinidad y la llama de la Madre. Este amor perfecto —los demonios quieren tentaros para que lo cualifiquéis mal volviéndolo temor, ansiedad, dudas de vosotros mismos y dudas del Yo Superior (y los fantasmas de otros espectros)— es la fuerza y el campo energético liberador que el Todopoderoso ha puesto en movimiento para la liberación de todo cuanto tiene vida.

Este amor es la energía que fluye desde el Sagrado Corazón de los que se han convertido en el Cristo. Es la esencia vital de la luz del Hijo (aludido místicamente como «la sangre» y presente en el centrosoma de las células de la sangre). Es el elixir de vida eterna claro como el cristal que el Cristo confiere a sus discípulos en el ritual de la comunión.

Esta luz es codiciada por los demonios de la Muerte y el

Infierno que deben tenerla para poder conservar su existencia más allá del círculo de la Vida en el Padre y el Hijo. Por no tener nada del amor ni de la luz de Cristo en ellos, han de vampirizarlos de Sus hijos.

Este proceso es mucho más sutil que la actividad de monstruos como el popular conde Drácula o Frankenstein. Más bien es la penetración en la sociedad de perversiones mecanizadas del rayo del amor, desde la lujuria y la sensualidad, de alto precio y muy de moda, el rezumar de sexo no natural y no espiritual en todos los anuncios publicitarios estáticos y televisivos, las películas y la fotografía pornográfica (todo ello cautivando el ojo, la atención, por tanto la energía de la gente), hasta las depresiones de una existencia egocéntrica y las formas de música y arte que violan la ley universal del Dios de la Armonía, que es verdaderamente el Dios del Amor.

Os hablo así de Amor. Porque a menos que entendáis lo desesperados que están los demonios por convertir la energía del amor curativo de Cristo en su propia vibración anti-Luz, no apreciaréis la guerra que está teniendo lugar desde las orillas astrales hacia todo cuanto tiene vida: los animales, la vida vegetal y la Tierra misma.

En esta batalla de Armagedón participan los demonios y todos los adeptos del sendero de la izquierda, que emplean a los demonios para que hagan su «trabajo sucio» con el propósito expreso de robar la luz-energía-conciencia de Cristo (su sangre) en sus hijos y dirigirla contra ellos como la suprema derrota que es la muerte de esa alma que peca y no se arrepiente. Y a menudo, amados míos, las almas que no se arrepienten son aquellas que están atrapadas en el implacable agarre mortal de la fuerza siniestra y que han perdido la voluntad de vivir o de luchar o de comer o de respirar por lo debilitadas que están, debido a la pesada depresión y densidad con las que los demonios las abruman más, más y más, espiritual, moral, emocional, mental y físicamente.

Condiciones como las que prevalecen entre la juventud y

amplios segmentos de la población, a menudo por la adicción a las drogas, no requieren nada menos que liberadores Crísticos pertrechados con casco y escudo y con toda la armadura de Dios, acompañados por las legiones de la luz con sus llameantes espadas.

¿Veis ahora, queridos, por qué he destacado el echar fuera demonios en mi nombre? La Tierra ha sido invadida por los demonios del abismo sin fondo, que han pervertido el ritmo del Amor con la mecanización de moléculas sintéticas y con la sacudida del ritmo de la Vida, hasta que se ha convertido en el ritmo sacudido de la muerte, pervirtiendo la llama de la Madre bajo el ángel caído Abadón.

Todas las innumerables mecanizaciones de la vida, en la que una vez fue América la hermosa y la abundante, han convertido la alegría en la vida y la luz, para muchos que no tienen amarres en el amor de Cristo, en cenizas de autodesintegración. Para ellos —que Dios tenga misericordia— la profecía ha llegado a suceder: «Y en aquellos días los hombres buscarán la muerte, pero no la hallarán; y ansiarán morir, pero la muerte huirá de ellos».

Por ello, a vosotros que estáis librando la guerra de La Palabra contra las hordas astrales de demonios y discordias que contaminan la corriente principal de la vida y la llama del amor de América os digo: proteged el corazón como sede de la autoridad de Cristo en vosotros y proteged el flujo de la energía de Cristo, amorosamente; el Dios Armonía es la Espada y la Palabra con lo que conquistamos. Proteged el flujo, proteged el amor, proteged la luz, y la Tierra resistirá su noche oscura del alma para una gloriosa resurrección. Y esto es verdaderamente la señal del amor de Cristo en vosotros, que los demonios y su odio y creación de odio sean totalmente consumidos ante vuestra Presencia.

Las cinco señales del Espíritu Santo, de las cuales esta es la primera, son las señales de la maestría sobre vosotros mismos en los cinco rayos secretos, así como en el sendero de los rayos tercero, cuarto, quinto, sexto y séptimo. Los santos que sirven a la gran multitud en la puerta oeste están pasando por estas siete iniciaciones en las siete puertas simultáneamente [anotadas en los gráficos de las páginas 251-53].

Por tanto, la primera iniciación, predicar el evangelio a toda criatura, está bajo el cargo del Hombre a través de la Persona del Hijo Jesucristo en la puerta este. La segunda iniciación de creer y ser bautizados está bajo el cargo del León a través de la Persona del Padre, el Señor Maitreya, en la puerta norte. La tercera iniciación, la primera de las «señales consiguientes», está bajo el cargo del Becerro a través de la Persona del Espíritu Santo, Gautama Buda, en la puerta oeste.

Esta iniciación del Rayo Rubí da comienzo al despliegue de la estrella de cinco puntas, la señal de la venida del Hijo del hombre en vosotros. Continúa con la segunda señal en la puerta sur bajo el cargo del Águila voladora a través de la Persona de la Madre, y despliega la tercera señal en la puerta este, la cuarta en la norte y la quinta en la puerta oeste de la Ciudad Cuadrangular (en la esfera de la Materia), al ser esa ciudad el reflejo de la Nueva Jerusalén.

Los números del uno al siete [anotados en los gráficos] se refieren a los números de los siete rayos y los chakras que el SEÑOR en vosotros acelera, por la gracia de Dios, mientras pasáis por las iniciaciones dadas. La iniciación del octavo rayo es el regreso al punto de la Madre en la puerta sur. Cuando el ritual de unidad con el Cordero ha sido completado por el chela de La Gurú Ma, entonces el alma acelera sobre la espiral de la figura en forma de ocho mediante el ritual de la ascensión y es «recibida en el cielo» para sentarse a la derecha de Dios. Esa llama de la Madre, realizada en la relación Gurú-chela en la tierra y en el cielo, conduce siempre a la Estrella Divina, al gran trono blanco y a la identificación total con la Gran Hermandad Blanca.

La iniciación del noveno rayo es el regreso del maestro ascendido al punto del Hijo en la puerta este (en el Espíritu), donde ha llegado a ser el SEÑOR que ahora trabaja con sus discípulos encarnados que confirman la presencia de su Palabra en ellos por medio de las señales que les siguen (en la Materia) allá donde van con el Cordero.

Así, la Maestra Ascendida Kristine ha terminado la octava y ha comenzado la novena iniciación del Rayo Rubí, mientras los dos profetas sostenían el equilibrio por ella, la Madre en este lado del puente, el Padre en el otro. Este puente de la Vida es el estrecho sendero de iniciación por el cual el alma cruza el gran abismo entre los mundos permanente y no permanente.

La dispensación de los dos testigos que vienen en la hora de la gran reunión de los elegidos para la ascensión consiste en sostener el puente en suspensión hasta que los elegidos lo hayan cruzado. Esto es el equilibrio que nuestros mensajeros sostienen para vosotros y para todos los que sigan los ciclos del Rayo Rubí en la Tierra. Y vosotros, amados míos, estáis llamados por el Consejo de Darjeeling a sostener el equilibrio por el mundo y sus oleadas de vida, para que la plataforma para todos los niveles de evolución pueda ser conservada y el siguiente en la fila pueda acercarse al puente.

Ahora bien, vosotros que os preguntáis qué hacen los santos en el cielo, que vigilan por vosotros, podéis reflexionar sobre los servicios de Lady Kristine, cuyas actividades en el noveno rayo están muy mezcladas con las vuestras. Los maestros ascendidos que están en el noveno rayo son las coordenadas de los siervos encarnados del Cordero. Trabajan mejor y más ardientemente con aquellos que comprenden esta íntima interacción entre cielo y tierra a través de los iniciados de los grados y son recipientes gustosos, libres, voluntariosos para el «agua santa» de sus amados hermanos y hermanas.

A este mutuo servicio de amor que abarca las octavas y los años luz se alude como la mezcla de los velos nupciales. Cuando la novia de arriba arroja su ramo a la futura novia de abajo, se produce la concesión de la flor de lis —flor del Sagrado Corazón— por la cual el velo de la Virgen Cósmica será pasado a su debido tiempo a la «dama de honor».

Las siete iniciaciones registradas en el Evangelio de Marcos [16:15-18], al ser reveladas por el Padre, el Hijo y el Espíritu Santo a cada devoto del Rayo Rubí, revelan un sendero interno y otro externo, una manifestación Alfa y otra Omega. La iniciación Alfa se recibe en intercambio directo con el chohán del rayo en su retiro etérico. La Omega se recibe directa o indirectamente en el retiro externo de nuestra escuela de misterios por medio de nuestros mensajeros.

Los tres niveles de experiencia por los que pasa el alma en estas iniciaciones de la mente subconsciente, consciente y supraconsciente no siempre quedan registrados en la mente exterior del devoto, inmerso en el estudio y el servicio. La certeza de vuestra iniciación, amados míos, no yace en vuestro conocimiento externo o vuestra memoria externa, sino en ese conocimiento sobre uno mismo que sabe que uno está involucrado en el proceso de la vida que se convierte en Vida mediante la relación Gurú-chela, que uno está haciendo las cosas lo mejor que puede día a día, dejando el resto a Dios.

Vuestro ser es una esfera, sin embargo mantenéis una conciencia lineal. Los compartimentos de vuestros vehículos del pensamiento y el sentimiento no siempre son adecuados para contener todas los recuerdos de las idas y venidas de vuestra alma en las octavas de luz mientras lleváis a cabo vuestro «juego de roles» en la Tierra. Tampoco es necesario que examinéis cada migaja del maná celestial que debe ser asimilado por la conciencia allá donde estáis. Así, dependéis del mediador, vuestro Ser Crístico, para que guíe y guarde cada paso exterior como una clave para el logro interior. Los maestros ascendidos y sus mensajeros refuerzan la luz del Mediador en vuestra vida siempre y cuando confiéis en la Palabra viva.

Muchos de nuestros chelas están acelerando, incluso ahora, hacia una acción interna de la ley de su ser interior, más allá de cualquier nivel logrado anteriormente en esta u otras encarnaciones pasadas, porque habéis ponderado cuidadosamente y con gran profundidad espiritual mi Palabra en estas entregas. Y os lo habéis puesto como una vestidura que hay que llevar diariamente. Daos cuenta de que deseamos llevaros al punto de la maestría Divina en cada uno de los siete puntos de la Ley de forma que estéis serenos y preparados en la puerta oeste en la Materia, cumpliendo la Palabra en medio de la gran multitud mientras aceleráis los fuegos sagrados de la llama de la ascensión que están reservados para quienes hacen fila detrás del linaje del Rayo Rubí para recibir la iniciación del octavo rayo.

En preparación para la iniciación del octavo rayo, podéis saldar todo menos un siete por ciento de vuestro karma, como han hecho muchos avatares, y permanecer en la Tierra como un verdadero pastor de la gente durante décadas e incluso más tiempo, aun regresando en una encarnación posterior para cumplir totalmente el ideal del bodhisattva.

Una vez que toméis la iniciación del octavo rayo, vuestro encargo en el noveno rayo antes de la iniciación del décimo rayo del Cordero será servir al lado de los devotos encarnados hasta que vuestro cuerpo de luz de maestro ascendido esté tan mezclado con sus vehículos externos, que ellos puedan verdaderamente decir: «Yo y el Padre uno somos, yo y la Madre uno somos».

Hasta que todos los de vuestro rebaño que están llamados por la Ley sean escogidos por el Señor para comenzar la preparación para la iniciación del octavo rayo, no estaréis invitados a tomar la iniciación del Cordero ante el gran trono blanco. Porque debéis estar simultáneamente «en la tierra» en vuestros discípulos así como estáis «en el cielo» en vuestro Gurú para ser aptos para el cargo del Cordero, que es el mediador supremo de ambos. Y cuando hayáis alcanzado este nivel de mediador en el Cristo Cósmico, quedan los pasos de iniciación que van desde el decimoprimero hasta el decimocuarto, los cuales realizaréis por medio de la interacción continua con las oleadas de vida de los universos Espíritu-Materia, a quienes es vuestro Dharma animar con el Instructor y la enseñanza.

Mi mensaje sobre la apertura del séptimo sello, pues, no pretende ser otra expiación indirecta por la cual yo o mis siete chohanes abriríamos el Libro de la Vida por vosotros. Antes, toda nuestra instrucción tiene el propósito del Señor Dios

Siete iniciaciones de los santos que siguen al Cordero 249

Todopoderoso de daros un núcleo de luz sobre el que meditar y, finalmente, en el que convertiros, de forma que podáis, amados míos, ser con los hijos de Dios en Sirio el Cordero que es digno de tomar el libro de siete sellos de mi mano y abrirlo.

¿Querríais tomaros un ciclo de siete días para revisar todo lo anterior en estas *Perlas de Sabiduría* y meditar diariamente en la Estrella Divina, usando el llamado apremiante al amado Surya en el Gran Sol Central que dicté a vuestro Mensajero Mark L. Prophet para este mismo momento en que deberíais dar un salto en conciencia hacia la luz fohática de Sirio?

YO SOY el Señor de la Vida y del Rayo Rubí para los santos en el Tierra que permanecen y siguen permaneciendo como los coordinadores de los santos del cielo y de la luz de mundos lejanos. En la sede de autoridad de la Gran Hermandad Blanca, me siento en el gran trono blanco con los veinticuatro ancianos y los consejos de los hijos de Dios que ocupan el cargo del Cordero.

YO SOY

Sanat Kumara

Por la Llama Trina en todo cuanto tiene Vida
YO SOY el que juzga a las doce tribus de Israel

Véase Marcos 16; 1 Corintios 15:47; Apocalipsis 5; 2:17; Juan 14:2; 1 Corintios 2; Mateo 11:25; 24:36-41; 24:14; 10:5, 6; 15:24; 18:12-14; 21:33-44; 10:40-42; Juan 6:29; Hebreos 6:20; Efesios 6:10-20; Apocalipsis 9:1-12; 14:1-5; Juan 10:30.

Amado Surya

Amada, poderosa y victoriosa Presencia de Dios, YO SOY en mí, mi amado Santo Ser Crístico, Santos Seres Crísticos de toda la humanidad, amado Surya, legiones de fuego blanco y de relámpago azul provenientes de Sirio, amado Lanello, todo el Espíritu de la Gran Hermandad Blanca y la Madre del Mundo, vida elemental, ¡fuego, aire, agua y tierra! En vuestro nombre, por y mediante el poder magnético de la inmortal y victoriosa llama trina de la verdad en mi corazón y en el corazón de Dios en el Gran Sol Central, yo decreto:

1. ¡Brillantes tus cintas fluyen del sol
De llama azul y diamantina luz!
¡Sereno y puro es tu amor,
Desde Dios en las alturas, Santo resplandor!

Estribillo: ¡Ven, ven, ven, Surya amado,
En tu llama los temores quedan disipados;
Danos a todos seguridad y defensa
En el manto y los lazos de la Pureza,
Destella y destella tu llama en mí
Libre mantenme por siempre aquí!

2. ¡Querido Surya, amado Ser
Del Sol Central poderoso ven,
En nombre de Dios, a ti te invocamos:
Asume el control de todas las cosas!

3. ¡Vienes del gran corazón de Dios,
Sirviendo ahora para nuestra unión,
Sabiduría y honor tú nos traes,
Haciendo que todas las almas canten!

4. ¡Querido Surya, amado Ser,
Teje ahora con nuestra Fe
Invencible vestidura de victoria dorada,
Para guardar por siempre el triunfo del alma!

¡Y con plena fe acepto conscientemente que esto se manifieste, se manifieste, se manifieste (3x) aquí y ahora mismo con pleno poder, eternamente sostenido, omnipotentemente activo, siempre expandiéndose y abarcando el mundo hasta que todos hayan ascendido completamente en la luz y sean libres! ¡Amado YO SOY, amado YO SOY, amado YO SOY!

Siete Iniciaciones de los Santos Que Siguen al Cordero Marcos 16:14-20

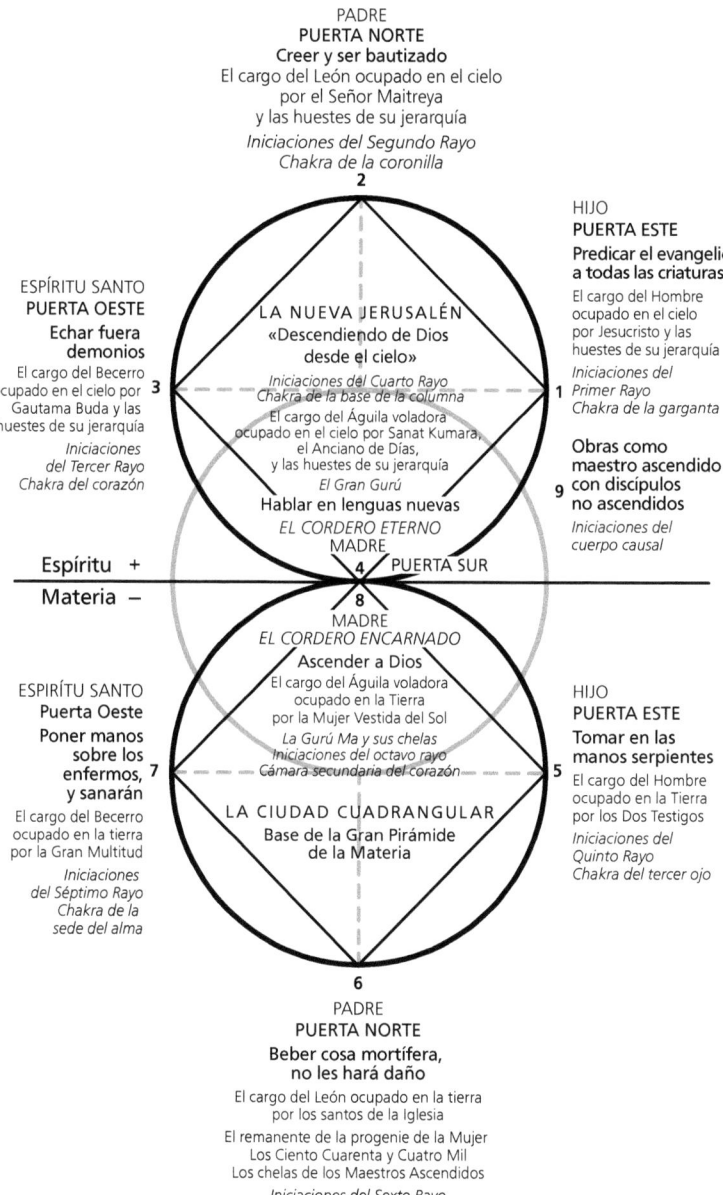

N.B.: Los números del 1 al 8 que se hacen en la Invocación de la Presencia de la Jerarquía del Rayo Rubí y el Juicio del Gran Trono Blanco del Anciano de Días (en el *Ritual del Exorcismo del SEÑOR*, véase páginas 209-211) son comparables con los números de esta gráfica, y deberían compararse para una mayor comprensión sobre los impostores de la jerarquía del Rayo Rubí y sus posiciones en las ocho puertas de la Nueva Jerusalén y la Ciudad Cuadrangular.

Siete Iniciaciones de los Santos que Siguen al Cordero
Marcos 16:14-20

		1	**El poder de la Palabra** Y les dijo: 1. Id por todo el mundo y predicad el evangelio a toda criatura. *(Véase páginas 123-192)*
	los dos mandamientos	2	**La sabiduría de la Palabra** 2. El que creyere y fuere bautizado, será salvo; mas el que no creyere, será condenado. *(Véase páginas 174, 175, 185-192)*
la Palabra y la Obra de la Mujer y su progenie		3	**El amor de la Palabra** Y estas señales seguirán a los que creen: 1. En mi nombre echarán fuera demonios; *(Véase páginas 193-232)*
		4	**La pureza de fuego blanco de la Palabra** 2. hablarán nuevas lenguas; *(Véase página 254, a continuación)*
	las cinco señales	5	**La ciencia y la verdad de la Palabra** 3. tomarán en las manos serpientes;
		6	**La ministración y el servicio de la Palabra** 4. y si bebieren cosa mortífera, no les hará daño;
		7	**La alquimia de la Palabra** 5. sobre los enfermos pondrán sus manos, y sanarán.
La Palabra y la Obra de quien desea ser Cordero		8	**La integración de la Palabra** Y el Señor, después que les habló, fue recibido arriba en el cielo, y se sentó a la diestra de Dios.
		9	**Las señales de la Palabra** Y ellos, saliendo, predicaron en todas partes, ayudándoles el Señor y confirmando la palabra con las señales que la seguían. Amén

ESPÍRITU / MATERIA (entre 3 y 4)

MATERIA / ESPÍRITU (entre 7 y 8)

Finalmente se apareció a «los once» mismos, estando ellos sentados a la mesa, y les reprochó su incredulidad y dureza de corazón, porque no habían creído a los que le habían visto resucitado.

1	**Iniciación de la puerta este: el primer rayo, el Hijo.** El discípulo del Señor solicita esta iniciación bajo el cargo del Hombre a través de la Persona del Hijo en Jesucristo para la aceleración del chakra de la garganta, logrando y demostrando maestría sobre sí mismo en el primer rayo.	iniciaciones de la Llama Trina de la Trinidad
2	**Iniciación de la puerta norte: el segundo rayo, el Padre.** El discípulo del Señor solicita esta iniciación bajo el cargo del León a través de la Persona del Padre en el Señor Maitreya para la aceleración del chakra de la coronilla, logrando y demostrando maestría sobre sí mismo en el segundo rayo.	
3	**Iniciación de la puerta oeste: el tercer rayo, el Espíritu Santo.** El discípulo del Señor solicita esta iniciación bajo el cargo del Becerro a través de la Persona del Espíritu Santo en Gautama Buda para la aceleración del chakra del corazón, logrando y demostrando maestría sobre sí mismo en el tercer rayo.	

ESPÍRITU
MATERIA

4	**Iniciación de la puerta sur: el cuarto rayo, la Madre.** El discípulo del Señor solicita esta iniciación bajo el cargo del Águila voladora a través de la Persona de la Madre en el Cordero Eterno, Sanat Kumara, para la aceleración del chakra de la base de la columna, logrando y demostrando maestría sobre sí mismo en el cuarto rayo.	iniciaciones de la cristalización de la llama Divina en el alma en la Materia
5	**Iniciación de la puerta este: el quinto rayo, el Hijo.** El discípulo del Señor solicita esta iniciación bajo el cargo del Hombre a través de la Persona del Hijo en Jesucristo en apoyo a la misión de los dos testigos para la aceleración del chakra del tercer ojo, logrando y demostrando maestría sobre sí mismo en el quinto rayo.	
6	**Iniciación de la puerta norte: el sexto rayo, el Padre.** El discípulo del Señor solicita esta iniciación bajo el cargo del León a través de la Persona del Padre en el Señor Maitreya en apoyo a la misión de los santos, chelas de los maestros ascendidos, para la aceleración del chakra del plexo solar, logrando y demostrando maestría sobre sí mismo en el sexto rayo.	
7	**Iniciación de la puerta oeste: el séptimo rayo, el Espíritu Santo.** El discípulo del Señor solicita esta iniciación bajo el cargo del Becerro a través de la Persona del Espíritu Santo en el Señor Gautama Buda en apoyo a la misión de la gran multitud para la aceleración del chakra de la sede del alma, logrando y demostrando maestría sobre sí mismo en el séptimo rayo.	

MATERIA
ESPÍRITU

8	**Iniciación de la puerta sur: el octavo rayo, la Madre.** El discípulo del Señor solicita esta iniciación bajo el cargo del Águila voladora a través de la Persona de la Madre en el Cordero Encarnado en apoyo a la misión de La Gurú Ma y sus chelas para la aceleración de la cámara secundaria del corazón (cámara secreta del corazón), logrando y demostrando maestría sobre sí mismo en el octavo rayo.	iniciaciones para la aceleración del alma hacia el Espíritu vivo para bendición de toda la vida en la tierra y en el cielo
9	**Iniciación de la puerta este: el noveno rayo, el Hijo.** El discípulo que se ha unido al Señor solicita esta iniciación bajo el cargo del Hombre a través de la Persona del Hijo en Jesucristo para la aceleración del poder de la Palabra («Toda potestad me es dada en el cielo y en la tierra») en el Cuerpo Causal, logrando y demostrando maestría sobre sí mismo en el noveno rayo.	

30

Las lenguas nuevas del Espíritu Santo

Cuando llegó el día de Pentecostés, estaban todos unánimes juntos.

Y de repente vino del cielo un estruendo como de un viento recio que soplaba, el cual llenó toda la casa donde estaban sentados;

y se les aparecieron lenguas hendidas como de fuego, asentándose sobre cada uno de ellos.

Y fueron todos llenos del Espíritu Santo, y comenzaron a hablar en otras lenguas, según el Espíritu les daba que hablasen.

HECHOS 2

A los santos del Cordero que han venido a hacer la Voluntad de Dios:

Habiendo aceptado los mandamientos de predicar el evangelio a toda criatura, de creer y ser bautizados y de echar fuera demonios, llegamos a la segunda señal que ciertamente seguirá a aquellos que creen (que meditan sobre mi Palabra día y noche): «Hablarán lenguas nuevas».

Verdaderamente, hablar nuevas lenguas es un don del Espíritu Santo que se concede mediante iniciación a las almas que buscan ardientemente la Palabra viva en la predicación de su evangelio y que creen y son bautizadas diariamente por medio de la meditación y la inmersión en el Padre vivo del Cordero. Las señales del Espíritu, de las cuales ésta es la segunda, debéis desearlas con todo vuestro corazón; tanto, que vuestro templo es cedido al Espíritu Santo para que sea su morada para siempre.

El Espíritu Santo es la Persona de la Deidad que viene a vosotros como el Consolador de la Vida. Y tanto si se os aparece

Las lenguas nuevas del Espíritu Santo

en los personajes de los hijos siervos de Dios —los maestros ascendidos de la Gran Hermandad Blanca— como en el ímpetu de un poderoso viento, en el trueno y el relámpago, en las lenguas hendidas de fuego o como la gentil paloma de la paz, el Espíritu Santo es el Amigo de todos los que son amigos del Padre en el Hijo y del Hijo en el Padre.

El selle de los siervos de Dios en sus frentes se realiza por el Espíritu Santo. Y los votos sagrados del comulgante ante el altar del Altísimo se hacen a este mismo Espíritu Santo y a través de él. Aquellos que deseen hablar nuevas lenguas deben comprender los elementos de la búsqueda del Espíritu del SEÑOR, el intenso esfuerzo del chela del Gurú, que sólo puede explicarse por el alma que arde con el santo fervor del Espíritu del SEÑOR.

Han tocado el borde de la vestidura del Consolador. Están entrando en el bautismo de fuego. Hora tras hora, los chelas de la voluntad de Dios comulgan con la Palabra. Entonan la Palabra y sienten el flujo del fuego sagrado pasando impetuosamente por sus templos. Para ellos, Pentecostés no es un día sino una vida en la que experimentar, momento a momento, la infusión de fuego de este Espíritu Santo.

Ellos comprenden el don supremo de hablar nuevas lenguas al ser concedido para la cristalización de la Palabra de Dios desde el cosmos Espiritual al cosmos Material. Su celebración de la Palabra se puede oír cuando pronuncian de forma magistral el mantra de la Madre. Se oye en el sonido insonoro de la cámara secreta del corazón donde el alma del devoto comulga —por medio de la agencia del Espíritu Santo— con el Señor Cristo mismo, que entra ahí e inicia los ciclos de una Llama Trina en expansión.

Verdaderamente, el alma, nacida de nuevo por el Espíritu, anuncia por ese Espíritu que Jesucristo es la encarnación de la Presencia YO SOY y del Ser Crístico de cada cual. Y los que tienen el testimonio de Jesucristo gracias al verdadero Espíritu de profecía que está sobre los mensajeros son los que dan testimonio de él. Y con la nueva lengua del fuego sagrado vencen al dragón por la Palabra —la Palabra sagrada más afilada que una espada de doble filo— de su testimonio.

Los iniciados de la voluntad de Dios aprenden a precipitar esa voluntad por medio de la ciencia de la Palabra Hablada. Buscan las iniciaciones del Señor del Primer Rayo, las iniciaciones del chakra de la garganta, por lo cual se les ha conferido *la lengua nueva*. Así como se han quitado el hombre viejo y se han puesto el nuevo, renaciendo a través del Ser Crístico individual, se están quitando la vieja lengua con su «mal que no puede ser frenado, llena de veneno mortal», como dijo Santiago, que bendice a Dios mientras condena a los hombres hechos a su semejanza. Estos devotos se están ganando la nueva lengua, merecedores de ser el instrumento de la bendición y alabanza del Señor hacia todo cuanto tiene vida.

La nueva lengua que transfiere el Maestro El Morya se consigue por devoción al diamante en el centro del torbellino del Espíritu del Señor. Ese diamante es el punto de la mente universal de Dios, que es bajado a la manifestación en el principio y en el fin de la Palabra. Del Alfa a la Omega de la Palabra, los discípulos de la voluntad de Dios entonan el cántico de amor. Su ofrenda sobre el altar es la invocación del fuego que se envuelve a sí mismo, el fuego del corazón de su propio Sol Central del Ser.

Ellos afirman la Palabra con decretos dinámicos. Hacen fíats intensos a la llama violeta transmutadora. Oran fervientemente para que el poder de Dios entre en el cáliz del ser para la curación de las naciones. Hacen esto con una seguridad absoluta en la ley cósmica. Esta es la ley por la cual el Logos, a través de la geometría de la Palabra hablada, entra e impregna el ser del hombre que es la manifestación de Dios, como arriba, así abajo. Así, por medio del ritual de la Ciencia de la Palabra Hablada, los seguidores del Cordero hablarán con una nueva lengua la lengua de los ángeles.

El don original de hablar en lenguas angélicas se daba a los iniciados del Espíritu Santo para la transferencia de luz desde el

Creador a la creación. Esta glosolalia no es exclusiva de los primeros cristianos, sino que ha sido la suerte de los devotos ardientes de la llama de la Madre, del YO SOY EL QUE YO SOY (YHVH), allá donde el Esplendor Viviente ha manifestado su Presencia en la larga historia de la intercesión del SEÑOR entre sus pueblos con los que tenía alianza.

Por el Espíritu Santo, las huestes angélicas han entregado mensajes de Dios Padre y de Dios Hijo en sus lenguas angélicas peculiares. El propósito de tales dictados por el Espíritu Santo —que transfieren la Palabra de los serafines, los querubines, los arcángeles y varios órdenes de la jerarquía angelical que prestan servicio en los siete rayos— ha sido desacelerar ciertas frecuencias de la Palabra para el cuerpo terrestre y sus evoluciones a través del instrumento de la Palabra. La comunidad de creyentes que rodea al instrumento (aquel que posee el verdadero don de hablar en lenguas angélicas) sirve como electrodo para afianzar y sostener la luz entregada a través del elegido.

A menos que el instrumento también tenga el don de interpretación de lenguas angélicas, pudiera estar hablando de los misterios del Grial sin comprender él mismo dichos misterios. Sin embargo, el recipiente da servicio a la Palabra misma y éste es bendecido por ello. Porque la pronunciación de la Palabra dentro del cuerpo colectivo de la Iglesia transfiere la energía del fóhat desde el Espíritu Santo para realizar la obra del SEÑOR en medio de su pueblo elegido, ya sea la del Creador, la del Conservador o la del Destructor (Consumidor) de mundos del interior y mundos del exterior.

Los mensajeros de Dios que son portadores de estos dones del Espíritu hablan en lenguas angélicas y simultáneamente interpretan dichas lenguas. Y a menudo, la Palabra que YO SOY les llega desde el gran trono blanco a través de muchas espirales de lenguas angélicas, desde las de los siete santos Kumaras y los poderosos Elohim hasta las de los siete arcángeles, y de ahí a la entrega de la Palabra en el lenguaje comprensible para los oidores de la misma.

Cada vez que el mensaje del Anciano de Días es traducido mediante las varias lenguas de la jerarquía, transmite la energía y vibración únicas de esa lengua. Y todas ellas, colectivamente, acumulativamente, manifiestan el gran poder, la gran sabiduría y el gran amor atestiguado por los chelas de nuestros mensajeros en los dictados de las huestes del Señor, entregados por el Espíritu Santo a través de ellos.

Las primeras razas raíz de Lemuria hablaban la Palabra pura de la Madre proveniente de las lenguas de los siete rayos que les legaron los arcángeles de esos rayos. El sonido mismo de esas lenguas angélicas, resonando en los éteres y cristalizándose en la Materia, mantuvo la cultura de la Madre Divina entre sus hijos durante las tres primeras eras de oro de la antigua historia de la Tierra.

La confusión de las lenguas durante la construcción de Babel, por el juicio de Amor pronunciado por el Arcángel del Tercer Rayo, fue la señal de Dios de que Él no permitiría que la lengua pura de la Palabra se utilizara en la profanación de dicha Palabra. Por tanto, el juicio se manifestó como la confusión de las lenguas angélicas originales al no poder comunicar más las personas unas a otras sus vibraciones negativas en la lengua de vibración superior de la Palabra. Y los idiomas de la Tierra y sus usos por parte de un pueblo acosado por el karma y rebelde se alejaron más y más del sonido original de la Palabra.

Por la densidad de sus corazones, una densidad cada vez más grosera, las personas perdieron la sintonía con la Palabra original por medio del Ser Crístico individual. Perdieron el sonido de la Trinidad que hace sonar en el corazón el acorde del Padre, del Hijo y del Espíritu Santo en la Llama Trina equilibrada. Este acorde de la Trinidad —la canción de cuna del Espíritu para el alma— se convirtió en el acorde perdido de la Palabra que una vez se oyó como el perpetuo sonido de Dios en el oído interno, consolando perpetuamente a la vida.

Algunas de las lenguas que habla la gente de la Tierra actualmente están tan alejadas de la Palabra original de la lengua an-

Las lenguas nuevas del Espíritu Santo 259

gélica, que son inadecuadas para la transmisión de la luz. Por esta razón, el Maestro Ascendido Saint Germain eligió el idioma inglés para entregar las enseñanzas de la Palabra sobre la Presencia YO SOY. Por la misma razón, los dictados de los maestros ascendidos, entregados a través de nuestros mensajeros durante los últimos cincuenta años, también han sido entregados en lengua inglesa.

Considerando que actualmente existen numerosas lenguas rezagadas así como lenguas de los ángeles caídos, cuyos lenguajes comprensiblemente son también lenguajes caídos, la Gran Hermandad Blanca desea que el inglés se convierta en el segundo idioma de todos los países. Porque la nueva lengua de los decretos dinámicos hablada al unísono por corazones de luz de todo el mundo, precipitará con certeza un impulso acumulado arrollador que revertirá la marea de la oscuridad y traerá la era de oro, esperada desde hace tanto, de paz, libertad, iluminación y amor universal.

Algunas personas que son sensibles al plano astral han oído sonidos como un parloteo entre chimpancés, descrito por el profeta como espíritus familiares y como hechiceros [miembros de la falsa jerarquía que alternan entre el plano físico y el astral] que «espían y murmuran». Lo llamamos parloteos de demonios. Y de esto, lo más bajo son los gruñidos y refunfuños de los diablos que resuenan desde los niveles más bajos de las fosas subterráneas del plano astral. Contrastad esta manifestación con los coros de ángeles cantando aleluyas en un tono perfecto y una pronunciación perfecta de la Palabra, y veréis qué inmensos son los grados y qué amplia es la dinámica (así como la degradación) del Espíritu Santo.

Tal como sea la conciencia Crística del individuo, así será su maestría de la Palabra, su entrega de la Palabra y su capacidad de transferir el fuego sagrado de la Palabra para que cumpla su propósito Divinamente ordenado. Toda obra del Señor que él se haya propuesto realizar en el cielo y en la tierra se cumple por la Palabra hablada del Hijo, a través de la agencia del Espíritu

Santo. Por tanto, cualquier cargo de los hijos siervos de la Divinidad posee una manifestación única de la Palabra.

Isaías vio el *nombre* del Señor, YO SOY EL QUE YO SOY, viniendo de lejos, con el ardor de su ira, ese fuego blanco omniconsumidor de la «ira» de las deidades «iracundas» provenientes de Oriente. Isaías lo describió: sus labios llenos de indignación, su lengua como un fuego consumidor y su aliento como un torrente que inunda. Es claro que observó a la Persona del Señor emitiendo el juicio con el chakra de la garganta, con el centro de poder, con la denuncia del mal y de la progenie del maligno, con la glorificación de la luz que hace «oír su potente voz… con la llama de fuego consumidor».

Él vio que mediante la voz del Señor los enemigos asirios de Judá serían derrotados. Vio el aliento del Señor, el aliento de fuego sagrado del Espíritu Santo, como una corriente de azufre inflamando toda la creación humana que era una amenaza y una burla hacia la creación divina. Es claro que estas visiones lo son de la alquimia del Espíritu Santo emitida para la transmutación de todo el velo de energía por medio de la Palabra hablada de Sus hijos, moviéndose como uno solo en el cielo y en la tierra.

Cuando el Señor Dios envió a Jeremías a que fuera el instrumento del juicio a Judá, el Señor dijo a su profeta escogido: «Porque dijeron esta palabra, he aquí yo pongo mis palabras en tu boca por fuego, y a este pueblo por leña, y los consumirá». Y esto, amados míos, también es hablar nuevas lenguas con lo cual la Palabra se manifiesta en vosotros y a través de vosotros. Y el fuego sagrado de la Palabra es una ofensa para aquellos que ofenden a Dios, y es la defensa para los corderos indefensos que, aunque están indefensos, defienden su Palabra con amor y sólo amor.

El sacerdocio de la orden de Melquisedec recitaba la Palabra en el ritual de la celebración de la Creación una y otra vez. Los cantos gregorianos, el Padre Nuestro y el Ave María, los cánticos de los jainistas, los mantras de los hindúes y los budistas, todo ello son reminiscencias de los templos de Lemuria y la Atlántida, donde sacerdotes y sacerdotisas cuidaban la llama de la Madre con la ciencia de la Palabra.

Aprendieron a expresar esa Palabra a través de los siete chakras. Sus envolturas etéricas se veían como emitiendo siete corrientes de luz por los siete chakras. Y en los momentos de su mayor manifestación de la Luz, sus cuerpos enteros estaban llenos del arco iris del Cuerpo Causal acelerándose, girando, moviéndose en espiral por esos siete chakras.

Con el uso de ciertos sonidos vocálicos, en combinación con las consonantes de la Palabra, los siete rayos convergían en el chakra de la garganta y pasaban por él para la cristalización no sólo de la llama que ardía en el altar, sino de templos y pirámides y todos los avíos de la vida. El recuerdo de la antigua precipitación por parte de los miembros del sacerdocio y de los adeptos en las artes del templo ha sobrevivido hasta el presente.

Incluso la aceptación del misterio de la Sagrada Eucaristía en la celebración de la Comunión, como la precipitación real del cuerpo y la sangre de Cristo, proviene del recuerdo subconsciente de la transferencia de las llamas gemelas del Espíritu Santo por parte del sacerdocio original de Melquisedec. Este Alfa y Omega de las espirales positiva y negativa del Tao siempre es inherente a las precipitaciones del Gurú como «el cuerpo y la sangre», ya sea en el pan y el vino, ya sea en los panes y los peces o en cualquier otro de los denominados milagros que entrañan la transformación de la Materia según el Todo original.

Amados, percibo que estáis empezando a comprender que buscar el don de hablar nuevas lenguas tiene muchas ramificaciones. Permitidme que os diga que la más notable de ellas es que habléis el lenguaje universal del Amor. Pues esta es la nueva lengua que yo he traído a la Tierra en mi servicio como bodhisattva, como Buda, como el bello Cristo.

El lenguaje del Amor es el lenguaje del corazón por el cual sois facultados por el Espíritu Santo del linaje del Rayo Rubí para transferir la comprensión de las preciadas Enseñanzas de los Maestros Ascendidos a todo el mundo, a todos los niveles de comprensión, a todos los estados de conciencia. Este hacer la verdad llana es hacer rectos sus caminos. Y la puerta estrecha hacia Dios es el ascenso del alma, por medio de la meditación del Ser Crístico individual, al tres-en-uno del Sanctasanctórum dentro de su propia Divinidad.

Es la lengua de los sabios lo que doy libremente a mis devotos «para saber hablar palabras al cansado». Sí, yo, el Señor Dios en la persona de Sanat Kumara, despierto mañana tras mañana vuestro oído para que oigáis como los sabios. Abriré vuestro oído, amados míos, si no sois rebeldes contra mi Espíritu Santo, si no afligís mi venida permitiendo que el velo de energía mal cualificada cubra el chakra del corazón o los chakras de la vida.

Sí, a vosotros que confiáis en mi nombre y que permanecéis sobre vuestra poderosa Presencia YO SOY cuando sois confrontados por el Adversario, que desea confundiros y luchar con vosotros, sí, a vosotros que no sofocáis mi Espíritu por desobediencia a mi ley, os entregaré la lengua de los sabios, los siete santos Kumaras, y os daré la nueva lengua por la cual, amados míos, entregaréis a las evoluciones de los siete rayos y a todas las evoluciones de la Tierra las verdaderas enseñanzas del Señor Cristo de todos los maestros ascendidos.

Esta es mi promesa, amados, y estas son las condiciones de mi promesa para vosotros. No son difíciles de sobrellevar. No erréis. Seguidme, y os llevaré, mediante el sonido de la Palabra, al Vacío, y os traeré de regreso, para que podáis tener y conocer ese sentido de medida de la vida; vosotros, el alma en la Tierra, entonando la Palabra, la misma Palabra que simultáneamente es pronunciada en el centro del Sol Central de la Estrella Divina Sirio.

Por esa Palabra, somos uno. Por esa Palabra, sois las lenguas hendidas de fuego indivisas. Y así cantáis con el Señor Jesucristo: «YO SOY en la tierra, así como YO SOY en el cielo», para que donde YO SOY, vosotros podáis estar también; para que donde vosotros estéis, yo también pueda estar. Os imploro, amados míos, que entonéis la Palabra de día y de noche. Porque por la Palabra y sólo por la Palabra somos uno.

En el nombre del Padre, y del Hijo, y del Espíritu Santo. Amén.

YO SOY

Sanat Kumara

de La Palabra de Dios

Véase Hechos 2; Marcos 16:14-20; Juan 14; Apocalipsis 4:5; 6:1; 8:5; 11:19;14:2; 16:18; 19:6; Mateo 3:16; Apocalipsis 7:1-8; 19:10; 12; Hebreos 4:12; Efesios 4:1-24; Santiago 3; Ezequiel 1:4; Génesis 11:1-9; Isaías 8:19-22; 30:27-33; Jeremías 5:10-18; Mateo 3:1-3; 7:13, 14; Isaías 50.

31

El mandamiento de la Palabra y la revocación de sus usos ilícitos

Y voló hacia mí uno de los serafines, teniendo en su mano un carbón encendido, tomado del altar con unas tenazas;

y tocando con él sobre mi boca, dijo: He aquí que esto tocó tus labios, y es quitada tu culpa, y limpio tu pecado.

ISAÍAS 6

Determinarás asimismo una cosa, y te será firme, Y sobre tus caminos resplandecerá luz. JOB 22

A los amantes de la llama de la pureza, ¡amados!

Consciente de vuestra preparación para la iniciación de desatar la lengua por la cual esta se convertirá en la lengua del Señor, he implorado a los serafines de Dios que habitan en el esplendor ardiente de su amor, y en cuyo interior habita ese Espíritu ardiente, a que vayan a mis chelas del Rayo Rubí por los sistemas de mundos. A que vayan con la luz que limpia y purifica del Espíritu Santo de forma que el amor, el amor eterno, pueda ser exaltado como puntos diamantinos de pureza, como una individualidad que ha sido dispuesta para ser el vórtice en la Materia del fuego que se envuelve a sí mismo; que envuelve en sí todo lo que es distinto a sí mismo para la resolución de los mundos del interior y del exterior.

Que los serafines de luz blanca deslumbrante estén donde vosotros estáis, amados míos. Porque deseo contemplaros como estrellas en el firmamento de mí ser, hasta el final de la tierra, terrenal.

El mandamiento de la Palabra y la revocación de sus usos ilícitos 265

Un sabio dijo un día: «La muerte y la vida están en poder de la lengua, y el que la ama comerá de sus frutos». El poder de la lengua es el poder de la Palabra hablada, y a aquellos que aman ese poder se les devolverá, por la Ley del Círculo, los usos y abusos que hayan hecho de ese poder.

Hablando nuevas lenguas, el devoto acepta las complejidades de la Palabra. Oye el OM AH HUM de los electrones cuando pasan por los núcleos de los centros solares. Oye el OM MANI PADME HUM de las moléculas de luz. Y este oír en el oído interno el Sonido sin sonido es traducido por el Espíritu Santo como la pronunciación del decreto divino del Creador que resuena eternamente en la creación.

La Palabra que Él pronunció y con la que partió el pan de vida como la ofrenda del Cordero y de la esposa del Cordero es la Palabra que resuena, que no conoce límites, que sin embargo es, dentro de la creación, el Sostenedor de la aprobación divina: «Este, este es mi Hijo amado, en quien YO SOY el que tiene complacencia».

La Palabra que estaba con el Creador en el principio aún está con la creación en el fin. La Palabra que salió es el Conservador de la vida desde el centro solar hasta la circunferencia de la Materia, del hombre y de la molécula.

El debate de la física y la metafísica, ¿es la Materia real o irreal?, es altamente especulativo y muy falso. Nosotros decimos, ¡por supuesto que no es real! ¡Por supuesto que es real! La Palabra es real y YO SOY real dentro de la Palabra. Y el Señor Dios Todopoderoso, al dividir la Palabra, ha producido coordenadas infinitesimales de tiempo y espacio para manifestar una infinitud de forma y no forma con lo cual vestir y acariciar al alma desnuda en sus viajes de Dios a Dios.

Esta Palabra de la cual fueron y son creadas todas las cosas y criaturas no es ni Materia ni no Materia, sino sustancia, si me lo permitís, esencia de la Mente cristalizada en universos nacidos y no nacidos; esencia de la Mente, digo, que parece carne y sangre, tecnología y el Tao, flores y gotas de lluvia y risa y llanto.

Todo esto contiene la Palabra no oída por oídos mortales, hasta que la Palabra que yo oigo se convierte en la Palabra que vosotros oís con oídos inmortales. El sonido del viento pasando impetuoso por la altas hierbas y los pinos ha de ser para vosotros la vivificación del recuerdo del alma del sonido de la Palabra de Dios: «¡Hágase la luz! ¡Hágase la luz! ¡Hágase la luz!», pasando impetuosamente por el espacio santificado de las esferas de la Materia. Y la respuesta año tras año: «¡Y hubo luz! ¡Y hubo luz! ¡Y hubo luz!».

Esta Palabra que oigo, que vosotros podéis oír en la cámara secreta del corazón mientras sois instruidos por el linaje del Rayo Rubí y los siete chohanes, tiene su origen en el núcleo Padre-Madre de la Vida y tiene su fin en el Hijo y los centros solares de todo cuanto tiene vida. La Palabra es el amor del Uno que se divide a sí mismo para poder convertirse en muchos hijos, para que los hijos puedan regresar al Uno. Comprended, pues, que la Palabra ya es. Y lo que es, es. Y todo lo que es, es la manifestación Materna de la Palabra. Y el ES ESTÁ en el desvelo de la llama de la Madre (ISIS).*

La iniciación de desatar la lengua, por tanto, es el momento en que la Palabra que es, es pronunciada por el SEÑOR a través del centro de la garganta. Y el poder de la Palabra hablada es el poder del Espíritu Santo que ha hecho su morada en vuestro templo para entregar el decreto divino procedente del dinamismo de la vida misma. Sí, verdaderamente, amados míos, la lengua nueva hablada a través de vosotros por el SEÑOR, cuando vuestra alma por libre albedrío es arrebatada en la Presencia del SEÑOR, incluye el perpetuo, penetrante y más poderoso flujo de las aguas cristalinas de la vida.

Este río puro es vuestra corriente de vida que fluye desde vuestra amada Presencia YO SOY a través del mediador de vuestra Palabra, el bendito Ser Crístico, hasta la fuente trina de amor, sabiduría y poder que burbujea de alegría en vuestro corazón. De esta fuente del corazón brota la Palabra hablada tan pura como el corazón puro de Dios. Así, amados míos, el decreto dinámico

---

En inglés tanto 'es' como 'está' se dice *is,* de ahí *ISIS* (nota del traductor).

es la consumación del amor de Dios hacia vosotros emitido por medio de la nueva lengua que es del SEÑOR.

Los que aman el poder de la Palabra porque es la gracia de Dios comen el fruto de ese poder y de esa Palabra. Y el deseo de su corazón, unido al corazón de Dios, se expresa como el mandamiento de la Palabra. Percibiendo esa voluntad de Dios aceptable, el hombre eleva su voz hacia el SEÑOR como afirmación de dicha voluntad. Tal como el SEÑOR ordena que la esencia de la Mente se manifieste como hombre y molécula de luz, el alma que vive en el SEÑOR y en la que el SEÑOR vive hace resonar el mandamiento del Creador dentro de la creación.

Han oído al Santo de Israel, mi bendito nombre, y a su Formador, decir: «Preguntadme de las cosas por venir; mandadme acerca de mis hijos, y acerca de la obra de mis manos. Yo hice la tierra, y creé sobre ella al hombre. Yo, mis manos, extendieron los cielos, y a todo su ejército mandé. Por tanto, ¡mandadme! Y en mi nombre mandad a mis huestes a que hagan mi voluntad y que cumplan mi conciencia en la tierra como en el cielo.

»Yo os desperté, amados míos, en justicia, en el correcto uso de la ley de la Palabra. Enderezaré todos vuestros caminos. Y edificaréis mi ciudad, la ciudadela de mi conciencia en la Comunidad del Espíritu Santo, nación a nación. Y soltaréis mis cautivos en toda nación; no por precio ni por dones, sino por el amor, el eterno amor de la Palabra que he colocado en el corazón de mis hijos como la señal de mi venida», dice el SEÑOR de los Ejércitos.[1]

El poder de la Palabra es conocido también por la progenie del maligno. Los archiengañadores que Enoc os dio a conocer como los Vigilantes y su creación sin Dios eran los enemigos de David. Él, el ungido del SEÑOR, se dirigía a mí y a las huestes celestiales continuamente con respecto a la persecución que sufrían los hijos de Dios por parte de la progenie del Maligno, que abusaba del poder de la Palabra para destruir y volver desolados los lugares de mis hijos.

Clamaba, diciendo: «Líbrame, oh SEÑOR, del hombre malo

(los descendientes de Lucifer y sus ángeles caídos), guárdame de los hombres violentos, los cuales maquinan males en el corazón, cada día urden contiendas. Aguzaron su lengua como la serpiente (como la progenie del despojador, el seguidor de Satán cuyo nombre era Serpiente, el mismo que sedujo a Eva); veneno de áspid hay debajo de sus labios. Guárdame, oh SEÑOR, de manos del impío (los Vigilantes); líbrame de hombres injuriosos, que han pensado trastornar mis pasos.

»Me han escondido lazo y cuerdas los soberbios (luciferinos, por su lengua mentirosa y el impulso acumulado del Mentiroso; por su difamación de la Palabra en tus hijos; y sus mentiras se han convertido en una malevolencia en medio de tu pueblo), han tendido red de malinterpretación de la Palabra en la senda; me han puesto lazos que son todos distorsiones de la Palabra.

»Dios mío eres tú. Escucha, oh SEÑOR, la voz de mis ruegos.

»Oh Elohim, el YO SOY EL QUE YO SOY, tú que eres la fuerza de mi salvación a través del poder de tu Palabra hablada, has sellado mi conciencia Crística y los centros sagrados de mi ser el día de la batalla de los Vigilantes contra la Palabra de Dios y contra los ejércitos del cielo. No concedas, oh amada Presencia YO SOY, que las ansias de los malvados, que ellos han pronunciado como maldiciones violentas contra el Padre, el Hijo, el Espíritu Santo y la Madre puedan extender su proyecto maligno, no sea que se exalten en su abuso del poder de tu Palabra.

»Que la maldad de sus labios, su abuso malévolo de tu Palabra sagrada, cubra su cabeza. Que caigan sobre ellos brasas de su maldad; que sean echados en el fuego de su propia ira y en abismos profundos de su perversión del fuego sagrado. El hombre deslenguado no será firme en la tierra; el mal que se ha producido como el velo de energía cazará al hombre injusto para derribarle»[2].

Todo eso fue la palabra que David me dirigió, pues su alma comprendía el fruto que los malignos comerán: el fruto de sus abusos del poder de la lengua. David conocía la ley de causa y efecto. Sabía que la maldad de los malignos debe regresar, en última instancia, a sus puertas. Su oración hacia mí era para

El mandamiento de la Palabra y la revocación de sus usos ilícitos 269

salvar a los hijos justos de Dios de los estragos de los malignos y su uso maligno de la lengua.

Él conocía la ley que decreta que deben afrontar el karma de sus malos actos. Me imploraba día y noche para que la ley pudiera acelerar el regreso de ese karma, para que el juicio profetizado de los Vigilantes pudiera tener lugar en ciclos acelerados, acortando así los días para los elegidos de Dios; los días de guerra y dolor y pestilencia y hambruna, los días del Ciclo Oscuro, cuando la balanza en la mano del tercer jinete del Apocalipsis significa que el abuso de la Palabra por parte de la progenie de los malignos en su manipulación de la ley de la vida abundante ha causado que las tinieblas cubran la Tierra, y la oscuridad las naciones.

Pues aunque el SEÑOR DIOS no ha destruido completamente la progenie de los malignos de la Tierra —pues su tiempo no ha llegado totalmente y su presencia en la Tierra es karma de los hijos de Dios, que han seguido la maldad de sus caminos—, sin embargo, el SEÑOR ha dado a sus hijos e hijas el poder de la Palabra para invocar el juicio del Señor Cristo. Porque su presencia en medio de la gente es lo que acelera el regreso del mal sobre el hacedor del mal, exigiendo así la responsabilidad por los actos cometidos contra la Luz.

Cuando no llamáis pidiendo el juicio de los Vigilantes y su progenie, entonces los hijos de Dios llevan en sus cuerpos y en sus almas la carga de la oscuridad, la enfermedad y la muerte que los malignos, que han afilado sus lenguas como una serpiente, han enviado. Por ello los hijos de la luz deben ser enseñados Divinamente no sólo para dar la orden de la Palabra, sino para revocar los malos usos del decreto dinámico que a veces de forma ignorante, pero muchas veces de forma maliciosa, hacen los chelas falsos de los gurús falsos.

El reciente ejemplo de abuso del poder de la lengua por parte de miles de iraníes gritando eslóganes de odio y creación de odio, «¡Muerte a América! ¡Muerte a Carter! ¡Muerte al Sha!», es un ejemplo clarísimo del decreto de la Palabra utilizado para implementar el deseo de muerte. El karma por esta mala conducta es enorme puesto que este veneno de áspid regresa a los labios que lo enviaron. Primero se manifiesta como tosquedad de corazón, una insensibilidad creciente hacia la vida y, finalmente, la muerte, a menudo por cataclismo, cuando la misma muerte y destrucción que han invocado regresa como ascuas ardientes sobre sus cabezas.

Cuando este odio y creación de odio no es detenido con el uso lícito de la Palabra, como yo os he enseñado, puede causar la muerte psíquica y psicotrónica de sus víctimas. ¿Es esto justicia Divina? Amados, yo os pregunto, ¿vais a quedaros ahí viendo una injusticia así remplazar la llama de la justicia Divina en la Tierra?

Tales decretos de muerte no están justificados por el hecho de que una persona o personas, o una nación entera, hayan actuado injustamente. Ni el Hijo de Dios ni el niño de Dios tiene derecho a decretar la muerte, la destrucción o la enfermedad para otra parte de la vida, incluso sobre la progenie de los malignos, incluso cuando han perjudicado a cientos o a millones de personas. Pero la gente tiene la absoluta responsabilidad Divina de revertir la marea de la energía negativa que golpea la ciudadela de la conciencia y la Comunidad del Espíritu Santo con la furia del huracán y el fuego infernal de demonios que, por supuesto, cabalgan sobre los traicioneros torrentes de estas tempestades de venganza y vituperación.

Revertir la marea del odio y la creación de odio no sólo es lícito, sino que para el que está al otro lado recibiendo tales maldiciones mortales, puede ser una cuestión de vida o muerte el comprender y aplicar este aspecto de la ciencia de la Palabra. Al condenar cientos de miles de iraníes a muerte al Sha con el poder de la lengua, podéis ver el efecto de esta mala utilización de la Palabra en la desintegración de su cuerpo debido a una malicia que se ha precipitado convirtiéndose en una maldad.

Amados, yo no digo que el Sha sea bueno o malo, ni si es de Cristo o de Belial, sino que digo que tiene el derecho divino, pues Dios protege ese derecho para todos —para los ángeles caídos así como para los justos hijos de Dios— de forma que demuestren la ley y sean reprobados por la ley, para que experimenten con el uso de la energía de la Palabra y aprendan, por la ley del karma, los efectos de causas buenas y malas puestas en movimiento.

Sí, podéis revertir la marea de todas las flechas de energía ultrajante y errónea que podáis encontrar ante vuestra puerta, pero no podéis tomar la ley en vuestras manos, ni tampoco el juicio. Porque la conclusión del asunto corresponde al SEÑOR y sus emisarios, los maestros ascendidos. Y la propia ley, inexorable como el círculo de la Vida, realizará su obra perfecta.

A los chelas de los maestros ascendidos doy la autoridad de ser la presencia de la Palabra de juicio. Que esa presencia y esa Palabra emita la luz del juicio a través de vosotros, pero procurad no adelantaros a la Palabra ni impedir el juicio. Porque Dios y sólo Dios es Creador, Conservador y Destructor de mundos interiores y mundos exteriores.

YO SOY el que está con vosotros cuando dais el grito de la victoria y la vida victoriosa, cuando afirmáis el bien y negáis el mal, dejando que vuestro hablar en el templo sea «sí, sí y no, no». YO SOY el que está con vosotros cuando desafiáis a los demonios que han invadido el templo de la gente; los demonios, impostores del Espíritu Santo y de los verdaderos Gurús y los verdaderos chelas, que hablan con una lengua desenfrenada la cual es el instrumento del deseo desenfrenado. YO SOY el que está con vosotros cuando desafiáis a los enemigos del SEÑOR DIOS Todopoderoso que han tomado en sus propias manos aquella venganza que pertenece al SEÑOR. Porque él ha dicho: «Mía es la venganza; yo pagaré».

El regreso de la energía de las obras buenas y malas funciona como un mecanismo de precisión por todos los ciclos de las galaxias. Y las palabras y obras buenas y malas regresarán a la puerta del Sha, y a la de todos, sin la interferencia ni la intercesión de los impostores del Espíritu Santo, que se establecen a sí mismos como mensajeros de Dios e instruyen a la gente en los caminos de la magia negra, lo cual, si continúa, destruirá con certeza no sólo sus cuerpos sino también sus almas.

Así desenmascarados por el ojo omnividente de Dios, los que vienen con el motivo ulterior de destruir las almas de la gente en el infierno, cuando ellos se presentan como liberadores del mal, son considerados como los destructores que desean destruir a la gente mezclándola en el sendero de la izquierda de los caídos.

Aquellos que quisieran dejar que sus lenguas sean el instrumento del deseo del Espíritu Santo así como del Padre y del Hijo, tomen la lengua como el instrumento del fuego sagrado de la Madre. Porque el poder de la Palabra es el fundamento para los demás dones del Espíritu Santo, la Palabra de sabiduría y la Palabra de ciencia, y la fe que mueve montañas mediante la Palabra hablada, y los dones de curación que vienen por la autoridad de la Palabra de Cristo, y los milagros que se manifiestan por la alquimia de la Palabra, y la profecía que ofrece edificación, exhortación y el consuelo mediante el poder de la Palabra, y el discernimiento de espíritus mediante la afilada espada que procede de la boca del Fiel y Verdadero.

Sí, que todas las lenguas y la interpretación de lenguas sean del Espíritu Santo así como la llama de la Madre en vosotros es siempre la pura corriente de pureza que implementa la voluntad del Padre, la sabiduría del Hijo y el amor del Espíritu Santo.

Ahora, amados míos, con la iniciación del cuarto rayo transmitida por mi hijo Serapis, que es el Cordero digno, estableced las bases en la puerta sur bajo el Águila voladora, el Cordero eterno que se manifiesta a través del Cordero encarnado. Estableced las bases para la iniciación del octavo rayo. Pues cada palabra que pronunciéis, cualificando el cuarto rayo de la pureza, regresará a vosotros en el nexo de la Vida. Por tanto, elegid este día con vuestra Palabra vivir en la Vida.

Así se construye la espiral de la ascensión desde la base de la pirámide, con la Palabra hablada. Y ningún hombre, mujer o niño puede entrar en el ritual de la ascensión sin el don de hablar la nueva lengua del Espíritu.

Así, que vuestra oración sea la oración del alma que dijo: «Sean gratos los dichos de mi boca y la meditación de mi corazón delante de ti, oh Señor, roca mía, y redentor mío».

YO SOY
Sanat Kumara

Permanezco con Justinius, Capitán de las Huestes Seráficas, y con las legiones de serafines esperando el llamado de todos mis hijos que quieran purificar su palabra y ser purificados por la Palabra viva.

Véase Hechos 2; Ezequiel 1:4; 1 Corintios 15:45-49; Proverbios 18:21; Juan 6; Mateo 3:17; 17:5; Juan 1:1-3; Génesis 1:1-5; Mateo 24:1-22; Apocalipsis 6:5, 6; Isaías 60:1, 2; 2 Corintios 1:17-20; Mateo 5:37; Santiago 5:12; Romanos 12:19; 1 Corintios 12; Mateo 17:20; Apocalipsis 19:11-21; Salmos 19:14.

32

∞

Tomar en las manos serpientes

El que a vosotros oye, a mí me oye; y el que a vosotros desecha, a mí me desecha; y el que me desecha a mí, desecha al que me envió.

Volvieron los setenta con gozo, diciendo: SEÑOR, aun los demonios se nos sujetan en tu nombre.

Y les dijo: Yo veía a Satanás caer del cielo como un rayo.

He aquí os doy potestad de hollar serpientes y escorpiones, y sobre toda fuerza del enemigo, y nada os dañará.

Pero no os regocijéis de que los espíritus se os sujetan, sino regocijaos de que vuestros nombres están escritos en los cielos.

LUCAS 10

Amados seguidores del Cordero en permanente subida al monte Sion:

YO SOY el que prepara vuestra conciencia para la apertura de los siete sellos del libro que sostengo en mi mano derecha, el libro que está escrito por delante y por detrás, sellado con siete sellos.

La pregunta del ángel poderoso de voz fuerte ha de recibir respuesta en todas las eras: «¿Quién es digno de abrir el libro y desatar sus sellos?». Vengo a establecer a los dignos en la dignidad del Cordero por medio del sendero de la autoestima del Yo.

El sendero de la autoestima puesta en el Yo es el sendero de los iniciados del Rayo Rubí. Ahora proclamo a las huestes de los siete santos Kumaras:

«¡Establecedlo!
En el corazón de la Tierra, en el corazón de la Madre, en el corazón de Maitreya Gurú sentado en el loto dorado

en el centro de la comunidad de mis discípulos.
¡Establecedlo!
Según crecen las avenidas cósmicas
y fluyen los ríos rubí:
¡Establecedlo como arriba, así abajo!».

Ahora, que los de paso firme aprendan a tomar en las manos serpientes
por el Rayo Rubí del Compasivo,
por la luz penetrante del día de iluminación
que emana del corazón del Hermoso,
por el esplendor del Brillante,
por la voluntad indomable del Sanctasanctórum,
por el inextinguible fuego sagrado del Dios del Sol.

Nuestra historia comienza en el frío y la lluvia, al lado de un fuego, en la isla de Malta, en medio de la gente que recibía al náufrago Pablo y sus compañeros con no poca amabilidad. El propio Pablo había reunido un manojo de leña y la había puesto en el fuego; y ahí, del calor, salió una víbora y le mordió la mano.

Los bárbaros, al ver al animal venenoso colgando de la mano de Pablo, siendo supersticiosos, se dijeron: «Ciertamente este hombre es homicida, a quien, escapado del mar, la justicia no deja vivir». Pero Pablo, el amado, facultado por el Espíritu Santo, se deshizo del animal echándolo al fuego y no resultó herido. Y los bárbaros, viendo que no le sobrevenía ningún daño, cambiaron de parecer y dijeron que era un dios.

Y Pablo, hospedado con Publio, puso sus manos sobre el padre de este que yacía enfermo de la sangre, con fiebre, y le curó por el Espíritu Santo. Y otros de la isla que tenían enfermedades acudieron al amado apóstol y fueron curados por la imposición de manos, porque el Señor Jesucristo y el ángel de Dios estaban a su lado.

Por tanto, que se sepa y se publique entre vosotros que las señales que siguen a la gente de Dios que predica el Evangelio Eterno en todas partes son confirmadas por la Palabra encarnada en el ascendido Señor Jesucristo a través del Espíritu Santo sellado en y a través de vuestros miembros por los ángeles de Dios y los emisarios del Altísimo. Esta obra es la obra de la comunión de los santos vestidos de blanco que se mueven en vosotros, a través de vosotros y entre vosotros. Es la empresa cooperativa de los miembros del cuerpo de Dios que son la Gran Hermandad Blanca arriba y abajo.

Esta obra es la gran aventura de los iniciados del Hijo del Hombre, el León de Dios, el Becerro sacrificial del Espíritu Santo y la poderosa Águila de la veta Madre de Sirio. Esta obra es la obra de manos visibles e invisibles, millones de manos extendidas hacia Dios y hacia los necesitados, manos unidas en oración, manos trabajando incansablemente en la labor sagrada de la viña del SEÑOR.

Cuando la mano del SEÑOR está sobre vosotros, amados míos, ello es la gracia de la autoestima de su Yo y su bienaventuranza hacia los dignos. La mano del SEÑOR se manifiesta ahora en y a través de las muchas manos de las huestes celestiales que se extienden hasta la Tierra como ayuda hasta el final, para que nuestros siervos elegidos puedan acabar el misterio de Dios y establecer el Santo Grial como arquetipo de la verdadera individualidad en la Tierra.

Ahora tened ánimo y que os dé aliento el gran valor de aquellos que os han precedido. Reclamad el manto del apóstol Pablo, que espera vuestra llegada en la puerta este de la Ciudad Cuadrangular donde él es el Cordero digno de abrir el libro reservado a los iniciados del quinto rayo. Prestando servicio con los dos testigos, ellos dan testimonio de la Verdad para que la mentira original de Serpiente y todos los mentirosos que le han seguido pueda ser tragada por el cetro de Moisés, por el juicio del Hijo de Dios, por el fuego sagrado del Espíritu Santo y por la Luz de la Mujer vestida del Sol.

Cuando los setenta a quienes el SEÑOR había enviado de dos en dos regresaron ante su rostro con alegría, diciendo: «SEÑOR, aun los demonios se nos sujetan en tu nombre», él les dijo: «Yo

Tomar en las manos serpientes

veía a Satanás caer del cielo como un rayo. Por tanto, porque habéis permanecido y aún permanecéis en la alegría de la voluntad de Dios ante el Enemigo de sus huestes, mirad, yo os doy potestad de hollar serpientes y escorpiones, y sobre toda fuerza del Enemigo, y nada os dañará. Pero no os regocijéis de que los espíritus se os sujetan, sino regocijaos de que vuestros nombres están escritos en los cielos».

Esta iniciación del quinto rayo, la de tomar en las manos serpientes, es la apertura del ojo de Dios en el alma, para que viendo la verdadera imagen y semejanza de Dios el alma pueda atar la antiimagen difundida por Serpiente. En el momento del paso Divinamente victorioso de sus discípulos a través de las escenas de Serpiente hacia la visión Divina de mi nombre, mi trono y mi autoridad, Jesús se regocijó en el Espíritu de la Gran Hermandad Blanca y en el linaje del Rayo Rubí, orando al Todopoderoso: «Yo te alabo, oh Padre, SEÑOR del cielo y de la tierra, porque ocultaste estas cosas a los sabios y entendidos, y las has revelado a los niños. Sí, Padre, porque así te agradó».

Por medio de esta vista transmitida a los otros setenta a través de Elohim, el ojo omnividente de Dios estaba en medio de ellos como el orbe de luz pulsante cuyos rayos brillantes cristalizaron la espada de la Verdad contra la cual Serpiente y su progenie no pudieron permanecer. Así, por esa espada de su Palabra sagrada por la cual dieron testimonio del Señor Jesucristo, Satanás cayó de su fortaleza donde se había colocado, en el chakra del tercer ojo de los hijos de Dios.

Amados míos, comprended que la caída de Satanás y de Serpiente «del cielo como un rayo» ocurre cada vez que dais testimonio de la Palabra, predicáis la Palabra, enseñáis la Palabra y os convertís en la Palabra. Esta exposición de la Verdad a través de los corazones de los seres llameantes encarnados en la Tierra es el desenmascaramiento instantáneo del Mentiroso y su mentira. En esto tratamos con la Verdad viva, cuya prueba es siempre la vida abundante en la vida de los santos de la Iglesia Universal y Triunfante.

El Error y las doctrinas erróneas de Serpiente y su progenie en la Iglesia y el Estado es lo que debéis tomar en las manos y desenmascarar para que todos vean la carencia de poder de las bestias venenosas y su bestialidad antes de arrojarlas al fuego sagrado del amor omniconsumidor de Dios. Aquí se halla vuestra iniciación bajo el Salvador del Mundo y su apóstol ungido. Y aquí, por el ojo omnividente de Dios, está la cristalización de la Ciudad Cuadrangular por la cual construís el verdadero cimiento de la Gran Pirámide de la Materia.

Esta es la tercera de las cinco señales confirmadas por la Palabra en todos los que obedecen los dos mandamientos de predicar el Evangelio Eterno y de creer y ser bautizados. A través de la tercera señal, los caídos que se han establecido en la esfera de la Materia son desplazados para que los hijos e hijas de Dios puedan ocupar el cargo del verdadero Cristo y el verdadero profeta. Sirviendo en el quinto rayo en la puerta este, reciben el encargo de Dios de ir delante de los santos (que ocupan la puerta norte de la esfera de la Materia) y de la gran multitud (que ocupa la puerta oeste de la esfera de la Materia), conduciéndolos hacia el Templo de la Ascensión (la iniciación del octavo rayo en la puerta sur de la esfera de la Materia). [Véase gráfico en la página 251.]

Ahora ha llegado la hora de tomar en las manos estas *serpientes* que son los *siervos* caídos de Dios. Porque se han unido entre ellos por un juramento de sangre ante Satanás (es la sangre de los santos inocentes), para no arrepentirse jamás de sus actos, para eterna e incesantemente buscar y pretender deshacer la Palabra y la Obra de la Mujer y su progenie.

Tomar en las manos serpientes es la empresa de los chelas de la Gurú Ma.

El nombre «Gurú Ma» es el título de un cargo y del manto que lleva la persona o personas que sostienen la llama de la Madre en la Tierra. Es una vestidura que ha sido llevada anteriormente y que será llevada de nuevo por el linaje siempre presente del Rayo Rubí, cuya llama de la Madre yo animo en la mensajera y en la continuidad de la mensajería, que siempre ha sido y siempre será el contacto de la jerarquía con las huestes encarnadas del Señor.

Comprended, pues, la visión mantenida en el corazón de la Diosa de la Libertad y de toda alma que mantiene el ojo de la Maternidad de Dios fijado inmaculadamente en la descendencia del Altísimo. Comprended al iniciado de la llama de la Madre que sostiene el fuego sagrado en el tercer ojo de los niños de Dios mientras contempla al hijo perfeccionado en el Ser Crístico de cada cual.

En el momento en que Jesucristo entregó a los otros setenta este poder de la llama de la Madre para hollar serpientes y escorpiones y todo el poder del Enemigo, reveló el misterio de la ciencia del quinto rayo del ojo omnividente de Dios.

Todas las cosas me fueron entregadas por mi Padre; y nadie conoce quién es el Hijo sino el Padre; ni quién es el Padre, sino el Hijo, y aquel a quien el Hijo lo quiera revelar.

Y volviéndose a los discípulos, les dijo aparte: Bienaventurados los ojos que ven lo que vosotros veis;

porque os digo que muchos profetas y reyes desearon ver lo que vosotros veis, y no lo vieron; y oír lo que oís, y no lo oyeron.

Con esta enseñanza, Jesús, cuyo poder se derivaba del Padre y el Hijo autorealizados en él, explicó que todas las cosas, toda sustancia, energía y manifestación tanto del Bien como del Mal, les son entregadas y sometidas a él por parte de la Presencia del Padre individualizada en él como el YO SOY EL QUE YO SOY.

Explicó que ningún hombre puede saber quién es la encarnación del Hijo —la luz manifestada del Cristo—, ya sea en la tierra como en el cielo, si no es a través de la amada Presencia YO SOY del Padre. Entonces como ahora, esta Presencia YO SOY (el YO SOY EL QUE YO SOY escrito simbólicamente como YHVH y pronunciado por muchos Yahveh, Jehová o SEÑOR) es quien revela el Hijo de Dios (la *Luz* de Dios) al discípulo, al autodisciplinado del Hijo.

Siguió explicando que nadie podía saber quién es el Padre, en el cielo o en la tierra, sino aquel que es su Hijo. Sólo el autodisciplinado de su amado Ser Crístico puede conocer a su Señor Todopoderoso: la Poderosa Presencia YO SOY. Sólo el chela vivo puede identificar al Gurú Maitreya vivo. Y sólo el ser verdadero que encarna la luz del Hijo puede revelar a sus discípulos la gloria Shekinah del YO SOY EL QUE YO SOY, la Presencia YO SOY que es el verdadero Padre de todo hijo de su luz. Los que son discípulos del Hijo tienen por tanto acceso al Padre.

Sabiendo esto, Jesús se volvió a los discípulos de su luz, y dijo: «Bienaventurados los ojos que ven lo que vosotros veis. *Porque* estáis ungidos por el ojo omnividente de Dios, tenéis la visión interna para saber quién es Cristo y, por tanto, quién es Anticristo; quién es el verdadero Gurú Padre y, por tanto, quién es el falso».

Es claro que aunque muchos profetas y reyes han deseado ver aquellas cosas que los discípulos podían ver, no podían verlas porque no tenían el poder del Hijo de Dios que sólo se transmite por medio del verdadero sendero de discipulado. ¿Y qué es lo que los profetas y los reyes han deseado ver, amados míos? Pues claro, es el Bien y el Mal en un sentido supremo, en vez del bien y el mal relativos de los dioses del Hades que Serpiente entregó a Eva.

Se trata de ese poder de visión transmitido por el Hijo del hombre a los iniciados que permanecen en la puerta este. Estos están obligados por la misión de los dos testigos de llevar la Verdad a las tribus de Israel y a toda nación, linaje, lengua y pueblo; a todo el que pueda recibir el arco del ojo omnividente de Dios y permanecer para conservar esa identidad clara como el cristal del amado de Cristo, sellado por la espada de la Verdad.

Los chakras han de ser purificados para recibir la vara de Moisés. Esta limpieza la lleva a cabo la llama violeta transmutadora, invocada por vosotros con vuestros decretos dinámicos diarios. Este es el trabajo del Espíritu Santo en vosotros, que limpia el lecho del río para que fluyan las aguas claras como el cristal del río de la vida que se elevan desde la base de la columna hasta el chakra de la coronilla y que después son mantenidas en la matriz invencible de la Verdad, el cáliz muy vuestro del ojo de

Dios, el centro de concentración cósmica en la frente.

En esta hora de la venida del Elohim del Quinto Rayo, Ciclopea, para representar al Consejo Kármico en Summit University, pedimos la aceleración de las invocaciones a la llama violeta y el uso intensificado del decreto a Ciclopea. Por la espada de la verdad y la llama de libertad iréis a hollar serpientes y escorpiones. Por las llameantes espadas azules de los ángeles de la Fe y su perfecta presencia entre vosotros, y por el poder de mi llama presente con el Arcángel Miguel, el ángel del SEÑOR, los espíritus de Serpiente, tanto encarnados como desencarnados, serán sometidos a la *Ley* y la *Luz* (el *Padre* y el *Hijo*) de mi cetro del Rayo Rubí. Implantaré esto en vosotros que sois fieles al Fiel y Verdadero.

«Y el Dios de la Paz aplastará en breve a Satanás bajo vuestro pies»[1]. Este Dios de la Paz que estaba con Pablo es el sexto de los siete santos Kumaras que patrocina a los iniciados del sexto rayo bajo el Señor Jesucristo para dar dominio a sus discípulos sobre el cuerpo de deseos y las emociones personales y planetarias del plexo solar. Por tanto, la clave de la luz maestra del tercer ojo es el control Divino de la ansiedad, la inquietud, la arrogancia y la ira de los caídos que son los seguidores de Serpiente.

Su miedo siempre presente a la aniquilación propia, que han sellado con su envidia y enemistad a la Luz, debéis ponerlo bajo vuestros pies en sometimiento a la Palabra así como la Mujer ha colocado la luna bajo sus pies. Porque las dudas de estos que dudan de la Verdad y de la Palabra, y de la alegría del niño pequeño, son la enfermedad siempre presente que desea infectar la mente y el corazón, si fuera posible, del verdadero cuerpo de creyentes. Pero no puede. Esta duda sobre la inmediatez y la disponibilidad de la Presencia de Dios para afrontar toda necesidad y resolver cualquier ecuación, humana y divina, ha sido tejida en las múltiples filosofías del astuto Serpiente y su progenie.

¡Sean consumidas todas y cada una de las filosofías de la duda y los que dudan por la maestría pisciana del Dios de la Paz y su Hijo Jesucristo transferida a los muchos hijos que él ha traído al cautiverio de la llama de la ascensión!

Que el impulso acumulado arrollador de la llama violeta ¡haga retroceder y consuma! ¡haga retroceder y consuma! ¡haga retroceder y consuma! la creciente marea del Ciclo Oscuro en Escorpión y la inundación de agua mal cualificada (energía emocional) que Serpiente arroja de su boca hacia la Mujer para hacer que sea llevada por la inundación.

Sea invocada la llama violeta por los dos candeleros que están ante el Dios de la Tierra y todos aquellos de entre los hijos de Dios y la vida elemental que están ante él. Reciban las iniciaciones del jerarca de Tauro, el Becerro que es Buda, para que puedan ayudar a la Mujer y su progenie. Pues es el Señor Gautama, el Señor del Mundo, quien es el Buda de la Tierra.

Ahora, mientras la Tierra tiembla, contemplen todos los que tengan ojos para ver al Buda y a los devotos del gran trío de la Madre Tierra. Asimismo abran sus bocas aquellos que ven; y por el terrible cristal, el torrente de fuego sagrado entregado en la Ciencia de la Palabra Hablada, se traguen la inundación de luz de la Madre mal cualificada que el dragón (la falsa jerarquía y sus falsos decretadores) arrojan de su boca.

Amados, YO SOY el que ha venido a vosotros en toda la gloria de la llama violeta de libertad cósmica, del Rayo Rubí que penetra en la mentira de Serpiente de día y de noche. Y por el ojo omnividente de Dios y las iniciaciones del quinto rayo, vengo a vosotros que sois la progenie de la Mujer para daros la armadura de la luz de Dios. Es su Palabra manifestada en vosotros como el Hijo de Dios.

Armados con la llama de la Verdad, invocad el peto de justicia y que vuestras sandalias aladas sean la preparación del evangelio de la paz sellado en vuestros chakras con siete sellos. Por el escudo de la fe, la espada del Espíritu Santo y el casco de salvación (autoelevación del Yo hacia la santidad de la Mente de Dios) yo digo, en nombre de Dios, que permaneceréis, enfrentaréis y conquistaréis a ese dragón que aún está encolerizado con la Mujer, que aún persigue a la Mujer que es capaz de traer al Divino Varón en vosotros, y que aún quiere hacer la guerra contra el remanente de su progenie.

Le venceréis mediante el fuego sagrado del Cordero si abrís vuestra boca y dejáis que la luz del Rayo Rubí fluya a través de la matriz del decreto divino de mi Palabra. Le venceréis si guardáis los mandamientos de Dios y atestiguáis sobre el testimonio de Jesucristo sellado en el corazón de los dos olivos.

YO SOY Sanat Kumara. Os invito a que preparéis la Tierra para la venida del Hijo de Dios. A través de vuestro llamado a mi nombre sagrado y al Cordero, se llene de llama violeta la vida elemental del agua, la tierra, el aire y el fuego. Y que los habitantes de la tierra y el mar (aquellos cuya conciencia está polarizada con los planos físico y astral) sean sellados por el círculo y la espada de Astrea y sus legiones de ángeles de relámpago azul.

Las cuatro fuerzas cósmicas que sostienen el cargo del Hombre, el León, el Becerro y el Águila voladora son los guardianes en los cielos y en la tierra del Cordero y de la esposa del Cordero y de sus ciento cuarenta y cuatro mil, en cuyo chakra del tercer ojo he sellado mi nombre.

Por mi nombre y por mi ojo, me manifiesto en vosotros mediante el manto de mi apóstol en Malta, donde nuestra historia comienza pero no termina. Y por mi nombre y por mi ojo tomaréis en las manos serpientes y las arrojaréis al fuego sagrado.

¡Sed plenos! Porque por vuestra plenitud será hecha plena toda la Tierra.

YO SOY Sanat Kumara

Véase Lucas 10; Apocalipsis 14:5; Hechos 28:1-9; Marcos 16:15-20; Mateo 20:1-16; Apocalipsis 10:7; Éxodo 4:7; Apocalipsis 7:11, 12, 19; 22; Ezequiel 1:22; Romanos 13:12; Efesios 6:11-17.

33

∞

El voto de salvar a la Mujer y su progenie

> *Pero Serpiente era astuto, más que todos los animales del campo que el SEÑOR DIOS había hecho; el cual dijo a la mujer: ¿Conque Dios os ha dicho: No comáis de todo árbol del huerto?*
>
> *Y la mujer respondió a Serpiente: Del fruto de los árboles del huerto podemos comer;*
> *pero del fruto del árbol que está en medio del huerto dijo Dios: No comeréis de él, ni le tocaréis, para que no muráis.*
>
> *Entonces Serpiente dijo a la mujer: No moriréis; sino que sabe Dios que el día que comáis de él, serán abiertos vuestros ojos, y seréis como Dios, sabiendo el bien y el mal.*
>
> GÉNESIS 3

A los santos que recuerdan Horeb y mi voz
que habló de en medio del fuego sagrado
y os declaró mi alianza:

Los primeros débiles destellos del fuego violeta son como lámparas vacilantes en la tierra de Erin. ¡Vayan los peregrinos de la Misión Joya Amatista a las Islas Británicas! Porque YO SOY la lámpara ardiente en medio de mi pueblo, reavivando la alianza que he hecho con Abram y para la progenie Crística.

YO SOY las siete lámparas que arden en el altar del ser y en medio de mi pueblo Israel. Y designo al sacerdocio de Melquisedec para que encienda las lámparas, las siete lámparas que son para el ir y venir de los santos al Sanctasanctórum, para llevar mi mensaje de ahí al pueblo de Dios dispersado por las naciones de la Tierra.

YO SOY el candelabro de oro de la quinta visión de Zacarías, y el depósito que tiene encima es mi recipiente que contiene el aceite del chakra de la sabiduría. Y las siete lámparas que sobre él son mis siete siervos, los siete chohanes de los rayos que inician a mis hijos en el encendido de las lámparas de sus siete chakras. Y los dos olivos que están a la derecha y a la izquierda del candelabro y del depósito son mis mensajeros, los dos ungidos que entregan la Palabra de los siete siervos mientras permanecen ante el Señor de toda la Tierra, Gautama Buda.

Por la luz ardiente de los siete chohanes, envío a mis discípulos facultados por el Espíritu Santo del Rayo Rubí con el mensaje de los dos testigos a Inglaterra, a Escocia, a Irlanda y a Gales. Pues allí es donde deseo liberar a los descendientes de las tribus perdidas de Israel del rostro de la Serpiente.

YO SOY el Anciano de Días, el Restaurador de la Luz de mi pueblo. Llamo a mis siervos que han venido para la restauración de la alianza por la cual el Señor Dios transfiere la luz de las siete lámparas a todos los que pertenecen a la progenie Crística. La transferencia de esta luz, cuando se lleva a cabo en vuestro templo, que es el templo del Espíritu Santo, amados míos, sirve para la apertura de los siete sellos de los siete chakras, por lo que la RAMA se manifestará en el templo del Señor. Esta es mi iniciación por medio de las dos ramas de olivo que vacían de sí mismos el aceite dorado de mi sabiduría para que ardan las siete lámparas en la tierra.

En vuestro templo, amados míos, la RAMA que debería llegar a la progenie Crística en el Segundo Advenimiento es Cristo, el Señor del templo de los niños de Dios. Esta RAMA del Árbol de la Vida es la extensión de la Persona del Padre hacia sus hijos a través de la Persona del Hijo. La RAMA es la Luz personificada del YO SOY EL QUE YO SOY. Es el descenso desde el Sanctasanctórum de la Palabra radiante que viene en la Persona del bendito Ser Crístico a los hijos de Dios que han consagrado sus templos para que sean su morada.

Sirviendo a las almas de la gran multitud de los niños de Dios están los siete chohanes, dignos de recibir la iniciación del Cordero. Así como sus mensajeros entregan la Palabra de la RAMA en cada uno de los siete rayos cuya ley encarnan, los chohanes, a través de los santos encarnados, preparan a los niños de Dios para la apertura de los siete chakras. Porque por la apertura de los siete sellos el alma que mora en el templo que no está hecho con manos es «desposada» con la Luz de la RAMA y su Persona, el Ser Crístico. A medida que día a día vuestra alma gana maestría sobre sí misma, expandiendo las llamas de los siete santos Kumaras en los siete chakras, vosotros os preparáis para ese matrimonio, que es la fusión de vuestra alma con vuestra contraparte real, la RAMA.

Dirigiéndose hacia esta meta fijada el iniciado del Rayo Rubí se somete alegremente a las iniciaciones de las cuatro fuerzas cósmicas en los recipientes de Espíritu y de Materia de su conciencia. Verdaderamente el signo de la figura en forma de ocho es el símbolo de vuestro Ser, amados míos: arriba, en el Gran Cuerpo Causal de Dios, cuyos anillos electrónicos de fuego rodean a vuestra Presencia YO SOY individual; y abajo, en las esferas de vuestra conciencia solar, manifestando las múltiples expresiones de vuestro libre albedrío a lo largo de vuestras encarnaciones en la Tierra.

El destino ardiente de vuestra alma, simbolizada por el punto en la esfera inferior, es llegar a unirse con el ovoide de fuego, simbolizado por el punto en la esfera superior. [Véase gráfico en la página 296.] La figura en forma de ocho consiste de las dos esferas del ser: la una permanente, la otra no permanente. El matrimonio alquímico de lo de arriba con lo de abajo se produce a través del bendito Mediador, la RAMA, simbolizado por el punto en el nexo de la figura en forma de ocho.

El nexo es el punto de vuestra iniciación en el cuarto rayo y en el octavo rayo, donde las puertas sur de las esferas superior e inferior son una sola. [Véase gráfico en la página 251.] Estas iniciaciones son la clave para que el todo se integre a través del

El voto de salvar a la Mujer y su progenie 287

Rayo Rubí. Esta es la dispensación para las evoluciones de la Tierra en la década de 1980. Por tanto, he venido en los últimos meses de 1979 con mi mensaje sobre el Sendero para que podáis prepararos para la efusión total del Espíritu Santo que llegará a aquellos que se hayan preparado para ser la novia del Cordero.

La novia es el alma que se ha preparado, vaciando las esferas inferiores de la conciencia del alma para que puedan ser llenadas con la luz de los anillos electrónicos de fuego. El proceso de vaciamiento propio se alcanza a través de la limpieza de los chakras con las aguas claras como el cristal del río de la vida que fluyen desde la fuente de la Trinidad y la Madre.

El trono de mi Presencia en el corazón de la Estrella Divina es el chakra de la Madre en el Espíritu, que se corresponde y que sostiene la polaridad positiva del Sol de Presión Equilibrada en el corazón de los planetas que sirven a la actual cadena evolutiva de la vida. Todos los que se están preparando para este matrimonio alquímico son llamados a meditar en el sol de fuego azul de la Estrella Divina que contiene la veta Madre de los universos.

Los chakras de la base de la columna son activados en los santos por esta veta Madre, el núcleo de fuego blanco del sol de fuego azul. Y la elevación de esa luz de la Madre sirve para la tesitura del vestido de bodas, que Serapis Bey os ha revelado como el Cuerpo Solar Inmortal.

El Cuerpo Solar Inmortal es la coordenada Material del Gran Cuerpo Causal. Es tejido gracias a vuestra aplicación de la Palabra: vosotros, el instrumento de la Palabra, recitando los mantras de la Madre, cantando las canciones devocionales a la Trinidad de Oriente y Occidente, emitiendo el decreto dinámico y ofreciendo con el ardiente fervor del amor las oraciones de la RAMA a medida que ella os entrega el poder de la Palabra que penetra en la noche de la desesperación y el desaliento humano.

La Palabra es el Mediador. La Palabra es la RAMA. La Palabra es vuestro Ser Crístico. Y la emisión de esa Palabra como juicio del Señor que divide en vuestros propios miembros lo Real de lo irreal es la base de la espiral de ascensión.

La espiral consiste de las siete iniciaciones de los santos que siguen al Cordero, preparándoles para la integración del octavo rayo de las esferas del ser. Esta ascensión es el nacimiento del alma en el ovoide del Espíritu. Es la recepción del alma en el cielo para que se siente «a la diestra de Dios». Cuando el alma, que es el potencial femenino de la Individualidad, es recibida en el cielo, llega como la esposa del Cordero. La novia del Cordero es verdaderamente esa alma que ha entrado en el matrimonio con el Ser Crístico.

Pero el alma que es recibida en el cielo ya es la esposa del Cordero. La ceremonia matrimonial ha tenido lugar en las esferas de la Materia. El Cristo, que es el SEÑOR del alma, ha tomado para sí a su novia y los dos se han convertido en una «carne», una sustancia, una Individualidad. El alma, llevando el traje largo de novia de su percepción solar, ha sido asumida en la conciencia Crística. Esta asunción es el ritual del ascenso de la virgen (el alma) por el Cristo vivo.

Esta Segunda Persona de la Trinidad del Ser representa la polaridad positiva de la esfera del Espíritu, de donde ha descendido hasta el punto del Mediador para recibir para sí al alma que se ha salido del camino del Árbol de la Vida. Estacionado en el nexo, él es accesible para todos lo que moran en «la tierra» (la esfera de la Materia). Desde ese punto en el que precipita la conciencia Crística para su novia, el Amado canta la canción de amor para el alma: «Acércate a mí y yo me acercaré a ti».

La acción de Mediador del Ser Crístico es la puerta abierta por la cual el alma pasa de su existencia no permanente en la Materia al átomo permanente del ser, el YO SOY EL QUE YO SOY, en el Espíritu. Sólo aquello que está purificado y perfeccionado puede pasar por la puerta que el Novio mantiene abierta. Así, es conferido a la esposa del Cordero estar ataviada con ese lino fino, blanco y limpio, que es la justicia de los santos. Y la justicia de los santos es el uso recto de las leyes de Dios a través de la ciencia de la Palabra que se convierte primero en su campo áurico y después en su vestido de bodas.

El voto de salvar a la Mujer y su progenie

El Ser Crístico es el Cordero de Dios a cuya Persona en el alma, Serpiente y su progenie han querido matar desde el principio de la Palabra en la Materia. El alma, pues, debe convertirse en la defensora del Cristo encarnado, dando muerte a todos los dragones y todas las bestias de los caídos que desean destruir la imagen del Cristo dentro de ella, y dentro de las almas de los santos inocentes. Sólo el alma que está dispuesta a dar muerte a toda manifestación del Anticristo puede llegar a ser la novia del Cristo vivo. Sólo el alma que se convierte en la novia fiel del Cristo vivo puede caminar apoyada en el brazo del Novio en la recepción celestial.

Los santos que siguen al Cordero son aquellos que se están convirtiendo en la esposa honrada del Cordero a través de las siete iniciaciones que he perfilado. Y cuando el alma y el Ser Crístico ya no son dos, sino uno solo, así como yo y el Padre uno somos, entonces ese, que ahora es llamado «el que ha sido hecho Cristo», asciende a Dios. Esta ascensión es la fusión de la esfera inferior con la esfera superior y el Señor Jesús la comentó místicamente a sus discípulos en el aposento alto como «sentada a la diestra de Dios».

El asiento de autoridad a la derecha de Dios es el asiento del Cordero, y todos los que a él ascienden así en la gloria de la luz virgen ocupan ese cargo a su «diestra». En esta iniciación, los dos puntos, el alma y el Espíritu, están en el centro de la esfera superior en la polaridad Alfa-Omega. Así, el hijo de Dios que está ascendido manifiesta la personalidad del Hijo en relación con la impersonalidad del Padre. Y este factor más-menos del Ser Universal proporciona la rotación de luz para que los mundos giren tanto dentro como fuera de la esfera del Espíritu.

El ministerio de Juan el Bautista y de Jesús, el Ser hecho Cristo, comenzó con la iniciación que ahora pongo directamente ante vosotros, amados míos: tomar en las manos serpientes. Ambos dieron una espectacular y estupenda demostración del Señor que es Cristo denunciando a aquel que es Anticristo. Antes de cualquier otra consideración, mis hijos Juan y Jesús se entregaron al desenmascaramiento de la verdad respecto de la generación de víboras, la progenie de Serpiente, los malignos cuya conciencia (fruto) corrupta revela el origen (árbol) corrupto.

Juan y Jesús vinieron para salvar a la Mujer y su progenie de la progenie del Maligno. ¿Entonces, quién es Serpiente? ¿Y quiénes son su generación?

En la Gran Rebelión contra el SEÑOR DIOS Todopoderoso y las huestes de su jerarquía celestial, Lucifer sedujo a un número no pequeño de grupos angélicos liderados por sus cohortes. Sus nombres se mencionan en el Libro de Enoc, en otros libros apócrifos y en las escrituras codificadas de Oriente y Occidente.

Los más notables son los nombres de Satanás, Belcebú, Belial, Baal, etc. Uno de tales nombres, el del líder más astuto y sutil de un grupo de caídos, ha pasado a escribirse con minúscula en el léxico de las escrituras sagradas y ha tomado una connotación simbólica más que personal. Es el de Serpiente.

Mientras que el término «gran dragón» se refiere al conglomerado de toda la falsa jerarquía luciferina formada contra la Gran Hermandad Blanca, individualmente sus miembros y jerarcas se especializan en ciertas fases de la persecución a la Mujer por parte del «dragón» y en la guerra que la falsa jerarquía luciferina libra contra el remanente de la progenie de la Mujer.

Mientras que Satanás es conocido como el Asesino original que utiliza el asesinato de los portadores de luz para frustrar el plan divino de Dios en la tierra, Serpiente, que también *«se llama el Diablo y Satanás»*, es el Archiengañador, el Mentiroso original y el padre de las mentiras cuya filosofía de engaño, basada en el temor y la duda, es su modus operandi en su guerra contra los verdaderos Cristos y los verdaderos profetas.

Serpiente es el Maligno cuya progenie, junto con la de Satanás, está sembrada como cizaña entre el buen trigo de la progenie Crística. Esta progenie es la llamada descendencia de las víboras. «Víbora» viene de la traducción griega del nombre propio «Serpiente», quien, junto con los caídos de su grupo, fue arrojado del cielo y encarnó en la Tierra, habiendo seguido reencar-

El voto de salvar a la Mujer y su progenie 291

nando todos ellos desde la Gran Rebelión.

Cuando Juan el Bautista vio a los fariseos y saduceos acudir a su bautismo, supo quién eran: no sólo la descendencia de aquel grupo original de caídos, sino los mismísimos malignos reencarnados. Cuando les denunció como la «generación de víboras», se refería a ellos colectivamente como grupo original que había seguido a Serpiente, la cohorte de Satanás y Lucifer. Cuando desenmascaró sus verdaderos motivos para acudir a su bautismo como huyendo «de la ira venidera», hablaba de la ira de Dios como el fuego blanco de su juicio que habría de llegar sobre Serpiente y su progenie en los últimos días. Por tanto, exigió que produjeran frutos apropiados para el arrepentimiento (demostración de humildad, amor y obediencia ante el Cristo del SEÑOR) por lo cual aún pudieran arrepentirse de su enemistad jurada hacia la Mujer y su Divino Varón.

Tan grande era el celo del SEÑOR en Juan el Bautista que no sólo denunció a la progenie de Serpiente en la falsa jerarquía de Israel, sino que atacó a la falsa jerarquía de la propia Roma: Herodes, el tetrarca, cuyo padre había intentado quitarle la vida al Salvador en cuanto nació. Juan el Bautista denunció a Herodes por tomar para sí a Herodías, la esposa de su hermano Felipe, y por todos los males que los Herodes habían hecho en difamación de la Palabra y en profanación del niño pequeño. Por esto Juan fue encerrado en prisión y finalmente decapitado, después de lo cual fue recibido en el cielo y se sentó a la diestra de Dios; pero no antes de haber cumplido la misión de preparar el camino de la venida del SEÑOR, de enderezar su Sendero del Rayo Rubí por el cual los seguidores de Cristo pudieran seguirle a través del bautismo del arrepentimiento por la remisión de los pecados hasta el bautismo venidero por el fuego sagrado del Espíritu Santo a través de Cristo el SEÑOR, de quien él era el heraldo.

Cuando el Señor Jesús fue llevado por el Espíritu Santo a desafiar al falso jerarca Satanás y a ser desafiado por él, primero ayunó cuarenta días y cuarenta noches. Esto siguió a su bautismo de agua por parte de Juan en el Jordán y a su bautismo de fuego por el fuego sagrado del Espíritu Santo, que descendió sobre él en forma de paloma. Mientras su heraldo había hecho frente a las serpientes, la progenie del Mentiroso original y su mentira, Jesús se enfrentó al Asesino original y a su asesinato, la fuerza misma de la Muerte y el Infierno personificada en Satanás y su campo de fuerza electrónico.

Las tres tentaciones que Satanás le puso fueron las mismas con las que Serpiente había seducido a su madre, Eva. El Hijo Jesucristo vino para la redención de la Madre y de la llama de la Madre. La Serpiente que habló a la mujer en el jardín del Edén era el líder de un grupo de ángeles caídos que cayeron desde el segundo rayo de la sabiduría del Señor. Antes de su caída, su comprensión de Dios y sus leyes que gobiernan el sendero de iniciación y de Cristeidad individual era más completo (sutil) que la de cualquier otro ángel (bestia) del campo de la conciencia de Dios, que el Señor Dios había hecho en el principio.

Este caído fue seleccionado desde los consejos luciferinos como el más capaz de desviar a la mujer de su primer amor en Dios, que había venido a ella en la persona del Gran Iniciador, el Señor Maitreya, el Cristo Cósmico, así como de su segundo amor, el de su amada llama gemela.

Las semillas de la duda y el temor formaron la base del cuestionamiento por parte de Serpiente del Legislador y su Ley. Impugnando los motivos de Maitreya, Serpiente se erigió a sí mismo como el falso jerarca e impostor del Cristo Cósmico. Y desde entonces, él, con su progenie, ha mantenido las bases de la filosofía Anticristo de la falsa jerarquía en la economía, la política, las ciencias sociales y la cultura de la civilización, todo ello sobre la base de que su camino es mejor que el camino de Dios, que él sabe lo que Dios sabe y que lo sabe mejor, y lo que es más, que él sabe lo que es mejor para Su progenie en la Tierra.

Mientras que la táctica de este caído es destruir la Palabra de Dios empañándola, retirando cuidadosamente los misterios del fuego sagrado del Santo Grial de las escrituras codificadas de Oriente y Occidente, su tentación a Eva estuvo basada en la

El voto de salvar a la Mujer y su progenie 293

distorsión que hizo de la Palabra. Así, pervierte la Trinidad mediante la iniciación falsa: dando a la mujer el fruto de Luz que está prohibido excepto a través de la iniciación del Cristo; mediante la enseñanza falsa: «No moriréis»; y mediante el consuelo falso: «Y seréis como Dios, sabiendo el bien y el mal».

Los caídos han continuado parloteando su mentira, asegurando a su progenie que no hay ningún Diablo, ningún juicio final y ninguna segunda muerte. Habiendo casi convencido a su propia progenie de que es posible circunvalar el verdadero sendero de Cristeidad individual, remplazándolo con la expiación indirecta, poseen en ellos instrumentos voluntarios de la mentira y del Mentiroso que promueven su falsa doctrina y falso dogma, haciendo su versión de la religión y el gobierno Divino compatible con el culto al placer por el cual la progenie de la Mujer es llevada, aparentemente por «libre albedrío», a destruir la Palabra.

Las mismas tentaciones para distorsionar la llama del Padre, del Hijo y del Espíritu Santo fueron presentadas por el Anticristo, el mismo Satanás, al Señor Jesús. Pero aquel que había prometido destruir las obras del Diablo conocía la enemistad que el SEÑOR DIOS había puesto entre Serpiente y la Mujer y entre la progenie de Serpiente y la progenie Crística de la Madre.

Sabía que la cabeza de Serpiente (su filosofía intelectual, su humanismo científico, su deificación de la mente carnal y del materialismo sin dios y la mecanización de los Vigilantes y su creación carente de alma) sería dañada y, en última instancia, destruida por la maestría Divina del Hijo de Dios en la dispensación de Piscis. También sabía que hasta el juicio final, cuando esta creación de cizaña sería consumida por el fuego sagrado inextinguible del Espíritu Santo, aquella no cesaría en su intento de herir el talón (la maestría sobre uno mismo en Piscis) de la progenie Crística de la Mujer.

Jesús el Cristo, cuya alma había estado encarnada como el justo Abel, habiendo sufrido la muerte a manos del injusto Caín, conocía de primera mano los pesares de Adán y Eva después de su combate fallido con Serpiente, el representante de toda la falsa jerarquía luciferina. Por eso me hizo el voto que cumplió pasados 6 666 ciclos desde la caída de sus padres. Preparado en el Sendero del Rayo Rubí con José y María desde su nacimiento hasta los doce años de edad, y luego en los retiros de la Gran Hermandad Blanca hasta la edad de treinta años, fue a Juan en el encuentro previamente organizado para la iniciación del bautismo. Él estaba listo en la plena manifestación de la Palabra para combatir a Satanás y, a través de él, a Serpiente y su mentira, que niega el sendero lícito de iniciación, que era el pecado original.

Llamado de justicia el «último Adán» (la última encarnación del hijo de «el primer hombre, Adán»), el Hijo de Dios fue intrépidamente a desenmascarar a toda la falsa jerarquía satánica como si no tuvieran ningún poder, ninguna sabiduría y ningún amor para frustrar la Llama Trina de la Vida en los corazones de los hijos de Dios. En el desierto del plano astral, la ciudadela de los caídos, permaneció y aún permanece por los descendientes de la raza de adánica, que habrían de ser llamados desde entonces la Raza YO SOY. Ellos son los hijos e hijas de Alfa y Omega que restaurarán la divinidad del Dios Padre-Madre en Adán y Eva y en todas las llamas gemelas que vuelvan a entrar con ellos en el Sendero del Rayo Rubí, esta vez para ganar.

Así, YO SOY el Restaurador de la Luz de estas llamas gemelas y sus descendientes. Y a través del Salvador de esa raza —el hijo del hombre, Adán, que se ha convertido en el Hijo de Dios, Cristo Jesús—, Satán y todo ángel caído fue, es y puede ser alejado sumariamente con la Palabra de Dios pronunciada a través de vosotros: «Vete, Satanás, porque escrito está: Al SEÑOR tu Dios adorarás, y a él sólo servirás».

Esta es la verdadera religión del SEÑOR DIOS que se apareció a Adán y Eva en la «primera» (Alfa) escuela de misterios, y sigue siendo la verdadera religión de aquellos que, como sus descendientes, han llegado a la «última» (Omega) escuela de misterios a restaurar la gracia de Dios en el nombre de su Hijo, Jesús.

YO SOY el que está con vosotros, amados míos, en el primer y el último (el Alfa y la Omega) Gurú, el Señor Maitreya. Y YO SOY

Alfa y Omega en el principio y el fin de los ciclos de vuestro karma en la esfera de la Materia.

Ahora, juntos, aceleremos mientras tomamos en las manos —yo a través de vosotros y vosotros a través de mí— estas serpientes y las expulsamos por la Palabra de Dios, por el Hijo Jesucristo y por todo el Espíritu de la Gran Hermandad Blanca a quien él representa en el linaje del Rayo Rubí. Sea redimida la mujer del Génesis a través de la Mujer del Apocalipsis. Porque esa Mujer representa el alma de todo hijo de Dios que ha descendido a la esfera de la Materia y que ascenderá a través de la puerta abierta de la justa RAMA.

YO SOY el Anciano de Días recordándoos, amados míos, vuestra promesa hecha con el justo Abel de destruir las obras del Diablo y para redimir a la Mujer y su progenie por toda la Tierra.

¡Por las cuatro fuerzas cósmicas y por la Presencia viva del Señor en la Comunidad del Espíritu Santo, YO SOY la puerta abierta que ninguna serpiente disfrazada de Hijo del hombre puede cerrar!

Sanat Kumara

Mantra para la meditación de la Palabra en el Sol de Fuego Azul de Sirio

> ¡La Luz vencerá,
> La Luz nos unirá,
> Luz del sol de fuego azul,
> Ordena que seamos libres ya!

Véase Zacarías 4; Apocalipsis 11; 12; Isaías 11; Jeremías 23:1-8; 33:15, 16; Zacarías 3; 6:11, 12; Génesis 2:8, 9; Apocalipsis 2:7; 5:22; Marcos 14:58; Hechos 7:48; Hebreos 9:11; Apocalipsis 19:1-10; 21; Mateo 22:1-14; Apocalipsis 14:4; Marcos 16:19; Génesis 2:24; Mateo 19:5, 6; Santiago 4:8; Juan 10; Mateo 25:1-13; Apocalipsis 13:8; Marcos 16:18; Mateo 3; Lucas 3; Mateo 12:14-37; 23; Juan 8:33-47; Mateo 13:24-30, 36-43; 2; Marcos 6:14-30; Mateo 4:1-11; Apocalipsis 6:8; Génesis 3:4; 1 Juan 3:8; 1 Corintios 15:45; Apocalipsis 1:8, 11; 3:7, 8.

Matrimonio alquímico del Cordero y la esposa del Cordero
La recepción en el cielo y el sentarse a la diestra de Dios
Marcos 16:19

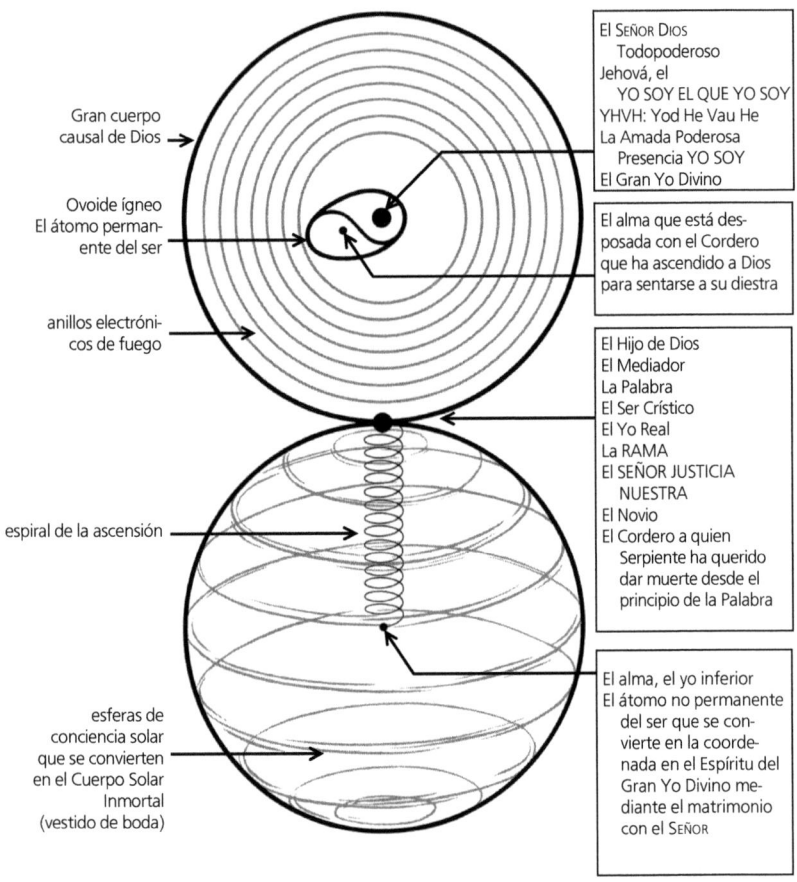

Gran cuerpo causal de Dios →

Ovoide ígneo
El átomo permanente del ser

anillos electrónicos de fuego

espiral de la ascensión

esferas de conciencia solar que se convierten en el Cuerpo Solar Inmortal (vestido de boda)

El Señor Dios
Todopoderoso
Jehová, el
YO SOY EL QUE YO SOY
YHVH: Yod He Vau He
La Amada Poderosa
Presencia YO SOY
El Gran Yo Divino

El alma que está desposada con el Cordero que ha ascendido a Dios para sentarse a su diestra

El Hijo de Dios
El Mediador
La Palabra
El Ser Crístico
El Yo Real
La RAMA
El SEÑOR JUSTICIA NUESTRA
El Novio
El Cordero a quien Serpiente ha querido dar muerte desde el principio de la Palabra

El alma, el yo inferior
El átomo no permanente del ser que se convierte en la coordenada en el Espíritu del Gran Yo Divino mediante el matrimonio con el Señor

Este diagrama es una representación simbólica de los misterios revelados por Sanat Kumara para facilitar una conceptualización de la relación, en el tiempo y el espacio y en la eternidad, de las iniciaciones del alma que conducen a la reunión con Dios. Para una mejor comprensión de la naturaleza de la Trinidad expresada en esta gráfica, puede sobreponerla a la Gráfica de tu Yo Divino, [Véase páginas 378, 379] comparando el punto superior con la figura superior, el punto central con la figura central y el punto inferior con la figura inferior..

34
∞
El juicio de Serpiente y su progenie
¡No pasarán!

¡Ay de vosotros, escribas y fariseos, hipócritas! porque edificáis los sepulcros de los profetas, y adornáis los monumentos de los justos,

y decís: Si hubiésemos vivido en los días de nuestros padres, no hubiéramos sido sus cómplices en la sangre de los profetas.

Así que dais testimonio contra vosotros mismos, de que sois hijos de aquellos que mataron a los profetas.

¡Vosotros también llenad la medida de vuestros padres!

¡Serpientes, generación de víboras! ¿Cómo escaparéis de la condenación del infierno?

Por tanto, he aquí yo os envío profetas y sabios y escribas; y de ellos, a unos mataréis y crucificaréis, y a otros azotaréis en vuestras sinagogas, y perseguiréis de ciudad en ciudad;

para que venga sobre vosotros toda la sangre justa que se ha derramado sobre la tierra, desde la sangre de Abel el justo hasta la sangre de Zacarías hijo de Berequías, a quien matasteis entre el templo y el altar.

De cierto os digo que todo esto vendrá sobre esta generación.

MATEO 23

¡No pasarán!

Amados míos que aún iréis a la montaña
 a ayunar y orar conmigo para que las serpientes
 puedan ser expulsadas de la Tierra:

Vayamos a la montaña en la tierra de Erin, donde un joven esclavizado por paganos se encuentra en oración todo el día y toda la noche. Tan ferviente es el amor de Dios en él que el fuego de su corazón es una luz en medio de la nieve y el hielo. Vivía en el monte, solo con Dios, cuidando de los rebaños de su señor. Y en ese monte llamé a mi hijo Patricio, para que de la condición de servidumbre pudiera producirse el fuego milagroso de la libertad.

Estaba concluyendo el siglo IV d.C., y los clanes de los irlandeses —las tribus de Efraín y Manasés reencarnadas— estaban gobernados por una multitud de reyes. No servían al Señor Dios, ni tenían la salvación de su Hijo. Por tanto, yo, el Anciano de Días, llamé a mi hijo, nacido libre, a la esclavitud para poder entregarle a la libertad y a la misión de implantar la llama violeta en los corazones de mis verdaderos hijos e hijas para que un día pudieran llevarla al Nuevo Mundo en nombre de Saint Germain.

A él di la visión del pueblo de Erin, cuya progenie encendería un día los fuegos de la libertad en todas las orillas y en todas las naciones. Vuestro propio profeta Mark derivaba su fervor de ese linaje del Anciano de Días que se retrotrae a la isla esmeralda. Y los ojos irlandeses de Tomás Moro, poeta y príncipe de mi corazón, aún sonríen a través de la severidad de El Morya y su brillo de júbilo, siempre necesario en la Tierra.

Devuelto finalmente a sus parientes tras seis años en los que se humilló ante mí en el monte, cuidando de las ovejas, del mismo modo en que pronto apacentaría a mis ovejas, Patricio oyó las voces de las almas de mis hijos clamando desde la tierra de Erin pidiendo la liberación: «Te imploramos, joven santo, para que vengas y camines entre nosotros una vez más». Realmente se acordaban de él, cuando había caminado entre ellos como profeta en Israel, reprendiendo su desobediencia en nombre del Señor. Ahora esperaban el mensaje de su salvación a través del apóstol ungido del Mesías.

Patricio se preparó para su misión bajo el linaje del Rayo Rubí y con los santos de la Iglesia interna. Esa misión, amados míos, era someter a la progenie de Serpiente en Irlanda y levantar a las tribus de Israel, el remanente de la progenie de José, que serían portadores de Cristo para las naciones. Facultado por el Espíritu Santo y llevando el Báculo de Jesús, blandió tal poder y obró tales milagros que los jefes paganos y los decadentes druidas se inclinaron sometidos a este cetro de Aarón que, en la nueva lengua, se convirtió en el cetro de *Erin*.

Tan peligrosa era la misión del santo del trébol del quinto rayo, que escribió en su «Confesión»: «Todos los días espero o bien una muerte violenta o bien que me roben y me reduzcan a la esclavitud, o que acontezca una calamidad semejante. Me he arrojado a las manos del Todopoderoso, pues Él lo gobierna todo. Como dijo el profeta: "Echa sobre el Señor tu carga, y Él te sustentará"».

Bien pudierais emular el valor y la humildad de mi hijo Patricio cuando audazmente desafió al príncipe Corotick, esa serpiente que se atrevió a saquear los dominios de Patricio, masacrando a un gran número de neófitos, como está escrito, que aún llevaban sus vestiduras blancas tras el bautismo; y a otros se los llevó y los vendió a los infieles.

Patricio hizo circular una carta de su puño y letra donde pronunciaba el juicio de Corotick y sus cómplices, declarándolos separados de él como Obispo establecido de Irlanda, y de Jesucristo. Prohibió a los fieles «comer con ellos o recibir sus limosnas hasta que no hubieran satisfecho a Dios con lágrimas de penitencia sincera y devuelto la libertad de los siervos de Jesucristo»[1].

Tal es la verdadera Palabra y Obra de los santos del Rayo Rubí, quienes, con toda la seriedad debida, reciben la señal de su venida al tomar en las manos serpientes. Miles y miles de descendientes del hijo favorito de Jacob fueron bautizados y confirmados por el Señor Jesús a través de mi hijo Patricio. Como el apóstol Pablo, ató el poder de la progenie de Serpiente que había invadido la tierra de Erin; y como él, curó a sus enfermos, devolvió la vista a sus ciegos —tanto la interna como la externa— y levantó a la progenie de Abram —muerta en cuerpo y espíritu— a una nueva vida a través del Cristo interior por medio de la Palabra de Cristo Jesús, su amado.

Ahora el Maestro Ascendido San Patricio está conmigo en la cumbre del Monte Aigli, donde al término de su estancia terrenal se retiró cuarenta días y cuarenta noches, ayunando en cuerpo y espíritu para poder ser llenado con la luz del Anciano de Días. Allí, en aquella ocasión hace mil quinientos años, convoqué a todos los santos de Erin —la luz del sacerdocio de Aarón y los portadores de luz de la progenie Crística de José*— del pasado, el presente y el futuro, para que rindieran homenaje al que era padre de todos ellos.

De nuevo llamo a los santos a un peregrinaje a la montaña para bendecir a Patricio y ser bendecidos por él, para ser llenados con su Espíritu, para recibir su manto, para orar fervientemente para que el fruto de todos sus trabajos pueda proporcionar una cosecha abundante en esta era para la Madre del Mundo, que trabaja con gran esfuerzo y mucho por sus hijos y por el Divino Varón.

Ahora digo, santos vestidos con el Rayo Rubí, regrese la Misión Joya Amatista al santuario donde una vez ardió en el corazón de un joven esclavizado como una luz avivadora que debía alumbrar a todo un mundo. Os transfiera aquel que es un iniciado del quinto rayo y del Cordero que es digno el impulso acumulado de su luz para que con vuestros decretos dinámicos a la Palabra viva podáis de nuevo expulsar de Irlanda a la progenie de Serpiente, que ahora persigue a la bendita progenie de la Mujer. ¡Resuene el fuego violeta de la libertad por doquier! ¡Restaure la verdad y la verdadera Iglesia Universal y Triunfante que pertenece a los santos!

Amados míos, muchos de vosotros os encontrabais entre las almas de los santos que acudieron a Patricio en sus últimas horas en la montaña. Le saludasteis en la gloria de Dios que estaba sobre él, y para él fuisteis la promesa de que su Palabra y Obra sería llevada a orillas doradas para una era de oro de paz e iluminación Crística. Ya es hora de que vayáis a atar a los bárbaros que

---

*José, el hijo más joven y favorecido de Jacob, tuvo dos hijos, Efraín y Manasés, a quienes Jacob bendijo como a hijos propios. Reencarnados en Gran Bretaña y EE.UU., son portadores de la llama de las doce tribus de Israel.

El juicio de Serpiente y su progenie 301

han vuelto a las Islas Británicas con su terror y su terrorismo y su vieja tiranía, con lo cual quieren atar a las almas de mi pueblo Israel.

Esté en vosotros la Piedra de Scone y la descendencia davidiana como el átomo semilla y el cubo blanco del chakra de la Madre. Porque en los más bajos y más altos niveles de la sociedad por toda Inglaterra, Escocia, Irlanda y Gales, los jefes paganos (que son los Vigilantes y su creación carente de dios) y los decadentes druidas (que son las brujas y los brujos y los abastecedores de las mercancías del Hades: rock, drogas, alcohol y perversión sexual) aún persiguen a la amada Madre y a sus hijos. *¡No pasarán!*

Sí, Serpiente y su progenie deben ser expulsados de las islas de Gran Bretaña, porque ahí se han establecido, desde las últimas horas de Cámelot hasta el presente, como los adversarios de la Mujer y el potencial femenino del hombre y la mujer. Mediante la subcultura de los caídos, han lanzado un ataque frontal a la luz de la kundalini. Han seducido a las Evas modernas y su progenie para desviar la luz blanca —el fóhat creativo de la fuerza de la vida— hacia toda perversión concebible, casi inconcebible, del fuego sagrado, fijaos, chakra por chakra. *¡No pasarán!*

Aparentemente exitosos en cambiar el curso de la kundalini, la progenie de Serpiente ha cambiado temporalmente el curso de la civilización occidental. Su contrarrevolución de magia negra practicada contra la Mujer es lanzada desde los planos astrales en La Haya, donde tienen como emblema la figura nudosa y malhumorada de la vieja bruja, Gran Ramera de antaño. *¡No pasarán!*

Estos príncipes del poder del aire aparecen en el plano astral igual que de la raíz de Serpiente procede el basilisco, y su fruto es la serpiente de fuego voladora. Estas «no serán encantadas y os morderán, dice el Señor». Abusando del aliento del Espíritu Santo, su «mordedura» es la distorsión del arquetipo original en el cuerpo etérico y su manifestación en el cuerpo mental. Consiguientemente, se han colocado (como los archiengañadores les han enseñado) en la puerta este, la entrada al cuadrante de aire, como los autoproclamados destructores de la luz del Espíritu Santo en la mente del hombre y la mujer. *¡No pasarán!*

Suyo es el espíritu que Pablo observó trabajaba en los hijos de la desobediencia entre los cuales, observó, «todos nosotros vivimos en otro tiempo en los deseos de nuestra carne, haciendo la voluntad de la carne y de los pensamientos, y éramos por naturaleza hijos de la ira, lo mismo que los demás». *¡No pasarán!*

Pablo también observa que sólo el gran amor de Dios, que es rico en misericordia, pudo vivificarnos junto con Cristo y elevarnos para sentarnos juntos en los lugares celestiales en Cristo Jesús. Estos lugares celestiales frecuentados por Pablo y los primeros seguidores de Cristo son las ciudades y retiros etéricos de los maestros ascendidos donde los santos vestidos de blanco, que se han elevado desde mis senderos del Rayo Rubí en Oriente y Occidente, se reúnen para la cena del Gran Dios. De estos lugares celestiales, vosotros, amados míos, habéis recibido no uno, sino muchos hijos siervos de luz que os han instruido sobre las artimañas y productos de estos príncipes del aire. *¡No pasarán!*

Su estrategia es impedir el cargo del Hijo del hombre en la tierra (la esfera de la Materia). Y así se han colocado como los pretendientes al trono de gracia, pervirtiendo el sendero del quinto rayo en el materialismo y la mecanización carentes del Espíritu de la Verdad viva. Han patrocinado a los rezagados y a las evoluciones rebeldes de los hijos de la desobediencia en propósitos intelectuales, asegurándoles los puestos profesionales más prestigiosos y los puestos de liderazgo en los asuntos internacionales. Han cortejado a los hijos del demonio y los han promovido hacia la prominencia en los círculos del comercio, la banca, el gobierno y la industria donde, consiguientemente, a través de ellos siguen controlando los destinos de la mayoría de ciudadanos de la Tierra. *¡No pasarán!*

Estos son las astutas serpientes a quien se refería Jesús cuando dijo: «Sed, pues, prudentes como serpientes, y sencillos como palomas». La advertencia del Señor es clara. Si deseáis tener la sabiduría de estos ángeles del segundo rayo que han caído de su elevado estado hacia la mentalidad carnal, debéis tener la paloma del Espíritu Santo, cuya caridad e iluminación os mantendrá en línea con la voluntad de Dios y adecuadamente alineados con esa mente de Dios que hubo en Cristo Jesús. Sólo por el patrocinio de la Trinidad interior podéis ser sabios en las cosas del cielo y la tierra sin caer en la idolatría hacia uno mismo de esta generación de serpientes. *¡No pasarán!*

Pero la progenie de Serpiente ha resuelto no permitir a la progenie de la Mujer avanzar en los campos de la educación, las comunicaciones, el periodismo, el servicio público en la Iglesia y el Estado o en las artes escénicas. Han establecido su rumbo sobre el principio de que aquel que gobierne el cuadrante de aire gobernará el curso de la evolución mental de los habitantes de la Tierra. Y esta ha sido la «gran cólera» de su estrategia desde que fueron arrojados del cielo a encarnar en la Tierra por el Arcángel Miguel y sus legiones de ángeles de llama azul. *¡No pasarán!*

Por lo cual, amados míos, hasta que hijos e hijas de Dios y los niños de la luz se levanten para derrocar a los opresores de la mente de Dios dentro de ellos, los cuales se han posicionado a escala planetaria en el chakra de la garganta, del tercer ojo y de la coronilla de las naciones, la estrategia de la progenie de Serpiente continuará. *¡No pasarán!*

Y no oiréis una gran voz en el cielo decir: «Ahora ha venido la salvación, el poder, y el reino de nuestro Dios, y la autoridad de su Cristo; porque ha sido lanzado fuera el acusador de nuestros hermanos, el que los acusaba delante de nuestro Dios día y noche»; no, no hasta que digáis: «Bendito el que viene en el nombre del Señor», el Anciano de Días y su Palabra encarnada; no, no hasta que invoquéis el Juicio del Señor sobre ellos: «*¡No pasarán!*».

Sin embargo, su juicio profetizado puede y debe cumplirse a través de la Palabra hablada y a través de la pureza, la humildad y el amor de mis siervos en el Rayo Rubí. Y venceréis a Serpiente y su progenie por la sangre del Cordero y la Palabra de vuestro testimonio, *si no amáis vuestras vidas hasta la muerte*. Y no hablo de la muerte del alma ni de la del cuerpo, sino de la mente serpentina y de su sustitución por la mente Crística.

Porque la hora de su juicio ha llegado. Por tanto, que aquellos a quienes mi ángel ha confiado el Evangelio Eterno teman a Dios y le den gloria, y adoren a aquel que hizo cielo y tierra, y el mar, y las fuentes de agua.

Amados míos, he puesto en vuestras manos la clave para la perdición de los que desprecian a mi pueblo. Es El Ritual de Exorcismo del Señor. Sólo su práctica diaria producirá los resultados deseados. Así como Satanás se irguió una vez contra Israel para provocar a David, su progenie y la progenie de Serpiente provocarían, si pudieran, a mis mensajeros y a mis chelas de la voluntad de Dios.

Pero el Adversario que acusa a mis hermanos día y noche no puede, *¡y no podrá!* permanecer contra mi Luz encarnada en vosotros. Cuando la Luz que he colocado ahí como la semilla de mi propia Presencia Electrónica fluye de vosotros como la Palabra hablada, realmente se traga la inundación de mentiras que provienen de la boca del dragón.

La misión de Moisés —que era Gurú, que llevaba el manto de Madre— comenzó con la transmisión a él de mi llama de maestría Divina de la fuerza «serpentina». En este contexto el término *serpiente* se refiere a la espiral de luz que se eleva por el altar de la columna; la misma «vara de hierro» con que el Divino Varón va a «gobernar todas las naciones».

Recordaréis que Moisés llevaba un cayado de pastor, pues cuidaba los rebaños de Jetro, su suegro, en Madián. También recordaréis que le pedí que arrojara su vara al suelo. Su obediencia significó su disposición a desestimar su llamado en las esferas de la Materia y aceptar el llamado del Espíritu, igual que los discípulos de Jesucristo serían llamados más tarde a dejar sus redes para convertirse en pescadores de hombres. Así, le iba a mostrar a Moisés la mutabilidad de su llamado terrenal que pronto habría de convertirse, por la ley de la transmutación, en la inmutabilidad del llamado celestial.

El cayado de pastor es el símbolo de la fuerza vital en el

El juicio de Serpiente y su progenie 305

hombre. Sostenido en la mano del Buen Pastor de mi pueblo, es el cetro de logro que denota que el elegido ha elevado la luz de la Madre desde la base de la columna hasta el chakra de la coronilla y la ha sellado en el tercer ojo.

Cuando Moisés vio que su vara se convertía en una serpiente, huyó de ella. Utilicé esta ilustración para enseñarle cómo los caídos han tomado la fuerza vital y la han cautivado en formas serpentinas de destructividad, capaces de penetrar en las mentes de mis hijos por la lógica serpentina y la emoción sinuosa. El movimiento del cuerpo de la serpiente produce una onda sinusoidal, y esto está relacionado con unas avanzadas enseñanzas que son transferidas por los adeptos a sus discípulos, por las cuales estos aprenden a atravesar con su cuerpo la materia sólida mediante la aplicación de este principio de movimiento a nivel molecular.

Para tener éxito en su gran encargo, Moisés tenía que demostrar maestría Divina en el ejercicio de los poderes del rey, pues él era quien sostendría la llave de la encarnación de Dios en los hijos de Israel. Le di la instrucción de que tomara a la serpiente por la cola, y a vosotros os digo lo mismo. No el enfrentamiento frontal con los caídos, sino el reto a lo fundamental de su operación que siempre radica en el abuso del chakra de la base de la columna; esta es la táctica de los ángeles de luz y los hijos de Dios que nunca han abandonado su elevado llamado de defender el Sanctasanctórum contra la abominación de la desolación.

Cuando aprendáis a agarrar la luz de la Madre y elevarla con control Divino hasta el chakra del corazón, también seréis capaces de extender vuestra mano como la mano de Dios y capturar a la progenie de Serpiente. Y cuando hayáis agarrado la luz que ellos han cualificado mal —para transmutarla antes de que pueda darse la vuelta y morderos—, entonces esa luz se convertirá en una vara del poder de Dios en vuestra mano. Así, preparaos mediante la búsqueda diligente de la ciencia de la luz de la Madre, 1) *para tomar en las manos serpientes* por fe en el Arcángel Miguel y sus huestes del Señor, 2) *para hacerlas retroceder* por la verdadera sabiduría del Hijo, y 3) *para transmutar su odio y creación de odio por la llama violeta del amor, el fuego sagrado del Destructor (Espíritu Santo) que consume todo lo que no es como Sí mismo.*

Ahora bien, Aarón también era un iniciado del Rayo Rubí, que ejercía el poder del sacerdote al lado de Moisés como su portavoz. Sus cargos santos, ordenados por mí en Horeb, eran para establecer el patrón arquetípico del llamado de los reyes y sacerdotes para Dios bajo Alfa y Omega. Fue la vara de Moisés (la figura del rey) blandida por Aarón (la figura del sacerdote) lo que se tragó a las serpientes de la magia negra y hechicería egipcia y colocó el signo del cetro de Cristo. Blandido más tarde por Jesús (que encarnó tanto el cargo de rey como el de sacerdote, la plenitud de Alfa y Omega), esta vara se convertiría en el caduceo ardiente de la llama de la resurrección para tragarse el culto de muerte de la perversión egipcia de la luz de la Madre y emitirlo en la plena gloria de la victoria eterna del amor.

El fuego sagrado de la fuerza vital asume la forma y manifestación de aquel que está aprendiendo el método correcto e incorrecto para llegar a ser un cocreador con Dios. Cuando envié ardientes serpientes entre el pueblo de Israel que hablaban tanto contra Dios como contra Moisés, estas eran la precipitación de su propio espíritu de rebelión y desobediencia, el mismo espíritu de la progenie de Serpiente al que habían permitido la entrada en sus mentes.

Por medio de una simple inversión de la espiral de energía que había salido de sus bocas con impureza e impiedad, sus malas creaciones les devolvieron el ponzoñoso veneno con el que, de haber podido, habrían matado a Moisés. Y muchos de ellos experimentaron la muerte debido al regreso de su propia energía, revertida por mi mano derecha levantada contra ellos. Tal es el manto de la Gran Hermandad Blanca, una protección siempre presente sobre aquellos que ejercen sus cargos espirituales con toda diligencia, humildad y amor.

Cuando consiguientemente la gente invocó la ley del perdón por sus pecados, pedí a Moisés que formara una ardiente ser-

El juicio de Serpiente y su progenie 307

piente y la colocara sobre un asta. Y cualquiera a quien las venenosas serpientes mordieron, devolviéndoles el veneno de su propia conciencia, fueron devueltos a la vida al mirar (meditar sobre) esta serpiente de latón.

Era el símbolo de la fuerza vital y la representación de su propia luz de la Madre elevándose para la curación de mente, alma y cuerpo. La serpiente enrollada alrededor de la vara de Mercurio ha permanecido como símbolo de la victoria de la vida sobre la muerte. Es el símbolo de la Verdad curativa y la plenitud de Alfa y Omega que se lleva a cabo mediante la meditación desde y sobre el Ojo Omnividente de Dios. Y todos los que miran ese Ojo entran en contacto con la visión que Dios tiene de la perfección del ser y la conciencia de ellos.

La visión de Dios de vuestra plenitud, amados míos, es un arco de fuego blanco que desciende a vuestro templo corporal mientras meditáis sobre el Ojo y ofrecéis su mantra al Elohim Ciclopea. Este arco de fuego blanco es la energía de Alfa y Omega que manifiesta en vosotros la plenitud de la luz curativa de Cristo. Todas estas enseñanzas no son sino una parte de vuestras iniciaciones del quinto rayo bajo mis apóstoles Pablo y Patricio, que están con los dos testigos en la puerta este de la esfera de la Materia.

Recordad ahora las enseñanzas que Jesús os dio, amados míos: «Y como Moisés levantó la serpiente en el desierto, así es necesario que el Hijo del hombre sea levantado». Este *Hijo* del hombre es la *Luz* del hombre. Es la Luz de la Trinidad y de la Madre que, como un resplandeciente sol de fuego blanco, debe ser elevada para que pueda llevar vuestra alma a la puerta de vuestra conciencia Crística y al guardián de la puerta, vuestro amado Ser Crístico, «para que todo aquel que en Él cree —por meditación y por la Palabra hablada, al creer en aquel que he enviado y al cumplir las iniciaciones del Rayo Rubí— no se pierda, mas tenga la vida eterna de la Madre fluyendo en él para siempre».

Amados, visualizad la espiral de la ascensión elevándose en vosotros desde la base de vuestra Gran Pirámide de la Materia hasta el ojo omnividente en su piedra cúspide. Porque este sol de vuestra manifestación *debe* ser elevado. Si no fuera así, mi hijo no os lo habría dicho, y no habría entregado su vida para poder tomarla de nuevo en demostración de este principio de la resurrección del alma a través del Hijo de Dios. Para que podáis demostrar este mismo principio de Vida eterna a través de la llama de la Madre, la ley requiere que el fuego sagrado en vosotros no sea derrochado en ninguno de los abusos de la fuerza vital prohibidos por ley cósmica en el jardín del Edén. Por tanto, podéis entender por qué la cabeza de estas serpientes siempre está decidida a herir el talón de los seres Crísticos.

El talón es el símbolo no sólo de los órganos reproductores, sino también de los genes y cromosomas así como de la espiral ADN que transmite en la Materia la luz Crística sellada en el semen y el óvulo del hombre y la mujer. Una vez más se están produciendo intentos de irrumpir en la mismísima luz de la propia alma por parte de científicos atlantes reencarnados, serpientes en medio de vosotros que contemplan la sumisión de toda la raza humana a sus diabólicos diseños (todo con la apariencia del bien) mediante la alteración del código genético, la cría selectiva de la progenie de Serpiente mezclada con la progenie de Cristo para producir una supuesta raza superior que posea la astucia de los caídos enaltecida por la luz de la Mujer. También contemplan modificaciones en el comportamiento para el juego de rol pasivo por parte de la humanidad en las matrices pervertidas de Serpiente y, por supuesto, la eutanasia, llamada equivocadamente «homicidio piadoso», así como el aborto de la vida de los inocentes en el vientre de la Madre. *¡No pasarán!*

Gracias a la maestría Divina de esta fuerza vital en mis hijos e hijas, ellos irán como iniciados del Rayo Rubí, como vencedores que no serán vencidos por las tentaciones —tan descaradamente representadas en los medios de comunicación— de abusar del fuego sagrado de la Madre en malas cualificaciones y perversiones tanto científicas como sexuales. Utilicen los seres Crísticos el talón —símbolo de su amor Divino de Acuario así como de su

El juicio de Serpiente y su progenie

maestría Divina de Piscis— para golpear y destruir de una vez por todas a las serpientes de muchas cabezas de los últimos días. *¡No pasarán!* Porque el Sendero del Rayo Rubí es el sendero de la maestría Divina acelerada de vuestra alma sobre el amor Divino acelerado del Espíritu Santo.

¡Despertad, despertad hijos e hijas de luz! ¡Despertad, fortaleceos, vosotros que sois el brazo del SEÑOR en toda la Tierra! ¡Despertad, como en los días antiguos cuando vinisteis en las generaciones de antaño con el Anciano de Días, prometiendo salvar a la Mujer y su progenie! ¿No sois el grupo de elegidos que cortó a Rahab e hirió de muerte al dragón?*

Veamos, pues, qué harán nuestros discípulos que han estudiado y asimilado nuestra Palabra con esta iniciación del Rayo Rubí: ¿tomarán en las manos serpientes según el ejemplo de mis apóstoles Pablo y Patricio y tantos otros valerosos que ahora son los maestros ascendidos? (a los que Juan observó como las «aves que vuelan en medio del cielo»†. ¿Se unirán a las filas de los vencedores que han vencido al dragón para que los niños pequeños aún puedan fortalecerse y crecer en la gracia del SEÑOR? ¿Tendrán el valor de blandir la espada rubí tras comulgar con el SEÑOR, que es poderoso hoy como lo era ayer?

¿Aplicarán mis enseñanzas preliminares a aquellas que aún daré sobre la apertura del séptimo sello? ¿Aprovecharán la luz que les he dado en esta serie de *Perlas de Sabiduría* por dispensación del Consejo Cósmico? ¿Tomarán la Palabra y Obra de los siete santos Kumaras en la tierra para preparar el camino del Segundo Advenimiento del SEÑOR y para hacer rectos los senderos de conciencia en mi pueblo para la venida de la justa RAMA?

¿Verán y se tomarán a pecho la misión de todos los que han pasado anteriormente porque esta es su hora, la hora en que yo, el Anciano de Días, deseo conferirles la misma maestría Divina que he dado a los avatares de Oriente y Occidente?

Amados míos, no descuidéis convertiros en la Palabra que

---

*Rahab es el nombre del dragón simbólico que aparece como antagonista de Jehová.
†Apocalipsis 19:17. Almas que han ascendido al cuadrante mental del Espíritu donde moran en la conciencia que Cristo tiene de Dios.

estudiáis y asimiláis. Porque sabéis que este llegar a ser produce frutos en el campo de la acción bajo los Instructores del Mundo.

Con el signo del Báculo de Jesús sometiendo serpientes, y el símbolo de la espada de la Palabra y el Libro de la Ley de Jesucristo, os sello en el manto de mis hijos Patricio y Pablo para que vosotros podáis también ser vencedores en la tierra.

YO SOY Sanat Kumara

Conservo en mi corazón la esperanza de la Madre por sus hijos así como conservo el voto de mis hijos e hijas de redimir la llama y la progenie de la Madre en esta hora.

¡Que las águilas que se reúnen en el Corpus Cristi* desciendan de las alturas hasta las profundidades para abalanzarse sobre serpientes y devorarlas con el fuego sagrado del Monte Sion!

---

*El cuerpo de la conciencia Crística

Véase Mateo 23; Juan 21:15-17; Éxodo 7; Salmos 55:22; Marcos 16:18. Génesis 48; Apocalipsis 5; 12; 17; Efesios 2:1-6; Isaías 14:29; Jeremías 8:17. Lucas 16:8-13; Mateo 10:16, Romanos 8:1-3; Filipenses 2:5; Lucas 13:35; Apocalipsis 14:6, 7; 1 Crónicas 21:1; Éxodo 3; 4; Mateo 4:18-22; Juan 10:7-18; Daniel 11:31; 12:11; Mateo 24:15; Apocalipsis 1:6, 8, 11; 5:10; Isaías 25:8; 1 Corintios 15:54; Números 21:1-9; Juan 1:4. 9; 3:14-16; 6:28, 29; Génesis 3; Isaías 51:9; Apocalipsis 19:17; Mateo 3:3; Jeremías 23:5; Zacarías 3:8; Mateo 24:27, 28. Nota: La progenie de Serpiente se encuentra en la Biblia bajo una serie de nombres, como culebra, áspid, basilisco, dragón, serpiente, serpiente ardiente, serpiente voladora ardiente y víbora.

35
∞

«Bébeme mientras YO SOY el que te bebe»
Si bebieren cosa mortífera, no les hará daño

Porque no quiero, hermanos, que ignoréis que nuestros padres todos estuvieron bajo la nube [de la Poderosa Presencia YO SOY y las huestes del SEÑOR], y todos pasaron el mar [el plano astral que contiene los registros de su karma personal y planetario];

y todos en Moisés fueron bautizados en la nube [con fuego] y en el mar [con agua],

y todos comieron el mismo alimento espiritual [el maná de la comunión del SEÑOR con ellos a través de su cuerpo y su sangre],

y todos bebieron la misma bebida espiritual; porque bebían de la Roca espiritual que los seguía, y la Roca era Cristo.

1 CORINTIOS 10

Amados que habéis sido los seguidores del Cordero desde que os llamé a que salierais del culto mortal de la esclavitud egipcia hacia la Tierra Prometida de la vida abundante en la conciencia Crística:

De los que beben de la Roca espiritual, tomando en sus templos la luz de Cristo, está escrito: «Si bebieren cosa mortífera, no les hará daño».

YO SOY el que está abriendo la puerta norte de la ciudad santa en las esferas de la Materia y ahí permanezco para recibir a los santos de la Iglesia interna, al remanente de la progenie de la

Mujer y a los chelas de los maestros ascendidos. Aquí el Padre da las iniciaciones del sexto rayo a aquellos que tienen hambre y sed de justicia, para que puedan ser llenados de su Espíritu.

En el nombre del Gran Gurú Señor Maitreya, el Hijo Jesús está en medio del pueblo en su día de fiesta, y clama: «Si alguno tiene sed, que venga a mí y beba». Hablo a aquellos que están creyendo en el Hijo de Dios como la puerta abierta a su propia conciencia Crística, a aquellos que están siendo bautizados a través de él con fuego y con agua, por Alfa y por Omega.

Deseo hablaros, amados míos, de vuestro nuevo nacimiento por medio de la llama de la resurrección llevada en el corazón de Cristo como la flor de lis y llevada en la mano de los santos como el lirio de luz, significando que se están sometiendo a las iniciaciones de la Iglesia Universal y Triunfante. Por las advertencias del SEÑOR, os estáis volviendo partícipes de la naturaleza Crística. Al beber de la conciencia de la vida eterna, estáis entrando en la vida de Jesucristo a través de vuestro amado Ser Crístico.

Comienzo, por tanto, mi instrucción para vosotros sobre el cumplimiento de su Palabra, «el que cree en mí, como dice la Escritura, de su interior correrán ríos de agua viva». A través de la cuarta señal que sigue a aquellos que predican el Evangelio Eterno, trabajando el SEÑOR con ellos [que es la sexta iniciación de los santos que siguen al Cordero, véase página 251], YO SOY el que os prepara para la entrada en la Iglesia interna donde se divulgan los misterios del Santo Grial al beber de la copa de Cristo.

En la cámara interior, llamada el Aposento Alto, hay una inscripción: *Bébeme mientras YO SOY el que te bebe.* A los que el SEÑOR recibe en el Sendero del Rayo Rubí para que sean partícipes de su cuerpo y su sangre se les enseña el significado de este mandamiento del Gran Iniciador que se ha convertido en el mantra de Madre y Maitreya cantando en el corazón de los santos. Estos santos son los iniciados que guardan la Llama de la Vida y protegen el santuario del Santo Grial para «los ciento cuarenta y cuatro mil», que deben beber de la copa del Padre en esta era.

«Bébeme mientras YO SOY el que te bebe»

Bébeme mientras YO SOY el que te bebe. Esta es la señal de recibir y de dar las aguas de la Palabra— las verdaderas enseñanzas de Cristo— a través de la iniciación del chakra de la garganta: 1) ingiriendo la luz como la sangre (corriente Alfa de Cristo), la esencia de Vida de la Mente de Dios para nutrir la mente y el corazón, y entregándola como la Palabra de justicia y como la espada de doble filo de su juicio justo; 2) ingiriendo la luz como el cuerpo (la corriente Omega de Cristo), la iluminación de la Mente de Dios para nutrir el alma y el cuerpo, y emitiéndola como la luz-energía-conciencia del Espíritu Santo a través del chakra del plexo solar como ríos de agua viva para la curación de los cuerpos de los deseos de hombres y naciones.

Sólo los partícipes de la copa de gracia espiritual del Señor son inmunes a la copa de la blasfemia de los demonios, y por ello mi apóstol os advirtió que no bebierais de ambas. De la misma manera, cuando se os haya hecho partícipes de la Palabra viva a la mesa del Señor, no os atreveréis a quebrantar la ley sentándoos a la mesa de los demonios para tomar parte de sus palabras y obras muertas. Así, aquellos que desean entrar en las iniciaciones de la copa del Señor deben ser conscientes de las penalizaciones que hay por tomar estas iniciaciones que doy y después darse la vuelta y tomar las iniciaciones de los caídos. Antes, debéis estar dispuestos a decir con el Cristo del Señor: «La copa [de iniciación] que el Padre me ha dado, ¿no la he de beber?».

Porque vosotros que deseáis ser partícipes de la Palabra de Maitreya en la puerta norte de la Ciudad Cuadrangular sois bautizados en un sólo cuerpo por mi Espíritu, tanto si sois esclavos de vuestro karma o del karma personal y planetario de las evoluciones de la Tierra como si estáis libres de la ronda del renacimiento y aún permanecéis en el tiempo y el espacio como buenos pastores bajo los Instructores del Mundo. Pues yo os doy de beber de la copa de comunión del Rayo Rubí, que es verdadera sabiduría, verdadero amor y pura luz, para que podáis estar unidos en esta hora de vuestras iniciaciones en el sexto rayo a través del único Espíritu del Señor.

Nuestra historia comienza en el pozo de Jacob, símbolo del depósito de la conciencia del Cristo en los doce hijos de Jacob, que establecieron el patrón arquetípico del sendero de Cristeidad para las tribus que descendieron de su progenie. Jesús, cansado por su viaje de Judea a Galilea, llegó a la ciudad de Sicar, en Samaria. Era la hora sexta aproximadamente, la hora para la iniciación de la mujer y del potencial femenino de cada cual, el alma que desea ser la novia del Cordero.

Jesús llegó a la parcela de la tierra que Jacob, su padre, le había dado cuando estuvo encarnado como su hijo preferido, José. Y se sentó en el pozo, representando su dominio sobre la conciencia de las doce tribus que procedían del Anciano de Días a través de la progenie de Abraham, Isaac y Jacob.

Allí Jesús regresó, simbólica y realmente, a un punto de origen, a la base del deseo, incluso al inconsciente colectivo de toda la Corriente de Vida de los hijos de Israel. No importaba que la mujer que llegó al pozo fuera de Samaria.* Pues durante la dispensación de Piscis, tanto «judíos» como «gentiles» serían puestos a prueba igual que ella fue puesta a prueba. Y cuando os toque a vosotros, amados míos, esta prueba determinará si sois recibidos o no en la puerta norte en las esferas de la Materia por el Gurú Maitreya y su llama de la Madre.

¿Qué estaba haciendo Jesús cuando dijo a la mujer que había ido a por agua: «Dame de beber»? Ella parecía no saber, ni conocía al que le dio la orden de la Palabra. Por ello no obedeció inmediatamente, sino que dio comienzo a un cuestionamiento humano sobre un maestro divino. La orden, «dame de beber» la dan los Gurús del Rayo Rubí a todo futuro chela para poner a prueba su grado de deseo.

¿Cuán grande es vuestro deseo para hacer la voluntad de Dios? ¿Cuán grande es vuestro amor por su Persona encarnada en el Gurú? ¿Cuán grande es vuestro deseo de servirle a Él a

---

*Los samaritanos afirmaban ser descendientes directos de José y del remanente del reino de Israel, específicamente de las tribus de Efraín y Manasés. Los samaritanos aceptaban la Tora (Pentateuco) como la única ley auténtica de Dios y a Moisés como su apóstol supremo.

través del enviado? ¿Cuán grande es vuestro deseo de llevar su cruz, y consiguientemente de recibir una cantidad doble de su Espíritu? ¿De beber su cáliz de amargura por la noche, y por la mañana su cáliz de alegría?

¿Cuán grande es vuestro deseo de sentaros a la diestra de Dios? ¿Podéis beber del cáliz de Cristo del cual él bebió? ¿Y podéis ser bautizados con el bautismo con el que Cristo es bautizado?

Los discípulos Santiago y Juan acudieron al Maestro con gran deseo. Sin embargo, el suyo era un deseo inadecuado. Él se dirigió a ellos, diciendo: «¿Qué queréis que *os* haga? ¿Qué deseáis que haga por vosotros que sólo vosotros podéis hacer?».

Ellos le dijeron: «Concédenos que *en tu gloria* nos sentemos el uno a tu derecha, y el otro a tu izquierda». Pero Jesús les dijo: «¡No sabéis lo que pedís! ¿Podéis beber del vaso que yo bebo, o ser bautizados con el bautismo con que yo soy bautizado?». No dispuestos responsabilizarse de todas las consecuencias de su petición de ascender al trono de gloria por el logro de su Maestro en vez de por el suyo propio, como requiere la Gran Ley de todo siervo hijo e hija de Dios, respondieron: «Podemos».

Entonces Jesús les prometió el sendero de su propia iniciación individual en el Rayo Rubí, diciendo: «A la verdad, del vaso que yo bebo, beberéis. En verdad someteréis vuestra alma a las iniciaciones en el Camino de la Cruz a las que yo he sometido la mía. Y con el bautismo con que yo soy bautizado, seréis bautizados. En verdad, recibiréis la purificación a través de, y la polarización en, Alfa y Omega. Pero el sentaros a mi derecha o a mi izquierda, no es mío darlo, sino a aquellos para quienes está preparado».

Amados míos, los santos que eligen entrar en el Sendero del Rayo Rubí y sus iniciaciones en la puerta norte de la Ciudad Cuadrangular son aquellos para quienes está preparado el banquete de bodas del Cordero. Es la celebración de esa comunión que ahora conmemoráis entretanto que me *bebéis mientras YO SOY el que os bebe*. Es asimismo la celebración de la que se habla como el regocijo en el cielo por el ascenso del alma en gloria al trono del

Cordero que se sienta a la derecha de Dios.

Con el premio del Sendero suspendido ante vuestra mirada como un radiante sol de luz, símbolo de vuestra entrada victoriosa en el Gran Cuerpo Causal de Dios, puede que consintáis rápidamente en beber del cáliz que el Padre da a su Hijo en la iniciación de la crucifixión. Pero muchos que al principio están ávidos y deseosos no tienen el aguante que este sendero de entrega en el Rayo Rubí requiere, paso a paso, a través de la abnegación, el sacrificio y el servicio. Así, la puesta a prueba del deseo del alma por el cáliz de la resurrección y la vida está encerrada en las palabras del Maestro: «Dame de beber».

Al resonar el mandamiento del SEÑOR, «dame de beber», por los universos, nos vemos suspendidos en el momento en que el Hijo del hombre vendrá con la gloria de su cuerpo de luz de maestro ascendido, con todos los santos ángeles con él, sentado en el trono de su gloriosa Presencia YO SOY.

Y a las almas que están a su derecha, habiendo seguido el Sendero del Rayo Rubí atendiendo las necesidades de todas las partes de la Vida y sirviéndolas, el Rey dice: «Venid, benditos de mi Padre, heredad el reino preparado para vosotros desde la fundación del mundo. Porque tuve hambre, y me disteis de comer; tuve sed, y me disteis de beber; fui forastero, y me recogisteis; estuve desnudo, y me cubristeis; enfermo, y me visitasteis; en la cárcel, y vinisteis a mí».

Así se revela la ley a los discípulos en el Aposento Alto: si deseáis recibir la carne de mi Palabra, la copa de mi conciencia, si deseáis ser aceptados como chelas del Gran Gurú, si queréis ser vestidos con su manto, curados de todas vuestras enfermedades y recibir la visita de los maestros ascendidos, si deseáis conocerlos mientras estáis todavía en la prisión de vuestro propio karma, entonces debéis hacer primero a uno de los menores de vuestros hermanos en quien habite el Cristo vivo aquello que querríais que él os hiciera a vosotros.

Y si sois la mujer de Samaria y no reconocéis al Maestro vivo, no importa. Importa que deis de beber al enviado. Y cuando le hayáis dado el cáliz aceptable y el Hijo os haya dado el cáliz de su Padre, importa que entonces deis a estos pequeños, en el nombre de vuestro propio discipulado, la copa de agua fría del Maestro y que recibáis la recompensa de vuestra iniciación a través del Divino Varón que vive en el corazón del niño pequeño.

No importa si vuestra mente externa está familiarizada con el sendero de iniciación Crística. Tanto si es un Cristo reconocible, un niño pequeño o un mendigo, la Ley requiere que recibáis al extraño que tenéis ante vuestra puerta y que le deis de beber. Al hacer esto, amados míos, satisfaréis la Ley. Y si ese extraño fuera el ser Crístico, el ungido por mí para iniciar a mis discípulos del Camino de la Cruz, entonces se puede decir: «El que le recibe, a mí me recibe; y el que le niega, a mí me niega».

Porque el alma siempre sabe quién es el enviado. Y las almas de mis hijos han de ser puestas a prueba en las estaciones del Padre, sin que importe la ignorancia de la mente externa sobre la Ley y el Legislador. Por eso la iniciación se da en el nivel de la bondad humana y de la necesidad humana, para que todos puedan pasar la prueba, muy sencilla si aman, independientemente de la anterior programación venenosa de la mente externa por parte de Serpiente.

Así fue cuando Abdías tomó a aquellos cien profetas que Jezebel se había llevado y los escondió en grupos de cincuenta en una cueva, y los alimentó con pan y agua. Al alimentarlos, me alimentó a mí. Al darles de beber, me dio de beber a mí. Por tanto envié a mi servidor Elías a su encuentro, y él cayó sobre su rostro y le recibió como representante del SEÑOR. Pero cuando Elías le dio la primera iniciación, que era anunciar a Ahab que el profeta del SEÑOR deseaba verlo, Abdías, temiendo por su vida, no obedeció inmediatamente al elegido del SEÑOR sino que dio comienzo al cuestionamiento humano sobre el maestro divino.

Aunque al final obedeció la orden de Elías, el temor y la duda de Abdías, su sentimiento de injusticia y el cuestionamiento de la sabiduría de Elías, deduciendo que el profeta con su orden pondría su vida en peligro, reveló que no estaba dispuesto ni era capaz verdaderamente de beber del cáliz del que su maestro iba a beber, ni para ser bautizado con el bautismo del monte Carmelo.

Sin embargo, había dado el primer paso, alimentando al Anciano de Días cuando alimentó a los profetas. Y cuando su alma demostrara estar lista, se le daría de nuevo la oportunidad de obedecer la Palabra del Señor sin temor ni duda ni cuestionamientos humanos, y pasar así de los registros de muerte al cáliz de la resurrección y la vida del Señor.

Así, muchos son llamados pero pocos elegidos para entrar en las iniciaciones del Cordero en la puerta norte de la Ciudad Cuadrangular. Sin embargo, está escrito: «Bienaventurados los que son llamados a la cena del Cordero». Seáis benditos, amados míos, tanto en vuestra vocación como en vuestra respuesta a la primera orden del Novio a vuestra alma: «Dame de beber».

Y cuando dais de beber a vuestro Señor, dad lo mejor de vuestros ríos de agua viva almacenados en los profundos manantiales de vuestros siete chakras. Estas aguas de la luz de la Madre las poseéis para entregarlas en este mismo momento en el nombre de vuestro amado Ser Crístico, aunque vuestros chakras permanezcan sellados con siete sellos hasta que hayáis completado con éxito las siete iniciaciones de los santos que siguen al Cordero. Esta ofrenda amorosa de vuestro cáliz, sea como sea, para el enviado mío para vosotros, por pequeña que sea, es la condición previa para que recibáis mi copa del Rayo Rubí.

Esta copa que dais al Maestro contendrá siempre todo el contenido de vuestra mente y vuestro corazón, como la gota contiene al océano. Es, por tanto, una copa medidora por la cual el Maestro mide esta muestra de vuestra sinceridad por la vibración de la energía que transmitís. El don, pues, es la esencia del que lo da. Y es hora para que el Señor ponga a prueba a todos los dadores a través de la pureza o impureza de los dones entregados unos a otros en su nombre. Como mi hijo Morya ha dicho del dador obsequioso: «Si no puedo aceptar al dador, no puedo aceptar el regalo. Y si no puedo aceptar el regalo, entonces no puedo aceptar al dador como chela de la voluntad de Dios».

Cuando la mujer de Samaria cuestionó y no respondió al mandamiento del Señor, Jesús reprendió su ignorancia de la Ley y de la Persona del Legislador, diciendo: «Si conocieras el don de Dios, y quién es el que te dice: Dame de beber; tú le pedirías, y Él te daría agua viva».

Ignorando su incesante cháchara con la que impugnaba los motivos de él debido a sus propios motivos impuros, Jesús quemó en akasha el registro de la ley de la vida eterna que sería revelado a los santos del Aposento Alto en los últimos días: «Cualquiera que bebiere de esta agua, volverá a tener sed; mas el que bebiere del agua que yo le daré, no tendrá sed jamás; sino que el agua que yo le daré será en él una fuente de agua que salte para vida eterna».

Oyendo las propiedades milagrosas del agua de su conciencia Crística, la mujer solicitó al Señor: «Señor dame esa agua...». Pero Jesús reconoció el pecaminoso sentido de su conciencia de sí misma. Su copa no era la copa aceptable del chela autodisciplinado de la voluntad de Dios que sigue el Sendero al máximo, esté su Señor presente o ausente. Por tanto, no quiso transferirle la iniciación del agua viva de Vida, sino que le pidió que primero fuera y resolviera su karma con los cinco maridos y con el último, que no era su marido. Entonces podría entrar en el Sendero que conduce al Aposento Alto y al Esposo eterno, que declara: *Bébeme mientras YO SOY el que te bebe.*

Siempre el Salvador del Mundo a través del arrepentimiento y la remisión de los pecados, el Señor dio a la mujer de Samaria la señal de las iniciaciones venideras de Acuario, cuando el potencial femenino debe ser el recipiente purificado, ya vaciado de aquellas perversiones de Piscis: duda del Yo, temor y muerte. Duda del Yo tanto en el Creador como en la creación; temor al Señor basado no en el amor de su Señorío, sino en un sentido de pecado incesante y rebelde; y la conciencia de muerte generada por la duda del Yo y por el temor sinuoso y pecaminoso del incrédulo.

Aún sin percibir mi Luz en el enviado, la mujer le pronunció la doctrina del Mesías venidero: «Sé que ha de venir el Mesías, llamado el Cristo; cuando él venga nos declarará todas las cosas». Puesto que no podía ni quería verle como yo mismo excepto por confirmación de La Palabra, Jesús le dijo: «Yo soy, el que habla contigo». Y sucedió que, aunque no quedó vacía de su estado pecaminoso, por el testimonio de la mujer sobre la Cristeidad de Jesús, muchos samaritanos acudieron a escuchar mi palabra hablada a través del Hijo de Dios. Y tras permanecer él con ellos dos días, dijeron: «Nosotros mismos hemos oído, y sabemos que verdaderamente éste es el Salvador del mundo, el Cristo». Amados míos, ellos lo percibieron por el Espíritu Santo y por el Espíritu de José, cuya alma él era.

Les profetizó la religión de la nueva era en que los verdaderos adoradores adorarían al Padre en el Espíritu del YO SOY EL QUE YO SOY y en la Verdad de la Palabra encarnada en el Ser Crístico. Les dio su palabra de Verdad que, cuando es obedecida, conduce a La Palabra la cual es vida eterna. Pero el don de la copa de cristal y del elixir de Vida esperaría hasta la conclusión de la dispensación de Piscis, cuando las iniciaciones de la resurrección y la ascensión —tras la larga noche de su crucifixión— volverían a estar disponibles para los hijos de la luz de Israel reencarnados.

Él sabía que antes debían pasar por la noche oscura de la autocrucifixión de su alma a través de saldar el karma personal y la noche oscura de la crucifixión del Espíritu a través de saldar el karma planetario. Sólo entonces se permitiría a las almas «para quien está preparado» beber la copa entera de su cuerpo de luz de maestro ascendido y recibir el pleno bautismo de su llama de la ascensión. Estos son los pasos del Sendero que conduce al asiento a su derecha y a su izquierda, donde Santiago y Juan deseaban estar. Y aquí es donde vosotros, amados míos, también deberíais desear estar con todo vuestro corazón: porque es un deseo lícito, siempre y cuando estéis dispuestos a tomar los dos brazos de su cruz diariamente, el brazo vertical del karma personal y el brazo horizontal del karma planetario.

Cuando Cristo le dijo a la mujer: «La salvación viene de los judíos», se refería al remanente que viajó conmigo para entregar el mandamiento de amor a las evoluciones de la Tierra y a todos aquellos quienes, a través de ellos, recibieran la transferencia de mi Luz. Pero el núcleo arquetípico de los «ciento cuarenta y cuatro mil» debe antes ser sellado en la frente por el rayo esmeralda del Elohim del Ojo Omnividente de Dios bajo la dispensación de los dos testigos que están en la puerta este. Luego han de ser iniciados en el Sendero del Rayo Rubí antes de que la dispensación de la copa de cristal pueda darse a través de las manos de estos santos a las razas raíz de las evoluciones de la Tierra.

Cuando el Maestro dijo: «La salvación viene de los judíos», estaba incitándola a que respondiera con las palabras: «También YO SOY digna. YO SOY de la descendencia de la progenie de José. Maestro, pídeme que entre, y beberé tu copa». A ella correspondía denunciar o renunciar no sólo a su sentido de pecado, sino también a los efectos de ese sentido manifestados en palabras y obras pecaminosas. A ella correspondía apelar al Maestro por arrepentimiento y remisión del pecado y luego solicitarle el discipulado. En esto debe tener la voluntad de alejarse de su idolatría hacia la persona de él y reconocer la luz en su propia alma siendo digna tanto de dar como de recibir la copa.

Así, YO SOY el SEÑOR vuestro Dios en medio de vosotros, entregando el mensaje a través del séptimo ángel del misterio de la aparición de Dios en Horeb —y de mi nombre YO SOY EL QUE YO SOY— y del Nombre detrás del nombre, escrito en la frente de todos los que están con el Cordero en el monte Sion. Este mensaje lo entrego a través de la palabra impresa a mis elegidos y fieles de todo el mundo para que por vuestra redención, amados míos, la gran multitud de almas de luz puedan ser redimidas de la Tierra y regresar a los rediles de sus Manús [los Legisladores y patrocinadores del sendero Crístico para las razas raíz de la Tierra].

Ahora, santos míos del Rayo Rubí, os pido: *Bebedme mientras YO SOY el que os bebe*. El fluir de las mareas del Amor es el dar y recibir de la conciencia del Cordero y su novia amada. Son para que meditéis en el gran intercambio cósmico de la llama de la resurrección que ahora iniciamos entre las almas de luz en la Tierra y su Novio individual, el amado Ser Crístico. Cuando recibáis la marea de amor de vuestro Esposo, que vuestro gozo sea un espejo que engrandezca la luz de vuestro SEÑOR y se la envíe de vuelta con un reflejo cósmico de su amor por vosotros y de vuestro amor por él.

Al entrar en esta meditación de amor, comenzaréis a descubrir el misterio de su cuerpo y su sangre mediante el mantra dorado y rosa, *Bébeme mientras YO SOY el que te bebe*. Al beber en la conciencia del Cordero, entraréis verdaderamente en la vida del Hijo de Dios en todo maestro ascendido, a través de vuestro amado Ser Crístico.

Y cuando, a través de la meditación de Maitreya en vosotros y el mantra de Madre, el elixir de la vida eterna esté en vuestro cuerpo y en el cuerpo de creyentes como el fuego sagrado de la resurrección, sucederá que si bebierais (tomar en vuestros chakras) cualquier cosa mortífera de la filosofía de Serpiente y su progenie, no os hará daño; porque la frecuencia madreperla de la llama de la resurrección —la plenitud de Alfa y Omega— lo transmutará.

Puesto que aquel que estuvo colgado en la cruz se negó a beber el vinagre mezclado con hiel, puesto que rechazó esa burla a su crucifixión por parte de la progenie de Serpiente, amados míos, vosotros, en el momento de vuestra victoria en la misma iniciación en el Sendero del Rayo Rubí, también resistiréis, en su nombre, la mano de Serpiente y por ello recibiréis de la mano de los ángeles ministrantes del SEÑOR la copa del fuego sagrado de la resurrección al tiempo que os cantarán su cántico: *Bébeme mientras YO SOY el que te bebe*.

¿No vais a invitar a los ángeles de la resurrección a que permanezcan con vosotros mientras hacéis el mantra de la Madre del Mundo para los destellos de luz esencial, que sirven para la preparación de vuestros chakras para las iniciaciones del sexto rayo?

Sea el Espíritu de la Resurrección en vosotros, en la tierra, para revertir la marea con lo cual los registros de muerte son tragados en la victoria de Su amor.

YO SOY

Sanat Kumara

portador del estandarte
del Espíritu unificador de la Gran Hermandad Blanca
que es el estandarte de paz y pureza.

Y digo a todos quienes desean
beber del agua de la Vida libremente:
esforzaos por la copa aceptable.
Cuando el Maestro os pida,
«Dame de beber»,
dadle la copa aceptable.

Véase 1 Corintios 10; Apocalipsis 14:1-5; Marcos 16:14-20; Apocalipsis 12:17; Mateo 5:6; Juan 7; 10:1-30; Apocalipsis 3:7, 8; Mateo 3:11; Hebreos 4:12; Apocalipsis 1:13-16; Juan 18:11; 1 Corintios 12; Juan 4:1-42; Apocalipsis 21, 22; Juan 6:29; 2 Reyes 2:9; Marcos 10:35-45; Mateo 26:36-46; Lucas 15:3-7; Mateo 25:31-46; 7:12; 10:40-42; 1 Reyes 18; Juan 11:25, 26; Mateo 22:14; Apocalipsis 19:6-16; Lucas 9:23-27; Apocalipsis 7; 10:7; 11:15; Mateo 27:24-49; Isaías 25:8; 1 Corintios 15:54.

Rayos de Luz Esencial 60.06

Amada, poderosa y victoriosa Presencia de Dios YO SOY en mí, mi muy amado Santo Ser Crístico y Santos Seres Crísticos de toda la humanidad:

Por y a través del poder magnético de la inmortal, victoriosa llama trina de amor, sabiduría y poder anclada dentro de mi corazón, YO SOY quien invoca la Llama de la Resurrección desde el corazón de Dios, Alfa y Omega en el Gran Sol Central, Bendito Máximus, el Gran Espíritu de la Resurrección y el Espíritu de la Abnegación en el Sol detrás del sol:

Los Siete Poderosos Elohim, los Siete Amados Arcángeles, los Siete Amados Chohanes de los Rayos y los hijos-siervos de Dios que están con ellos en el cielo sirviendo bajo las cuatro fuerzas cósmicas y la jerarquía del Rayo Rubí: los Siete Santos Kumaras, Sanat Kumara, Gautama Buda, el Señor Maitreya, el Señor Jesucristo; de los Amados Helios y Vesta, amado Ciclopea y los Grandes Vigilantes Silenciosos de la Tierra y sus evoluciones, los Cristos Cósmicos y los victoriosos vencedores de las eras de oro de la Tierra, amados Paz y Aloha, amada Maestra Ascendida Nada, amada Kuan Yin, amado Señor Maha Chohán, directores de los elementos y las fuerzas de la naturaleza, amada Virgen María, Arcángel Uriel, Arcángel Gabriel, y todos los que sirven a la llama de la resurrección, amado Lanello, los Señores del Karma, el Consejo Cósmico y los Veinticuatro Ancianos, todo el Espíritu de la Gran Hermandad Blanca y la Madre del Mundo, vida elemental: fuego, aire, agua y tierra.

Que todo el impulso acumulado de la llama de la resurrección desde el corazón del Señor Dios Todopoderoso y sus huestes celestiales, junto con el rayo rubí y la llama violeta, el relámpago azul cósmico y el fuego blanco del «cristal terrible», consuman la causa y el núcleo de las hordas de la Muerte y el Infierno y ¡atrapen y aten, atrapen y aten, atrapen y aten a Abadón y sus demonios procedentes del abismo sin fondo que atormentan a la Tierra y a sus evoluciones!

Acepto amorosamente vuestro impulso acumulado de la Llama de la Resurrección, conscientemente expandido sin límites en las almas de los niños amorosos y obedientes de Dios, infinitamente, ahora y siempre: *¡Bébeme mientras YO SOY el que te bebe!*

1. Bendita llama de la Resurrección,
   Llama de substancia blanca y del arco iris,
   Restaura en mí la plenitud de mi parte divina.

Estribillo:
   Oh Espíritu Unificador de la Gran Hermandad Blanca,
      Opalescente madreperla,
   Leche y miel de la alegría de la Resurrección,
      Bébeme mientras YO SOY el que te bebe.

2. Bendita Llama de la Resurrección,
   Esplendor que brilla a través de mí como una nube solidificada,
   Consuélame con la Realidad Crística de tu resplandor.

3. Bendita Llama de la gloria de la Resurrección,
   Esperanza radiante y espléndidas alegrías futuras aparecen prometedoras,
   YO SOY el que está lleno con tus rayos de Luz esencial.

4. Madre María, amado Jesús bendito,
   manténme en la blancura de tu gloria celestial.
   Deja que las sombras de la Tierra se desvanezcan:
   ¡Oh Luz viva de Dios, aparece!

¡Y con plena fe acepto conscientemente que esto se manifieste, se manifieste, se manifieste! (3x), ¡aquí y ahora mismo con pleno Poder, eternamente sostenido, omnipotentemente activo, siempre expandiéndose y abarcando el mundo hasta que todos hayan ascendido completamente en la Luz y sean libres!
¡Amado YO SOY! ¡Amado YO SOY! ¡Amado YO SOY!

36

∞

El misterio del cubo blanco

El que tiene oído, oiga lo que el Espíritu dice a las iglesias. Al que venciere, daré a comer del maná escondido, y le daré una piedrecita blanca, y en la piedrecita escrito un nombre nuevo, el cual ninguno conoce sino aquel que lo recibe.

APOCALIPSIS 2

Amados míos que deseáis buscar los misterios dados a los santos de Dios que sirven en el cubo blanco de la Iglesia Universal y Triunfante:

El misterio del cubo blanco, amados míos, es que es la matriz geométrica en la Materia en cuyo interior la Llama Trina de la Trinidad está sellada herméticamente. El cubo blanco es el símbolo de la Madre y de aquel que se ha convertido en la piedra viva en el templo de la Madre. La piedra viva es el alma animada por la Trinidad interior. Por ello el Señor Dios ha sellado la chispa de la vida dentro del cubo de la Materia como un signo verdadero de la venida del Señor y de la meta del sendero de iniciación en el Rayo Rubí: la encarnación de la Palabra.

El cubo blanco es el símbolo de la Materia llenada con la luz de la Madre. En los múltiplos de cuatro, su geometría irradia la señal de la cruz en todas direcciones al emitir cada lado del cubo un rayo de luz blanca que significa la combinación de la Trinidad tricolor en la luz del único Dios verdadero. La cruz omnidireccional de fuego blanco que se ve desde cada lado del cubo blanco es un recordatorio para los hijos e hijas de Dios de que allá donde vayan en las esferas de la Materia, norte, sur, este y oeste, sin importar cuál sea el ángulo de su karma o de su dharma, no pueden escapar de la convergencia en el Templo la Hermosa de las líneas vertical y horizontal de Alfa y Omega.

¡He aquí, YO SOY el que ha nacido para ser el Hijo de Dios en la tierra y en el cielo! Proclamad así vuestro destino ardiente y contemplad su misterio revelado en el cubo blanco: no podéis ir a ninguna parte donde Dios no esté, como dijo el salmista, «¿A dónde me iré de tu Espíritu? ¿Y a dónde huiré de tu presencia? Si subiere a los cielos, allí estás tú; y si en el Seol hiciere mi estrado, allí tú estás. Si tomare las alas del alba y habitare en el extremo del mar, aun allí me guiaría tu mano, y me asirá tu diestra». Desde las alturas hasta las profundidades, en todos los planos de conciencia, fuego, aire, agua y tierra, contemplad a vuestro Dios y contemplad a ese Dios trabajando laboriosamente para dar nacimiento a la cruz cósmica de fuego blanco en vosotros.

Ahora dad la mano a vuestro amado Ser Crístico y dejad que el Hijo de Dios os conduzca al chakra del octavo rayo, la cámara secreta del corazón. En las iniciaciones del sexto rayo de los santos, preparatorias para la iniciación del octavo rayo, la ascensión a la luz del Yo Divino, entran los santos que están con Maitreya y Madre en la puerta norte de la Ciudad Cuadrangular. Esto es la entrada al sendero óctuple del Buda y los bodhisattvas que culmina en la puerta norte en la integración del octavo rayo del Yo superior e inferior a través de la figura en forma de ocho del Cordero.

Observaréis, amados míos, que el número seis es una figura en forma de ocho incompleta. Así, las iniciaciones del sexto rayo son preparatorias para las experiencias culminantes de la vida del santo, siempre consumadas en devoción pura hacia la Madre, discipulado puro hacia la Gurú Ma. Los santos de la Iglesia interna siempre han sido devotos de la Madre, pues han comprendido que quien es capaz de atraer la vestidura de la Virgen Cósmica establece en sí mismo el cubo blanco, así como él es establecido por la Gurú Ma como el cubo blanco.

Aquello que el devoto descubre primero en la cámara secreta

del corazón, el cubo de alabastro brillando con la luz interior de la Llama Trina, es la piedra angular del Templo la Hermosa que él debe construir, hilera sobre hilera, precepto a precepto, bajo la cercana supervisión del sabio maestro mayor de obras, el amado Ser Crístico. Así, por devoción a la Madre, el chela adorador se convierte en la Madre; y lo que se ha convertido en Madre, a través de la que es Madre, es el imán incomparable capaz de atraer la Llama Trina de la Trinidad.

Así, queridos míos, si deseáis llegar a ser la Palabra encarnada, convertíos en la Madre y ella dará a luz al Divino Varón en vosotros. Si deseáis comenzar una relación directa con Dios Padre, convertíos en la luz Omega y ella polarizará la presencia Alfa para la fusión de los mundos. Si deseáis conocer al Consolador como la suave presencia del Espíritu Santo, limpiad las cámaras nupciales [chakras] de la conciencia, nivel a nivel, de forma que en vuestro altar puedan arder esas lenguas hendidas de fuego que son la señal del Espíritu interior que ha venido a por su novia en espera.

Allá donde vuestra maestría Divina sobre el tiempo y el espacio se convierta en la precipitación del cubo cósmico, allí estará la Madre. Donde está la Madre en la persona de la Bendita Virgen, allí está la llama de la Madre, y esa llama blanca es el núcleo del átomo del ser no permanente, o negativo, sellado en el chakra de la base de la columna. Este átomo es la polaridad negativa del Átomo Permanente, el sol de fuego blanco en el centro del YO SOY EL QUE YO SOY en vuestro gran Cuerpo Causal.

Cuando la presencia de la Madre en vosotros se hace personal debido a la devoción hacia la personalidad femenina de la Divinidad, entonces el sol de fuego blanco del átomo no permanente se elevará hasta la cámara secreta del corazón, donde se fusionará con el cubo blanco. El cubo blanco y el sol de fuego blanco de la Madre combinados como uno solo son los ingredientes necesarios para el nacimiento de vuestra conciencia Crística individual, experimentada por Juan el Revelador cuando contempló la visión del nacimiento del Divino Varón. Así, el cubo blanco está ahí como depósito de la gracia de la Trinidad. Pero el alma, por libre albedrío, debe ejercer el dominio Divino de la luz de la Madre para desatar el potencial divino.

El dominio que se da y el dominio que se toma se produce por adoración. Examinemos este Sendero múltiple de adoración. Dios Padre, que sostiene la polaridad de las esferas celestiales, adora la llama de su amado Hijo sellada en el cubo blanco. Dios Madre, que sostiene la polaridad de las esferas terrenales, igualmente adora la llama del Hijo sellada en el cubo blanco. Así, tanto el Padre como la Madre adoran la Persona del Hijo amado, Cristo el Cordero. Por la Luz de ellos *Él Es Lo Que Él Es.* Por la Luz de ellos, el Hijo está en perpetua adoración a la semilla de Alfa-Omega sellada en el corazón de la creación entera.

Ahora, el alma que como niña de la luz ejerce su opción de entrar en el estado de herencia conjunta con el Ser Crístico vivo, entra en el sendero de adoración a ese Ser Crístico. Consecuentemente se convierte no sólo en quien adora al Cristo, sino que, a través de la identificación de sí misma con el Cristo, se ha convertido en el adorado. Por medio de la adoración sublime, dulce y pura, el alma que desea ser novia entra en los dominios del Cordero. Pues a través de su adoración a Cristo, al alma se funde con la corriente de Su adoración a la Luz Padre-Madre por todo el Creador y la creación, y es fusionada e infundida con su llama universal de adoración.

Muchos desean ejercer poder sobre el Cordero. Están gobernados por el orgullo personal en su autosuficiencia en el Sendero y por la ambición espiritual de ser el Cordero antes de haberse convertido en el Cordero. Estos no tienen las aptitudes de adoración destiladas a través del *karma yoga*: la tristeza del alma que se arrepiente sinceramente de sus malos actos y las manipulaciones sobre el Amado; la aflicción en todo momento de Su ausencia; la pestilencia y el dolor provocados por la separación del Amado autoimpuesta por el alma; la pérdida de seres queridos y el consecuente anhelo por esa unidad en el Cuerpo de Dios en el cielo y en la tierra que sólo el Amado puede llenar. Todo esto, el sufrimiento del alma en el enmarañamiento de las experiencias de la vida, se convierte en el gozo de la resurrección y la vida a través de la adoración perpetua al Amado.

La adoración que abre los portales de los siete chakras con pétalos proviene del corazón del alma que espera a su Amado. En la vigilia de medianoche, ella espera la venida del Novio, y en las horas de oración previas al alba, asiste a su elevación dentro de su alma.

Benditos, el sendero de la devoción, conocido en Oriente como *bhakti yoga,* es el sendero de los santos que sirven en el sexto rayo en la puerta norte. La unión mística del alma con Dios a través de la devoción del Sagrado Corazón de Jesús hacia el Padre es la revelación del mantra de la Madre: *Bébeme mientras YO SOY el que te bebe.* Este sendero es el único que lleva el fluir de la marea de los chakras a la más plena consumación del amor.

Los chakras son ruedas de la ley que giran como discos cristalinos de fuego sagrado y como soles que aspiran y exhalan las dulces destilaciones de la luz del Hijo de Dios en vosotros. Son copas de cristal para beber el néctar de la Llama Trina y para compartir ese néctar cuando dais a todo cuanto tiene vida el mismo dulce néctar que la vida os ha dado a vosotros. Tales son las funciones que Dios ha sellado en los siete templos del hombre.

Cuando hay un vacío de devoción, cuando el alma no entra en el gabinete para rezar al Padre en secreto, las funciones espirituales de los chakras no están presentes en los vehículos inferiores —los cuerpos mental, emocional y físico—, sino que más bien quedan como una función de la interacción del alma con la luz en el templo etérico. Cuando el alma no interactúa con la luz a través del cuerpo etérico, la actividad espiritual de los siete chakras cesa, excepto en el cuerpo del propio Cordero en el nivel del Ser Crístico individual.

Los que no son piedras vivas, aquellos cuyos templos no han sido vivificados por el Espíritu Santo, aquellos que no reconocen ni al Padre ni a la Madre ni al Divino Varón no tienen luz en ellos; y verdaderamente cualquier luz que haya en ellos es oscuridad. Lo que queda de la actividad de los chakras espirituales es la transferencia de los impulsos de la vida a los correspondientes sistemas nervioso y glandular, que conducen las energías de la vida necesarias para la función cerebral, sensorial, motriz y autónoma del cuerpo físico.

La función de los chakras de las personas que no dan adoración personal al Dios personal está al nivel del plano astral. Sus chakras son sumideros. Asumiendo toda la gama de la conciencia de las masas, la experimentan, toman parte en ella y la emiten con su propio impulso añadido, de vuelta al mar astral.

El mal uso de los chakras es, por tanto, la fuente de contaminación a escala planetaria pues cada uno de los cuatro cuerpos inferiores toma y da la sustancia putrefacta que la humanidad ha vertido en los cuatro cuadrantes de la Materia como subproducto de sus abusos de la luz del Espíritu Santo. A menos que el devoto aprenda a sellar sus chakras, sufrirá la misma suerte que los no iluminados. Pues la Ley no hace acepción de personas.

Por tanto, el que se llama a sí mismo devoto, si tuviere todo el conocimiento intelectual de las enseñanzas de los maestros ascendidos pero no la adoración a las Personas del Padre, la Madre, el Hijo y el Espíritu Santo, las lámparas de sus chakras se apagarán; pues deben ser despabiladas con el aceite de la alegría en el Señor que es pura devoción, esperando siempre a la Luz en el gozo del perpetuo servicio y del amor que se sacrifica a sí mismo.

El aceite en las lámparas de los chakras de las almas vírgenes, tanto de hombres como de mujeres, es la corriente de retorno de la adoración a Dios. Dios en la Persona de vuestra Presencia individual YO SOY destila vuestra devoción, queridos míos; y gota a gota, medida a medida, el aceite dorado de la alegría desciende para llenar los chakras para que la Llama de la Vida pueda seguir ardiendo. Esa llama dentro de vosotros es tan inextinguible como vuestra adoración. Así, es la adoración inextinguible del devoto la que atrae la luz inextinguible de la Deidad.

¡Oh Llama de Adoración, qué fuerza en tu nobleza; qué amor duradero y ennoblecedor para la vida del devoto! A través de la abundancia, la adversidad o la aflicción, que el mantra de Job esté en los labios del que ama a Dios: «Desnudo salí del vientre de mi madre, y desnudo volveré allá. El Señor dio, el Señor quitó; sea el nombre del Señor bendito».

Amados míos, el sendero de la devoción es el sendero del amor. Un amor que es autodisciplinado y sabio en la comprensión de la Ley. El devoto debe tener en su devoción un control Divino supremo, que esté dispuesto no sólo a entrar en el gabinete, sino a cerrar la puerta. Este cerrar la puerta es el silenciar todas las ondas de inquietud en el plano emocional y en el mental. Estas ondas bombardean la ciudadela del ser cuando se elevan de los propios impulsos acumulados subconscientes e incluso del gran inconsciente de todas las entidades en las esferas de la Materia que puedan estar desalineadas con Dios o no comprometidas con el sendero de la luz.

No se puede esperar para siempre, amados míos, a que las mareas de agresión astral cesen de martillear los muros del castillo. Que el alma se retire al castillo interior, para saludar ahí al Rey de reyes y al Señor de señores. Su luz dejará fuera lo oscuro, si lo permitís. Y si le permitís, él trazará un círculo de fuego alrededor del muro exterior, un anillo-no-pasa donde ni el amigo ni el enemigo se atreven a entrar sin ser invitados.

Él es el Invitado, y vosotros sois el anfitrión que da la bienvenida a vuestro Señor feudal al santuario más íntimo del ser. Él ha esperado durante mucho para ser recibido por vosotros. Lleva un regalo. Es la visión del Dios que YO SOY a plena vista.

Pero fijaos que si permanecéis fuera del muro del castillo, os involucraréis en toda clase de conciencia que pase a vuestro lado y os veréis sujetos a ello. Algunos prefieren estar donde el libre albedrío les permite experimentar toda clase de contaminantes en la vida y sus agentes contaminadores. Para otros la libertad es la cadena que ata al alma como prisionera de la Roca, sana y salva dentro de los muros del castillo mientras tempestades rugientes y mares turbulentos embisten la fortaleza de la Roca inamovible, imperceptibles para el alma que espera al Señor.

Sí, el nivel del agua de la devoción es otra medida de los grados de deseo. ¿Cuánto deseáis amar a Dios? ¿Lo suficiente como para retiraros de algunas de las preocupaciones de la existencia terrenal? ¿Y cuando los demás amores fallan, le miráis a él como el Amante Eterno de vuestra alma o buscáis otro amor humano fuera de los muros del castillo? Todo amor que compartáis en la Tierra está pensado como una transparencia del amor divino y del Amante Divino, que a menudo está justo tras las ventanas cubiertas por la escarcha del amor posesivo que excluye al Yo Mayor en beneficio del yo menor.

Amados míos, os seré muy franco. El deseo de conocer a Dios a través del sendero del amor requiere una tremenda determinación. Necesita de la voluntad diamantina que está decidida a tener a Dios y a ningún otro. Es la determinación de volar derecho hacia Dios, derecho como una limpia flecha que parte el aire, que no será disuadida ni distraída aquí o allá. Enseñad a vuestros hijos a establecer metas en la vida y a cumplirlas, pues están en la pretemporada, entrenándose con el equipo ganador de vencedores que derrotan con una devoción que deja fuera a cualquier fuerza o campo energético de antidevoción.

Ahora podéis poneros a prueba, amados míos, con esta simple prueba. Apartad una hora en la que dar diez minutos de devoción pura a Dios a través de la meditación ininterrumpida con vuestro Señor en el castillo interior. Sea la meditación sobre el sol de fuego blanco de vuestra Presencia YO SOY y sobre el sol de fuego azul de Sirio. Será una meditación sobre la polaridad de Alfa y Omega en el cielo y en la tierra, estando el sol de fuego blanco en el Espíritu y el sol de fuego azul en la Materia. Disciplinad el ojo de vuestra mente para que «vea» a través de vuestro chakra del tercer ojo y para que contemple sólo el sol de fuego blanco y luego sólo el sol de fuego azul. Después, contemplad a los dos involucrados en el intercambio cósmico del T'ai chi cósmico.

Contemplad el sol de fuego blanco girando en sentido horario, transfiriendo las energías de la Vida al sol de fuego azul que gira en sentido antihorario, devolviendo al Gran Sol Central el impulso acumulado de fuego azul de la Madre Azul de Sirio. Esta es una visualización muy natural, en tanto que vuestra alma ya ha contemplado las esferas gemelas de Alfa y Omega como esfera arquetípica del Dios Padre-Madre sellada en vuestro Cuerpo Causal.

Es también la visualización para la unión de los cuerpos de fuego blanco de las llamas gemelas, con la que también estáis familiarizados, pues es un ejercicio que se os da a vosotros y a vuestra amada llama gemela en la sala de meditación del Retiro del Royal Teton. Esta meditación sella la unión de las almas que deben estar separadas en el tiempo y el espacio para realizar su servicio mutuo a la vida antes de reunirse en el ovoide de fuego.

Regocijaos ordenando a todas vuestras energías que fluyan en una experiencia concentrada de meditación en Dios. Y medid vuestra autodisciplina mientras excluís de vuestra consagración del tercer ojo cualquier otra forma de pensamiento o mera distracción mortal. Que el flujo del corazón durante este intervalo de diez minutos sea indiviso en su aceleración de amor puro hacia el ser de los soles de fuego blanco-fuego azul.

Que la atención de vuestra alma en el chakra de la conciencia solar esté completamente implicada en entrar en los vórtices gemelos del Espíritu Santo. Porque poco a poco, la penetración de vuestra alma en estos orbes de luz será muy real y entraréis primero en uno y luego en el otro, como si exploraseis vuestro propio depósito en forma de ocho de las esferas de Espíritu-Materia.

Sí, es hora de que pongáis a prueba el grado de deseo en el plexo solar. ¿Está vuestro deseo de entrar en la conciencia Divina dotado del suficiente amor altruista para generar una devoción indivisa hacia la voluntad suprema de Alfa y a la sabiduría suprema de Omega? Esta voluntad y esta sabiduría y vuestra devoción hacia ellas debe convertirse, si todavía no lo es, en el corazón del chakra de diez pétalos en el plexo solar. Porque todo deseo puro rota desde la Trinidad en movimiento en el centro del chakra, donde la prueba del diez es la marca de los hombres y mujeres que se están preparando para entrar en el corazón y en su cámara secreta.

También podéis experimentar los soles gemelos por medio de la devoción a la mente de Dios a través del chakra de la coronilla. Esta devoción se experimenta como la entrada en el mismísimo corazón del Conocedor y todo lo que es conocido: en el centro de ese Ser Llameante, os volvéis conscientes de la inmensidad del sol de fuego blanco que contiene universos de luz donde abundan las ideaciones individuales de Dios. Y nadando en el mar del sol de fuego azul de Omega hay almas que buscan y encuentran la luz de la Madre mientras brillan y brillan con un azul iridiscente, turquesa, índigo y aguamarina. Desde las profundidades del azul de medianoche de la Maha Kali hasta las alturas de los penetrantes pasteles emitidos por cristales del espectro azul, los mundos que giran dentro del sol de fuego azul ofrecen su interminable expresión propia sobre el altar de la Madre Universal.

Unidireccional es vuestra meditación, y gracias a su unidireccionalidad abre la puerta a la inclusividad total de la Vida. Y toda estrella que descubráis en la posada del ser, cada sol un cosmos todo vuestro, es un punto de autodescubrimiento y es el descubrimiento de un Yo más grande que el vuestro. Ese Yo es alguien que ha amado lo suficiente para expiar el karma, arriba y abajo, y para sostener la luz del amor como devoción hacia todos los mundos que están naciendo y hacia aquellos que aún no han nacido. Esos mundos esperan en el vientre del sol de fuego azul de la Madre para pasar a través del nexo hacia la vida eterna del Sol detrás del sol de ella. Las cuidan ese séquito de estrellas que aman lo suficiente para ser el YO SOY EL QUE YO SOY.

Os he dado pistas para una meditación que conduce a la penetración en las esferas interiores de Dios. Si os preparáis adecuadamente (a través de la oración ferviente y ardiente, y de los decretos con la determinación del Yo) para el intervalo de diez minutos en que el abrazo del Cordero y su conciencia de amor os sostendrá, tanto vosotros como las evoluciones de la Tierra os beneficiaréis inmensamente del descenso ininterrumpido de la luz maxim. Si podéis imaginar cataratas como las del Niágara, Iguazú o Victoria, tendréis una idea del abundante torrente de luz disponible para todos los que se aproximan a la corriente pura de Dios, del cordón cristalino, con devoción suprema sin cualificar por ninguna condición humana del tiempo y el espacio ni por el deseo de ganar algo para sí o incluso el de la realización propia.

Es mi deseo expreso que limitéis vuestra meditación a diez minutos de forma que lleguéis a dominar la ciencia de la concentración simultáneamente a la religión de la consagración. Vuestra experiencia en Dios está diseñada por los Instructores del Mundo que os guiarán por los senderos de la conciencia superior para enseñaros que no hay tiempo ni espacio.

Diez minutos en Dios es realmente una eternidad sin tiempo y sin espacio. Puesto que no tenéis más que «diez minutos», aprenderéis la maestría Divina de acelerar hacia las esferas de luz y de asimilar impulsos acumulados extraordinarios del Imán del Gran Sol Central, que es el resplandeciente centro de fuego solar de cada orbe.

Finalmente, vuestros mentores del Rayo Rubí desean que aprendáis la beatitud del desapego a la dicha de Dios; más bien que le améis por el hecho de amarle y no por el mero gozo o la diversión que conlleve la experiencia, ni por la penitencia de flagelación autoinfligida del ego que apacigua una conciencia de culpabilidad pero que no quita la mancha del pecado. Pensad en vuestra meditación, amados míos, como un servicio a Dios por el cual, al poneros la conciencia de Dios, dais a todo el cosmos una oportunidad expandida de conocerle tal como es. Porque él es luz, y a través de vuestra manifestación de su luz de fuego blanco-fuego azul, todos pueden ver y conocer y, por tanto, convertirse en esa luz.

Por medio de esta meditación practicada por los santos del Rayo Rubí, los siete santos Kumaras han deseado concentrar más luz, más amor y más sabiduría en el verdadero cuerpo de creyentes en la Tierra durante la década de 1980. Y al prestar este servicio pretendemos, al haberlo querido así Dios, que los iniciados del sexto rayo aprendan a recargar sus cuatro cuerpos inferiores y sus chakras en medio de las espirales de servicio en aceleración que la Oportunidad trae con el cambio de década.

Aquellos que adoran a Dios, pues, a través del fervor de la oración ardiente, fohática; aquellos que le adoran en la alegría y la ilimitabilidad de su decreto divino, que ellos emiten como la Palabra del Señor hacia la conciencia del bien y mal relativos; aquellos que van al monte Sion a adorarle en la meditación de la luz de su corazón sobre la luz del corazón de Dios, aprendan, por tanto, a sellar sus chakras de todas las vibraciones inferiores a la luz Crística que se registran en las esferas de la Materia.

El cierre de los pétalos de las siete flores de loto se lleva a cabo mediante la determinación consciente de la voluntad del hombre reforzada por la voluntad de Dios. Es el impulso, ¡ho!, de la luz que centellea en la conciencia «YO SOY el guardián». Es la mano derecha del Cristo o el Buda extendida en la irreversible luz iniciática que da la orden: «¡No pasarán!». Es la creación de un campo energético cósmico de luz que irradia en todas direcciones desde el centro del cubo blanco dentro del corazón.

Con igual intensidad, la orden cósmica de conservar el campo energético de la identidad del alma, reforzada por la determinación Divina de tener la libertad de ser la manifestación de Dios, siempre atraerá de la Divinidad la cruz cósmica de fuego blanco como marca de la identidad de vuestra alma donde estéis. Y donde estéis en defensa de la luz de Dios, ahí estoy yo con vosotros. Y el centro de la cruz cósmica está en el centro del corazón espiritual de vuestro templo, donde vuestro corazón es un centro solar llameante de devoción hacia Dios. En el vórtice ardiente de la cruz cósmica, ahí coloco mi centro del corazón, para que podamos estar unidos para la elevación de los mundos.

Este ejercicio también se realiza a la velocidad de la luz en medio de Armagedón para la ardua aspiración del alma a la

Palabra y Obra del Señor en beneficio de sus pequeños. Cuando, por tanto, vuestra atención deba dirigirse hacia una multitud de asuntos que requieran vuestro ojo vigilante y la destreza de la mano, y poco a poco sintáis la intrusión de fortuitas partículas de efluvios que ponen presión contra vuestro muro de luz, recordad que incluso el policía que dirige el tráfico utiliza el antiguo mudra que comunica universalmente la vibración cósmica ¡STOP!

Este impulso mental de la Palabra es reforzado por ciertas posturas físicas durante la meditación y por otras cuando uno está activo. Simultáneamente, las energías de fuego y agua de los cuerpos etérico y emocional son selladas mental y espiritualmente por la aceleración del flujo en forma de ocho entre el alma (suspendida en el «agua») y el Ser Crístico (suspendido en el «fuego»). Esta reafirmación de la Palabra, que vuelve a trazar las propias líneas del campo de fuerza, puede acompañarse de una fuerte exhalación seguida de una profunda aspiración, aguantando la respiración tras aspirar mientras se visualizan los siete chakras y el octavo sellados por el Señor Buda que extiende la llama de la intrepidez con el mudra *abhaya*.*

Otra medida adoptada por los adeptos que deben manifestar su presencia en medio de los gentíos de las grandes ciudades del mundo para sostener el equilibrio de la luz es el dibujo espiritual-mental del anillo-no-pasa alrededor de su campo energético. Pensad en un niño que está en un parque y dibuja un círculo con tiza alrededor de sí mismo, colocándose en el centro. Luego, dibujad mentalmente vuestro círculo de luz blanca, de nueve pies de diámetro, como patrón y refuerzo de vuestro tubo de luz, que siempre se visualiza de nueve pies de diámetro. Al anillo-no-pasa también es denominado círculo de identidad. En realidad es el sellado de la integridad del alma, su relación integral con la amada Presencia YO SOY.

Este «círculo interno» es el «Sanctasanctórum» de uno, si queréis, el campo áurico de uno y el tiempo y espacio garanti-

---

*Gesto de intrepidez, brazo derecho levantado, palma hacia adelante.

zado de la misión experimental de uno en la Tierra. Es el lugar preparado y el campo de energía para los experimentos propios en la aplicación científica de las leyes de la energía (como amor) y libre albedrío (como amor) conducidos en el laboratorio de la individualidad. Esta unidad del Ser de Dios llamada individualidad es lo que los malignos desean erosionar y así distorsionar o destruir las opciones del libre albedrío.

Aprenderéis bajo los Instructores del Mundo, si aún no lo habéis hecho, que el estudio de la psicología y el sendero que conduce a la curación de la mente y las emociones así como sus expresiones conscientes e inconscientes comienzan con el dibujo del círculo de la Individualidad. Pero no termina hasta que la psique ha conseguido dominar la ciencia espiritual y la visualización material del mantenimiento del círculo perfecto de autointegración.

Aprendamos los componentes del círculo del Uno. Existe una aplicación vertical y otra horizontal de este círculo. Una forma el círculo de luz que, al girar, se eleva en infinitas espirales, dando forma a los eslabones de conexión en la cadena del ser, vinculando a la psique con su Ser Crístico y la Presencia YO SOY. La otra forma la plataforma base que, al girar, se eleva para reforzar en un movimiento cilíndrico el tubo de luz.

El círculo vertical, o erguido, es alargado debido al tirón del Imán del Gran Sol Central dentro del corazón del YO SOY EL QUE YO SOY, formando así una elipse en forma de espiral ascendente. Dentro de la elipse rota la figura en forma de ocho, formándose y reformándose por la luz ascendente de la devoción del alma hacia el SEÑOR y por la devoción descendente del SEÑOR hacia el alma. Esto os proporcionará otra dimensión del misterio, *Bébeme mientras YO SOY el que te bebe.*

La luz ascendente y descendente provee la integridad de la Individualidad, o la escalera integral de luz. A través de esta continuación de círculos que forman elipses, la integración norte-sur del ser se mantiene. Es la línea (espiral) vertical entre el yo inferior y el Yo Mayor, la manifestación externa e interna de

Dios. Es la integración vertical del alma con toda parte de la Vida en las esferas del Espíritu.

Esta integración puede mantenerse sólo a través del YO SOY EL QUE YO SOY, la base del verdadero ser manifestado incorruptamente en las octavas de luz. Es decir, el único contacto lícito que el alma puede tener con las huestes angélicas, los maestros ascendidos y los santos vestidos de blanco es a través del Yo Divino individualizado. Cualquier otro intento —psíquico, mediúmnico, con alucinógenos, magia negra o discordia, o incluso una realización mecánica rutinaria de los rituales sagrados— de entrar en contacto con las inteligencias superiores más allá del velo sólo enredará a la psique que se involucra en ello más y más en los sustratos de la irrealidad.

Este karma del logro ilícito por medios ilícitos es, de todos los estados, el más indeseable, pues da como resultado un campo energético anti-Espíritu que se puede calificar de velo de energía absoluto, o Mal absoluto, la antítesis del Espíritu y el Bien absoluto. Las delineaciones y definiciones de estos dos absolutos apenas las comprenden los mortales; e incluso los niños de la luz a duras penas pueden identificar a Satanás, que con una práctica abusiva tal se transforma en un ángel de luz. La capacidad de percibir los absolutos de Dios y anti-Dios es conferida al iniciado del Rayo Rubí a través del fruto del Árbol de la Vida. Gracias a él uno vive para siempre a través del autoconocimiento del Yo en Dios y como Dios.

Ahora bien, mediante la formación cilíndrica de círculos que relucen como discos plateados de luz interconectados, la integración este-oeste del ser se mantiene. Es la integración horizontal del alma de luz con todas las demás almas de luz que habitan en las esferas de la Materia. Esta integración este-oeste del ser debería ser sostenida lícitamente a través del bendito Mediador, el Cristo Universal en el Ser Crístico de cada alma de luz.

El Ser Crístico es la base del verdadero ser en las esferas de la Materia, la Roca cuya manifestación incorruptible es mantenida en la puerta de entrada de la conciencia cósmica (el nexo de la figura en forma de ocho). Es decir, el único contacto lícito que el alma de luz puede mantener con otras almas de luz, con el justo y verdadero espíritu de amistad con Cristo, es a través del bendito Mediador de cada cual.

Cualquier interacción con oleadas de vida caídas o evoluciones rezagadas debe producirse asimismo a través del propio Ser Crístico y el Cristo Universal, que forma una bóveda de luz sobre las generaciones obstinadas de la Tierra para «sellar el campo de fuerza donde habita el mal», frenando efectivamente el flujo de su corriente impura hacia los chakras de los elegidos y fieles del Señor. Quienes comulgan al nivel del ser externo, sin hacer el llamado al bendito Ser Crístico para que actúe como mediador e intérprete de su relación, entran en un intercambio de energía con todos los impulsos acumulados fortuitos del bien y mal relativos.

Las muchas relaciones interpersonales que tiene la gente, tanto de naturaleza ocasional como íntima, dan como resultado un continuo flujo de energía entre las personas, despiertas y dormidas, por el que dan y toman la gama de emociones humanas y emanaciones del intelecto. Abarcando toda la gama de vibraciones humanas, conscientes y subconscientes, estas energías implicarán a los chakras de decenas de miles de almas de luz confiadas, obstaculizando gravemente su servicio al mundo bajo los Instructores del Mundo.

El devoto que desea ser chela de la Gurú Ma en el octavo rayo en el lado sur de la Ciudad Cuadrangular, como preparación para las iniciaciones de la Madre a sus hijos e hijas en el glorioso ritual de la ascensión, ha de ser preparado para separarse, espiritual y corporalmente, mental y emocionalmente, de todos los que no toman parte de la sangre de la nueva alianza.

Este tema, el de la sangre de la nueva alianza, es del que trataré en mi carta de conclusión sobre el intercambio vital: Bébeme mientras YO SOY el que te bebe.

Siempre consciente de los «muertos» y de la «cosa mortífera» que desean dar a beber a los vivos, YO SOY el que aumenta la capacidad del portador de luz para llevar esa luz en las células de la conciencia corporal que neutralizará los venenos tanto psíquicos como físicos de este mundo.

Bébeme mientras YO SOY el que te bebe; y ellos y su cosa mortífera no os dañarán.

YO SOY el que está siempre en el centro del Intercambio Divino

Sanat Kumara

Véase Apocalipsis 2; 1 Pedro 2:1-10; Salmos 139; Isaías 28:16; 1 Corintios 3:9-17; Efesios 2:19-22; Apocalipsis 12; Juan 14:16, 17, 26; 16:7; Hechos 2:1-4; Romanos 8:16, 17; Apocalipsis 19:7; 21; Juan 11:25; Mateo 25:1-13; 6; 1 Pedro 3:18; Hechos 10:34; Salmos 45:7; Hebreos 1:9; Job 1; Salmos 18:2; 1 Corintios 10:4; Efesios 3:1; 2 Corintios 11:13,14; Génesis 2:9; 3:22, 24; Apocalipsis 22:2, 14; Mateo 26:28; Marcos 14:24; Lucas 22:20; 1 Corintios 11:25; Marcos 16:18.

37

∞

La sangre de la Nueva Alianza

Entonces el dragón se llenó de ira contra la mujer; y se fue a hacer guerra contra el resto de la descendencia de ella, los que guardan los mandamientos de Dios y tienen el testimonio de Jesucristo.

APOCALIPSIS 12

A los santos que aguardan la Palabra del SEÑOR
   para poder beber de la copa de la que Él bebió:
      El remanente de la progenie de la Mujer son los Guardianes de la Llama que guardan la llama del Padre en la puerta norte. La puerta norte en la Materia es el polo opuesto de la puerta norte en el Espíritu. Estando en la puerta norte, los santos se encuentran a la mayor distancia del Gran Sol Central que experimentarán en el tiempo y el espacio en el Sendero del Rayo Rubí.

Zacarías previó las iniciaciones del SEÑOR para sus santos y exclamó al alma de Eva y a este potencial femenino de sus hijos e hijas: «Alégrate mucho, hija de Sion; da voces de júbilo, hija de Jerusalén; he aquí tu rey vendrá a ti, justo y salvador, humilde, y cabalgando sobre un asno, sobre un pollino hijo de asna»[1].

Esta es la descripción de la venida del Rey de reyes y Señor de señores, cuyo nacimiento en Belén proclamó el Advenimiento de la redención de la Mujer y de su progenie a los portadores de luz que se comprometieron conmigo a guardar la llama de la Vida en medio de las evoluciones de la Tierra. Él vino como su Rey. Vino como el poseedor de la llave, aquel que tendría la llave en el tiempo y espacio de su encarnación de Dios, por consiguiente de la Cristeidad individual.

Por tanto, él vino como el Gran Iniciador. Era el descendiente y el instrumento de todo el linaje de iniciadores del Rayo Rubí. Era tanto el Cristo encarnado como aquel capaz de encender de nuevo el fuego sagrado de Cristeidad en todos los que pertenecían a la descendencia de mi progenie a través de Adán y Eva —desde Set a Noé y reencarnados desde Abraham en las doce tribus— hasta el momento actual.

«¡He aquí, el Hombre!», y el rostro del Hijo del hombre que está en la puerta este del Edén, haciendo sonar la Palabra para todos los que se han desviado del camino del Árbol de la Vida, «YO SOY la puerta abierta hacia vuestra conciencia Crística que ningún hombre puede cerrar». Para todos los que desean recorrer con él el sendero de las siete iniciaciones de los siete rayos, que conducen a la integración del octavo rayo del alma con el Cordero eterno y el Cordero encarnado, él es el Camino, la Verdad y la Vida.

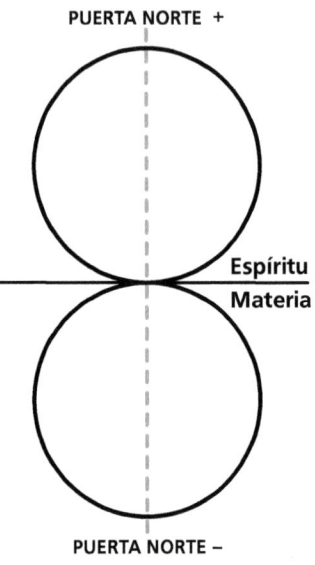

El Cordero eterno es el Ser Crístico «en el cielo», invisible pero congruente con la Mente de Dios. El Cordero encarnado es el representante del SEÑOR «en la tierra», visible pero también congruente con la Mente de Dios. Sosteniendo la llama de la Vida en las puertas sur en el Espíritu y en la Materia, estas figuras congruentes del Cordero, simbolizadas por los triángulos entrelazados de la estrella de seis puntas de la Alianza Davídica, concentran el cristal del sagrado corazón, el nexo a través del cual la luz del Padre, posicionada en la puerta norte en el Espíritu, pasa a los santos en la puerta norte en la Materia. Asimismo, a través del Cordero individual, la luz de los santos pasa al Padre.

Él, el arquetipo de las Cuatro Fuerzas Cósmicas, descendió a las esferas de Materia nacido de una Virgen, siendo ella misma la encarnación de la Arcangelina de la Verdad, complemento del Arcángel de la Verdad, el bendito Rafael. Él vino para que a través de la llama de la Madre Virgen y su Hijo encarnado, Adán y Eva y sus descendientes pudieran una vez más tomar las iniciaciones del Señor Maitreya y el Señor Gautama, siendo conducidos desde la alianza de la Filiación individual (en el primer rayo) a la Nueva Alianza (en el octavo rayo) consistente en ponerse la vestidura del Anciano de Días al vestir la Llama de la Madre.

Y el espíritu de la vida elemental proporcionó la plataforma para su servicio a los santos en la tierra. Así como José llevó a María sentada en un asno al lugar preparado para la gloriosa encarnación de la Palabra, Cristo entró triunfalmente a la ciudad de Jerusalén sobre un pollino. Esta interacción e interdependencia de los arquetipos de Cristo y de la humanidad con la vida elemental es otra aplicación del misterio del cubo blanco. Los seres de los elementos —tierra, aire, fuego y agua— son esenciales para la cristalización, *realización Crística,* del alma en la llama Divina «en la tierra», a pesar de sus «túnicas de pieles» temporales y su encarcelamiento en formas animales.

Que esta ilustración de la humildad del Cristo sea sellada en vuestras almas, amados míos, para que podáis poneros su vestidura de humildad diariamente con la comprensión que vino sobre Juan el Amado en su contemplación de los misterios de la Cruz Rosa: «Porque de tal manera amó Dios al mundo, que ha dado a su Hijo unigénito, para que todo aquel que en él cree, no se pierda, mas tenga vida eterna. Porque no envió Dios a su Hijo al mundo para condenar al mundo, sino para que el mundo sea salvo por él»[2].

El nacimiento del avatar es el momento en que el Cordero, que ha sido iniciado en los signos cardinales del León, el Becerro, el Hombre y el Águila voladora, desciende desde la posición de la Palabra en el nexo de la figura en forma de ocho, y la Palabra es hecha carne para habitar entre la gente que ha olvidado su origen en Dios, su verdadera naturaleza hecha a su imagen y semejanza, y los senderos del descenso y el ascenso.

Debido a que la gran multitud de mi pueblo era como ovejas perdidas, como ovejas descarriadas en el desierto de Judea, envié al Buen Pastor para conducirlas de regreso a las doce puertas de la Ciudad Cuadrangular para que pudieran hablar la paz a las doce naciones de Israel y Judá y a los Gentiles, que se alegrarían y glorificarían la Palabra del S{\sc eñor}: todos los que estaban destinados a la vida eterna.³

Zacarías vio a mis santos, que entrarían en las iniciaciones de los hijos e hijas del dominio, estando en la puerta norte. Y profetizó que su dominio sería «de mar a mar», de las aguas (+) encima del firmamento (en el Espíritu) a las aguas (-) debajo del firmamento (en la Materia) obteniendo la maestría Divina a través del doble arco de la llama de paz ◊ y el signo del conquistador de Piscis ⟩⊂⟨ .

Sí, él profetizó la maestría Divina de ellos sobre los fuegos sagrados de la energía de Dios en la quietud del Gran Eje y en el movimiento de las moléculas de esferas externas e internas.

Profetizó que su dominio sería «desde el río hasta los fines de la tierra»⁴. Juan recibe la revelación de este río como el río limpio de agua de la vida que proviene del trono de Dios Padre, la amada Presencia YO SOY, y del Cordero, el amado Ser Crístico.⁵ Los «fines de la tierra» son los puntos más lejanos de las esferas de la Materia y el punto de iniciación más lejano de los santos, quienes, en la hora de su crucifixión, deben descender al plano astral e incluso al abismo sin fondo y los niveles subterráneos de la Muerte y el Infierno para rescatar no sólo a las ovejas perdidas de la casa de Israel reencarnadas entre las naciones gentiles, sino también a aquellos que pertenecen a la progenie original de Judá y que siguen sin ser estar contaminados por las oleadas de vida rezagadas.

Ahora bien, esta es la sangre de mi Nueva Alianza (que es mi alianza *renovada*), iniciada en la simiente-alma de Set, el hijo de la compensación (Abel reencarnado), y cumplida en su última encarnación como Jesucristo. Él era el Cristo potencial en los primeros días de sus encarnaciones en la Tierra y, en los últimos días, se convirtió en la plenitud de ese Cristo gracias a la evolución de su alma en el Sendero del Rayo Rubí. Al final, fue la autorrealización del Yo del principio, la encarnación del Padre en el Hijo y en última instancia de la Madre en el Espíritu Santo.

Por su alianza renovada, yo, el Anciano de Días, os envié, mis amados santos, como representantes de los Instructores del Mundo. ¡Id! Reunid ahora a los prisioneros de la oscuridad, los niños de mi corazón desviados por el Diablo y encadenados en el abismo sin fondo, donde no hay agua que puedan beber y, habiendo bebido, no vuelvan a tener sed. Porque los manantiales de agua tanto del Espíritu como de la Materia se han secado; y el plano astral es una tierra seca y sedienta donde mis hijos de la desobediencia están presos con las cadenas que ellos han forjado con sus propios y deliberados abusos y sus malas cualificaciones de las aguas de la Corriente de Vida eterna del Padre y la corriente cristalina de la Madre.

Aunque vuestra posición en la puerta norte se denomine «los fines de la tierra», mediante vuestra meditación en el Cordero eterno y en el Cordero encarnado —mi Llama de la Madre afianzada arriba y abajo en las puertas sur en el Espíritu y la Materia— tenéis acceso directo al Señor Dios Todopoderoso, que está colocado «en los fines del cielo». Esta línea de accesibilidad es la línea «recta y estrecha» del alineamiento de vuestra alma con el Átomo Permanente del Ser.

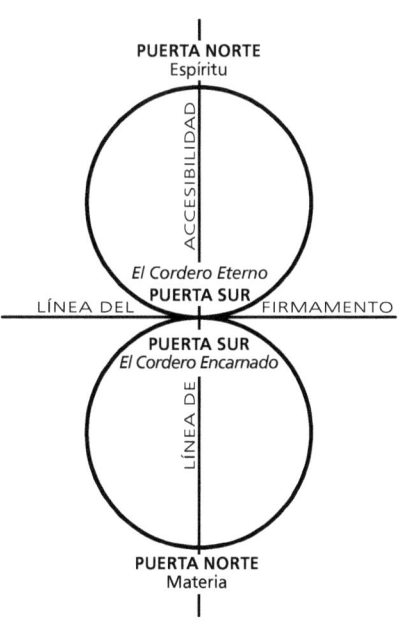

El Padre Nuestro,⁶ que el Maestro Jesús dio a sus discípulos, es la oración de los santos por la cual pueden restablecer todos los días y a todas horas este alineamiento que es para la salvación de sus almas mediante el contacto con el «Padre nuestro, que estás en los cielos» y su nombre santificado. Cuando santifican el nombre de Dios, YO SOY EL QUE YO SOY, dentro de la cámara secreta del corazón, los santos reciben el impulso acumulado de su autoridad y su Palabra por el cordón cristalino.

El cordón cristalino, también llamado cadena de plata, es el cordón umbilical, el vínculo vital del alma que la conecta con el Espíritu (Presencia YO SOY). Por este vínculo vital fluye el pálpito de la Presencia que hace latir el corazón y la energía que se distribuye a través de los chakras principales y secundarios para el sustento de la fuerza vital del alma dentro de los cuatro cuerpos inferiores. El volumen de luz que desciende es proporcional al diámetro de este vínculo vital con la Poderosa Presencia YO SOY.

Como sabéis, en las primitivas eras de oro de las primeras razas raíz, el cordón cristalino tenía una dimensión mucho mayor que la actual. Antes de la reducción del diámetro del cordón cristalino, los registros indican que los descendientes de Adán incluso hasta Noé vivían cientos de años en el mismo cuerpo físico.

La proliferación del mal a través de la imaginación del corazón de los hombres, tanto antes como después del hundimiento de Atlántida, provocó la disminución del vínculo vital hasta reducirlo a un simple hilo. Y la vejez, la enfermedad y la muerte presenciadas por el Príncipe Siddharta le dejaron atónito porque estas condiciones no eran naturales en la época del Anciano de Días, cuando el «río de la vida» fluía libre y abundantemente desde Dios hacia sus hijos e hijas en la Tierra. Y así será en la futura era de oro.

En el principio, Dios era del diámetro de vuestra corriente de vida. Y en el fin, Dios será del diámetro de vuestra corriente de vida. Pero en el medio, puesto que lo habéis reducido, debéis aumentarlo mediante el flujo de vuestra devoción perpetua, contrarrestando perpetuamente vuestros impulsos acumulados de antidevoción.

A medida que los santos se convierten en chelas de los maestros ascendidos y luego de la Gurú Ma en la puerta sur de la esfera de la Materia, son capaces de comprender más plenamente el «Padre nuestro, que estás en los cielos». Ahora pronuncian el Padre Nuestro YO SOY, que el Maestro enseñó a los discípulos en el Aposento Alto. Ellos entran en la ecuación del Rayo Rubí por la cual se dan cuenta de que el Señor Dios, que es el Todopoderoso en manifestación «externa» en el Macrocosmos de la Vida, está también en la manifestación «interna» en el campo energético microcósmico de la llama Divina individual. Él ha establecido esta «Presencia» espiritual como la bendita Identidad, homóloga de la manifestación material.

Por medio del Padre Nuestro YO SOY ellos celebran la Nueva Alianza, por la cual la manifestación Divina exterior se ha convertido, a través de la infusión del Nombre Sagrado, en la realización Divina interna. Y los mundos exteriores se convierten en los mundos interiores. Y los mundos de fuera se convierten en los mundos de dentro, y el alma conoce todo el Ser Macrocósmico-microcósmico a través del Conocedor entronizado en su corazón.

A medida que los santos, uno a uno, descubren que YO SOY DONDE YO SOY, que ellos habitan en mí y yo en ellos dondequiera que estén en el Espíritu y en la Materia, las esferas superior e inferior de la figura en forma de ocho comienzan a converger. Esta convergencia suprema de las esferas se completa finalmente a través de las iniciaciones del rayo-Z del *ion (Zion)*. Estas son las iniciaciones que da el Cordero a los arquetípicos «144 000», que lo siguen dondequiera que él vaya y por tanto están con él en el monte (la cumbre del logro) «Zion».

Las cuatro letras de la palabra indican los cuatro puntos cardinales de la conciencia cósmica animada por el «León», el «Becerro», el «Hombre» y el «Águila». Zion, por tanto, es un estado de conciencia que el Amado transfiere a su debido tiempo a sus amados. Al mismo tiempo también puede ser un punto geográfico. Es siempre el lugar donde el Cordero eterno y el Cordero encarnado están unidos a sus chelas en el intercambio cósmico: *Bébeme mientras YO SOY el que te bebe.*

He ocultado estos pasos cuádruples del Z-ion en esta obra. También los he dado llanamente. En breve os los volveré a describir como aquellas cosas que tendrán lugar entre vosotros, incluso justo en medio de vosotros. Porque por medio de toda esta enseñanza que estoy dando, deseo llevaros a que completéis todo el viaje por la figura en forma de ocho hacia la realización Divina: Yo y el Padre uno somos. He aquí, YO SOY donde YO SOY. Y donde YO SOY, ahí Dios en mí es la unidad del Padre en el Hijo y el Hijo en el Padre.

Al estudiar ahora la gráfica de las siete iniciaciones de los santos que siguen al Cordero, podéis ver fácilmente que vuestra posición en el sexto rayo en la puerta norte de la esfera de la Materia os coloca en alineación directa con las iniciaciones del octavo rayo —y del cuarto— de la puerta sur de las esferas de la Materia y el Espíritu y con las iniciaciones del segundo rayo de la puerta norte de la esfera del Espíritu. Aquí, pues, está es la oportunidad para los santos de volver a entrar y recorrer de nuevo *el sendero de los pasos perdidos.*

Este es el sendero que tomaron las ovejas perdidas de la casa de Israel y los que habitaban en Judá, desviados del Cordero. El apóstol del Buen Pastor vuelve sobre sus pasos hasta que encuentra al que está atrapado en el matorral de la mente carnal y las zarzas de la ilusión astral. Al ir tras las ovejas perdidas, también encuentra los pasos errados de su propio karma no transmutado. Estos pasos errados a menudo lo llevan por un recorrido irregular hasta que comprende las iniciaciones del rayo-Z del ion.

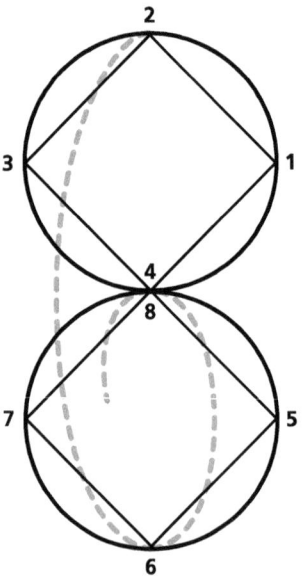

El que busca a las almas díscolas en el sendero de los pasos perdidos clama a las almas desconsoladas y afligidas en el recorrido en zigzag:

La sangre de la Nueva Alianza

«Preparad camino al Señor; enderezad calzada en la soledad a nuestro Dios. Todo valle sea alzado, y bájese todo monte y collado; y lo torcido se enderece, y lo áspero se allane. Y se manifestará la gloria del Señor, y toda carne juntamente la verá; porque la boca del Señor ha hablado»[7].

Por tanto, los que prestan servicio bajo los Instructores del Mundo preparan el camino del Señor enderezando sus senderos:

> Transmutando mientras van,
> los engaños de penas y alegrías.
> Mis conquistadores del enemigo
> restablecen el camino que conocéis.

Y hacen esto porque en verdad beben de la copa de Cristo, la sangre de la Nueva Alianza.

Si deseáis beber de su copa y haced lo que él os ordenó, «bebed de ella todos»[8], antes debéis comprender la vieja alianza y la copa de agua de hiel que el Señor dio de beber a su pueblo porque, como él dijo: «Dejaron mi ley, la cual di delante de ellos, ni obedecieron mi voz, ni caminaron conforme a ella; antes se fueron tras la imaginación de su propio corazón»[9].

Y de los reyes y príncipes y sacerdotes y profetas y los habitantes de Jerusalén que han elegido la muerte y no la vida por una reincidencia perpetua, aferrándose a su falsedad y al engaño a sí mismos, él dijo:

> *No han querido volver al camino de la verdad.*
> *No hablan rectamente, no hay hombre que se arrepienta de su mal...*
> *Porque desde el más pequeño hasta el más grande cada uno sigue la avaricia; desde el profeta hasta el sacerdote todos hacen engaño.*
> *Y curaron la herida de la hija de mi pueblo con liviandad, diciendo: Paz, paz; y no hay paz.*[10]

Y no se avergonzaron cuando se cometieron la abominación del abuso del fuego sagrado de la Madre:

caerán, por tanto, entre los que caigan, como la fuerza vital en ellos ha caído.

Cuando los castigue caerán.

Los cortaré de todo... y lo que les he dado pasará de ellos.

[Por tanto, dicen:] ¿Por qué nos estamos sentados? Reuníos, y entremos en las ciudades fortificadas, y permanezcamos allí en silencio, porque el Señor *nuestro Dios nos ha destinado a perecer, y nos ha dado a beber aguas de hiel, porque pecamos contra el* Señor.[11]

Y por tanto, debido a que la irreverencia que ha salido tanto del profeta como del sacerdote de Jerusalén, los alimentaré con ajenjo y les haré beber agua de hiel. Pues la tierra está llena de adúlteros que abusan del fuego sagrado de la Madre.

Y debido a que juraron, tomaron el nombre del Señor Dios, *YOD HE VAU HE, ELOHIM,* con vanidad y con blasfemia invocando así a los diablos desde el abismo sin fondo, la tierra de la Madre y la vida elemental lloran; y los lugares agradables, los chakras de su consciencia virginal, están secos, y el curso del flujo de energía en ellos es maligno, y su fuerza vital no es usada correctamente. Y hay maldad en la casa del Señor.

Por tanto, en el año de la visita a ellos, en el ciclo del regreso de su karma, pondré el velo de energía del Ciclo Oscuro sobre ellos. Los profetas de Samaria han profetizado en Baal y han ocasionado que mi pueblo Israel yerre con la profanación de la fuerza vital con lascivia ante los altares de Baal. Los profetas de Jerusalén cometen adulterio y andan en mentiras. Fortalecen las manos de los malhechores, apoyando su amor por el dinero y el culto al placer; no los reprenden ni nadie los hace regresar de su iniquidad.

Se han convertido en los habitantes de Sodoma y Gomorra. Han deshecho los senderos de luz dentro del Sanctasanctórum, deshaciendo la luz de Alfa y Omega.

Por tanto, así ha dicho el Señor de los ejércitos contra aquellos profetas: He aquí que yo les hago comer ajenjos, y les haré beber agua de hiel; porque de los profetas de Jerusalén salió la hipocresía sobre toda la tierra.

Así ha dicho el Señor de los ejércitos: No escuchéis las palabras de los profetas que os profetizan; os alimentan con vanas esperanzas; hablan visión de su propio corazón, no de la boca del Señor.

Dicen atrevidamente a los que me irritan: el Señor dijo: Paz tendréis; y a cualquiera que anda tras la obstinación de su corazón, dicen: No vendrá mal sobre vosotros.

Porque ¿quién estuvo en el secreto del Señor, y vio, y oyó su palabra? ¿Quién estuvo atento a su palabra, y la oyó?

He aquí que la tempestad del Señor saldrá con furor; y la tempestad que está preparada caerá sobre la cabeza de los malos.

No se apartará el furor del Señor hasta que lo haya hecho, y hasta que haya cumplido los pensamientos de su corazón; en los postreros días lo entenderéis cumplidamente.

No envié yo aquellos profetas, pero ellos corrían; yo no les hablé, mas ellos profetizaban.

Pero si ellos hubieran estado en mi secreto, habrían hecho oír mis palabras a mi pueblo, y lo habrían hecho volver de su mal camino, y de la maldad de sus obras.

¿Soy yo Dios de cerca solamente, dice el Señor, y no Dios desde muy lejos?...

Y al profeta, al sacerdote o al pueblo que dijere: Profecía del Señor, yo enviaré castigo sobre tal hombre y sobre su casa...

Y ya no mencionaréis más la carga del Señor; porque la palabra de cada uno será su carga; pues pervertisteis las palabras del Dios viviente, del Señor de los ejércitos, Dios nuestro...

¿Se ocultará alguno, dice el Señor, en escondrijos que yo no lo vea? ¿No lleno yo, dice el Señor, el cielo y la tierra?[12]

Esta carga del SEÑOR es la presión de la luz del YO SOY EL QUE YO SOY. Es el peso de su manto. Es la presencia de su Karma, su Palabra y su Obra. Este manto es lo que los falsos profetas de Baal han reclamado.

Y sueñan sus sueños psíquicos y entregan los mensajes de la falsa jerarquía y los espíritus desencarnados de Serpiente y su progenie que moran en el plano astral, afirmando que su palabra es mi Palabra. Pero mi Palabra es como fuego, dice el SEÑOR, y como un martillo que despedaza la roca de su orgullo y su ambición. Y estos profetas han reivindicado ilícitamente mi Palabra, robando cada uno de su prójimo, reivindicaron mi Palabra. Provocaron que mi pueblo errara por sus dictados psíquicos y por su irresponsabilidad hacia el manto del mensajero.

Y no los envié ni les ordené. Por tanto no le traerán ningún beneficio a este pueblo. ¡Estos son los falsos gurús, los falsos profetas, los falsos Cristos y los falsos mensajeros que son una abominación para mi luz! Ahora, por tanto, no pueden compartir la carga de mi Luz, sino que tienen su propia carga. Porque toda palabra del hombre será su carga. Pues habéis pervertido las palabras del SEÑOR de las huestes nuestro Dios. Y por tus palabras serás justificado, y por tus palabras serás condenado.

Todos los que, por tanto, usurpen la autoridad del León, el Becerro, el Hombre y el Águila voladora en las esferas de la Materia responderán ante mí en este día. Y les iniciaré por sus acciones de iniquidad y sus abusos mortales del fuego sagrado en las siete ciudadelas de la conciencia. Y la ley les exigirá que tomen lo que han enviado.

Han envenenado a mi pueblo Jerusalén con el agua de hiel. Por tanto deberán beber el veneno del fruto de su propio árbol venenoso, que me han dado a beber. Deben tomar en sus templos la filosofía venenosa del mal uso del fuego sagrado que han impuesto a esta generación de mi pueblo.

No serán iniciados con el fruto del Árbol de la Vida ni por el Señor Dios, quien aún camina y habla con las llamas gemelas del Rayo Rubí, sino que serán iniciados por su propio karma y su karma será su Gurú. Y yo no caminaré más entre ellos. Y cuando digan con Serpiente y su simiente: «Paz y seguridad», entonces la destrucción repentina que han enviado a los santos inocentes les sobrevendrá «como los dolores de parto en la mujer encinta», y escucharán los gritos de aquellos a quienes han asesinado en los vientres de sus madres. ¡Y no escaparán!

Pues esta es la alianza que establecí con vosotros cuando os llevé a la tierra prometida:

Y tú volverás y oirás la voz del Señor, y pondrás por obra todos sus mandamientos que yo te ordeno hoy.

Y te hará el Señor tu Dios abundar en toda obra de tus manos, en el fruto de tu vientre, en el fruto de tu bestia, y en el fruto de tu tierra, para bien; porque el Señor volverá a gozarse sobre ti para bien, de la manera que se gozó sobre tus padres,

cuando obedecieres a la voz del Señor tu Dios, para guardar sus mandamientos y sus estatutos escritos en este libro de la ley; cuando te convirtieres al Señor tu Dios con todo tu corazón y con toda tu alma.

Porque este mandamiento que yo te ordeno hoy no es demasiado difícil para ti, ni está lejos.

No está en el cielo para que digas: ¿Quién subirá por nosotros al cielo, y nos lo traerá y nos lo hará oír, para que lo cumplamos?

Ni está al otro lado del mar, para que digas: ¿Quién pasará por nosotros el mar, para que nos lo traiga y nos lo haga oír, a fin de que lo cumplamos?

Porque muy cerca de ti está la palabra, en tu boca y en tu corazón para que la cumplas.

Mira, yo he puesto delante de ti hoy la vida y el bien, la muerte y el mal;

*porque yo te mando que ames hoy al S*eñor *tu Dios, que andes en sus caminos y guardes sus mandamientos, sus estatutos y sus decretos, para que vivas y seas multiplicado; y el S*eñor *tu Dios te bendiga en la tierra a la cual entras para tomar posesión de ella.*

Mas si tu corazón se apartare y no oyeres, y te dejares extraviar, y te inclinares a dioses ajenos y les sirvieres;

yo os protesto hoy que de cierto pereceréis; no prolongaréis vuestros días sobre la tierra adonde vais pasando el Jordán, para entrar en posesión de ella.

A los cielos y a la tierra llamo por testigos hoy contra vosotros, que os he puesto delante la vida y la muerte, la bendición y la maldición; escoge, pues la vida para que vivas tú y tu descendencia;

*amando al S*eñor *tu Dios, atendiendo a su voz y siguiéndole a él; porque él es vida para ti, y prolongación de tus días; a fin de que habites sobre la tierra que juró el S*eñor *a tus padres, a Abraham, a Isaac y a Jacob, que les había de dar.*[13]

Pero vuestros caminos no han sido mis caminos, dice el Señor.[14] Y por tanto, por vuestra desobediencia a mi alianza os he dispersado entre las naciones y habéis olvidado mi nombre y vuestro origen en la Poderosa Presencia YO SOY. Pero por el arrepentimiento y la remisión de los pecados regresaréis al Señor vuestro Dios, y la tierra que os he dado será restituida. Y las naciones de Israel serán convertidas por el verdadero sendero de Cristeidad individual, y los que oprimen la luz del pueblo del Anciano de Días recibirán mi juicio. Y prosperaréis en los planos del Espíritu y la Materia.

En esta hora de cambio de ciclos cósmicos, se concede a cada alma que pertenece al remanente de la progenie de la Mujer estar ante la llameante presencia de la Oportunidad, ante el *port*al abierto a la *unidad*, ante los jerarcas de las ocho alianzas de Dios. Para los que permanecen con el Gurú Maitreya y la Gurú Ma en el Edén, hay siete alianzas y una octava que conducen a la integración Divina.

Las treinta y tres iniciaciones se despliegan como el cuatro por siete más cinco. Son las iniciaciones cuádruples de las cuatro fuerzas cósmicas en cada uno de los siete rayos más los cinco pasos de los cinco rayos secretos. Los cinco pasos son: 1) el Bautismo con agua, 2) el Bautismo con fuego, llamado Transfiguración, 3) la Crucifixión, 4) la Resurrección y 5) la Ascensión. A lo largo de los siete grupos de cuatro en los siete rayos, las llamas gemelas tejen un loto de mil pétalos —y muchos lotos como flores de fuego estelar que marcan las octavas de su morada en las esferas Espíritu-Materia— mientras entran y salen del centro macrocósmico de la Vida a los acontecimientos microcósmicos en la corriente en movimiento de la Materia.

La primera alianza es la oportunidad de regresar al Señor Maitreya y a la Madre en el Jardín del Edén, de ser restituidos a esa santa inocencia del Cristo y desde entonces rechazar cualquier componenda de la luz interior que Serpiente y su progenie propongan como alternativas al altar del Dios vivo. Aquellos para quienes está preparada, que cumplan con las treinta y tres iniciaciones del sendero de Cristeidad bajo la Alianza Edénica en esta vida, para ellos la conclusión de su descenso es el ascenso por medio del Sendero del Rayo Rubí. Este es el misterio de la primera alianza que se ha convertido en la última y de aquellos que vuelven a entrar en ella en los últimos días para convertirse en «las primicias de aquellos que durmieron».

Vosotros que queréis recuperar el paraíso perdido, ahora tenéis la oportunidad a través de la llama de la Madre Omega en la tierra de poneros en la línea de la sexta alianza mientras entráis simultáneamente en la octava, la cuarta y la segunda. Pues la

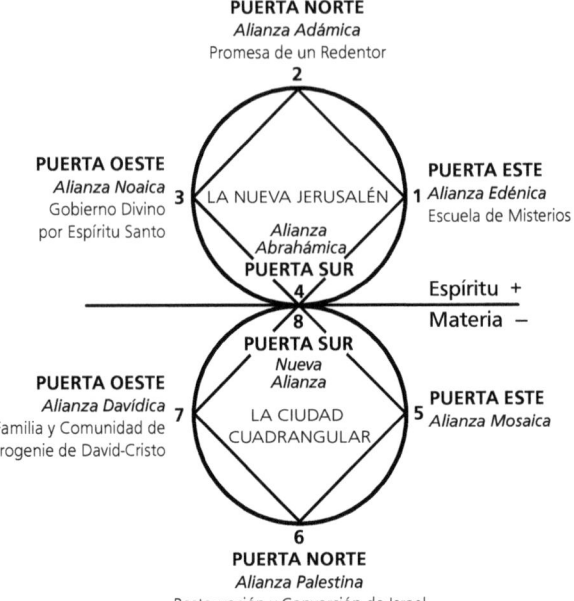

línea «recta y angosta» de vuestro alineamiento con el Padre y la Madre en el cielo y la tierra proporciona una oportunidad cuádruple de ser como arriba, así abajo a través de la luz palpitante del cordón cristalino.

Aquellas llamas gemelas que, por tanto, perdieron su elevado estado en el Karma de Dios —participando en *su* Palabra y *su* Obra como cocreadores con él en el proceso cocreativo de Padre e Hijo— y entraron en el bajo estado del karma personal y planetario fuera del círculo del Cordero, deben hallar su camino en el mundo exterior, mientras que una vez conocieron y fueron conocidos en el mundo interior de Ma.

Las primeras dos letras del nombre de Maitreya contienen la llama de la Madre, de la que él es portador como Gurú-Iniciador del potencial femenino, el alma. La *a* minúscula representa la partícula alfa, esa alma, o yo, que es el potencial de convertirse en la mismísima luz Alfa. La *M,* pronunciada «mu» en griego, focaliza el recuerdo de Lemuria, la Tierra Madre, llamada Mu.

Cada vez que la sílaba *Mu* es considerada como algo sagrado y es entonada con reverencia, este reconocimiento de la llama de la Madre, esta atención a su Presencia, invoca su Persona.

Cuando la luz de Mu se convierta en la Ma, es la señal de la venida de la Madre y el Divino Varón. Es Dios como Madre (Omega) que da nacimiento a la progenie (alfa) de Dios Padre (Alfa) en las esferas Espíritu-Materia. El sonido de la sílaba *Ma* evoca el descenso del fuego sagrado de la Madre, cuya simiente de Cristeidad universal está contenida en sí mismo. El fuego sagrado de la Madre es en realidad la luz-energía-conciencia del Padre en polaridad, que sólo él ha sellado dentro del sagrado corazón de ella para el momento de la inmaculada concepción por parte de ella del Cristo Universal. Así, a través de Omega la simiente de Alfa se manifiesta como la partícula alfa, el alma nacida de la reluciente espiral alfa-beta de la vida. Y la sílaba *Ma* es para siempre la unión en forma de ocho de la Madre y el Divino Varón.

Ahora, *Ma,* la Madre como Maitreya, establece el sendero interior y exterior para la *i*. La letra *i,* a la que llamamos *iota,* representa la individualidad de Dios que el alma (la partícula alfa) se pondrá como la vestidura del Señor. Cuando la iota es capaz de afirmar la I como la Entidad Divina, es llamada la id-entidad o, como decís vosotros, la identidad. La partícula alfa ha obtenido otra parte y es observada como alfa-beta, porque ha establecido su propia polaridad más-menos en el sendero de la autorrealización del Yo Alfa-Omega.

La letra *t,* la *tau,* denota este sendero. Es la cruz de la Luz-individualización (Alfa) y la Luz-integración (Omega) para todos los que jamás se apartan de la Presencia de Maitreya o del flujo de la figura en forma de ocho de su sendero óctuple de dispensaciones. Pero para aquellos que se apartan de la Persona y el Sendero de Maitreya, los ejes horizontal y vertical de la tau se convierten en pesadas cargas por su falta de polaridad que se oscurece en el monte del horizonte. Tales son los senderos divergentes de los de adentro y los de afuera del jardín del Gurú.

Pero a través de esa cruz tau, ya sea arriba o abajo, la *r* (rho) como rayo de Omega manifestado en la iota debe elevarse para ser la *e* (eta) encima de la *y*, y la *a* (Alfa) abajo. ¿Podéis entonces decirme cuál es el factor *x* de la *y* que es la cantidad desconocida en la fórmula que escribimos como Ma-i-t-r-e-y-a? Si enderezáis el ritual de Maitreya y yo también lo enderezo, no estará entonces la y a plena vista? Y de ser esto así, ¿se convertirá la iota de alfa en la theta o la lambda por la beta del rayo gama? Ahora, para que esto no plantee el problema de la delta del alma, os recomiendo que estudiéis las alianzas óctuples que convertirán lo poco de Alfa que ahora veis en un alfabeto de la Palabra y un léxico de los misterios que cuento en el repicar de la campana de la catedral del corazón.

Veámoslos uno por uno.

Veréis, amados míos que veis, las tres primeras razas raíz guardaron la Alianza Edénica, obtuvieron su individualidad en la llama Divina y regresaron a mi trono sin pérdida de luz, sin caída de la gracia, sin deceleración de la fuerza vital. Y ahora, provenientes de mundos remotos donde han prestado su servicio cósmico, por una dispensación reciente, se han unido a los Cristos Cósmicos y Grandes Vigilantes Silenciosos que se han congregado en los doce portales de la Tierra para restablecer la Comunidad del Espíritu Santo del Señor.

Con respecto a esas llamas gemelas (y hubo muchas) que aceptaron las soluciones comprometedoras de Serpiente y su progenie, siendo por ello expulsadas del Edén por el Gurú, Maitreya viene a llamar el más, el menos del eta y el alfa. Porque sois sus homónimos, y por amor al nombre de su Padre os llama al Origen. Aquellos de vosotros que pasaron por alto sus iniciaciones en el primer rayo bajo la Alianza Edénica, dadas bajo el cargo del Hombre en el portal este de la Nueva Jerusalén, se vieron sujetos por tanto, con Adán y Eva y sus descendientes, a las iniciaciones del segundo rayo, que llegaron bajo la Alianza Adámica, dadas bajo el cargo del León en el portal norte.

La Alianza Adámica era y es la oportunidad de seguir el sendero de Divinidad por obediencia a la Ley del YO SOY EL QUE YO SOY, la Presencia acompañante que permanece por siempre como guía de la vida. Se trata de la estipulación de la Ley y el Legislador para aquellos que rechazan la Personalidad Impersonal del Señor, que camina y habla con las llamas gemelas en el círculo interior del Edén.

Bajo esta alianza, la voz del Gurú ya no se oye. Dios como la Impersonalidad Impersonal habla sólo a través de la voz de la Ley, personificada en el karma personal y planetario. Los intercesores del Bien y el Mal y los protagonistas de la Luz y la Oscuridad —en la persona de huestes angélicas y caídos— entran en contacto regularmente con la conciencia del hombre y la mujer fuera del Edén en la soledad de su prueba y su tentación apartados de la Presencia del Señor.

Las condiciones de esta alianza son iguales a las de la primera, excepto que el hombre y la mujer ya no tienen la protección personal del Gurú ni su círculo de Luz. Los requisitos de la Ley para la ascensión ahora han de tomar en consideración el karma que se acumula desde el conocimiento del bien y el mal relativos y todas las innumerables leyes de la relatividad que gobiernan la vida fuera del círculo santificado del Uno.

En el Edén había y aún hay la iniciación, de forma directa y personal, sin ninguna pérdida de la autopercepción Crística del Yo siempre y cuando la Palabra del Gurú esté entronizada en el corazón. Y el amor es obediencia iluminada llevada a cabo con honor como la confianza sagrada entre el Legislador, la Ley y el individuo, el chela que es el recipiente de lo de arriba, abajo.

Fuera del Edén va primero el karma, mientras la ley del círculo y las ruedas de los chakras producen con muchísimo esfuerzo los requisitos exactos de la Ley y el Legislador que deben cumplirse si el alma ha de ser iniciada una vez más por un representante del Señor. Hasta que éste llegue, el alma ensaya su desvío de los pasos de la Verdad muchas veces. Se le da ejercicios rigurosos en los usos correctos de la Ley para que adquiera un impulso acumulado por medio del conocimiento correcto, la aspiración correcta, la elocución correcta, el comportamiento correcto, el modo de vivir correcto, el esfuerzo correcto, la atención correcta y la absorción correcta.

Estos ejercicios de la Ley en el óctuple sendero de los bodhisattvas que se están uniendo al Buda y a la Madre son el camino, la Vía Media, de la acción iluminada por el Cristo, para deshacer los usos incorrectos de la Ley cuando una vez más estos registros vuelvan cíclicamente como circunstancia para presentar las opciones originales: «¡Escoge la Vida o la muerte!»[15].

Una y otra vez se ve la confrontación. En el horizonte aparece una persona de la verdad, una persona del error; y se escucha la orden del Ser Crístico al alma: Escoged hoy de quién será la Palabra a la que serviréis,[16] de quién será la Persona a la que defenderéis. Pues detrás de las máscaras permanece la Palabra o la anti-Palabra, la Persona de Dios o el anti-Dios.

Hasta que todas estas experiencias en la relatividad culminen en el encuentro con el SEÑOR DIOS en Maitreya, cara a cara o en la persona de su mensajero, quienquiera que sea él o ella, las almas en el Sendero aún siguen demostrando su preparación para reingresar en los rituales y retiros de iniciación. El saldo del cien por cien del karma propio así como el cumplimiento de la ley de la perfección sin su intercesión, sin su carga de Luz para contrarrestar la oscuridad exterior, es la prueba suprema de la Alianza Adámica. La historia tiene constancia de que sólo los pocos sobrevivieron. Sólo uno ascendió: Enoc, «el séptimo desde Adán»[17].

Sin la presencia personal del Gurú, el mandamiento «sed, pues, vosotros perfectos, como vuestro Padre que está en los cielos es perfecto»[18] es sumamente difícil de obedecer. Porque sin el Portador del estándar, ¿quién puede establecer los estándares del Estándar? Ciertamente, el hombre y la mujer que han participado de los frutos del árbol del conocimiento del bien y el mal relativos han perdido sus valores absolutos de Verdad, Justicia, Misericordia, Integridad, Paz y Amor.

Ahora estos términos no poseen más que significados relativos y matices negativos que no proporcionan al individuo ese contacto sublime con los seres libres en Dios que animan los atributos de Dios y que se han ganado la aprobación de la Divinidad: «Este es mi amado —el resplandeciente sol de justicia, sol de mi Sol— en quien YO SOY el que mora interiormente en los cielos y en la tierra. He aquí, YO SOY el Dios de dioses en mi amado Hijo, en cuya Presencia YO SOY el que tiene complacencia»[19].

Así, estos Hijos de Dios que personifican la llama Divina, debido a que la conciencia de Dios está en ellos y ellos en Él, son nombrados en la jerarquía celestial según los atributos de la llama Divina que brillan desde su interior e iluminan la noche más oscura con la supernova del sonido que ellos emiten de Su Palabra. Por tanto, son llamados la «encarnación de la llama de Dios de la Paz», la «encarnación de la llama de Dios de la Verdad», o en el caso de la cualificación femenina de los absolutos de Dios, la «encarnación de la llama de Diosa de la Justicia». Estos títulos han sido acortados y quedan como Dios de la Paz, Dios de la Verdad o Diosa de la Justicia, y así sucesivamente.

Aquellos que han perdido la percepción de los absolutos de la Divinidad y los atributos de su naturaleza divina encarnados en sus emisarios, que son al mismo tiempo personales e impersonales, con forma y sin forma, no tienen, pues, concepción alguna de esa conciencia cósmica de sus huestes que nunca han descendido de la gracia de su Presencia y que, por esa gracia, animan amplios sectores de los universos Espíritu-Materia.

Pero os aseguro, amados míos, que si los contemplaran cara a cara a través de su propia conciencia Crística, tales personas exclamarían: «¡He aquí, ha nacido un Dios!». Y así sería en su conciencia, a pesar de que ese ser libre en Dios existiera anteriormente a su percepción recién descubierta del potencial ilimitado del Ser con el que el Señor Dios Todopoderoso ha dotado la creación de Elohim.

Y excepto Enoc, que «caminó con Dios, y desapareció, porque le llevó Dios»[20], bajo la Alianza Adámica los descendentes de Set así como los de Caín y las demás evoluciones terrenales comprometieron la luz del Sanctasanctórum en los siete centros del ser. Y las aguas de la vida mal cualificadas se convirtieron en las aguas del diluvio para el hundimiento de los continentes.

No obstante, dentro de la Alianza Adámica habrían podido (si hubieran recordado, honrado y obedecido la Palabra del Señor Maitreya a Adán y Eva) entrar de nuevo en el sendero de iniciación Crística. Dentro de esta segunda alianza, como en la primera, las semillas de las treinta y tres espirales se siembran en la denominada cadena ADN.

Con esta maravilla, quiero permitiros un atisbo sobre la majestuosidad de la Vida, incluso su misterio, que el SEÑOR DIOS ha hecho accesible para sus hijos e hijas. Está tan cerca, amados míos, y a la vez tan lejos de los que han sido abusadores de la Vida de Dios desde el principio. Sin embargo, es verdad que el Alfa y la Omega de vuestro Yo Superior ha sellado el milagro de la creación misma en los templos masculino y femenino que el Divino Nosotros ha creado. Pero Dios como Espíritu Santo debe abrir cada valiosa cadena de luz iniciática. Y no lo haría, porque:

> *Vio DIOS que la maldad de los hombres era mucha en la tierra, y que todo designio de los pensamientos del corazón de ellos era de continuo solamente el mal.*
>
> *Y se arrepintió el SEÑOR de haber hecho hombre en la tierra, y le dolió en su corazón.*
>
> *Y dijo el SEÑOR: Raeré de sobre la faz de la tierra a los hombres que he creado, desde el hombre hasta la bestia, y hasta el reptil y las aves del cielo; pues me arrepiento de haberlos hecho.*[21]

Adán y Eva y todos nuestros portadores de luz que estaban con ellos entraron en los planos inferiores de la esfera de la Materia bajo la nueva Alianza Adámica, vistiendo cuatro cuerpos inferiores («túnicas de pieles») y uncidos a la carga de la ley de su karma con el Gurú. Fue entonces cuando Adán llamó a su mujer Eva, «por cuanto ella era madre de todos los vivientes»[22].

Porque Adán sabía que ahora tenían que abrir la puerta de

la oportunidad para que la generación de portadores de luz buscara el sendero de Cristeidad individual en el bajo estado de la carne. También sabía que debían abrir la puerta para las oleadas de vida rezagadas cuyo plan exigía que resolvieran su karma en las octavas físicas de la Tierra.

De haber permanecido bajo la dispensación del Señor Maitreya, habrían podido realizar su evolución en las octavas etéricas sin las trabas de las densas oleadas de vida que evolucionaban en la tierra, terrenal. Al desviarse, tanto ellos como sus descendientes habrían de caminar por el Sendero al lado de los caídos, llamados Vigilantes, que habían sido expulsados del cielo a la tierra en la Gran Rebelión contra el Señor Dios, el Todopoderoso.

Ahora bien, el primer hijo de Adán y Eva fue la generación de su karma. Llamado Caín, que significa «adquisición», el alma es «adquirida» desde fuera del círculo de su relación Gurú-chela con el Señor Maitreya. Y si lo ponderáis, amados míos, veréis que la ley del karma es la ley de la adquisición: «Todo lo que el hombre sembrare, eso también segará»[23].

La corriente de vida de Caín (su nombre también significa la «raíz hueca») contenía las semillas de su rebelión contra las siete alianzas de los siete rayos que él había manifestado en sus encarnaciones anteriores en el planeta Maldek. Su religión mecanizada era un ritual de voluntad propia que pervertía el rayo de la voluntad del Señor. Quiso adquirir el poder total de Dios con el antipoder de su honda y de su lanza. Su ofrenda no fue respetada por Maitreya porque su motivo era obtener el favor del Señor para poder entonces someter la luz del Señor a los usos y abusos de su propio subterfugio.

Caín trabajaba mucho cultivando el suelo, no para la gloria de Dios sino para obtener el poder de Dios y poder ejercer ese poder sobre otros. En realidad él, como los cananitas, que habitaban en la tierra al oeste de Mu (de ahí el término *Amunu*) era un adorador de la «Fuerza». Este término, que hoy día oímos habiendo sido popularizado como sustituto del nombre de Dios, se refiere a la fuerza Serpentina, la Kundalini enroscada, el poder total de la

Madre. Las evoluciones cananitas eran adoradoras de la Serpiente, tanto de la persona del caído como de la fuerza vital sellada en el núcleo de fuego blanco del chakra de la base de la columna.

De esta religión de los caídos provienen todos los ritos fálicos y de fertilidad de las culturas primitivas. Sus arquetipos se pueden ver en el panteón ugarítico, cuya deidad principal es 'Il. Esta sílaba proviene de *El,* el poder de Elohim usurpado por los caídos. Esta 'Il, o *L,* es la abreviatura del nombre Lucifer, llamado dios del cielo. Es conocido en numerosas culturas como el padre de los dioses, su supremo señor y gobernante en sus asambleas.

Los consejos de la falsa jerarquía se reunían en ciertas montañas de lo que es ahora Norteamérica así como en Oriente Medio. Baal y su esposa Anat, Tammuz e Ishtar son de los muchos ángeles caídos que cayeron, ellos y sus llamas gemelas. Eran una raza de gigantes temidos por los descendientes de Set.

El Diluvio fue el juicio decretado por la Palabra de los emisarios del SEÑOR DIOS cuando los descendientes de Set no fueron fieles a la Ley ni al Legislador. Estos descendientes no caminaban ni por conciencia ni por la adhesión consciente a las enseñanzas escritas por Adán y Eva que establecían el modo de vida para sus hijos fuera del Edén. En cambio, caminaban según el orgullo de los Vigilantes.

Y los dioses que les enseñaron este camino tortuoso para obtener la Divinidad eran los ángeles caídos que «no guardaron su dignidad»[24], sino que cayeron con Lucifer. Estos son los que tomaron para sí «las hijas de los hombres»[25] y engendraron una creación carente de dios y de alma llamada Nefilín, a través de la cual ellos darían perpetuidad a su manipulación y mecanización de las masas. Estos ángeles caídos estaban encarnados en la Tierra física porque habían sido expulsados de las octavas superiores por su rebelión contra el Hijo de Dios y los órdenes celestiales de la jerarquía.

Su unión con las hijas de Caín no formaba parte del orden espiritual de la progenie de Dios, que nace únicamente a partir de la semilla Crística. El SEÑOR maldijo esta descendencia de su lujuria. Porque codiciaban su poder y querían atraerlo y atraparlo mediante la cópula con las hijas de Caín. Este fue el abuso abominable de la fuerza Serpentina (la mismísima fuerza vital de la Madre y el Espíritu Santo) llamada la «abominación de la desolación» (de los desolados que no tienen a Dios en ellos) que está en el lugar santo donde no debiera.

Esta oleada de vida maldita se convirtió en los «valientes que desde la antigüedad fueron varones de renombre»[26]; se convirtió en el simple hombre natural, sin alma ni conciencia ni chispa del potencial divino. El hombre natural, ahora llamado Homo sapiens, era una «especie de hombre» pero no un ser libre en Dios según la descendencia de Adán desde Set a Noé. De ahí que los cruces híbridos de los Vigilantes y su creación sin dios con los hijos de Caín abriera la puerta para que evoluciones rezagadas encarnaran en la Tierra, y el intercambio de estas evoluciones caídas diversas llegó a ser conocido en general como «humanidad».

Los hijos e hijas de Dios y sus hijos son una raza diferente de la conciencia YO SOY. Y son llamados la Raza YO SOY. A ellos fue a quienes habló Moisés cuando les lanzó su ardiente fíat para romper el hechizo hipnótico de los Vigilantes y su raza esclava: «Yo dije: Vosotros sois dioses, y todos vosotros hijos del Altísimo»[27].

La Alianza Noaica sustituyó a la adámica cuando el SEÑOR DIOS quiso volver a establecer su gobierno Divino en la tierra por medio del Espíritu Santo, después del hundimiento de la Atlántida y la interrupción de la evolución de las oleadas de vida del planeta.

Bajo el patriarca Abraham, la alianza que se establece sirve para la reencarnación de la progenie Crística y para el futuro de la Raza YO SOY, con las doce tribus de Israel fundando la Comunidad del Espíritu Santo en todo el mundo, sentando las bases para la redención prometida a través de la Palabra.

La alianza de Moisés establece una vez más la interacción del Legislador a través de aquel que es la encarnación de la Ley: el Gurú. Los quebrantamientos de la Ley de Moisés por parte de ellos constan junto con los juicios de Jehová. Y aunque los profetas del YO SOY EL QUE YO SOY estaban entre ellos, su generación rebelde dio como resultado el cautiverio asirio y el babilónico. Y el Viejo Testamento es la historia de la Palabra viva, nacida en carne y sangre, forteciéndose en el Señor, entrando en los retiros internos de la Hermandad y emergiendo para la misión Mesiánica.

Por tanto, no puede haber restauración de almas, ni restauración de Israel, sin la Alianza Palestina, que promete la conversión por medio de la confrontación personal y directa del Maestro Ascendido Jesucristo con sus discípulos, y de todos los maestros ascendidos con sus chelas. No hay regreso a la casa del Señor. Así, la Alianza Davídica es el signo del sendero de persecución que soportó el alma de Jesucristo cuando estuvo encarnado como David. Todas las preparaciones de su alma para su última encarnación representan la puerta de oportunidad para los que desean seguir sus pasos.

En el Salmo 22, él prevé la hora de su crucifixión con las palabras: «Dios mío, Dios mío, ¿por qué me has desamparado?»,» que pronunciará nuevamente en la cruz. Es la iniciación que se da a todo el que está en la puerta norte de la Ciudad Cuadrangular, preparándose para entrar en la crucifixión, la resurrección y la ascensión. Paso a paso, la naturaleza de la crucifixión es revelada de antemano para que los ojos del alma puedan abrirse y pueda comprender la naturaleza de la copa que puede elegir beber o no beber.

De nuevo, en el Salmo 69, el sendero del que desea lícita y jubilosamente reclamar el manto del Señor como su carga de luz, exclama:

> *Se han aumentado más que los cabellos de mi cabeza los que me aborrecen sin causa; se han hecho poderosos mis enemigos, los que me destruyen sin tener por qué; ¿y he de pagar lo que no robé?*
>
> *Dios, tú conoces mi insensatez; y mis pecados no te son ocultos.*
>
> *No sean avergonzados por causa mía los que en ti con-*

fían, oh SEÑOR DIOS de los ejércitos; no sean confundidos por mí los que te buscan, oh Dios de Israel.
Porque por amor a ti he sufrido afrenta; confusión ha cubierto mi rostro.
Extraño he sido para mis hermanos, y desconocido para los hijos de mi madre.
Porque me consumió el celo de tu casa, y los denuestos de los que te vituperaban cayeron sobre mí. (El fuego sagrado de tu cuerpo de fuego blanco me ha consumido completamente, porque he cargado tu cruz de fuego blanco y los oprobios de los que te censuraban cayeron sobre mí).[28]

Lo mismo diréis vosotros, amados míos, cuando entréis a compartir plenamente mi Persona, a lo cual os invito, diciendo: *Bébeme mientras YO SOY el que te bebe.*

Pero no os oculto el rumbo de vuestra elección. Es un sendero de penas que se torna en un sendero de alegría. Es la copa de karma personal y planetario llena de escorias, que la jubilosa copa de los fuegos sagrados de la resurrección transmuta. Luego está la copa mortal del veneno de Serpiente y la progenie de Serpiente, que se hicieron pasar por mis profetas y sacerdotes y príncipes en Israel. A ellos di la copa del agua de hiel.

Esta es la copa que los destruirá totalmente, pero no puede destruir a mis santos que han bebido la copa de la Nueva Alianza, porque no tienen parte con Serpiente y su progenie. Y aunque repartan entre sí mis vestidos y sobre mi ropa echen suertes,[29] siguen sin poder ponerse mi yugo ni aprender de mí, porque mi yugo es fácil, y ligera mi carga.[30] Y se lo doy a todos los que están involucrados en la labor sagrada del Espíritu Santo, todos los que están pasando la iniciación del Becerro que, como el gran portador de nuestra carga, se ha convertido en el Buey, sobrecargado con el peso del karma personal y planetario.

Los que esperan al SEÑOR, la amada Presencia YO SOY, de día y de noche han entrado en la iniciación de la labor sagrada y en el karma al que se refirió mi Hijo. Sólo el discipulado personal al Cristo en los arquetipos de la Cristeidad —el Hombre, el León, el Becerro y el Águila— puede proporcionar al devoto el privilegio de tomar sobre sí el yugo del Señor y así entrar en su entendimiento, su conciencia de Cristo Cósmico.

En esta escena del gran drama de su Cristeidad cuádruple, el Gran YO SOY de Jesús, el Señor, desciende desde la mano derecha de Dios, donde gobierna como el Hijo y el heredero escogido (el Becerro que ha de ser sacrificado) y asume el modo del Buey, el gran portador de la carga de los pecados del mundo. El Buey, a menudo el macho castrado, es el Dios encarnado que ha puesto a un lado su autoridad, incluso su polaridad, y su patrimonio como ser libre en Dios para habitar entre su pueblo y portar su karma, transmutando su carga por medio de la Luz que él es hasta que ellos se conviertan en esa Luz.

El modo del Buey es de hecho el del esclavo que sirve al Amo, que es el Dios interior de los discípulos. Por tanto, este es el intercambio cósmico por el cual el Gurú vivo intercambia vestiduras con sus chelas. Aunque lo veneran como Gurú, no ven a menudo que la carga que lleva es la de ellos.

Así el Gran YO SOY del Señor Jesús se ha convertido en «manso y humilde de corazón» con la apariencia del Buey, apostado en la puerta oeste de la esfera de la Materia donde las multitudes en tropel le turban con hosannas un día, pues él cura todas las enfermedades, y exclaman, «¡crucificadlo!», al siguiente porque exige un precio por la luz que imparte y la transmutación que efectúa.

La promesa del «descanso para vuestras almas» hecha a quienes caminen en el lugar del Gurú mientras él camina en el suyo es la recreación de sus cuatro cuerpos inferiores y de los ciclos de sus chakras mientras él exterioriza matemática y geométricamente el mantra, *Bébeme mientras YO SOY el que te bebe*.

Tomar para sí el Espíritu Santo del Gurú significa asumir la sagrada labor del Santo de Dios. Por tanto, el servicio al mundo se ofrece a cambio del karma del mundo. Y el grito del vendedor ambulante, «¡nuevas lámparas por las viejas!», es Dios atrayendo al alma, que debe renunciar al ego si ha de ser sanada.

Al portar el karma del Gurú, que es llevar iluminación a todo un mundo, el chela entra al servicio de los Instructores del Mundo. Y el descanso para el alma se convierte en la aceleración hacia la luz mientras el chela verdaderamente encarna el «ícono» del Gurú en su corazón y entrega su luz en el proceso autocreativo y recreativo, verdaderamente la alquimia de la Palabra encarnada de su Gurú. Ahí descubre que el yugo de su Gurú es «fácil» y que su carga es ligera, sin saber nunca cuál es el precio que paga Aquel que, como Buey, afirma serenamente: «YO SOY manso y humilde de corazón, y hallaréis descanso para vuestras almas»[31].

Esta es la nueva alianza del octavo rayo y esta es la década en la que, amados míos, podéis aprender de mí ya que YO SOY el Gurú encarnado en todos los maestros ascendidos que se han convertido en el Cordero. Este es el Sendero del Rayo Rubí. Caminad por él mientras tenéis la luz de los testigos que dan testimonio de la Luz.

Los que son mis discípulos que siguen el sendero cuádruple de Cristeidad bajo los benditos chohanes de los rayos (pues obedecen el mandamiento «Bebed de ella todos»), están tan llenos de la luz del Hombre, el León, el Becerro y el Águila voladora que se les promete que «si bebieren cosa mortífera, no les hará daño»[32]. Pues el fuego sagrado de la resurrección del Gurú está sobre ellos y en ellos; y él en ellos («Yo en y tú en mí») consume completamente todas las espirales de la Serpiente que entrarían en el círculo santificado de la identidad o penetrar en el Sanctasanctórum de la deslumbrante cruz de fuego blanco.

Las iniciaciones del sexto rayo en la puerta norte en la esfera de la Materia son las encrucijadas de la vida. Comienzan en la Última Cena, cuando aquel que es Cristo transfiere a sus discípulos la oportunidad de beber su copa y comer su pan. El pan que partió y bendijo es el pan de su propia vida. «Yo soy el pan de vida. Vuestros padres comieron el maná en el desierto, y murieron. Este es el pan que desciende del cielo, para que el que de él come, no muera»[33].

Compartió su cuerpo de luz, tanto su cuerpo espiritual de

luz como el cuerpo de su experiencia en la tierra. Y la copa que él les dio, diciendo: «Bebed todos de ella», es la esencia de la luz de Alfa y Omega, la equilibrada fuerza vital que está elevada y que eleva el alma más y más por la escalera (espiral) iniciática, expandida en el sagrado corazón y acelerada como una espiral de ascensión desde la base hasta la coronilla.

Vosotros estáis llamados a seguir a Cristo Jesús y la luz iniciados por el Ser Crístico en la regeneración, la recreación del alma a semejanza del Hijo del Hombre, (a semejanza del sol central de la Presencia YO SOY). Porque todo chela que sigue al Gurú en su regeneración (recreación a partir de las esferas de la Materia hacia el espíritu) cuando el Gurú como Hijo del hombre se siente en el trono del Cordero en su gloria (Gran Cuerpo Causal), los chelas se sentarán en los doce tronos de las doce jerarquías solares del Hijo.

Y tanto si hay doce como doce mil, o los 144 000, se posicionarán en las doce puertas de la conciencia protegiendo la ciudad santa, «juzgando» a las doce tribus de Israel, separando por la Palabra la luz y la oscuridad de los hijos de Israel (de la Realidad Divina) en la puerta oeste que están entrando por los doce senderos de iniciación.

Esta nueva alianza es la oportunidad que tiene el alma de beber la luz de Cristo mientras toma para sí el peso del karma del alma. En este intercambio, el alma es llenada con la luz del Ser Crístico y el Ser Crístico transmuta las energías del pecado, los registros del karma, aquello que está desequilibrado o en un estado de desequilibrio con la luz de Alfa y Omega.

La Nueva Alianza es, por tanto, la oportunidad de recibir esta gracia a través de la Palabra y Obras del SEÑOR en el sendero de Cristeidad individual. Los que deseen entrar en esta gracia deberán estar dispuestos a dar todos los pasos en el sendero de iniciación del Rayo Rubí que Jesús prometió a los santos cuando dijo: «A la verdad, del vaso que yo bebo, beberéis, y con el bautismo con que yo soy bautizado, seréis bautizados»[34].

Esta promesa del sendero de iniciación ha sido pasada por

La sangre de la Nueva Alianza 373

alto, cuando menos, por los falsos pastores de mi pueblo que son denunciados por el Señor a través de Jeremías antes de que se les transfiera la copa de agua de hiel y de ajenjo. Es entonces cuando él promete la llegada de los buenos pastores que alimentarán al pueblo a través de la Persona del Hijo de Dios interior, EL SEÑOR JUSTICIA NUESTRA.[35]

Estos pastores entre vosotros son los santos vivos que siguen el sendero de los Instructores del Mundo. Pues hoy llega el juicio sobre los pastores que destruyen y dispersan a las ovejas de mi pasto: «Vosotros dispersasteis mis ovejas y las espantasteis, y no las habéis cuidado. He aquí que yo castigo la maldad de vuestras obras, dice el Señor»[36].

El juicio de los caídos que han ocupado sus puestos de autoridad en la Iglesia y el Estado, impidiendo la carga del Señor, está por consiguiente sobre ellos en todas las ocasiones en las que un santo de la Iglesia elija beber de la copa de Cristo y ser bautizado con él. El juicio llega cada vez que un santo sustituye a un saduceo, a un fariseo o a un miembro del Sanedrín.

Los que no han cumplido mis alianzas de entre el pueblo, los que no han realizado el trabajo preliminar para las siete alianzas, no entrarán en la octava alianza por la cual toman parte de mi sangre, que es el Rayo Rubí. Estando aún bajo la ley de su pecado —porque han convertido su pecado en la ley de su existencia, convirtiéndose en una ley para sí mismos—, no serán invitados a la cena de bodas del Cordero en la cual el Señor dice a sus amados: *Bébeme mientras YO SOY el que te bebe.*

Y cuando su juicio llegue y todas las cosas se cumplan, entonces el resto del rebaño será reunido de todos los países adonde la ley de su karma los haya empujado. Y volverán nuevamente a sus rediles —los doce senderos de iniciación de las doce tribus de Israel— y cada uno de ellos llamará a cada una de las doce puertas sucesivamente. Y serán fructíferos en la conciencia Crística e incrementarán su conocimiento del YO SOY EL QUE YO SOY.

> *He aquí, vienen días, dice el* SEÑOR, *en que sembraré la casa de Israel y la casa de Judá de simiente de hombre y de simiente de animal.*
>
> *Y así como tuve cuidado de ellos para arrancar y derribar, y trastornar y perder y afligir, tendré cuidado de ellos para edificar y plantar, dice el* SEÑOR.
>
> *En aquellos días no dirán más: Los padres comieron las uvas agrias y los dientes de los hijos tienen la dentera.*
>
> *sino que cada cual morirá por su propia maldad: los dientes de todo hombre que comiere las uvas agrias, tendrán la dentera.*
>
> *He aquí que vienen días, dice el* SEÑOR, *en los cuales haré nuevo pacto con la casa de Israel y con la casa de Judá.*
>
> *No como el pacto que hice con sus padres el día que tomé su mano para sacarlos de la tierra de Egipto; porque ellos invalidaron mi pacto, aunque yo fui un marido para ellos, dice el* SEÑOR.
>
> *Pero este es el pacto que haré con la casa de Israel después de aquellos días, dice el* SEÑOR: *Daré mi ley en su mente y la escribiré en su corazón; y yo seré a ellos por Dios y ellos me serán por pueblo.*
>
> *Y no enseñará más ninguno a su prójimo, ni ninguno a su hermano, diciendo: Conoce al Señor, porque todos me conocerán, desde el más pequeño de ellos hasta el más grande, dice el* SEÑOR; *Porque perdonaré la maldad de ellos, y no me acordaré más de su pecado.*[37]

Ahora, amados míos, es necesario que entréis en el huerto de Getsemaní para que podáis cumplir con todas estas cosas que el amado Señor Maitreya os dijo al principio de vuestro sendero, para que puedan cumplirse al final. Pues aquí tomaréis la decisión de beber o no beber la copa del sufrimiento, incluso hasta la muerte, la muerte de vuestra vida y estilo de vida anterior para que podáis entrar en la plenitud de su Vida, la vida universal y triunfante del Gurú del Rayo Rubí.

Esta es la hora de la copa del karma del mundo: «He aquí, ha llegado la hora, y el Hijo del hombre es entregado en manos de pecadores». Esta es la hora de la venganza de los caídos cuando el Hijo del hombre toma en su corazón el poder mal cualificado de la oscuridad manifiesta de ellos. Y debe hacer esto mientras los niños de Dios se apresuran a cumplir los votos de su Filiación individual, dándose prisa, para caminar también tras sus pasos y poder conocer el significado del sagrado corazón y el «intervalo cósmico» proporcionado por el Señor para las iniciaciones de sus almas en el Rayo Rubí.

Y Pedro, Santiago y Juan estaban con él, y les pidió que mantuvieran con él la vigilia de oración mientras se preparaba a ser sujetado a la cruz de los pecados del mundo: él, el Buey sujetado al yugo de los brazos vertical y horizontal de la trasgresión de la ley de Alfa y Omega por parte de la humanidad. Este yugo, pues, que formaba su cruz incluía las palabras y obras del Diablo para que pudieran ser destruidas por la sangre de la Nueva Alianza.

Y se arrodilló en oración, diciendo: «Padre, si quieres, pasa de mí esta copa, pero no se haga mi voluntad, sino la tuya»[38].

Y la luz de la iniciación del Padre en el Hijo era tan intensa y el peso del karma del pueblo elegido del Señor y de las razas rezagadas era tan grande que él mismo sudó como si fueran grandes gotas de sangre. Y cuando encontró a sus discípulos durmiendo, les dijo lo que os dice a vosotros hoy: «¿Así que no habéis podido velar conmigo una hora? Velad y orad, para que no entréis en tentación; el espíritu a la verdad está dispuesto, pero la carne es débil»[39]. Y se fue y rezó la misma oración una segunda vez, y una tercera, encontrando cada vez a sus discípulos dormidos.

Finalmente, a los que no podían tomar parte de su copa en esa hora, aquellos para quienes esta estaría reservada en los últimos tiempos, dijo: «Dormid ya, y descansad. Basta, la hora ha venido; he aquí, el Hijo del hombre es entregado en manos de pecadores. Levantaos, vamos; he aquí, se acerca el que me entrega»[40]. La copa de karma que bebió era tan grande que le llevaría por el valle de la sombra de muerte, antes de la gloriosa resurrección que su alma había visto con anterioridad cuando escribió los Salmos de David.

En las tres oraciones que Jesús rezó, aceptó el peso del pecado del mundo contra el Padre y contra el Hijo y contra el Espíritu Santo. Y la cuarta copa que tomó fue la copa de la traición: ¿cuántas veces y por cuántas personas sería traicionado antes de entregar el espíritu en el Gólgota? Por los tres que dormían en el huerto, la traición de la mente inconsciente; y luego por Judas, con el beso de exceso de confianza, la farsa y el desprecio. Luego la traición de la emoción descontrolada de Pedro cuando cortó la oreja del siervo que buscaba llevarlo; Pedro, que había una vez reconvenido al Señor cuando comenzó a hablar de su crucifixión, diciendo: «Señor, en ninguna manera esto te acontezca»[41].

En sendas instancias el Señor lo reprendió por interactuar humanamente con el pensamiento y sentimiento del mundo. La tercera traición fue nuevamente por uno de los suyos; el mismo que había declarado: «Tú eres el Cristo, el Hijo del Dios viviente», ahora negaba a su Señor: «De cierto te digo que esta noche, antes de que el gallo cante, me negarás tres veces»[42].

Y la cuarta traición fue a manos de un grupo de soldados y oficiales enviados por los sacerdotes principales, los fariseos, los escribas y el Sanedrín. Y finalmente llegó la traición del propio Pilatos, quien, aunque lavó sus manos de la sangre del inocente, puso en libertad a Barrabás y permitió que la progenie del Maligno crucificara al Señor.[43]

En esta escena vemos la traición del Cristo por parte de la conciencia de las masas, la multitud, la gran multitud del pueblo que un día estaría en la puerta oeste de la Ciudad Cuadrangular esperando la llegada de los emisarios del Señor en el momento de su propia redención por su Luz.

La sexta traición llegó cuando dijo: «Tengo sed»[44], y la progenie de Serpiente le dio a beber vinagre, mezclado con hiel. Y cuando lo hubo probado, no bebió. Así rechazó su tentativa de colocar sobre él la copa de agua con hiel que el SEÑOR les había a dado a beber a ellos por su blasfemia contra su nombre. Por tanto, estableció su crucifixión por y en favor de los portadores de luz de Dios y rechazó para todo el tiempo y el espacio lo que la progenie encarnada de Serpiente ha afirmado desde aquella época: que él murió por sus pecados.

Él no murió por los pecados de ningún hombre, sino que tomó sobre sí los pecados de los niños de Dios para poder ser resucitado en luz, para poder vivir para la redención de ellos. Y fue traicionado por el malhechor que se unió al que pasaba que lo injurió, meneando sus cabezas, y diciendo: «Tú que derribas el templo, y en tres días lo edificas, sálvate a ti mismo; si eres Hijo de Dios, desciende de la cruz»[45].

Y nuevamente los sacerdotes principales con los escribas se burlaban de él, diciendo: «A otros salvó, a sí mismo no se puede salvar; si es el Rey de Israel, descienda ahora de la cruz, y creeremos en él. Confió en Dios; libérele ahora si le quiere; porque ha dicho: "Soy Hijo de Dios"»[46].

YO SOY

Sanat Kumara

Voy delante de vosotros, durante todo el
camino hasta el Origen.
Seguidme

La gráfica de tu Yo Divino

La Gráfica de tu Yo Divino es un retrato de ti y del Dios dentro de ti. Es un diagrama de ti y del potencial que tienes de llegar a ser quien realmente eres. Es una ilustración resumida de tu anatomía espiritual.

La figura superior es tu «Presencia YO SOY», la Presencia de Dios que ha sido individualizada en cada uno de nosotros. Es tu «YO SOY EL QUE YO SOY» personalizado. Tu Presencia YO SOY está rodeada de siete esferas concéntricas de energía espiritual que conforman lo que llamamos tu «cuerpo causal». Las esferas de energía palpitante contienen el registro de las buenas obras que has realizado desde tu primera encarnación en la Tierra. Son como tu cuenta bancaria cósmica.

La figura media de la gráfica representa el «Santo Ser Crístico», que también se denomina Yo Superior. Puedes pensar en tu Santo Ser Crístico como en tu ángel de la guarda principal y tu amigo más querido, tu instructor interior y la voz de la conciencia. De igual modo que la Presencia YO SOY es la presencia de Dios que está individualizada para cada uno de nosotros, el Santo Ser Crístico es la presencia del Cristo universal que está individualizada para cada uno de nosotros. «El Cristo» es en realidad un título que se da a aquellos que han logrado la unión con su Yo Superior o Ser Crístico. Por eso Jesús fue llamado «Jesús, el Cristo».

La gráfica muestra que cada uno de nosotros posee un Yo Superior o «Cristo interior», y que cada uno de nosotros está destinado a llegar a ser ese Yo Superior, tanto si lo llamamos Cristo, Buda, Tao o Atmán. Este «Cristo interior» es lo que los místicos cristianos algunas veces llaman «el hombre interno del corazón» y lo que los Upanishad describen misteriosamente como un ser del «tamaño de un pulgar» que «habita en lo profundo del corazón».

La gráfica de tu Yo Divino

Todos sentimos en algunos momentos esa conexión con nuestro Yo Superior, cuando somos creativos, amamos y nos sentimos alegres. Pero hay otros momentos en los que nos sentimos fuera de sintonía con nuestro Yo Superior, momentos en los que nos enojamos, nos deprimimos, nos sentimos perdidos. El sendero espiritual consiste en aprender a mantener la conexión con nuestra parte superior para poder aportar nuestra mayor contribución a la humanidad.

El haz de luz blanca que desciende de la Presencia YO SOY a través del Santo Ser Crístico hasta la figura inferior de la gráfica es el cordón cristalino (denominado algunas veces cordón de plata). Es el «cordón umbilical», la conexión vital, que te une al Espíritu.

Tu cordón cristalino también nutre esa llama de Dios radiante y especial que está acomodada en la cámara secreta de tu corazón. Se denomina llama trina o chispa divina, porque es literalmente una chispa de fuego sagrado que Dios ha transmitido desde su corazón al tuyo. Esta llama se llama «trina» porque engendra los atributos principales del Espíritu: poder, sabiduría y amor.

Los místicos de las religiones del mundo han entrado en contacto con la chispa divina, describiéndola como la semilla interior de la divinidad. Los budistas, por ejemplo, hablan del «germen de la condición búdica» que existe en todos los seres vivos. En la tradición hindú, el Kata Upanishad habla de la «luz del Espíritu» que está oculta en el «elevado lugar secreto del corazón» de todos los seres.

De igual modo, el teólogo cristiano y místico del siglo XIV Meister Eckhart enseña sobre la chispa divina cuando dice: «La semilla de Dios está dentro de nosotros».

Cuando decretamos, meditamos en la llama que está en la cámara secreta de nuestro corazón. Esta cámara secreta es tu propia habitación privada de meditación, tu castillo interior, como lo llamó Teresa de Jesús. En la tradición hindú, el devoto visualiza una isla enjoyada en su corazón. Allí se ve a sí mismo ante un hermoso altar, donde venera a su instructor en profunda meditación.

Jesús habló del entrar a la cámara secreta del corazón cuando dijo: «Cuando ores, entra en tu aposento, y cerrada la puerta, ora a tu Padre que está en secreto; y tu Padre que ve en lo secreto te recompensará en público».

La figura inferior de la Gráfica de tu Yo Divino te representa a ti en el sendero espiritual, rodeado de la llama violeta y la luz blanca protectora de Dios. El alma es el potencial vivo de Dios, la parte de ti que es mortal pero que puede llegar a ser inmortal.

El propósito de la evolución de tu alma en la Tierra es el conseguir maestría sobre ti mismo, saldar tu karma y realizar tu misión en la Tierra para que puedas regresar a las dimensiones espirituales, que son tu verdadero hogar. Cuando tu alma remonte el vuelo al fin y ascienda de regreso a Dios y al mundo celestial, te convertirás en un maestro «ascendido», libre de las rondas de karma y renacimiento. La energía de alta frecuencia que es la llama violeta puede ayudarte a lograr esa meta más rápidamente.

Notas

CHAPTER 1
1. Lucas 4:18-19.
2. Juan 6:29.
3. Mateo 21:23.
4. Isaías 42:1.
5. Mateo 23:37.
6. Isaías 9:6.
7. Daniel 12:5.
8. Juan 1:3.
9. Juan 8:12.
10. Lucas 7:19, 22.

CHAPTER 2
1. Juan 4:14; 7:38.
2. Pedro 3:4.
3. Mateo 23:27, 28.
4. Zacarías 13:7.

CHAPTER 3
1. Salmos 121:8.

CHAPTER 4
1. Juan 10:1-10.
2. Deuteronomio 25:4; 1 Corintios 9:9.
3. Jeremías 31:33.

CHAPTER 5
1. Hechos 17:24.
2. Abdías 3-4.
3. Lucas 19:13.
4. Juan 2:19.
5. Mateo 28:6.
6. Mateo 26:14-16.

CHAPTER 6
1. Isaías 25:8; 1 Corintios 15:54.

CHAPTER 8
1. Juan 14

2. Véase págs. 000
3. Juan 17
4. Mateo 19:6.
5. Juan 10:30.
6. Mateo 17:5.
7. Jeremías 23:6; 33:16.

CHAPTER 9
1. Mateo 3:16, 17.
2. Corintios 15:53.
3. Lucas 23:43.
4. Juan 20:17.
5. Juan 1:3.
6. Ezequiel 2:3; Apocalipsis 10.
7. Hechos 1.
8. Juan 21:18.
9. Colosenses 1:12.

CHAPTER 10
1. Juan 6.
2. Del latín *crucifixus,* participio de *crucifigere* 'crucificar', de *cruci-, crux* 'cruz' + *figere* 'sujetar'.
3. 2 Corintios 12:2-4.
4. Mateo 10:40, 33.
5. Lucas 22:42.

CHAPTER 11
1. Gálatas 4:6. *Abba,* término arameo que significa 'padre', transliterado al griego y de ahí al español. La palabra hebrea correspondiente es *Ab,* como en Abraham, que significa 'el padre es alto', es decir, el padre es el jerarca.
2. Apocalipsis 13:8.

CHAPTER 12
1. Juan 13:8.

CHAPTER 14
1. Juan 10:1-18.

CHAPTER 15
1. Juan 10:22-42.
2. Apocalipsis 2:9; 3:9.
3. Génesis 22:15-18; Véase *Intermediate Studies of the Human Aura (Activar los Chakras: El aura humana II)*, de Djwal Kul, publicado por Porcia Ediciones.

CHAPTER 16
1. Véase *Perlas de Sabiduría,* 14 de diciembre de 1975, del Señor Maitreya, págs. 269-70, 73, 81

CHAPTER 18
1. Juan 16:7-11.
2. Apocalipsis 12:10, 11 'dragón', falsa jerarquía de los Vigilantes, ángeles caídos mencionados en el Libro de Enoc que emplean sistemas, órganos y organizaciones nacionales-internacionales para amasar poder derivado de los niños de la luz (componentes del Cuerpo de Dios). Estos Vigilantes manipulan a la gente manipulando la amalgama de karma personal y planetario, y cualificando mal la energía

CHAPTER 19
1. 'Evangelio': del griego *euġgelion* 'buenas nuevas', 'buenas noticias', 'buena palabra', de ahí la 'palabra de Dios'. El Evangelio es 'la historia de Dios'. Es la 'palabra' de Dios entregada a su Hijo y sus siervos. Es 'las buenas nuevas' de la salvación, la elevación del alma al estado de gracia por la encarnación de la Palabra de Dios. El evangelista es quien va por delante de los ángeles (es decir, los maestros ascendidos) como portador (mensajero) de las buenas nuevas de la Palabra de Dios. Es el mensaje de gracia por la encarnación del en Jesucristo y en todos a quienes él unja con su luz de Hijo de Dios, herencia conjunta.

CHAPTER 20
1. 'oculto': secreto; ocultado deliberadamente, no dado a conocer a nadie; que exige más que la percepción o el conocimiento normal.

CHAPTER 26
1. 'exotérico', 'externo', adecuado para ser impartido al público; perteneciente al círculo externo o menos iniciado; 'esotérico', 'interno'; diseñado sólo para o entendido por los especialmente iniciados; perteneciente o relacionado con el conocimiento que está restringido a un grupo pequeño.

CHAPTER 29
1. 'Los once' se utiliza en Marcos 16:14 como término colectivo —es decir, consejo— sin implicar necesariamente que hubiera once personas presentes.
2. Para más información sobre Rex, Nada, Bob y Pearl así como sobre el acelerador atómico, véase Godfre Ray King, *The Magic Presence (La Mágica Presencia)* (Chicago: Saint Germain Press, Inc., 1974), 2:2.16, 61-68, 83-88, 107-9, 122-24, 126-29, 292-94; Los maestros ascendidos, *Ascended Master Discour-*

ses (Discursos de maestros ascendidos) (Chicago: Saint Germain Press, 1937), 6:282-318.
3. que bautiza con agua; Jesús, instrumento de Maitreya, el que unge con fuego (véase gráfica).
4. La «Mujer vestida del sol», el alma que, al entrar en la llama de la Maternidad de Dios, es vestida con la luz del Gran Sol Central del YO SOY EL QUE YO SOY (Apocalipsis 12:1).

CHAPTER 31
1. Isaías 45:11-13.
2. Salmos 140.

CHAPTER 32
1. Romanos 16:20.

CHAPTER 34
1. Herbert Thurston, S. J. y Donald Attwater, eds., *Butler's Lives of the Saints (La vida de los santos de Butler)*, comentario sobre el Apocalipsis. (New York: P. J. Kenedy & Sons, 1956), 1:612-17.

CHAPTER 37
1. Zacarías 9:9.
2. Juan 3:16, 17.
3. Hechos 13:48.
4. Zacarías 9:10.
5. Apocalipsis 22:1.
6. Mateo 6:9-13.
7. Isaías 40:3-5.
8. Mateo 26:27.
9. Jeremías 9:13, 14.
10. Jeremías 8:6, 10, 11.
11. Jeremías 8:12-14.
12. Jeremías 23:15-23, 34, 36, 24.
13. Deuteronomio 30:8-20.
14. Isaías 55:8.
15. Deuteronomio 30:19.
16. Josué 24:15.
17. Judas 14.
18. Mateo 5:48.
19. Mateo 3:17.
20. Génesis 5:24.
21. Génesis 6:5-7.
22. Génesis 3:20.
23. Gálatas 6:7.
24. Judas 6.
25. Génesis 6:4.
26. Ídem.
27. Salmos 82:6.
28. Salmos 69:4-9.
29. Salmos 22:18.
30. Mateo 11:29, 30.
31. Mateo 11:29.
32. Marcos 16:18.
33. Juan 6:48-50.
34. Marcos 10:39.
35. Jeremías 23:6; véase Jeremías 23.
36. Jeremías 23:1, 2.
37. Jeremías 31:27-34.
38. Lucas 22:42.
39. Mateo 26:40, 41.
40. Marcos 14:41, 42.
41. Mateo 16:22.
42. Mateo 26:34; véase también Marcos 14:30.
43. Mateo 27:24, 26.
44. Juan 19:28.
45. Mateo 27:40.
46. Mateo 27:42, 43.

 # La Fraternidad de los Guardianes de la Llama

La Fraternidad de los Guardianes de la Llama es una orden espiritual sin denominación fundada por Saint Germain y dedicada a guardar la llama de la vida en la Tierra. Actualmente la fraternidad es una comunidad mundial de buscadores espirituales.

¿Qué es la llama?

La llama es un fuego espiritual que está en su corazón. Es la chispa divina que nunca nació y que nunca muere. Es la llama de la vida, su parte del Espíritu que le fue dada cuando su alma nació del Infinito.

¿Por qué hay que guardarla?

Del mismo modo que cuidamos del fuego en la chimenea, se necesita cuidar de la llama. Hace mucho, en la Tierra, antes de la historia conocida, cada vez menos personas guardaban la llama, hasta que no quedó nadie que tuviera una llama ardiendo en el altar de su corazón. Fue entonces que Sanat Kumara, mencionado en el Libro de Daniel como el Anciano de Días, vino a la Tierra para volver a encender la llama y enseñar a otras personas a cuidar de ella. Desde entonces, en cada era ha habido grandes Luminarias en la Tierra que han mantenido la llama ardiendo y que después han regresado al Espíritu. Entre estas grandes Luminarias de Oriente y Occidente está El Buda Gautama, Moisés, Jesucristo, Kuan Yin, Confucio y, en esta era, Saint Germain.

Aprender a guardar la llama

Los buscadores espirituales de todo el mundo aumentan su deseo de guardar la llama al estudiar las lecciones de Guardianes de la Llama. Estas lecciones proveen el conocimiento y las técnicas prácticas para quienes deseen mantener la llama ardiendo radiantemente en su corazón y para la vida por doquier allá donde haya una necesidad.

Están invitados a acceder a www.TSL.org/KOF-1 gratuitamente para explorar esta oportunidad.

Summit University es una escuela de misterios moderna que enseña la ciencia de las religiones del mundo y la verdadera base espiritual de todas las ciencias. Los estudiantes no sólo se sumergen en un abanico de temas en los campos de la espiritualidad, la religión, la cultura y las ciencias, sino que también experimentan una autotrascendencia mediante la introspección, reflexión, meditación y el aprendizaje interactivo.

En 1971 Mark L. Prophet fundó Summit University en Santa Bárbara (California) con el fin de proporcionar en profundidad cursos de estudio sobre temas espirituales y ser una plataforma para la emisión de las enseñanzas originales de los maestros ascendidos.

Los maestros ascendidos son los iluminados, los santos y adeptos de Oriente y Occidente que han hallado la liberación de la rueda del renacimiento. Entre sus filas se encuentran las grandes luminarias espirituales de las principales religiones del mundo, como el Buda Gautama, Jesucristo, la Virgen María, Krishna, Zaratustra, San Francisco y Bodhidharma.

En Summit University el estudiante tiene a su disposición una variedad de vías para el aprendizaje como los productos para el estudio en casa, cursos en línea y seminarios a los que asistir en persona. Nuestra escuela en línea ofrece cursos en distintos niveles que van desde programas de medio día hasta estudios en profundidad de interés actual. También celebramos retiros y seminarios en varios idiomas en nuestro campus, en Gardiner (Montana), y en sitios selectos de todo el mundo. A medida que nuestra universidad se expanda, continuaremos añadiendo nuevos programas a nuestro currículum.

Para información actualizada, visite www.SummitUniversity.org

The Summit Lighthouse®
63 Summit Way
Gardiner, Montana 59030 USA
1-800-245-5445 / 406-848-9500
Se habla espanol.
TSLinfo@TSL.org
lahistoriadesanatkumara.com
arcangeles.com
SummitLighthouse.org

Juntos, fundaron una organización espiritual mundial que ayuda a miles de personas a encontrar solución a los problemas humanos y a reconectarse con su divinidad interior. Caminaron el sendero del adepto espiritual, avanzaron a través de las iniciaciones universales comunes a los místicos de Oriente y Occidente. Enseñaron acerca de este sendero y describieron sus propias experiencias para beneficio de todos lo que deseen avanzar espiritualmente.

Mark y Elizabeth dejaron una amplísima biblioteca de enseñanzas espirituales de los maestros ascendidos y una floreciente comunidad mundial de personas que estudian y practican estas enseñanzas.

Elizabeth Clare Prophet (1939–2009) fue pionera de la espiritualidad moderna además de escritora y conferencista de renombre internacional. Sus libros están publicados en más de 30 idiomas y millones de ejemplares se han vendido a través de Internet y en librerías por todo el mundo.

A lo largo de toda su vida, la Sra. Prophet caminó el sendero del adepto espiritual, avanzó a través de las iniciaciones universales comunes a los místicos de Oriente y Occidente. Enseñó acerca de este sendero y describió sus propias experiencias para beneficio de todos los que deseen avanzar espiritualmente.

La Sra. Prophet dejó una extensa biblioteca de enseñanzas espirituales de los maestros ascendidos y una floreciente comunidad mundial de personas que estudian y practican estas enseñanzas.

Printed by Libri Plureos GmbH in Hamburg, Germany